격동의
한국해양경찰사

노호래

박영사

머리말

인류는 당면한 문제를 거시적으로 조감(鳥瞰)할 수 있는 지혜가 필요하다. 여기서 조감이란 높은 하늘에서 아래를 내려다보는 것처럼 전체를 한 눈으로 관찰하는 것을 말한다. 조감의 출발점은 바로 역사철학과 역사인식이라고 볼 수 있다. 신채호 선생은 "역사를 잊은 민족에게는 미래가 없다"고도 했다.

역사적 관점에서 생각해 보면 개인에게는 지금까지 살아온 경력이나 실적을 이력서로 표현할 수 있고, 지구촌 인류에게는 세계사, 우리나라에는 한국사가 있고, 해양경찰에게는 한국해양경찰사가 있다.

한국해양경찰사를 학습하는 것은 해양경찰학에 대하여 학문적으로 정립하기 위한 기초가 되기도 한다. 궁극적으로 역사적 접근은 과거에서 교훈을 얻고, 유사한 상황에서 혜안(慧眼)을 가지고 대처할 수 있는 기본 소양이 되기도 한다.

지나온 과거를 공부한다고 해서 미래를 확실히 예측할 수 있는 방법론을 제시하는 것은 아니다. 역사 연구의 목적은 우리의 경험을 확대시켜 줌으로써 미래를 대비하기 위한 기술과 지혜를 제공해 줄 것이다. 역사 연구를 통해서 우리가 직접 경험할 수 없었던 것을 대신 경험할 수 있게 함으로써 우리의 시야(視野)를 보다 넓게 해 주고, 이를 통해서 우리의 정체성을 확립할 수 있게 해줄 것이다.

한국해양경찰사의 학습을 통하여 국제사회와 한국 사회에서 한국 해양경찰의 역사성을 인식하고, 해양경찰학을 학문적으로 체계화하고, 그리고 한국 해양경찰의 문제에 대한 실천적 비전을 제시할 수 있는 계기가 마련되기를 기대한다.

해양경찰의 역사를 어느 시점부터 시작해야 하는지에 대한 의문점이 발생한다. 국가가 있는 곳에 질서유지가 요청되는 것은 당연한 이치이고, 해양에서의 공공의 안녕과 질서에 대한 치안유지는 국가의 존립 목적과도 직접적인 연관성을 가지고 있다. 시대와 시대 그리고 국가와 국가 간의 통합이나 교체에 따른 변혁기에 따라 조직 명칭이나 업무가 다른 기관으로 이전되거나 변화되면서 다른 형태로 모습을 진화·발전하는 경우가 역사상 자주 발생한다. 이에 따라 본서에서는 해상치안의 유지기능은 국가가 있으면 존재하였다고 보고 해양경찰의 역사를 기술하고자 한다.

본서는 9개의 장으로 구성되어 있다. 제1장은 총설, 제2장은 선사시대와 사국시대 그리고 통일 신라시대, 제3장은 고려시대, 제4장은 조선시대, 제5장은 개항과 대한제국 그리고 일제강점기, 제6장은 태동기와 해무청 시기, 제7장은 신해양경찰대 시기, 제8장은 경찰청 소속 해양경찰청 시기와 중앙행정관청의 탄생, 제9장은 세월호 이후의 해양경찰로 구성되어 있다.

현대 한국의 해양경찰사를 검토해 보면 급격하게 변동되어 격동적이라고 표현할 수 있다.

첫째, 해양경찰대의 창설은 수산자원을 보호하기 위한 목적으로 1953년 12월에 탄생하였다. 해양경찰 조직은 1953년 당시에 6척의 경비함정으로 시작하여 1965년 한·일 어업협정 전까지는 평화선 경비와 국가안보 목적으로 헌신하였고, 비극적인 남·북 분단 상황에서 해상주권을 유지하기 위한 역할에 매진하였으며, 1996년 이후 해양경찰은 국제환경변화에 따라 유엔해양법협약이 발효되어 배타적 경제수역이 설정되고 해양주권을 확보하기 위하여 불철주야 노력하였으며, 해양경찰의 업무 영역은 크게 확대되었다.

둘째, 인력 면에서는 1953년에는 658명 정원으로 시작하여 치안국 해양경찰대, 내무무 해양경찰대, 경찰청 소속 해양경찰청, 해양수산부 소속의 중앙행정관청, 국민안전처 소속 해양경비안전본부 그리고 해양수산부 소속 해양경찰청으로 조직이 변동되었으며, 2023년 현재 총정원이 13,230명으로 창설할 당시보다 20배 증가하였다. 한국에서 이토록 조직이 성장한 행정기관은 거의 없을 것이다.

셋째, 해양경찰의 제도변화는 사건이 발생한 이후에 대책을 마련하는 과정에서 이루어졌다. 이승만 정부의 평화선 수호를 위하여 해양경찰대가 창설되었고, 북한에서의 해상침투가 격화되면서 해양경찰대가 강화되었으며, 해양오염 사건이 발생함에 따라 해양오염방지기능이 강화되었다. 서해 훼리호 사고와 세월호 사고가 발생하자 수난구호체계가 크게 변화되었다. 낚시어선 사고가 빈번하자 구조거점파출소가 설치되기도 했다. 한마디로 사후약방문(死後藥方文) 또는 사후처방전(死後處方箋)이다. "소 잃고 외양간 고친다"라는 격언이 생각난다. 다른 선진 국가도 예외는 아니다. 미국의 경우 3,000명 이상이 사망한 2001년 9·11 테러가 발생하고 국토안보부가 만들어지고, 테러방지대책이 만들어진다. 이러한 역사적 사고가 발생하기 이전에 예측하여 "미리 예방할 수 있었으면 얼마나 좋을까?"라는 아쉬움을 가져 본다.

마지막으로 학문적으로 성장할 수 있도록 큰 도움을 주신 동국대학교 이황우 교수님, 윤명철 교수님, 목포대학교 강봉룡 교수님에게 깊은 감사의 말씀을 드리며, 현대 해양경찰사 기술에 많은 조언을 해 주신 전 해양경찰청 차장 오윤용 교수님, 해양경찰청 하태영 총경님에게도 큰 감사를 드린다. 그리고 출판과 교정에 매우 큰 도움을 주신 박영사의 안종만 회장님, 안상준 대표님, 최동인 대리님, 윤혜경 대리님을 비롯하여 편집을 담당해 주신 박영사의 편집부에도 깊은 감사의 말씀을 드린다.

2023. 2.

군산대학교 종합교육관에서 저자 씀

차 례

PART 3 │ 고려 시대 · 55

PART 6 | 태동기와 해무청 시기(1945-1962년) · 165

PART 7 | 신해양경찰대 시기(1962. 5-1991. 7) · 209

PART 8 | 경찰청 소속 해양경찰청 시기와 중앙행정관청의 탄생 · 277

PART 9 │ 세월호 이후의 해양경찰 · 333

총 설

Part 1.

Ⅰ. 서 설

인류는 당면한 문제를 거시적으로 조감(鳥瞰)할 수 있는 지혜가 필요하다. 여기서 조감이란 높은 하늘에서 아래를 내려다보는 것처럼 전체를 한 눈으로 관찰하는 것을 말한다. 조감의 출발점은 바로 역사철학과 역사인식이라고 볼 수 있다. 신채호 선생의 "역사를 잊은 민족에게는 미래가 없다"는 명제를 깊이 있게 생각해 보아야 한다.

역사적 관점에서 생각해 보면 개인에게는 지금까지 살아온 경력이나 실적을 이력서로 표현할 수 있고, 지구촌 인류에게는 세계사, 한 국가에는 그 나라의 국사, 그리고 한국의 해양경찰에게는 한국해양경찰사가 있다.

한국해양경찰사를 연구하는 것은 해양경찰학에 대하여 학문적으로 정립하기 위한 기초가 되기도 한다. 궁극적으로 역사적 접근은 과거에서 교훈을 얻고, 유사한 상황에서 혜안(慧眼)을 가지고 대처할 수 있는 기본 소양이 되기도 한다. 역사탐구를 통해 미래지향적인 비전을 제시해 줄 때 큰 의미가 있을 것이다.

지나온 과거를 공부한다고 해서 미래를 확실히 예측할 수 있는 방법론을 제시하는 것은 아니다. 역사 연구의 목적은 우리의 경험을 확대시켜 줌으로써 미래를 대비하기 위한 기술과 지혜를 제공해 줄 것이다. 역사 연구를 통해서 우리가 직접 경험할 수 없었던 것을 대신 경험할 수 있게 함으로써 우리의 시야(視野)를 보다 넓게 해 주고, 이를 통해서 우리의 정체성을 확립할 수 있게

해 줄 것이다.[1]

　한국해양경찰사의 연구를 통하여 국제사회와 한국사회에서 한국 해양경찰의 역사성을 인식하고, 해양경찰학을 학문적으로 체계화하며, 그리고 한국 해양경찰의 문제에 대한 실천적 비전을 제시할 수 있는 계기가 마련되기를 고대한다.

　해양경찰의 역사를 어느 시점부터 시작해야 하는지에 대한 의문점이 발생한다. 국가가 있는 곳에 질서유지가 요청되는 것은 당연한 이치이고, 해양에서의 공공의 안녕과 질서에 대한 치안유지는 국가의 존립 목적과도 직접적인 연관성을 가지고 있다.[2] 따라서 치안문제 특히 범죄예방과 범인검거, 해상치안의 기능은 고대국가 이후 현대국가에 이르기까지 어떠한 형태로든지 그 체제와 기능이 연결될 수밖에 없는 것이 역사적인 흐름이다. 다만 시대와 시대 그리고 국가와 국가 간의 통합이나 교체에 따른 변혁기에 따라 조직 명칭이나 업무가 다른 기관으로 이전되거나 변화되면서 다른 형태로 모습을 진화·발전하는 경우가 역사상 자주 발생한다. 이에 따라 본서에서는 해상치안의 유지기능은 국가가 있으면 존재하였다고 보고 해양경찰의 역사를 기술하고자 한다.

II. 선사 및 역사 시대의 경찰사 시대 구분

　윤명철(2014)에 따르면 "지리적 또는 정치·경제적으로 보아 동아시아의 질서와 우리 역사는 한반도와 대륙과 해양을 동시에 아우르는 보다 거시적이고 포괄적인 관점, 즉 해륙사관(海陸史觀)으로 이해하는 자세가 필요하다"[3]고 주장한다. 동아시아 나라들은 대륙과 한반도, 일본 열도 및 여러 섬들에 둘러싸인 황해, 남해, 동해, 동중국해 등을 포함하고 있다.

　또한, 윤명철(2014)은 황해는 동이족(東夷族)이 개척하였고, 고조선은 황해 북부의 주인자리를 놓고 전한(前漢)과 대결을 벌였다. 특히 고구려와 한족 간의

1 　John Lewis Gaddis/강규형 역(2004). 역사의 풍경. 에코리브르, pp. 20-29.
2 　김형중(2011). "高麗前期 金吾衛의 조직과 기능에 관한 연구," 한국경찰연구 제10권 제3호, pp. 3-5.
3 　윤명철(2014). 한국해양사, 학연문화사, 머리말 p. 5.

황해 중부 쟁탈전은 수백 년간 계속되었고, 남쪽에서는 백제는 한족과 비교적 우호적인 관계를 유지하다가 나당 연합군에게 패했다. 통일신라는 당과 공존하면서 황해를 공동으로 활용하였다. 남해에서 우리는 선사시대부터 일본열도로 건너가 개척하고 식민하여 곳곳에 나라들을 세웠다.[4]

강봉룡(2005)은 바다를 바라보는 관점은 두 가지가 있다고 한다.[5] 열린 공간으로 보는 관점과 장애물로 보는 관점이다. 열린공간 관점은 모험심과 진취성을 갖게 하고, 다양한 문화를 접하고 이해하게 되며, 우리 문화만이 최고라는 문화 자폐주의(自閉主義)에 빠져들지 않게 한다. 장애물 관점은 우리를 다른 세계와 단절시키고, 자기가 최고라는 '우물한 개구리' 식의 자존주의(自尊主義)에 쉽게 빠져들고, 모험심과 진취성이 소진되며, 사회는 경직성을 띠게 된다.

또한 강봉룡(2005)은 우리나라의 해양사를 태동기, 융성기, 침체기, 부흥기로 나누어 기술하고 있다. 그에 따르면 바다를 열린 공간으로 받아들였던 시대는 삼국시대, 통일신라 후기의 장보고의 해상무역활동, 해상패권을 장악한 왕건이 후삼국 쟁패의 최후의 승자가 된 것 등이다. 바다를 장애물로 간주한 시기는 고려 말 삼별초 세력의 몰락에서부터이고 조선시대에 더 심화되었다. 섬에 사람이 살지 못하게 한 공도정책, 해상활동을 전면적으로 금지시킨 해금정책이 바로 그것이다. 이에 따라 바다를 멀리하고 천시하는 풍조가 익숙해져 버렸다고 한다.

한국 해양경찰사의 시대 구분은 어떻게 할 것인가? 해양경찰은 경찰청의 전신인 치안국이나 치안본부 시기부터 밀접한 관련을 가지고 있었고 육상경찰과 같은 보통경찰기관이었다. 이에 따라 우선 육상경찰의 경찰사에 대하여 검토해 보기로 한다.

한국경찰서의 최초는 치안국의 「대한 경찰연혁사」(1954)와 현규병의 「경찰제도사」(1955)이었으며, 이 두 저서의 연대 구분은 동일하다.[6] 그리고 치안국의 「한국경찰사」(1972), 서기영의 「한국경찰행정사」(1976), 이현희의 「한국경찰사」(1979), 박범래의 「한국경찰사」(1988), 허남호의 「한국경찰제도사」(2013), 김

---

4   윤명철(2014). 상게서. p. 15.
5   강봉룡(2005). 바다에 새겨진 한국사. 한얼미디어. 책머리에.
6   이윤정(2021). 한국경찰사. 소명출판. pp. 20-21.

성수외 7인의 「한국경찰사」(2015), 김형중의 「한국경찰사」(2020), 이윤정의 「한국경찰사」(2021)의 시대 구분을 검토해 보기로 한다.

표 1-1 ┃ 선행 저서의 한국 경찰사 시대 구분

구분	시대 구분
치안국 「대한경찰 연혁사」 (1954)· 현규병 「경찰제도사」 (1955)	• 제1편: 원시사회와 부족국가의 경찰제도(제1장 개설, 제2장 원시사회의 경찰제도, 제3장 부족국가의 경찰제도) • 제2편: 3국(고구려, 백제 및 신라)의 경찰제도(제1장 개설, 제2장 고구려, 제3장 백제, 제4장 신라, 제5장 발해) • 제3편: 제1장 개설, 제2장 정치조직의 개요, 제3장 경찰제도 • 제4편: 이조의 경찰제도(제1장 개설, 제2장 정치조직의 개요, 제3장 경찰제도, 제4장 특기할 경찰행정, 제5장 경찰제도 운영의 실제) • 제5편: 근대 경찰제도(제1장 개설, 제2장 갑오경장 후의 한국경찰, 제3장 일제하의 경찰제도) • 제6편: 군정경찰제도(제1장 개설, 제2장 경찰제도)
치안국 「한국경찰사」 (1972)	• 제1편: 고대국가의 치안제도와 율령(제1장 부족국가시대의 치안, 제2장 삼국시대의 형률, 제3장 통일신라시대의 치안제도) • 제2편: 고려시대의 치안제도(제1장 고려의 건국과 통치구조, 제2장 전기 경찰제도와 업무의 개요, 제3장 전기 경찰제도, 제4장 경찰업무, 제5장 통치기구의 변천, 제6장 후기의 경찰기관, 제7장 후기 경찰업무) • 제3편: 조선왕조시대의 경찰(제1장 조선왕조의 수립과 통치기구, 제2장 조선왕조의 경찰제도) • 제4편: 한말의 경찰(제1장 갑오경장의 관제, 제2장 건양·광무의 경찰조직, 제3장 말기의 경찰조직) • 제5편: 대한민국 임시정부와 경찰(제1장 3·1대운동과 임시정부 수립, 제2장 초기의 경찰제도, 제3장 말기의 경찰제도), 부록: 일제하의 경찰(제1장 한말의 일제경찰 설치, 제2장 헌병경찰시대 Ⅰ, 제3장 헌병경찰시대 Ⅱ, 제4장 보통경찰시대) • 제6편: 미군정기의 경찰(제1장 개설, 제2장 군정하의 경찰제도, 제3장 국립경찰의 발전)
서기영 「한국경찰 행정사」 (1976)	• 제1편 총설(제1장 서설, 제2장 경찰개념의 전개, 제3장 경찰행정에 대한 학문적 계보, 제4장 경찰국가) • 제2편: 경찰행정구조(제1장 서설, 제2장 갑오경장 후의 경찰행정구조, 제3장 일정하의 경찰행정구조, 제4장 미군정하의 경찰행정구조, 제5장 대한민국 국립경찰의 행정구조) • 제3편 경찰행정구조의 변천단계와 그 특질(제1장 경찰행정구조의 변천단계, 제2장 경찰행정구조의 특질, 제3장 결론)

구분	시대 구분
이현희 「한국경찰사」 (1979)	• 제1편: 한국경찰의 역사적 배경(제1장 경찰의 개념과 의의, 제2장 삼국시대의 경찰, 제3장 발해시대의 경찰, 제4장 고려시대의 경찰, 제5장 조선왕조시대의 경찰) • 제2편: 한국경찰의 암흑기(제1장 일본 헌병경찰의 영향, 제2장 일제의 탄압과 한국경찰제도의 말살) • 제3편: 미군정하의 한국경찰(제1장 민족광복의 배경과 경찰제도, 제2장 경찰제도의 발전) • 제4편: 민주경찰의 발전(제1장 대한민국의 수립과 경찰, 제2장 민주경찰의 발전) • 제5편: 민주경찰의 제시책(제1장 자유당 정권하의 경찰, 제2장 제3공화국의 민주경찰)
박범래 「한국경찰사」 (1988)	• 제1편: 서설(제1장 경찰의 개념과 그의 변천, 제2장 외국경찰의 변천 개요, 제3장 경찰사의 의의) • 제2편: 한국경찰의 역사적 배경(제1장 원시사회와 부족국가의 경찰, 제2장 삼국시대의 경찰, 제3장 고려시대의 경찰, 제4장 조선왕조시대의 경찰, 제5장 한말의 근대경찰) • 제3편 대한민국의 경찰과 그 발전과정(제1장 대한민국 임시정부의 경찰, 제2장 미군정시대와 경찰, 제3장 대한민국의 수립과 건국경찰, 제4장 6·25 전쟁과 구국경찰, 제5장 제2공화국과 경찰의 약화, 제6장 제3공화국과 경찰의 근대화, 제7장 제4공화국과 경찰의 발전)
허남호 「한국경찰 제도사」 (2013)	• 제1부: 경찰개념과 경찰제도(제1장 경찰개념의 정립, 제2장 각국의 경찰제도) • 제2부: 근대 이전 경찰제도(제3장 고대국가와 경찰제도, 제4장 고려의 경찰제도, 제5장 조선 경찰제도) • 제3부: 근대경찰제도(제6장 한말의 경찰제도, 제7장 일제하의 경찰제도, 제8장 대한민국 임시정부 경찰제도, 제9장 미군정경찰제도) • 제4부: 현대 경찰제도(제10장 치안국 시대, 제11장 치안본부 시대, 제12장 경찰청 시대) • 제5부: 한국경찰제도의 방향(제13장 경찰의 중립성과 독자성, 제14장 국가경찰과 자치경찰의 조화, 제15장 경찰수사권의 독자성)
김성수외 7인 「한국경찰사」 (2015)	• 제1장 원시사회의 경찰, 제2장 고대부족국가의 경찰, 제3장 삼국시대의 경찰, 제4장 통일신라과 발해의 경찰, 제5장 고려시대의 경찰, 제6장 조선시대의 경찰 • 제7장 갑오경장과 한국사회의 근대화, 제8장 을사조약 이후의 경찰권의 침탈과정, 제9장 일제강점기시대의 경찰, 제10장 미군정시대의 경찰, 제11장 대한민국수립과 경찰-치안국 시대, 제12장 경제발전과 경찰-치안본부시대, 제13장 민주화와 경찰-경찰청시대

구분	시대 구분
김형중 「한국경찰사」 (2020)	• 제1장 총설, 제2장 고대국가의 경찰제도, 제3장 삼국시대의 경찰, 제4장 남북국시대(통일신라과 발해), 제5장 고려, 제6장 조선 • 제7장 갑오개혁과 한국경찰의 근대화 과정, 제8장 일제강점기의 경찰, 제9장 미군정기 시기의 경찰, 제10장 현대의 경찰
이윤정 「한국경찰사」 (2021)	• 제1편: 근대 이전(서론) 제1부 경찰활동(제1장 선사시대, 제2장 고대국가의 형성, 제3장 고대국가의 발전, 제4장 남북국시대), 제2부 고려시대의 경찰(제1장 고려전기, 제2장 고려후기, 제3장 형사사법제도), 제3부 갑오개혁 이전의 조선(제1장 경찰기관의 발전, 제2장 경찰활동의 발전) • 제2편: 근현대 제1부 근대경찰의 탄생(제1장 갑오개혁 이후 경찰제도, 제2장 대한제국경찰), 제2부 일제강점기 경찰(제1장 헌병경찰기, 제2장 보통경찰기, 제3장 전시경찰기), 제3부 현대경찰(제1장 미군정경찰, 제2장 대한민국경찰), 결론

III. 현대 해양 경찰사의 시대 구분

1. 해양경찰 조직의 탄생과 변천

1953년 창설 당시에 치안국 경비과 소속의 해양경찰대로 시작하였다가 1955년에 해무청 소속으로 변경되었으며, 1961년 말에는 내무부 치안국장 소속하에 해양경비대로 변경되고, 이어서 1962년 5월 5일부로 「해양경찰대설치법」에 의하여 내무부 소속 해양경찰대로 변경하였다.

1962년부터 1991년 7월경까지 해양경찰대가 조직상 치안국 소속은 아니고 내무부 소속기관이었다. 이에 따라 1964년부터 치안국 경비과에 해경계를 두고 해양경찰대를 관리하다가 1974년 12월 치안국이 치안본부로 격상되었고, 1977년 치안본부 해경과 신설, 1978년 8월 치안본부 해경과를 해상보안과로 개칭하고 해상치안과 해상공해업무에 대한 운영과 지도업무를 관장하였다.

이어서 1981년 7월에는 치안본부 제2부에 해상보안과(해상보안계, 해상경비계, 해상구난계, 해상공해계)를 두고 조직상 내무부 소속의 해양경찰대를 관리하였다.

1991년 「경찰법」의 제정에 따라 해양경찰대가 해양경찰청으로 변경되어 경찰청의 부속기관이 된다. 이때의 부속기관으로는 해양경찰청(11개 해양경찰서), 경찰대학, 경찰종합학교, 중앙경찰학교, 경찰병원이 있었다.

1996년 8월 8월 이후 해양경찰청은 경찰청의 부속기관에서 해양수산부의 독립 외청, 즉 중앙행정관청이 된다. 일반적으로 해무청시기 1955년부터 1961년까지를 제외하고 1962년부터 1996년 8월 이전까지 34년 동안은 해경은 내무부 혹은 경찰청의 부속기관으로 변경되었다. 2014년에는 세월호 사건 이후 국민안전처 소속으로 변경되었다가 2017년 7월 해양수산부 소속으로 환원되어 2022년 현재에 이르고 있다.

1953년에서 1963년 시기에는 제1대에서 7대까지 해양경찰총수는 대부분 해군대령 출신이었다. 제8대에서 20대(1983년)까지 육경출신이 해양경찰 총수에 임명되었다. 해경출신의 최초의 경무관7은 1975년 1월 11일에 탄생하였는데, 이러한 사실이 해양경찰사에 기록될 정도였다. 1980년대, 1990년대, 2000년대, 2010년대, 2020년대에도 거의 대부분 육경 출신이 해양경찰 총수에 임명되었다.

경찰청 홈페이지에서 해양경찰에 대한 역사 인식은 살펴보면 다음과 같다.8 육상경찰의 해양경찰에 대한 지도·감독은 1977년 치안본부 2부에 해경과 설치와 1978년 해상보안과로 개칭하여 해양경찰을 지도와 감독을 하다가 1996년 8월 경찰청 소속 해양경찰청이 해양수산부 소속 외청으로 분리하여 독립함에 따라 해양경찰에 대한 「지도·감독」이라는 사무가 삭제되었다. 이는 해양경찰의 독자성이 강화되었다고 볼 수 있다.

---

7 정비과장이던 천장건 총경이 경무관으로 승진하여 창대 이후 처음으로 영예스러운 경무관이 탄생하였다(海洋警察廳(2003). 海洋警察五十年史. p. 83).
8 https://www.police.go.kr(2022. 12. 26. 검색).

표 1-2 | 경찰청 홈페이지의 해양경찰에 대한 역사 기록

연도	내용
1953년 12월 23일	해양경찰대 발족
1955년 6월 7일	해무청으로 이관되었다가 1961년 10월 2일 다시 경찰로 복귀
1962년 4월 3일	해양경찰대설치법 제정
1971년 7월 14일	해양경찰대 교육대 신설
1972년 5월 6일	해양경찰대, 기지대를 지구해양경찰대로 개칭
1977년 4월 9일	치안본부 제2부 해경과 설치
1978년 8월 9일	해양경찰대에 관리부, 경비부 해양오염관리관 설치, 교육대 폐지, 치안본부 해경과를 해상보안과로 개칭하고 해상공해업무 관장
1982년 5월 14일	해경충무지구 해양경찰대 신설
1986년 1월 28일	해양경찰대장 및 서울특별시경찰국장의 직급을 치안정감으로 격상
1988년 12월 20일	해양경찰대 직제 개정(대통령령 제12556호), 안흥지구 해양경찰대 신설
1991년	7월 24일: 해양경찰대 → 해양경찰청으로 명칭 변경 7월 26일: 해양경찰청: 4부 1창, 1담당관 11과
1996년 8월 8일	경찰청과그소속기관등직제 개정(대통령령 제15136호) 해경청의 해양수산부로의 이관에 따른 직제 개정 • 기구 이관 　- 해양경찰청과 하부조직 이관(내무부 경찰청 → 해양수산부) • 관할구역 조정 　- 해양경찰서 관할구역 이관(내무부 경찰청 → 해양수산부) • 사무분장 조정 　- 경찰청의 「해양경찰에 관한 사무」폐지(직제 제3조) 　- 경찰청 경비국 「해양경찰청의 업무중 해상경비, 해난구조 및 해양오염 방지의 지도·감독」폐지(직제 제14조 제3항 제9호) 　- 해양경찰관서관련 조문 삭제(직제 제6장 제45조 내지 제55조)

　그 후 해양경찰의 조직과 직무에 대한 독자적인 법률인 「해양경찰법」이 2019년 8월 2일 국회를 통과하여 2020년 2월 21일 시행되었다. 이 「해양경찰법」에 근거하여 치안감 이상으로 해양경찰에서 15년 이상 근무한 자체청장으로 김홍의 치안총감이 취임하였다.

표 1-3 | 해양경찰 조직의 변천

소속기관	연도	기관장	중앙기구	지방기구	경비정	정원
내무부 치안국	'53.12.23.	해양경찰대장 (경무관)	1참모장 (총경) 4실(총경)	7개 기지대 (경감)	6척	658
상공부 해무청	'55.9.28.	해양경비대장 (서기관)	5실(경령=총경)	7개 기지대 (경정=경감)	16척	572
내무부	'62.5.5.	해양경찰대장 (행정부 이사관)	1부대장 (경무관) 4과(총경)	7개기지대 (경감), 1항공대(경감)	20척	-
〃	'69.9.20.	해양경찰대장 (치안부 이사관)	1부대장 (경무관) 5과(총경)	8개기지대	39척	824
〃	'72.5.6.	해양경찰대장 (치안감)	1부대장 1교육대 대 5과	9개지구해양 경찰대(3개과)	46척	-
〃	'74.8.22.	해양경찰대장 (치안감)	1부대장 1교육대 1창 5과	9개지구해양 경찰대(3개과)	46척	1,013
〃	'78.8.9.	해양경찰대장 (치안감)	2부(경무관) 1관(공업· 물리부기감) 6과 3담당	9개지구해양 경찰대(4개과)	51척	1,263
〃	'82.5.14.	해양경찰대장 (치안감)	2부 1관 6과 3담당	10개지구해양 경찰대(4개과)	80척	1,918
〃	'84.9.6.	해양경찰대장 (치안감)	〃	4개지구대에 정비보급과 신설	156척	2,705 (연안정 인수)
〃	'90.7.19.	해양경찰대장 (치안정감)	3부 12과 체제	11개지구대 ('90.10.29. 부산수사· 정보과신설)	-	3,796
경찰청	'91.7.23.	해양경찰청장 (치안정감)	4부 11과 1창 1담당관	11개 해경서 (5과), 6지서 368 신고기관, 1검문소	159척	3,874

소속기관	연도	기관장	중앙기구	지방기구	경비정	정원
해양수산부	'96.8.8.	해양경찰청장 (치안정감)	4국 1관 12과 1담당관	12해경서(6과) 52지서, 375신고기관	180척	4,471
〃	'01.7.7.	해양경찰청장 (치안정감)	차장(치안감) 4국 15과 2담당관	-	-	5,082
〃	'03.7.25.	해양경찰청장 (치안정감)	차장 4국 15과 2담당관	13해경서, 71파출소	248척	5,350
〃	'05.8.25.	해양경찰청장 (치안총감)	차장(치안정감) 6국(관) 16과 3담당관 1단	13해경서	-	6,233
국토해양부	'08.9.3.	해양경찰청장 (치안총감)	차장 6국(관) 14과 6담당관 3단	3개 지방청, 13해경서, 74파출소	-	7,328
〃	'11.10.11.	해양경찰청장 (치안총감)	1차장 6국 (2관 4국) 23과(16과 5담당관) 1인	3개 지방청, 15해경서, 74 파출소, 245 출장소	291척	8,095
〃	'12.6.1.	〃	제주지방해양 경찰청 신설	4개 지방청	301척	-
해양수산부	'13.3- '14.11.	〃	해양경찰학교→ 해양경찰교육원	〃	306척	-
국민안전처	'14.11- '17.7.	해양경비안전 본부장 (치안총감)	1관·3국 14과	중부·서해· 남해·동해· 제주 해양경비 안전본부·17개 해양경비안전서	314척	-
해양수산부	'17.7.	해양경찰청장 (치안총감)	2관·5국 24과·담당관	중부·서해· 남해·동해· 제주 해양 경찰청·18개 해경서	328척	10,016
〃	'22.6.	〃	1관·6국 33과	5개 지방청· 20개 해경서	353척	13,025 (일반직 1,377)

자료: 해양경찰 오십년사(2003), 2021 해양경찰백서, 한눈에 보는 해양경찰(2022)에서 발췌 정리.

2. 해양경찰사 선행연구의 시대 구분

공식적으로 해양경찰이라는 명칭의 사용은 1953년 해양경찰대 창설 때부터이며, 창설 당시에 보통경찰기관으로서 발족되었고, 1955년 상공부 해무청의 소속의 특별경찰기관으로 기능을 수행하고 있을 때만을 제외하고 보통경찰기관으로서 지속적인 발전을 거듭하여 왔다. 해양경찰의 역사상 소속부처의 변화는 있었으나 해양에서 치안을 담당하는 보통경찰기관으로서 기본 토대에

표 1-4 | 2003년 「海洋警察五十年史」의 시대 구분

구분	기간	조직명	소속	주요 제도 변화
평화선의 수호자	1953-1963	해양경찰대 해양경비대 해양경찰대	치안국 해무청 내무부	• 해양경찰대편성령(1953. 12. 14) • 「해양경비에종사하는공무원의직종, 정원 및 직무권한에 대한 건」(1955. 8. 19) • 수난구호법(1961.11. 1) • 해양경찰대설치법(1962. 4. 3)
해양영토수호의 첨병	1964-1974	해양경찰대	내무부	• 한·일 어업협정(1965. 12. 18) • 해양경찰대설치법 폐지(1973. 1. 15) • 선박안전조업규칙(1972. 4. 17)
국가 발전과 해상치안의 다변화	1974-1983	해양경찰대	내무부 (1978)	• 해양경찰대직제 전면개정(1974. 8. 22) • 해양오염방지법제정(1977. 12. 31)
고도 경제성장과 해상치안수요의 급증	1984-1990	해양경찰대	내무부	• 육상경찰서 연안정 44척 해경이관 및 251명 이체(1984. 9. 6) • 선박출입항 통제업무 인수(1986. 6. 14)
국제화시대의 해양경찰의 도약	1991-1996	해양경찰청	경찰청	• 경찰법(1991. 5. 3)제정으로 해양경찰대가 경찰청 소속의 해양경찰청으로, 지구해양경찰대를 해양경찰서로 변경 • 유·도선 안전관리업무인수(1994. 1. 1) • 낚시어선업법제정(1995. 12. 29)
중앙행정기관으로서의 승격	1996-2003	해양경찰청	해양수산부	• 정부조직법개정(1996. 8. 8) • 배타적경제수역법 제정(1996. 8. 8) • 한·일 어업협정 개정(1999. 1. 22) • 수상레저안전법 제정(1999. 2. 8) • 한·중 어업협정 체결(2001. 6. 30)

는 변화가 없었고 여러 가지 기능이 새롭게 추가되면서 발전을 해 왔다.

해양경찰청 발행의 2011년 「해양경찰백서」의 시대 구분은 해양경찰 창설과 외청독립전(1953–1996. 8. 7), 외청독립 후(1996. 8. 8)로 나누어 기술하였다.

해양경찰청 발행의 2003년 「海洋警察五十年史」에서는 시대 구분을 6개의 시기로 나누고 있다. 그 구분은 ① 평화선의 수호자(1953–1963), ② 해양영토수호의 첨병(1964–1974), ③ 국가 발전과 해상치안의 다변화(1974–1983), ④ 고도 경제성장과 해상치안수요의 급증(1984–1990), ⑤ 국제화시대의 해양경찰의 도약(1991–1996), ⑥ 중앙행정기관으로서의 승격(1996–2003)이다. 이 구분은 시기를 구분하는 명확한 기준이 없고, 초기에는 10년 단위로 구분하다가 치안수요의 급증 또는 한·중 수교 등의 국제화에 따른 변화를 계기로 시대 구분을 하며, 해양경찰청이 중앙행정관청으로 된 경우를 다른 시기로 구분하여 기술하고 있다. 기술내용과 방법은 개관, 조직·법령, 시설·장비, 주요활동순으로 기술하고, 연대순으로 기술하고 있다.

김현(2005: 48–53)은 해양경찰의 시대 구분을 태동기(1953–1962), 준비기(1962–1991), 정착기(1991–1996), 발전기(1996–2011 현재)로 나누고 있다. 조직의 확대 차원에서 구분한 것으로 준비기를 거쳐야 태동기에 이를 수 있다고도 볼 수 있고, 발전기 다음의 시기는 무엇으로 정의할 것인가 등 여러 가지 문제점이 있으므로 새로운 시기 구분이 필요할 것으로 생각된다.

2013년 해양경찰청 발행의 「안전한 바다 행복한 국민: 해양경찰 60년사」(1953–2013)는 ① PART Ⅰ: 통사, ② PART Ⅱ: 60대 이슈, ③ APPENDIX 부록으로 구성되어 있다. 구체적인 기술방법은 다음의 〈표 1–6〉과 같다.

2003년 「海洋警察五十年史」에서는 ① 평화선의 수호자(1953–1963), ② 해양영토수호의 첨병(1964–1974), ③ 국가 발전과 해상치안의 다변화(1974–1983), ④ 고도 경제성장과 해상치안수요의 급증(1984–1990), ⑤ 국제화시대의 해양경찰의 도약(1991–1996), ⑥ 중앙행정기관으로서의 승격(1996–2003) 등 6개의 시기로 나누고 있으나 2013년 「해양경찰 육십년사」에서는 5개의 시기로 나누고 있다. 10년의 세월이 흘렀는 데도 불구하고 1개의 시기가 줄어들었다. 50년사와 60년사의 공통점은 해양경찰의 점점 발전하고 역량이 강화되었음을 기술하고 있고, 해양경찰의 발전상을 알리는 홍보에 치중하고 있으며, 1996년 중

표 1-5 | 김현의 현대 해양경찰사 시기구분(2005)

구분	기간	조직명	소속	기능(업무)	직원신분
태동기	1953 – 1955	해양경찰대	내무부 치안국 경비과	• 영해경비 • 어업자원보호	경찰공무원 (일반사법권)
	1955 – 1962	해양경비대	상공부 해무청 수산국	• 영해경비 • 항로표지보호	해상경비원 (특별사법경찰관)
준비기	1962 – 1991	해양경찰대	내무부 소속	• 관할수역내 범죄수사 • 해상에서 경찰사무 ※ '78년 해양오염감시 및 방제기능 추가 ※ '86년 선박출·입항 통제업무인수	경찰공무원 (일반사법권)
정착기	1991 – 1996	해양경찰청	경찰청 소속	• 해양경찰사무(범죄수사포함) ※ '92년 경범죄처벌법에 의한 즉결심판업무 수행 ※ '94년 해수면 유·도선 사업 및 구조업무 관장	경찰공무원 (일반사법권)
발전기	1996 – 2005	해양경찰청	해양수산부 외청, 국토해양부 외청	• 해양에서 경찰 및 오염방제에 관한 사무관장 ※ '00년 수상레저안전 업무시행	경찰공무원 (일반사법권)

앙행정관청으로 된 경우에 별도의 시기로 구분하고 있다.

2021년 해양경찰청 발행의 「2021 해양경찰백서」에서의 시대 구분은 ① 내무부·상공부 소속의 해양경찰대·해양경비대(1953–1991), ② 경찰청 소속의 해양경찰청(1991–1996), ③ 해양수산부 소속의 해양경찰청(1996–2008), ④ 국토해양부 소속의 해양경찰청(2008–2013), ⑤ 해양수산부 소속의 해양경찰청(2013–2014), ⑥ 국민안전처 소속의 해양경비안전본부(2014–2017), ⑦ 해양수산부 소속의 해양경찰청(2017. 7. 이후)로 되어 있고, 2022년 6월 현재의 해양경찰청 홈페이지 연혁 소개도 이와 거의 동일하게 기술되어 있다.

표 1-6 | 해양경찰 육십년사 시대 구분(2013년)

구분	기간	요약	상세
PART I (통사)	① 1953-1968	해양경찰대, 해양주권수호의 첫발을 딛다	㉠ 해양경찰의 창설과 발전 ㉡ 해상치안 시설 및 장비의 확보 ㉢ 평화선의 수호 위한 해상치안활동
	② 1969-1983	해상치안 역량을 획기적으로 강화하다	㉠ 해양경찰 기능의 확장 및 조직의 성장 ㉡ 해양경찰 전력의 비약적 증강 ㉢ 해양수권 수호 및 해상치안 활동 강화 ㉣ 해양오염방제 업무의 시작
	③ 1984-1995	해양경찰의 자주적 발전기반을 강화하다	㉠ 해양전문기관 해양경찰청 시대의 개막 ㉡ 시설장비의 확장과 고도화 ㉢ 해양관리자로서의 활용 확대
	④ 1996-2004	해양주권 수호하는 독립외청으로 발전하다	㉠ 신 해양주권시대의 해양경찰청 ㉡ 해양주권 수호 역량의 비약적 향상 ㉢ 광역 해양에서의 해양주권과 안전의 확보 ㉣ 범죄없는 바다를 위한 치안역량 제고 ㉤ 해양오염방제 및 해양폐기물 관리 체계화
	⑤ 2005-2013	진정한 해양주권의 수호자로 도약하다	㉠ 차관급 조직으로의 위상변화 ㉡ 혁신하고 봉사하는 해양경찰상의 정립 ㉢ 선진수준의 경비세력과 연구역량 확보 ㉣ 선진수준의 해양경비와 안전체제 구축 ㉤ 해양범죄수사의 과학화 및 국제화 ㉥ 해양환경 보전 시스템의 고도화 ㉦ 세계일류 종합 해양집행기관으로 도약
PART II 60대이슈	① 조직·제도분야	30개	-
	② 사건·사고분야	30개	-
	③ 소속기관소개	-	-
APPENDIX 부록	① 조직도, ② 현직 지휘부, ③ 역대 청장, ④ 직제 연혁, ⑤ 소관법령 연혁, ⑥ 대표 함정&항공기, ⑦ 시대별 복제 변천, ⑧ 주요통계, ⑨ 연표		

IV. 본서의 시대 구분

선행 연구자들의 시대 구분을 참고하여 본서는 선사시대부터 통일신라 시대(제2장), 고려시대(제3장), 조선시대(제4장)로 나누어 기술하고자 한다. 조선 후기의 경우 해양경찰사의 중요한 사건인 강화도 조약, 갑오경장 등이 발생하였으므로 개항과 대한제국 그리고 일제강점기(1876-1945)(제5장)로 구분하였다. 1945년 8·15 이후를 현대 해양경찰사로 구분하고, 태동기와 해무청시기(제6장), 신해양경찰대시기(제7장), 경찰청 소속 해양경찰청 시기와 중앙행정관청의 탄생(제8장), 세월호 이후의 해양경찰(제9장)으로 구성하였다.

기존의 해양경찰사에서 언급하지 않은 부분은 일제강점기부터 존재하였던 수상경찰서의 존재를 빠트린 것이다. 해양경찰기능을 수행하면 해양경찰의 역사라고 볼 수 있으므로 해방된 후에 일본의 영향으로 부산수상경찰서(1924년 신설)가 존재하였으므로 해양경찰의 역사에 포함되어야 한다. 따라서 현대 해양경찰사의 시작은 1953년 해양경찰대 창설 때부터 구분하는 것이 아니라 1945년 해방 때까지 거슬러 올라가야 한다고 생각된다. 그리고 1949년 5월에는 인천수상경찰서가 신설된 것도 해양경찰의 역사라고 보아야 한다. 그 이유는 해상에서 불법어업 단속 등의 해양경찰업무를 수행하였기 때문이다. 1953년 해양경찰대 신설된 이후에도 한 동안 해양경찰대와 수상경찰서가 병존한 시기가 있었다. 그 시기는 1953년부터 1961년 7월까지이다.

현대 해양경찰사의 시대 구분은 다음과 같다. 태동기에도 해양경찰대라는 명칭을 가지고 있었고, 1962년부터 1991년에도 해양경찰대라는 명칭을 사용했으므로 1962년 이후 1991년까지를 新해양경찰대시기로 하고, 해무청시기는 특별경찰기관이므로 신분관계가 다르므로 별도로 구분하고, 1991년부터 2014년까지 해양경찰청이라는 명칭을 사용하지만 1991년부터 1996년 이전까지는 경찰청의 부속기관이었고, 1996년 8월 8일부터는 해양수산부의 외청으로 승격되었으며, 2008년에는 국토해양부 소속을 거쳐 2013년 3월 해양수산부의 외청으로 있는 시기는 중앙행정관청 시기로 구분하였다. 또한 2014년 세월호 사건 이후 국민안전처 소속의 해양경비안전본부 시기, 그리고 2017년 해양수산부 소속으로 다시 환원되어 환원 해양경찰청 시기로 구분하여 기술하였다.

표 1-7 ┃ 현대 해양경찰사 시대 구분

구분	정부	기간	소속기관	비고
① 태동기	이승만	1945-1955	내무부 치안국 해양경찰대	• 부산수상경찰서(1924. 3.) • 인천수상경찰서(1949. 5. 신설) • 어업자원보호법제정(1953. 12.) • 일반사법경찰관리 신분
② 해무청시기	이승만 ~ 윤보선	1955-1962	상공부 해무청 해양경비대 (1955. 2. 7)	• 부산수상경찰서를 영도경찰서로 개칭 (1957) • 인천수상경찰서폐지(1961) • 특별사법경찰관리 신분 • 항로표지업무 수행
③ 新해양 경찰대시기	박정희 ~ 최규하 ~ 전두환 ~ 노태우	1962-1991	내무부 해양경찰대 (1962. 5. 5) 내무부 해양경찰대 (1978. 8. 9)	• 해양경찰대설치법시행(1962) • 한·일 어업협정 체결(1965) • 해양경찰대설치법 폐지(1973) • 해양오염 감시·방제기능 추가(1978) • 해양경찰대 본대 인천으로 이전 (1979) • 해양경찰대장 직급이 치안정감으로 격상(1986)
④ 해양 경찰청시기	노태우 ~ 김영삼	1991-1996	경찰청소속 해양경찰청 (1991. 7. 23)	• 경찰법 시행(1991) • 서해훼리호 침몰사고(1993) • 해수면 유·도선사업 및 구조업무 관장(1994) • 낚시어선업법 시행(1996)
⑤ 중앙행정 관청시기	김영삼 ~ 김대중 ~ 노무현 ~ 이명박 ~ 박근혜	1996-2014. 11.	해양수산부 소속 해양경찰청 (1996. 8. 8) 국토해양부 소속 해양경찰청 (2008. 2. 29) 해양수산부 소속 해양경찰청 (2013. 3. 23)	• 배타적경제수역법 제정(1996) • 한·일 어업협정 개정(1999) • 해양경찰청 차장 신설(1999) • 수상레저안전법 시행(2000) • 한·중 어업협정 체결(2001) • 해양경찰청장 직급 치안총감으로 격상 (2005) • 지방해양경찰청 신설(2006) • 허베이스피리트호 원유 유출 오염사고 발생(2007) • 해양경비법 시행(2012) • 중앙해양특수구조단 신설(2014)

구분	정부	기간	소속기관	비고
⑥ 국민안전처 해양경비안 전본부시기	박근혜 ~ 문재인	2014. 11.- 2017. 7.	국무총리 소속 국민안전처 (2014. 11. 19)	• 해양에서의 경비·안전·오염방제 및 해상에서 발생한 사건의 수사로 축소 (2014) • 연안사고예방에 관한 법률 시행(2014) • 복수 치안정감 체제·세종시로 본부 이전(2016)
⑦ 환원 해양경찰청 시기	문재인 ~ 윤석열	2017. 7. 이후	해양수산부 소속 해양경찰청 (2017. 7. 26)	• 수사·정보 기능 회복(2017) • 해양경찰청 본부 인천이전(2018) • 해양경찰법 시행(2020) • 선박교통관제에 관한 법률 시행 (2020) • 어선안전조업법 시행(2020) • 해양경찰 장비도입 및 관리에 관한 법률 시행(2022) • 수상레저기구의 등록 및 검사에 관한 법률 시행(2023)

　　태동기(1945. 8. 15－1955. 2. 6)는 이승만 정부시기이고, 1952년 평화선을 선포하고, 해양경찰대를 창설하였다. 이 시기에는 해군에서 차출된 장병을 경찰관으로 임명하기도 하고, 해양경찰대 초대대장을 해군 대령 출신을 임명하였다. 해양경찰대 기구의 조직구성과 부서편성 등을 살펴보면 해군의 성격이 강하였다.

　　해무청 시기(1955. 2. 7－1962. 5. 4)도 이승만 정부시기 이다. 이승만 정부는 일본어선의 불법조업과 해양자원 보호를 위하여 해무청을 신설하였다. 「해무청직제」에 의하여 수산국내에 해양경비과를 두고 「어업자원보호법」에 관련되는 해양경비와 항로표지 보호에 관한 사항을 분장하게 하고 해양경비원이란 명칭을 사용하였고, 해양경비원은 「어업자원보호법」 제4조(범죄의 수사)에 규정한 사법경찰관의 직무를 행하였다.

　　더불어 태동기와 해무청 시기에 수상경찰서가 존재하였다. 일제강점기에 신설되어 1945년부터 1957년까지 존치했던 부산수상경찰서가 있었고, 인천수상경찰서는 1949년에 신설되어 1961년까지 유지되었고 인천과 경기도 일대의 도서지역을 관할하였다는 것이다. 부산수상경찰서는 해양경찰대가 발족되어 해무청 소속으로 변경되었던 시기에도 있었고 1957년에 영도경찰서로 변경되었다. 그리고 인천수상경찰서는 1961년 인천경찰서에 편입된다. 적어도 1957년까지는 2개의 수상경찰서와 해양경찰대 또는 해양경비대가 병존한 시기이다.

新해양경찰대 시기(1962. 5. 5–1991. 7. 22)는 4개의 정부 박정희, 최규하, 전두환, 노태우 등의 4개의 정부가 이어져 왔던 기간으로 30여 년의 기간이다. 이때에는 조직상 내무부 소속의 해양경찰대이었다. 국가경제가 급격히 성장하는 시기로서 1961년 「해양경찰대설치법」의 제정, 1965년 「한·일 어업협정」체결, 1986는 아시안 게임, 1988년 88올림픽, 우리 어선이 북한에 피랍되는 것을 방지하기 위한 어로보호본부의 설치, 1977년 12월 「해양오염방지법」제정에 따른 본대에 해양오염관리관실의 신설, 1977년부터 치안본부 내에 해경과 또는 해상보안과를 설치하여 해양경찰을 지도·감독하였다. 1986년부터 1989년까지 3차례에 걸쳐 선박출입항신고기관 368개소를 연안경찰서로부터의 인수 등의 변화가 있었다.

해양경찰청시기(1991. 7. 23–1996. 8. 7)는 1991년 5월의 「경찰법」제정에 따라 경찰청 소속의 해양경찰청시기를 말한다. 이 시기는 경찰청 산하 해양경찰청 체제를 유지하면서 경찰기관으로서 지속적인 발전을 도모하였던 시기이다.9 인력, 장비 면에서 보강이 계속되었고 조직편제도 지방청 단위로서 필요한 조직을 갖추기 시작하였다. 1996년 해양수산부가 발족되기까지 안정된 토대 위에 발전을 도모하였고 해상에서 경찰기능, 안전관리, 그리고 해양오염관리를 수행하는 중앙행정기관으로 인프라를 형성하는 시기였다.

중앙행정관청 시기(1996. 8. 8–2014. 11. 19 이전)는 국제적으로 유엔해양법협약이 발효되었고, 김영삼 정부는 우리나라의 권리를 확보하고 국제해양질서에 동참하기 위해 「배타적 경제수역법」 등 9가지 국내법령을 제·개정하였으며, 1996년 8월 8일에는 해양경찰청의 소속이 경찰청에서 해양수산부의 외청으로 되어 중앙행정관청 시대를 맞이하게 되었다.

2008년 2월에는 이명박 정부의 정부조직개편에 따라 해양경찰청의 소속

---

9 김현(2005). 한국 해양경찰 기능의 재정립에 관한 연구. 전남대학교 대학원 박사학위논문. p. 41.

이 해양수산부에서 국토해양부의 외청으로 개편되었다. 2013년 3월에는 박근혜 정부의 공약이행을 위한 「정부조직법」 개정에 따라 다시 해양경찰청의 소속이 국토해양부에서 해양수산부의 외청으로 다시 환원되었다.

세월호 사건 이후의 해양경찰의 시기 구분은 다음과 같다.

첫째, 국민안전처 해양경비안전본부 시기(2014. 11. 19-2017. 7. 26. 이전)는 2014년 세월호 사건 이후 박근혜 정부의 정부조직 개편에 의하여 해양경찰은 중앙행정관청으로서의 지위가 사라지고 국민안전처의 소속부서가 변경되었다. 이 시기에는 해양재난에 대한 관심이 증대되어 해양특수구조대가 신설되기도 했다. 해양수산부에서 관장하던 해상교통관제 업무가 국민안전처로 이관되어 중앙의 해양경비안전본부에 해상교통관제과가 신설되었으며, 해양경찰이 해상교통관제업무를 총괄하게 되었다.

둘째, 환원 해양경찰청 시기(2017. 7. 26 이후)는 박근혜 대통령이 탄핵되어 새로운 대통령으로 선출된 문재인 정부는 국민안전처를 해체하여 해양경비안전본부를 해양경찰청으로 환원하고 해양경찰청의 소속부처를 해양수산부로 변경하였다. 그 후 2022년 3월 9일 실시된 대통령 선거에 의하여 2022년 5월 10일 윤석열 대통령이 취임하였다.

선사 시대와 사국 시대,
그리고 통일 신라 시대

Part 2.

선사 시대와 사국 시대, 그리고 통일 신라 시대

3면이 바다로 둘러싸인 우리나라는 기원전부터 해상 활동을 전개했다는 흔적이 남아있다.

사실 한반도 남부를 출항해서 대한해협을 통과한 후에 일본 본토까지 뗏목을 통해 항해할 수 있다. 오래전부터 바다를 통해서 인간은 서로 오고 갔던 것이다.1 7천 년 정도 전에도 일본 열도의 규슈지역에서 대마도를 거쳐 부산 일대까지 왔고, 반대로 한반도에서 대마도를 거쳐 일본 열도로 가는 것이 가능하다. 우리 민족은 수동적·방어적·쇄국적인 성격의 집단이 아니고, 조선시대 500년에 한정된 것이고, 그 이전에는 해양 활동이 매우 활발했다.

배는 인류가 태고적부터 이용해 온 매우 오래된 교통 수단이다. 도로 사정이 열악하던 전근대 시기에는 바다와 강으로 배를 타고 가는 것이 도보·말·소·낙타·수레를 이용하는 것보다 오히려 더 빠른 길이었다. 고려와 조선이 조운 제도를 운영한 것이나 중국·유럽에서 운하가 발달된 것도 이 때문이다.

사국시대에 들어와서는 사국 모두가 활발하게 해상활동을 전개했다는 기록이 있다. 여기서 4국이란 고구려, 백제, 신라, 가야를 말한다.

바다와 관련하여 고구려의 동명성왕(기원적 37–19)과 미천왕(300–331), 그리고 신라의 탈해왕(57–80) 등의 기사들이 있고, 가야국의 김수로왕의 해상 활동은 국제적이었다는 설도 전해지고 있다.2

---

1 윤명철(2011). 한민족 바다를 지배하다–바다를 지배하는 자가 동아시아를 지배한다. 상생출판. pp. 26–27.

2 일연.권상도역·한정섭 주해(1996). 삼국유사. 이화문화사. pp. 67, 80.

Ⅰ. 선사 시대와 고조선

1. 선사 시대

선사시대는 인류의 역사가 곧 이주의 역사이고, 인류의 삶 자체가 생존을 위한 이주의 역사이었다.[3]

선사시대(기원전 700만 년 전~역사시대 이전)의 경우 발견된 화석의 이주 흔적을 검토하면 700만 년 전 아프리카 내에서 이주가 진행되었고, 약 200만 년 전에는 유라시아, 중동, 아시아까지 이주하였다. 호모 사피엔스의 이주는 약 25만 년 전 아프리카에 등장하여 약 7만 년 전 아프리카 대륙을 벗어나 유라시아와 아시아 유럽까지 이주하였다.

1만 6천 년 전에는 아메리카 대륙까지 이주하였다. 이 당시 늦은 홍적세 시기로 빙하기이기 때문에 시베리아에서 베링해협을 건너 이주가 가능했다.

구석기 시대(홍적세 말기, B.C. 5만 년 전~1만 년 전)에는 수렵과 채취 생활을 하기 위하여 사냥감을 따라 이주하였다.

신석기 시대(충적세 B.C. 1만 년 전)에는 중동지역부터 농경과 목축의 시작으로 정착 생활이 시작되었다. 이를 이어 중국의 양쯔강과 황허강 유역, 뉴기니 고원지대, 멕시코 등 6개 지역에서 시차를 두고 농경이 시작되었다고 한다.

신석기 시대부터 한반도에 거주하던 사람들은 중국은 물론 일본 등 이웃 지역과 여러 상호작용의 흔적이 발견된다. 일부의 사람들은 기원전 1000년 경에 한반도에서 일본으로 이주한 흔적이 있다. 이는 660년경 백제의 멸망과 함께 백제인의 일부가 일본으로 이주한 것보다 훨씬 전의 일이다.[4]

2. 서복 이야기

진시왕(B.C. 259~B.C. 210)은 서복(徐福, 서불이라고도 함)을 불러 삼신산의 신선

---

[3] 이혜경외 7인(2016). 이민정책론, 박영사. p. 44.

[4] Yi Seonbok(2013). "Korea: Archaeology," *In Encyclopedia of Global Human Migration*, edited by Immanuel Ness er al. Wiley Blackwell.

을 찾아 불로초를 구해 오도록 하였다. 「사기」진시왕 본기에 따르면 서복의 고향은 제(齊)5 땅으로 오늘날의 산동 반도에 해당한다. 서복과 관련된 설화는 산동 반도와 한반도의 바닷길, 일본의 규슈 일대 등 동북아시아 연안항로를 따라 남아 전해지고 있다.6

서복 선단의 출항은 진 또는 진시황의 동방 개척 정책의 일환이었고, 그 결과 동아시아에 적지 않은 영향을 끼쳤을 것이다. 그만큼 당시는 해양활동이 활발했으며, 교역과 활동범위가 넓었기 때문이다. 그 당시 고조선은 황해의 곳곳에서 해양활동을 전개했다.7

중국 산동성 영성시 바닷가에 서복일행 떠났다는 천진두(天盡頭), 경남 남해군의 금산에 '서불이 알이나 일출에 예를 올렸다'는 「서불기예일출(徐市起禮日出)」이라 새겨진 마애 석각이 있고, 제주도 정박폭포 암벽에 「서불과차(徐市過此)」라는 문구가 새겨져 있었으며, 일본 와카야마(和歌山縣) 신칸시(新官市) 우에노(上野) 등지에도 서복이 다녀갔다는 전설이 전해지고 있다.

3. 고조선

1) 고조선의 성립과 발전

고조선에서는 국가통치제도를 점차 정비 강화하는 과정에 대내적으로는 국가 질서를 유지하고 대외적으로는 외적의 침입으로부터 나라를 지키는 것을 사명으로 하는 국가적 규모의 군사력을 꾸려졌다. 바다에 나가 어로작업을 하는 사람들을 통제하고 장악하며 바다 세금을 징수하기 위해서도 최소한 경비·경찰 임무를 수행하는 수군력이 필요하였다.8 또한 대륙 방면으로부터 오는 외래침략을 효과적으로 막아내기 위하여서는 바다로부터의 적을 물리치고, 자기 나라 사람들의 해상활동을 보호할 수 있는 수군력을 가져야만 했다.

고조선 수군의 해상기동 사실에서 수군이 기능을 하고 있었음을 추정할

---

5 주나라 시대의 제(齊, 기원전 1046년경~기원전 221년).
6 강봉룡(2005). 상게서, pp. 20–22.
7 윤명철(2011). 전게서, p. 63.
8 오봉근외 4인(1991). 조선수군사, 백산자료원, p. 13.

수 있다. 기원전 2세기 초 위만의 정변 당시 고조선의 준왕이 한반도 서해 중부지역으로 대규모의 해상기동을 한 사실이 있다.9

기원전 3세기 말−2세기 초 고조선왕 준은 본래 연나라에 있다가 자기 고국으로 돌아온 만에게 고조선의 서부 변방지대 100여리의 땅을 주어 한나라에 침공을 막게 하였다. 그런데 만은 자기의 세력기반이 강화되자 한나라 군대가 10도로 갈라져 쳐들어온다는 허위보고를 하고 수도를 지킨다는 구실로 불의에 왕검성에 쳐들어왔다. 이 급보에 접한 준왕은 만과 싸워 이길 수 있는 힘을 없었으므로 수천 명의 인원을 데리고 바다길로 마한땅으로 피신하게 되었다.10

준왕이 지지세력을 거느리고 남천에 성공하고, 남쪽지역에서 국가적인 성장을 한 것은 어느 정도 강력한 해양세력의 토대가 없이는 불가능한 일이다.11

준왕의 해상기동은 고조선 수군은 비교적 높은 수준에 있었으며 그 역량이 상당한 정도로 큰 것이었다는 것을 시사해 주고 있다. 준왕이 수천명의 측근 신하들과 왕족들, 호위병들과 노비들을 모아 싣고 큰 선단을 구성하여 남하하였다는 사실은 고조선에 많은 배가 있었고 체계적인 해상역량을 가지고 있었다는 것을 보여주고 있다.

2) 연안항로의 장악

동북아 연안항로12의 길목을 장악한 세력은 대동강 하류를 중심으로 일

---

9 오봉근외 4인(1991). 상게서, p. 14.

10 이에 대한 역사기록을 살펴보면 「후한서」 한전에는 준이 마한을 공격하여 격파하고 스스로 왕이 되었으며 그가 죽은 후에 진국의 통치자인 진왕이 다시 자립하여 왕이 된 것으로 기술하고 있다. 그러나 「위략」을 비롯한 다른 역사기록에는 그가 마한땅에 가서 살았다는 것으로 되어 있다. 따라서 그는 진국왕의 승인 밑에 하나의 제후국으로 된 것으로 볼 수 있다. 그가 도착하여 살게 된 마한의 한 지방은 오늘의 전라북도 익산으로 전해 온다[오봉근외 4인(1991). 조선수군사, 백산자료원. p. 14].

11 윤명철(2014). 한국해양사, 학연문화사, p. 58.

12 동북아 연안항로란 중국의 동해연안을 따라 북상하여 산동반도와 요동반도 사이의 묘도 열도를 거치고 요동반도를 경유하여 한반도의 서해안과 남해안을 따라 가다가 바다를 건너 일본열도에 이르는 항로를 말한다. 횡단항로나 사단항로가 새로운 상시 항로로 개척되어 본격 활용되기 시작한 것은 삼국통일 이후로 여겨지며, 그 이전인 삼국시대까지는 연안항로가 동북아 문물 유통의 가장 중요한 교통로로 활용되었다. 삼국시대까지 횡단항로나 사단항로는 조선술과 항해술이 미진하

어난 고조선이었다. 고조선은 중국의 한(漢) 왕조13의 반대에도 불구하고 남쪽의 한(韓)과 왜(倭)가 한(漢) 왕조와 직접 교류하는 것을 방해하였고, 연안항로의 길목을 차단하고 문물교류의 이득을 챙기면서 성장하였다.14 이러한 상황은 주위 국가들의 불만을 사게 되었다.

위만조선이 수군력의 뒷받침이 없고서는 서해 북부 항로를 장악하고 남쪽의 국가들과 한(漢)의 교섭을 방해하는 일은 불가능하다. 군사적·경제적 목적으로 해상권을 장악하려면 해상교통의 길목에 통제거점을 만들어 놓아야 하기 때문이다.15

한(漢)왕조는 결국 고조선을 정벌하기 위하여 대규모의 수군과 육군으로 수륙양면으로 고조선을 공격하였다. 고조선을 1년간 버티다가 기원전 108년에 멸망하고 말았다.

조·한(朝漢) 전쟁이 끝나고 황해는 한의 내해적인 성격이 강해졌고, 주변의 각국들은 한나라에 의해 정치 경제적으로 간섭을 받게 되었다. 교역을 매개로 맺어졌던 황해문화권이 이제는 본격적으로 군사력을 동반한 정치적인 성격으로 확대되었다.16

3) 고조선의 건국 신화와 형벌 법령

단군신화에서 고조선은 환웅 집단과 여러 집단이 결합하여 건국되었고, 제정일치 사회였음을 알 수 있다. 한편 형벌 법령으로는 8조의 법이 있었고,

---

여 제한적으로 이용되었고, 육상교통로 역시 무력 충돌의 통로로는 빈번히 이용되었을지 몰라도 평화적 문물교류의 통로로는 활용이 매우 제한적이었다〔姜鳳龍(木浦大), 古代 東北亞 沿岸航路와 榮山江·洛東江流域. 김해시청. p. 1.〕.

13 한(漢) 왕조: 기원전 206년에 고조(高祖) 유방이 세운 왕조로서 서기 9년에 왕망이 정변을 일으켜 신(新)나라를 건립할 때까지 유지되었다. 그 후 서기 25년에 한나라 왕조의 후예인 유수 즉 광무제(光武帝)가 신나라를 무너뜨리고 다시 한나라를 건립했다. 역사에서는 전자를 전한(前漢), 후자를 후한(後漢)으로 구분한다. 후한은 서기 220년에 마지막 황제인 헌제(獻帝)가 강압에 의해 조조의 아들 조비(曹丕)에게 제위를 물려줌으로써 역사에서 사라졌다. 조비는 이후 나라 이름을 위(魏)로 바꾸었다.

14 강봉룡(2005). 상게서. pp. 22-22.

15 윤명철(2014). 전게서. pp. 68-69.

16 윤명철(2014). 상게서. p. 69.

이를 통해 노동력과 재산을 중시하는 계급이 존재하였음을 알 수 있다.

📖 환웅이 무리 3천을 이끌고 신단수 아래에 내려가 … 사람들을 다스렸다. 그 때 곰과 호랑이가 환웅에게 사람이 되기를 빌었다. … 곰은 삼칠일 동안 금기를 지켜 여자의 몸을 얻었다. … 환웅과 웅녀가 혼인하여 아이를 낳았으니 이를 단군왕검이라 하였다. (삼국유사)

📖 사람을 죽인 자는 즉시 사형에 처하고, 남에게 상해를 입힌 자는 곡식으로 갚는다. 절도한 자는 노비로 삼는다. 용서를 받고자 하는 자는 한 사람마다 50만 전을 내야 한다. (한서)

II. 고구려

1. 개요

고구려는 주몽이 부여 이주민과 압록강 유역의 토착민과 연합하여 졸본 지역에 건국하였다.

5개의 부(部)가 연맹체를 형성하여 성립하였고, 각 부는 각기 독자적으로 통치되었다. 왕과 가(加)들이 각각 사자·조의·선인 등의 관리를 거느리고 있었다.

📖 **건국 신화**
해모수(解慕漱)와 유화(柳花) 부인이 결합하는 신비적이고 감동적인 신화는 태양을 숭배한 해모수 집단과 물에 세력 기반을 둔 하백(河伯) 토착 세력 간의 통합과정을 나타내거나 혼인 동맹을 상징화한 것이다. 즉, 이주 세력인 해모수와 강가에서 수군력을 보유한 토착 세력 간에 벌어진 갈등을 표현한 것이다. (윤명철, 한국해양사)

📖 연노부·절노부·순노부·관노부·계루부의 다섯 집단이 있었다. 대가들도 사자·조의·선인을 두었고, 범죄자가 있으면 제가들이 모여 회의하여 사형에 처하고 그 처자는 노비로 삼는다. (삼국지 위지동이전)

1세기 초 국내성으로 천도하였고, 1세기 후반 태조왕 때 옥저 정복·요동 지역으로 진출을 시도하였다.

2세기경 고국천왕 때 진대법실시·부족적 전통의 5부를 행정적인 성격으로 개편하였다.

4세기경 미천왕 때 낙랑군을 축출하고 대동강 유역을 확보하였다.

소수림왕(4세기 후반)은 태학(유학 교육을 통한 인재 양성)의 설립, 율령반포,17 불교의 수용, 전진과 수교하였다.

광개토 대왕(4세기 말－5세기 초)은 백제를 공격하여 한강 이북을 차지하고, 신라에 침입한 왜를 격퇴하였으며, 요동을 비롯한 만주 일대를 장악하였다.

광개토 대왕의 백제 공격(391－396년)은 기병이나 보병 이외에 수군의 흔적도 보이는데, 이는 그간 백제가 주도해오던 동북아 해상 교역체계를 근저에서부터 뒤흔드는 것이었다.18

장수왕(5세기)은 중국의 남북조와 동시에 교류하고 남진 정책을 추진하였다. 수도를 평양으로 천도(427년)하고, 백제의 한성을 함락하여 한강 유역을 장악하였다(475년).

고구려의 관등제는 5부 연맹이 해체되면서 지배 세력을 관등에 편입하여 대대로 이하 10여 관등으로 정비하였다. 지방 통체 체제는 성 중심의 행정구역으로 편제하였다.

2. 해상 활동

고구려가 동아시아에서 패권국가가 되기 위해서는 해륙국가를 실현하는 것이다. 해륙국가란 해양과 대륙을 유기적으로 연결하는 것을 말한다. 해륙국가의 실현이야말로 고구려가 발전하는 가장 중요한 정책이었다. 고구려의 수도는 항구 도시이었고, 서울, 공주, 부여도 마찬가지 항구도시이다.19 고구려는 해륙국가를 만들기 위해 태조인 고주몽 때 두만강 하류로 진출한다. 1945년 이전까지 대부분의 물류는 강과 바다를 통해서 움직였고, 만주 지역은 많

---

17 고구려의 형법은 모반한 사람과 반역자는 사형에 처하며, 가족은 노비로 삼고, 그 집안 재산을 몰수하였다(주서).
18 강봉룡(2005). 전게서, p. 56.
19 윤명철(2011). 전게서, pp. 58–72.

은 강이 있다. 고구려가 400여 년 동안 수도로 삼았던 집안시는 압록강 중류에 있고, 고구려는 압록강과 두만강에 진출해서 황해와 동해에 진출했다. 고구려에서는 조선과 항해기술이 발전되어 해상활동이 활발하게 진행되었다. 이에 대해서는 479-482년 기간에 제(齊)나라20에 가는 사신이 배를 타고 바다를 건넜다는 기록이 있다.21 이것은 고구려에서 일상적으로 우리나라 서해를 건너 중국에 왕래하였다는 것을 보여준다. 또한 고구려 사람들의 일본영토로의 이주·왕래에 의한 경제·문화적 관계가 일찍부터 있었고 570년 이후 약 100년 사이에 고구려의 사신이 23차례에 걸쳐 '왜'를 방문하였다는 자료로 보아 일본에로의 왕래도 빈번하였다는 것을 알 수 있다.22

　　고구려에는 해군도 조직되어 있었다. 233-234년에 오나라 사신이 왔을 때 그들을 호송하기 위하여 25명의 조의들을 함께 보냈다는 자료(이것은 수군이 없이는 실현하기 어려운 일이다)와 고구려의 광개토왕 비문에 "병신년(396년)에 왕이 수군을 거느리고 이산국(백제)을 쳤다"는 기록, 607년 5월 고구려군이 바닷길을 이용하여 백제의 송산성과 석두성23을 공격하였다는 자료는 서해안을 따라 항행할 수 있는 군함과 수군이 조직되어 있었다는 것을 보여준다.

　　항해술에는 중국 사신이 고구려에 갈 때에 뱃길을 물으니 밤에는 별을 쳐다보고 낮에는 해를 가늠하여 간다고 말한 사실24과 669년 정월에 당나라의 승려 법안이 신라에서 자석을 얻었다는 사실25로 미루어 보아 지문항법과 천문항법의 초보적인 지식이 도입되어 있었다고 볼 수 있다.

3. 순라병(巡邏兵) 또는 순라군(巡邏軍)

　　발해 일부와 요동반도 근해는 고구려 수군이 활동하는 바다였다. 요동반

20　남조의 제(479년~502년).
21　「남제서」고구려전.
22　한국과학사 편찬위원회(2001), 한국과학사, 여강출판사, 제1절 삼국시대의 조선 및 항해기술.
23　석두성은 아산만 남쪽 충청남도 당진군 한진리에 있었던 것으로 추정된다. 「증보문헌비고」33권 여지고 21 해방 면천 대진표조에 의하면 고구려군이 이곳을 공격하였다고 한다.
24　담수(談藪).
25　「삼국사기」 6권 신라본기 문무왕 9년 정월.

도 남쪽에는 장산 군도가 있는데, 404년 광개토태왕 시대 고구려의 영토가 되었다고 현지에서 기록하고 있다. 광개토태왕 때 경기만을 장악하여 백제의 해양활동을 약화시키고 대중 외교를 펼칠 수가 있었고, 이는 백제가 중국쪽과 교류하는 것을 봉쇄하는 것을 의미한다. 장수왕은 427년 수도를 평양으로 옮기고 좀 더 확실하게 경기만과 서해안을 장악한다.[26]

순라군 혹은 순라병은 고대 해양 방어와 순찰의 업무를 수행했던 전력을 말한다. 고구려 순라군(순라병)에 대한 역사기록은 다음과 같다.

648년(진덕왕 2년)에 김춘추가 당에 사신으로 갔다가 바닷길을 통해서 귀환하는 과정에서 고구려의 순라병을 만났을 때, 부하인 온군해에게 자신의 옷을 바꿔 입히고 자신은 작은 배로 갈아타 무사히 돌아왔다는 기사가 있다.[27] 이는 고구려에 해상순찰을 하는 수군이 있었고 고구려 수군의 해상검문검색과정에서 김춘추 일행이 발각되었다고 볼 수 있다.

660년경에 의상과 원효가 바닷길을 통해 당나라 유학길에 올랐을 때, 요동에서 고구려 순라군에게 붙잡혀 첩자로 오인받아 수십 일 동안 갇혔다가 돌아왔다는 기사가 있다.[28]

순라군(순라병)은 고대에 해양 방어 및 순찰의 업무를 수행한 조직으로서 오늘날의 해양경찰과 유사한 기능을 수행하였다고 평가할 수 있다. 이와 같이 바닷길에서 다툼을 벌인 사례가 빈번히 나타나고 있는 것으로 보아, 순라군 제도는 동아시아 국가의 보편적 해양경비 제도였다고 할 수 있다.[29]

III. 백 제

고구려는 부여에서 갈라져 나왔고, 백제는 고구려에서 갈라져 나왔다. 부

---

26 윤명철(2011). 전게서. pp. 82-86.

27 「삼국사기」 5권 진덕왕 2년(648).

28 「삼국유사」 4권 의해. 의상전교.

29 해양경찰교육원·목포대학교 도서문화연구원(2019). 해양경찰 뿌리찾기. 해양경찰교육원. pp. 247-248.

여를 본류라고 볼 수 있고, 지류(支流)에는 부여 유민들이 세운 두막루(豆莫婁), 옥저, 동예, 고구려, 백제, 일본열도까지 큰 의미에서는 하나의 공동체 내지는 하나의 정치체제에 속한다고 볼 수 있다.[30]

백제는 온조가 고구려 이주민과 한강 유역 토착 세력이 결합하여 건국하였고, 하남 위례성에 도읍을 정하였으며, 마한의 소국들을 제압하여 성장하였다.

3세기경 고이왕은 마한의 소국을 공격하여 목지국을 병합하고, 한강 유역을 장악하였으며, 한(漢)의 군현과 항쟁을 지속하였다. 그리고 6좌평 중심의 관등(좌평 이하 16관등으로 정비)과 공복을 마련하였다.

3세기 후반 관료 체제의 기틀을 마련하고, 법령을 정비하였으며, 4세기경 최대 영토를 확보하였다. 4세기 중엽 근초고왕은 왕위를 부자상속으로 하여 안정되었고, 마한의 남은 세력을 정복하였다. 고구려의 평양성을 공격하였고, 중국-백제-가야-왜를 연결하는 해상교역로의 주요 거점을 확보하였으며, 이를 바탕으로 중국의 동진 및 왜와 교류하였다.

5세기 후반 고구려의 공격으로 수도가 함락되어 한강 유역을 상실하였으며, 수도를 웅진(공주)로 천도하였다.

6세기 무녕왕 때 중국 남조와 교류하고 22담로에 왕족을 파견하였으며, 성왕 때 사비(부여)로 천도하고 22부의 중앙관청을 설치하였다. 지방의 경우 전국을 5방으로 편제하였다.

무녕왕은 501년에 즉위하였고, 508년에는 탐라(제주도)와 처음으로 통교 관계를 맺었으며, 509년에는 왜와의 교류가 빈번하게 이루어졌다. 이에 따라 무녕왕은 우선 남방의 연안항로를 완전 정상화시킬 수 있었다.[31]

문제는 고구려에 의해 차단된 북방의 연안항로이었다. 무녕왕은 고구려와의 전투에서 우위를 점함으로써 북방의 연안항로를 개통하였다.[32]

백제는 지리적 조건과 관련하여 중국, 일본과의 왕래를 오직 바다를 통해서만 할 수 있었으므로 조선기술과 항해술이 발전하였다. 260년 정월 국가기구에 국방을 담당한 '위사좌평'을 설치한 것으로 보아 여기서 바다를 방위하는 수

---

30 윤명철(2011). 전게서, p. 38.
31 강봉룡(2005). 전게서, pp. 69-70.
32 강봉룡(2005). 동게서.

군의 활동과 함선을 건조하는 일을 감독하는 일을 장악하였다고 볼 수 있다.[33] 백제에서는 배로 중국과 일본에 사신을 보냈는데 이러한 해상활동이 아래의 〈표 2-1〉로 보아 장기간에 걸쳐 진행되었다는 것을 알 수 있다.

표 2-1 | 백제에서 이웃 나라에 사신을 보낸 일부 자료

연대	사신 왕래	출처
372	진나라에 사신을 보냄	「삼국사기」 24권 백제본기 근초고왕 27년 정월
379	진나라에 사신을 보냄	「삼국사기」 24권 백제본기 근구수왕 5년 3월
384	진나라에 사신을 보냄	「진서」
402	일본에 사신을 보냄	「삼국사기」 25권 백제본기 아신왕 11년 5월
406	진나라에 사신을 보냄	「삼국사기」 25권 백제본기 전지왕 2년 2월
418	일본에 사신을 보냄	「삼국사기」 25권 백제본기 전지왕 14년 여름
429	송나라에 사신을 보냄	「삼국사기」 25권 백제본기 비류왕 3년 가을
440	송나라에 사신을 보냄	「삼국사기」 25권 백제본기 비류왕 14년 겨울
472	위나라에 사신을 보냄	「삼국사기」 25권 백제본기 개로왕 18년

자료: 한국과학사 편찬위원회(2001). 한국과학사, 여강출판사.

백제는 일본에 가장 많은 문화적 영향을 준 나라로서 일본에로의 왕래를 빈번히 하였을 뿐만 아니라 조선기술도 전달하였다. 이와 관련된 대표적인 자료로서 「일본서기」에는 진나라 무제 태시 7년(271년)에 일본이 백제의 지식있는 학자들을 초빙하였으며, 백제 사람의 후손이 일본에서 선장으로 일하였다는 것, 백제의 선박에 의하여 기술자와 학자 등의 내왕이 빈번하게 있었다는 내용이 있다. 또한 일본에서는 백제 사람들이 만든 크고 든든한 배를 '백제배'라고 일컬었다고 한다.[34] 이와 같은 자료와 사실들은 백제에서 조선기술이 발전하였고 항해술도 높았다는 것을 보여준다.

백제는 4세기 중반 근초고왕 때에 크게 발전하였다. 이때의 백제는 마한

---

33 「삼국사기」 24권 백제본기 고이왕 27년 정월.
34 「일본서기」 25권 효덕기 백치 원년.

세력을 정복하여 전라도 남해안에 이르렀으며, 북으로는 황해도 지역을 놓고 고구려와 대결하였다.

백제는 한성 일대를 수도로 삼았다. 수도에서 출항해서 인천 또는 강화도를 거쳐 황해로 나가는 것이다. 이 과정에서 고구려는 남진해 오고 있고, 백제도 마찬가지로 바다로 나가야 한다. 이에 따라 경기만 장악과 남진하는 고구려 사이에 전쟁이 발생하게 된다.[35]

또, 백제는 낙동강 유역의 가야에 대해서도 지배권을 행사하였다. 정복활동을 통하여 축적한 군사력과 경제력을 바탕으로 백제는 수군을 정비하여 중국의 요서 지방으로 진출하였고, 이어서 산둥지방과 일본의 규슈 지방에 까지 진출하는 등 활발한 대외활동을 벌였다.[36]

근초고왕 때인 백제와 고구려의 평양성 전투(371년)에서 백제가 승리하였다. 백제의 평양성 전투에서의 승리는 동북아 연안항로의 주도권을 잡은 것으로 낙랑·대방군의 뒤를 이어 백제로 넘어가게 된 것이다.[37]

평양성 전투 후 백제는 경기만을 장악하여 중부 해상권 장악은 물론 옹진반도 이북지역에도 영향을 끼칠 수 있었고, 해양 활동권이 황해중부 이북으로 확대되었다.[38] 그리고 일본 열도에서 제주도, 한반도 남부를 거쳐 북부까지 항로로 이어지는 물류체계를 장악하였고, 외교적으로 고구려를 압박하였으며, 여러나라 들과 동시에 교섭하였다.

IV. 신 라

신라는 진한의 사로국에서 출발하여 4세기 전반까지 박·석·김씨가 왕위를 배출하였다.

3-4세기경 진한의 소국들을 대부분 복속시키고, 4세기 후반 내물왕 때

---

35 윤명철(2014). 전게서, pp. 73-74.
36 국사편찬위원회·국정도서 편찬위원회(2008). 고등학교 국사, 교육인적자원부, p. 49.
37 강봉룡(2005). 전게서, p. 51.
38 윤명철(2014). 전게서, pp. 90-91.

김씨의 왕위 계승을 확립하고 왕호로 '마립간'을 사용하였다.

6세기 초 지증왕 때 왕호를 마립간에서 왕으로 변경하고, 국호를 신라로 확정하였으며, 우산국을 정벌하고, 우경(牛耕)과 수리사업을 장려하였다.

6세기 법흥왕 때 병부를 설치하고, 율령을 반포하였으며,39 불교의 공인, 관리의 공복 제정, 재상의 역할을 수행하는 상대등을 설치하였다. 금관가야를 병합하여 낙동강 하류 유역을 확보하였다.

특히 법흥왕은 금관가야를 병합(532년)하여 낙동강 하류지방을 장악하여 남해 동부 및 동해 남부의 해양문화 전반을 흡수하면서 비약적인 발전을 하게 된다. 남조 정권인 양나라와 사신을 교환하기도 하였다.40

6세기 중반 이후 진흥왕 때 화랑도를 국가적 조직으로 개편하였고, 한강 유역을 차지하였으며, 대가야를 병합하였다. 함흥평야까지 진출하여 단양적성비, 4개의 순수비를 건립하였다.

진흥왕은 532년에 금관가야를 완전하게 복속시켜 연안항로의 요충지인 김해 일대를 확보하였고, 진흥왕 15년(554년)에 신라가 한강 하류를 점령한 사건은 일대 충격이었다. 그동안 백제와 고구려가 번갈아 가면서 장악해 오던 동북아 연안항로의 주도권이 신라의 수중으로 넘어가는 순간이었다.41

진흥왕은 신라의 해양능력을 발달하는 데에 결정적인 역할을 한 군주이다. 첫 번째로 한반도 해양활동의 핵심거점인 경기만을 장악했고, 또 다른 하나는 바로 가야를 완전하게 장악했다. 이에 따라 한강유역의 전부를 차지했고, 가장 빠르게 대중국항로와 물류체계를 획득한 것이며, 수군능력이 급속도로 증강됐다.42

관료제도의 경우 법흥왕 때 17관등제 정비(이벌찬 이하 17관등으로 정비), 골품

---

39 신라의 율령반포 사실을 알 수 있는 사실은 다음과 같다.
거벌모라 남미지촌의 주민들을 처벌하고, 지방의 몇몇 지배자에게 장 60대, 100대씩 부과한다(울진 봉평리 신라비).
신해년 2월 26일에 남산 신성을 축성할 때 법에 따라 만든 지 3년 이내에 무너져 파괴되면 죄로 다스릴 것이라는 사실을 널리 알려 서약하게 하였다(경주 남산 신성비).
40 윤명철(2014). 전게서, p. 153.
41 강봉룡(2005). 바다에 새겨진 한국사, 한얼미디어, pp. 72-73.
42 윤명철(2014). 전게서, pp. 153-154.

제와 관등제 결합(골품에 따라 관등 승진이 제한됨)등의 제도개편이 있었다.43 지방통치체제는 전국을 주·군으로 구분하고 그 아래에 촌을 설치하였다.

삼국시대 왜의 침범관계는 삼국 중에서 유독 신라 쪽에만 치중하고 있었다. 신라시대의 기록으로는 기원전 50년(박혁거세 8년)에 왜인 병(兵)을 거느리고 변방을 침범했다는 것을 시작으로 많은 기록이 있다. 393년 왜인이 내습하여 금성(金城)을 포위하고 5일이 지나도록 전과가 없자 퇴각하기 시작했다. 399년 8월 침입한 왜병의 규모가 크므로 왕은 고구려에 구원을 요청했다. 457년 왜인이 월성(月城)을 포위했다. 문무왕(文武王 661-680)은 생전에 용이 되어 왜병을 물리치겠다고 염원하여 바다(문무대왕 해중릉)에 묻혔다. 이것으로 당시 왜침의 심각성을 짐작할 수 있다.44

이러한 상황에서 신라조정에서는 조선을 감독하는 국가기관으로서 583년에 처음으로 '선부서(船府署)'가 설치되었다. 선부서에는 대감·제감 등의 관리를 두었고, 병부의 소속기관으로 군사행정기관이었다.45 이는 수군 활동을 적극적으로 하는 정책을 펼쳤으며, 국가정책으로 해양활동 능력을 확대하였다는 것을 의미한다.46

583년에 '선부서'가 설치되었다고 하여 이때부터 신라의 조선과 해상활동이 시작된 것은 아닐 것이다. 군함을 수리 정비한 기록을 보고 알 수 있는데 289년에는 왜적이 침공한다는 통보를 받고 선박과 병기를 수리하였으며,47 467년 봄에는 관원을 시켜 전함을 수리하였다.48

신라도 성장하면서 고구려와 마찬가지로 해륙국가를 완성해야 강국으로 자리잡을 수 있었으므로 북진정책을 취하면서 해양을 확장시킬 필요가 있었다. 고구려의 남진을 저지하면서 일본열도로 가는 항로를 방해하기 위해서라

---

43 법흥왕 7년(520) … 모든 관리는 공복을 만들어 붉은색과 자주색으로 위계를 정하였다. … 19년 (532) 금관국의 왕 김구해가 나라의 재산과 보물을 가지고 와 항복하였다. 왕이 예로써 그들을 대우하고 높은 관등을 주었다(삼국사기).

44 장수호(2011). 조선시대말 일본의 어업 침탈사: 개항에서 1910년까지 일본의 어업 침탈에 관한 연구, 수상경제연구원 BOOKS & 블루앤노트. pp. 28-30.

45 「삼국사기」 4권 신라본기 진평왕 5년 정월.

46 윤명철(2014). 전게서. p. 154.

47 「삼국사기」 2권 신라본기 유례니사금 6년 5월.

48 「삼국사기」 3권 신라본기 자비마립간 10년.

도 삼척·강릉지역을 차지하고, 울릉도를 복속시켜야 했다. 신라가 우산국을 점령하면 고구려는 동해 중부를 출항해서 일본에 갈 수 없게 된다. 반대로 고구려로서는 강릉·삼척지역을 차지해야 항로를 통해서 일본의 쓰루가 지역 등에 도착할 수 있다.[49]

신라에서는 512년에 우산도(울릉도)를 정복할 때 전선에 나무로 만든 허수아비 사자를 싣고 가서 전과를 거두었다는 기록[50]과 진흥왕 때에만도 사신을 북제에 1차(564년), 진나라에 4차(566년, 567년, 568년, 570년)에 걸쳐 보냈다는 기록[51]으로 보아 해상으로 군사활동과 사신왕래가 활발히 진행되었다는 것을 알 수 있다.

울릉도(우산도) 정벌에 대한 삼국사기의 자세한 기록을 살펴보면 다음과 같다.[52]

지증마립간 13년 (512년) 여름 6월에 우산국(于山國)이 항복하여 해마다 토산물을 바쳤다. 우산국은 명주(溟州, 강릉)의 정동쪽 바다에 있는 섬으로 혹은 울릉도(鬱陵島)라고도 한다. 땅은 사방 100리인데, 지세가 험한 것을 믿고 항복하지 않았다. 이찬 이사부(異斯夫)[53]가 하슬라주(何瑟羅州, 강릉지방) 군주가 되어 말하기를 "우산국 사람은 어리석고도 사나워서 힘으로 복속시키기는 어려우나 꾀로는 복속시킬 수 있다" 하고, 이에 나무 사자를 많이 만들어 전함에 나누어 싣고 그 나라 해안에 이르러 거짓으로 "너희가 만약 항복하지 않으면 이 사나운 짐승을 풀어 밟아 죽이겠다"고 말하자 그 나라 사람들이 두려워 곧 항복하였다.

---

49 윤명철(2011). 전게서, pp. 89–90.
50 「삼국사기」 4권 신라본기 지증마립간 13년 6월.
51 「삼국사기」 4권 신라본기 진흥왕 25년, 27년, 18년 3월, 29년 6월, 31년 6월.
52 「삼국사기」 4권 신라본기 지증마립간 13년 6월.
53 이사부(異斯夫): 505년(지증왕 6년)에 실직주(悉直州: 삼척)의 군주(軍主)로 임명되었는데, 이것이 신라에서 처음 군현제(郡縣制)가 실시된 사례이다. 512년에 하슬라주 군주로 있으면서 지금의 울릉도인 우산국을 신라에 귀속시켰다. 541년(진흥왕 2년) 병부령(兵部令)이 되어 562년까지 실권을 장악하였다. 545년에는 국사 편찬을 제안하여 거칠부 등이 《국사》를 편찬하는 계기를 이루었다. 549년에 한강 상류지역까지 신라 영토를 넓혔고, 550년에는 고구려와 백제가 도살성(道薩城)과 금현성(金峴城)을 두고 공방을 계속하다 지친 틈을 타서 두 성을 빼앗았다. 이러한 활약은 신라가 함경도 남부까지 차지하는 과정에 기여하였다. 562년에는 대가야를 멸망시키고 소백산맥 동쪽에 신라의 지배권을 확립하였다(두산백과, 2013. 1. 22. 검색).

V. 가 야

변한지역의 소국들을 통합하여 가야 연맹이 성립되고, 풍부한 철을 바탕으로 성장하였다. 3세기경 김해의 금관가야가 연맹을 주도하고, 5세기경 신라를 지원한 고구려군의 공격으로 금관가야가 쇠퇴하였다. 고령의 대가야가 후기 연맹을 주도하였으나 중앙 집권국가로 성장하지 못하였다고 평가된다.

📖 **가야 건국 신화: 뱃길로 온 허황옥**

수로왕은 배우자가 출현할 것을 예언하고, 수로왕은 유천간을 불러 망산도에 가서 기다리고 있다가 바다에서 붉은 돛과 기(旗)를 단 배가 나타나면 횃불을 올리도록 지시하고, 신귀간을 불러 가야의 항구인 승점에 나가 있다가 망산도에서 횃불이 올라오면 알리도록 했다. …

이윽고 배가 승점에 상륙했다. 배에서 내린 허황옥은 가장 높은 언덕에 올라 천신에게 제를 올리고, 행궁에 들어 수로왕과 이틀 밤 하루 낮을 지낸 다음 궁으로 돌아왔다. 그리고 두 성인(聖人)은 가야를 건국했다. 가야 건국신화의 허황옥은 천신(天神: 태양을 상징) 수로왕과 대응하는 지모신(地母神)의 출현을 의미한다. 이 지모신은 가야의 해양지향적 국가를 반영한다. 가야의 모태가 되었던 변한의 철은 이미 삼국은 물론이고 중국과 왜에 가장 중요한 교역품 중의 하나로 각광받고 있었다. 이는 변한의 철이 동북아 연안 항로를 따라 중국 대륙과 한반도 및 일본열도 사이에 활발히 교역되고 있었음을 반영하는 것이다. (강봉룡(2005). 바다에 새겨진 한국사, pp. 40-41)

일본의 건국 신화에 나오는 「구시호루노 다께」가 가야국 설화에 나오는 「구지봉(龜旨峰)」과 서로 통하는 것이며, 북규슈를 비롯한 일본 각지에 가라 등 가야 계통 지명 등이 다수 나오는 것은 가야인들의 적극적인 해상진출과 관련된 것이다.[54]

특히 일본의 건국 신화는 김수로왕의 천손강림 신화와 구조는 물론 내용이 같고, 등장하는 지명(구지봉: 구시호루노 다께)도 거의 비슷하다. 쓰시마나 규슈 북부에는 가야계 지명이 지금도 많이 남아있다. 특히 고대 항로의 기점인 규슈 북부의 당진(唐津)은 원래는 한진(韓津)이었으며, 지금도 가라의 항구라는 뜻

---

[54] 오봉근외 4인(1991). 전게서, p. 78.

인 '가라츠'라고 읽는다.[55]

VI. 통일 신라

1. 신라의 삼국통일과 통치체제의 정비

수나라가 수백 년 동안 분열되었던 중국을 통일(589년)하자 동아시아의 질서는 급변하기 시작했다. 수는 동아시아 세계의 종주권을 회복하고, 동남아와 동중국해, 황해, 대한해협을 이어주는 교역의 물류체계를 장악하려는 대야망을 품었다.[56]

수 양제가 고구려를 침략하자 을지문덕이 살수에서 격퇴(살수대첩, 612년)하였고 수나라는 멸망하였다. 고구려는 642년에 대당 강경파인 연개소문이 집권하자 당나라와 고구려 사이에는 일촉즉발의 긴장 상태가 조성되었다. 이어서 당 태종이 고구려를 침략하였다. 고구려는 안시성에서 당군을 격퇴하였다(안시성 전투, 645년). 이에 따라 동아시아의 종주권과 교역권을 둘러싸고 벌어진 전쟁에서 고구려는 대승을 거두었으며, 국제적인 위상이 높아졌다.

김춘추는 고구려와 백제의 감시망을 뚫고 당에 건너가는 위험한 여행길에 오르게 되었다. 마침내 그는 648년에 바닷길을 통해서 당에 건너가 당 태종으로부터 군사원조의 약속을 받아내는 외교적 성과를 거두었다.[57]

신라는 나당(羅唐) 동맹을 결성하고, 나당 연합군이 사비성을 함락시켰다(백제 멸망, 660년). 이어서 평양성이 함락되었다(고구려 멸망, 668년). 그리고 신라는 고구려와 백제의 부흥 운동을 진압하였다.

삼국통일 전쟁 패배한 백제 유민들은 일본 열도에 들어갔고, 조금 늦게 도착한 고구려 유민들과 합쳐 일본의 중심세력으로 편입되었다. 670년에 일본국이 형성되고 그 일본국은 한반도와는 전혀 다른 역사를 발전시켰다. 그 이

---

55 윤명철(2014). 전게서. p. 169.
56 윤명철(2014). 상게서. pp. 177-178.
57 강봉룡(2005). 전게서. p. 76.

전 일본 열도에 있었던 왜(倭)는 우리와 같은 류(類)였다.[58]

이어서 신라와 당나라의 전쟁이 발생하였고, 나·당 전쟁에서 승리한 신라는 676년에 삼국을 통일하였다.

신라는 676년 기벌포 해전에서 승리를 이루었다. 이 해전은 당나라군이 압록강 이남으로 쳐들어 올 생각을 하지 못하게 되었다.

태종 무열왕(김춘추) 이후 그의 직계 자손들이 왕위를 계승하였다. 문무왕이 삼국통일을 완성하였고, 신문왕은 김흠돌의 난을 진압하여 강력한 왕권을 확립하였다.

신라는 영토와 인구의 증가에 따라 효율적인 통치체제를 마련하였다. 중앙과 지방의 주요 통치체제는 다음과 같다.

표 2-2 | 신라의 통치체제

중앙	• 통치체제: 집사부(왕의 직속기구), 집사부 시중의 역할 강화, 감찰기구로 관리의 부정과 비리 단속, 신문왕 때 국학 설립(유학 교육 실시로 인재양성) • 6두품: 왕에게 정치적 조언과 중앙행정 실무담당
지방	• 전국을 9주 5소경 체제로 정비, 주 아래에 군현을 설치, 향·부곡 등 특별 행정 구역 설치 • 군현에 지방관 파견, 촌주들이 행정담당, 신라 촌락문서 작성, 상수리제도 실시
군사	• 9서당(중앙군), 10정(지방군) 중심으로 정비
관료제	• 관료조직의 규모가 확대되어 관등제 적용 대상이 증가함, 신문왕 때 관료전 지급·녹읍 폐지

신라 말기에는 지배체제가 동요되었다. 중앙에서는 혜공왕이 피살된 후에 중앙 진골 귀족 사이에 왕위 쟁탈전이 전개되었고, 지방에서는 김헌창 등의 반란으로 중앙 정부의 지방통제력이 약화되었고, 농민봉기가 잇따라 발생함에 따라 지방호족이 성장하여 후삼국이 성립되었다.

---

58 윤명철(2011). 전게서, p. 40.

2. 통일 신라의 관제

1) 중앙관제

통일 신라의 중앙관제는 일부의 개편을 제외하고는 대체로 삼국시대의 것을 답습하였다. 정치기구의 핵심적인 존재는 집사부였고, 귀족들의 합의기관인 화백회의는 약화되었다. 집사부의 시중은 행정부의 수반으로 국정을 총괄하였고, 집사부 아래에 위화부(관료의 인사행정 관리기관)와 13부를 두고 행정업무를 분담하였다.[59] 관제로는 중앙행정기구인 집사부, 병부, 사정부, 좌·우 이방부, 승부, 선부 등이 있다.

표 2-3 | 통일신라의 중앙관제

병부(兵部)		통일 후 문무왕 15년(675)에 군사업무 체제 정비 목적으로 장관급인 병부령 신설
사정기관	사정부 (司正府)	중앙 관료를 감찰하는 기관으로 태종왕 6년(659)에 설치
	내사정전 (內司正典)	궁중 관원을 감찰하는 기관으로 통일 후 경덕왕 4년에 설치
	외사정 (外司正)	문무왕 13년(673)에 설치, 지방관을 감찰하는 기관, 주(9주)와 군(115郡)에만 파견하고, 현(縣)에는 파견하지 않음.
좌우이방부 (左右理方府)		좌이방부는 진덕왕 5년에, 우이방부는 문무왕 7년(667)에 설치, 형률과 법령 제정을 담당함.
승부(乘府)		말과 수레를 관장하던 교통 관련 관청.
선부서 (船府署) → 선부(船府)		• 기구변화 　- 진평왕 5년(583)에 병부 소속으로 선부서(船府署)를 두고 대감과 제감을 둠, 문무왕 18년(678)에 선부라는 독립된 관청을 두고 장관급이 됨. 　- 통일신라 말기로 가면서 선부의 기능이 약해졌고, 선부와는 별개의 수군 겸 해양경찰부대인 장보고의 해상활동이 위력을 떨쳤다.
		• 기능 　- 선박과 수군을 관장, 어업에 대한 규제와 단속, 중국과 일본과의 대외무역 담당 　- 해상교통과 관련된 최초의 독립관청으로 오늘날 해군과 해양경찰관서의 기능을 수행함.

---

[59] 김형중(2020). 한국경찰사, 박영사, pp. 177-178.

2) 선부 설치의 의의

신라가 3국을 통일하자 일본은 신라에 대한 적대적 정책을 계속 실시하였다. 이러한 정세에 따라 신라는 수군력을 강화하지 않을 수 없었다. 통일 신라는 통치체제를 재편성하는 한편 일본의 침공을 막기 위해서 동남해지대를 강화하는 데 깊은 주의를 돌리게 되었다.

678년 선부서(船府署)를 선부(船府)로 개편하여 수군을 통솔하는 독자적인 중앙기구를 만들었다. 기존의 선부서는 병부에 소속되었던 한 개의 관청이었으나 신설된 선부는 병부에서 떨어져 나와서 그와 동등한 권한을 행사하는 독자적인 중앙통치기구의 하나가 되었다.[60]

선부는 수군과 선박에 대한 문제를 모두 관할하는 지휘통솔기구였다. 오늘날의 해군과 해양경찰의 역할을 수행했다고 볼 수 있다. 선부서는 종래의 병부에 소속된 부속관청이었으나 선부가 독립적인 행정기구로 되면서 병부와 같은 등급의 기관으로 되었고, 그 책임자인 선부령은 병부령과 같은 급이 임명되게 되었다. 이것은 신라의 수군력 강화와 해상활동에 큰 관심을 가졌음을 보여주고 있는 것이다. 우리나라 고려와 조선 시대에도 수군에 큰 관심을 기울였으나 독자적인 중앙기구를 따로 두지는 않았다.

3) 지방 관제

통일 후 지방조직에 확대·개편되어 통일 전의 6주 3소경에서 통일 후 9주 5소경으로 조직되었다.

(1) 9주(州)

주(州)의 장관은 총관(후에 도독)으로 군사적 기능이 약화되고 행정적 기능이 강화되었다. 총관(도독)의 권한은 행정권, 경찰권, 군사권을 행사하였고, 9주는 한주, 삭주, 명주, 웅주, 전주, 강주, 양주, 무주를 말한다.

---

60   오봉근외 4인(1991). 전게서, p. 93.

(2) 5소경(五小京)

삼국시대에는 수도를 모방하여 3경, 즉 중원소경(충주), 북원소경(원주), 금관소경(김해)을 설치했다가 통일 후 신문왕 5년(685)에 서원소경(청주), 남원소경(남원)에 설치되어 5소경 체제가 완비되었다.

소경에는 수도의 6부 귀족과 백성을 이주하에 살게 하고, 가야, 백제, 고구려 등 패망한 국가의 귀족들도 옮겨서 거주하게 하였다. 소경에는 지방 장관에 해당하는 사신(仕臣) 각 1명을 임명하였다.

(3) 군(郡)·현(縣)

주 밑에는 115개의 군과 286개의 현이 있었고, 군과 현의 외관은 모두 중앙으로부터 임명되었다. 군에는 태수 1명을 파견하였고, 외사정 1명이 파견되었다.

4) 수군진(水軍鎭)

진(鎭)이란 국토 방위를 위해 국가가 설치한 군대 주둔지를 말한다.

신라는 782년에 패강진을 처음으로 설치했다. 이들 진은 해방체제를 구축하고, 대외적으로는 해양으로 진출한다는 목적이 있었으며, 내부적으로는 해양 세력의 발호를 막고, 지방으로 권력이 분산되는 것을 막기 위한 조치였다.[61]

신라는 9세기 전반에 이르러 진이 집중적으로 설치된다. 청해진(828년)과 당성진(829년)과 혈구진(844년) 등이 있었다. 이들은 섬이나 바닷가에 설치된 수군 진에 해당한다.[62]

(1) 패강진(황해도 평산군)

통일 신라 하대에 북진을 계속하며 서북쪽에 군현이 계속 늘었고, 성덕왕 34년(735년)에 나당전쟁의 앙금으로 통일 신라의 영토를 인정하지 않아왔던 당나라로부터 패강 이남의 땅 영유를 완전히 인정받아 설치한다. 선덕왕 3년(782년)에 지금의 황해도 평산군으로 비정되는 대곡성(大谷城)에 패강진전(浿江鎭典)이라

---

61 윤명철(2014). 전게서. p. 223.
62 해양경찰교육원·목포대학교 도서문화연구원(2019). 전게서. pp. 19-21.

는 관청을 설치, 패강 지역을 군정 형태로 통치하게 되었다.

(2) 청해진(淸海鎭: 전남 완도)

청해진은 장보고가 해적 소탕을 명분으로 건의하여 828년(홍덕왕 3년)에 완도에 설치한 수군 기지로서, 완도뿐만 아니라 서남해의 광범한 연안과 다도해를 관장한 것으로 파악되고 있다.

한·중·일 삼국을 모두 연결하는 바닷길이 한데 모이는 곳이 바로 한반도의 서남해안이다. 그 가운데에서도 청해진은 해류나 조류, 바람의 방향 등을 고려할 때 모든 길이 모이는 가장 적합한 위치에 있고, 그 당시 한·중·일을 연결하는 항로의 경유지였다. 이러한 결과 청해진은 중요한 항구도시가 되었다.[63]

841년 염장이 장보고를 암살한 후에 10여 년 청해진을 관장하다가, 851년에 청해진이 혁파되고 청해진 사람들은 벽골군(碧骨郡: 전북 김제시)으로 옮겨짐으로써 청해진은 역사의 무대에서 사라졌다.

다른 진의 경우 지명을 그대로 따서 칭했던 것에 반해, 청해진은 지명과 무관하게 '청해'라는 이름으로 새롭게 작명되었다. 즉, 당성진은 당성(경기도 화성)의 지명을, 혈구진은 혈구(경기도 강화도)의 이름을 따서 명명되었다. 청해란 지명이 아니라 '바다를 청소한다'는 의미로서 당시 바다의 쓰레기였던 해적을 소탕한다는 설치 명분에서 명명된 것이다.[64]

(3) 당성진(唐城鎭: 경기도 화성시)

당으로 통하는 해로의 요충항인 당은포(혹은 당성포)와 일대 해역을 지키기 위하여 829년(홍덕왕 4년)에 설치한 수군 진이다. 당성진은 본래 고구려의 당성군으로 신라 경덕왕 때 당은군(唐恩郡)으로 개칭하였다가 혜공왕 때 당성군으로 복구하였으며, 829년에 진이 설치되면서 당성진이라 칭하였다. 경기도 화성시 남양동에 당성진의 성터가 남아있다.

(4) 혈구진(穴口鎭: 경기도 강화도)

강화도 일대의 해역을 지키기 위하여 844년(문성왕 6년) 8월에 설치한 수군

---

63 윤명철(2014), 전게서, p. 226.
64 해양경찰교육원·목포대학교 도서문화연구원(2019), 전게서, p. 20.

진으로서 아찬(阿湌) 계홍(啓弘)이 초대 진두(鎭頭: 진의 장)로 임명되었다. 혈구군(穴口郡)은 경덕왕 때 해구군(海口郡)으로 개칭되었다가 혜공왕 때 다시 혈구진으로 복구되었고, 844년에 이곳에 진이 설치되면서 혈구진이라 칭하였다.

3. 장보고와 청해진

828년을 전후로 해상운송을 통한 국가 간의 무역이 우리나라를 중심으로 이루어졌다. 통일신라 이전부터 수나라나 당나라 등 중국 대륙과 왜국에 사신을 보내[65] 예물을 교환한 사실이 있다. 이는 당시에 이미 배를 운항한 항해가들이 있었음을 말하는 것이다. 통일 신라 이후에는 장보고가 일찍이 당나라로 건너가 서주(徐州) 무령군의 군중 소장으로 승진하여 산동성 등주 일대의 이정기 족벌을 평정하는데 공을 세운 것으로 알려져 있다.[66]

그 후 장보고는 신라에 귀국하여 828년 흥덕왕의 재가를 받아 청해진을 건설했다. 이곳은 전략적으로 한·중·일 3각 무역을 추진하기에 매우 유리한 해로상에 위치하고 있었다. 그는 이 청해진을 본영으로 하여 한반도 서남해안 도처에 출몰하는 노예무역선을 소탕하고, 대규모 무역 활동에 뛰어들어 비교적 짧은 기간 내에 해상왕국을 건설하는 데 성공했다.

그는 산동반도 남해안 일대와 회하(淮河) 유역의 여러 도시에 거미줄처럼 펼쳐있던 신라 상인들의 상업기지를 활용하고, 그중 일부는 자신의 직접적인 장악하에 두었다. 이 사실은 마침 그의 전성기에 중국 연안 일대를 여행한 일본의 구법승 엔닌(圓仁)의 일기 「입당구법순례행기(入唐求法巡禮行記)」에 상세히 기록되어 있다.[67] 엔닌(圓仁)은 「입당구법순례행기」에서 구법활동 중 은덕을 베푼 장보고 대사를 신격화하고, 귀국 후 교토에 적산 선원을 세워 장보고를 추정되는 재신 적산 대명신을 모시게 하였다. 속일본기에도 태제부(太帝府)가 중앙 정부에 올린 글 가운데 "번외의 신라국 신하인 장보고가 사신을 보내 방

---

65 해운항만청(1980). 한국해운항만사, pp. 207-208.
66 김천식(2004). "장보고의 海商活動의 범위와 역사적 의의," 海運物流研究 제41호, p. 182.
67 李基東(1991). "9~10世紀에 있어서 黃海를 舞臺로 한 韓·中·日 3국의 해상활동," 震檀學報 (71·72), p. 293.

물을 올렸다"라는 내용이 있다.[68]

또한 중국 해안 일대에 여러 곳에 신라 사람들의 거류지인 '신라방'[69]이
있었다고 한다. 이것은 신라 사람들이 우리나라 서해를 건너야만 중국의 위와
같은 지방에 도착할 수 있는 만큼 해상 해외활동을 보여주고 있다.

VII. 발 해

1. 개요

대조영이 고구려 유민과 말갈인을 이끌고 만주 동모산에서 698년에 건국
하였고, 고구려 계승의식을 표명하였다.

무왕 때 당의 산동 지방을 공격하였고, 영토를 확장하였다. 문왕 때 당과
우호 관계를 형성하여 당의 제도와 문물을 수용하였다. 9세기경 선왕 때 최대
영토를 확보하고 전성기를 이룩하였다. 이후 해동성국으로 불리었다.

10세기경 국력이 약화되어 926년 거란에 멸망하였다.

통치체제는 중앙의 경우 당의 제도를 모방하여 3성 6부제를 운영하였고,
지방행정은 5경 15부 62주로 편제하고, 도독과 자사 등 지방관을 파견하였다.

2. 관제

1) 중앙관제

3성(省) 6부(部) 제도를 기본으로 하고, 그 아래에 1대(臺), 7사(寺), 1원(院),
1감(監), 1국(局)으로 행정조직이 구성되어 있었다.

---

68 김문경(1995). "한·일에 비친 장보고," 동양사학연구 제50권. pp. 147-165.
69 엔닌 스님은 「입당구법순례행기」에서 839년 등주에 들러서 '신라관', '신라배', '발해관', '발해배'
    들을 보았으며 845년에는 초주에 들러서 '신라방'을 방문하였다고 서술하였다.

(1) 3성

구분	역할	기관장
선조성	정책결정	좌상
중대성	정책수립	우상
정당성	6부를 총괄하는 기관	대내상 대내상 아래에 좌사정과 우사정 1명씩 둠.

정당성 좌사정과 우사정 밑에 좌윤과 우윤을 두고, 좌윤은 충부, 인부, 의부를 담당하고, 우윤은 지부, 예부, 신부를 담당하였다.

(2) 6부의 담당업무

각부의 장관으로 경(卿) 1인이 있었고, 그 아래에 낭중(郞中)이 있었다.

충부(忠部)	문관의 임명·공훈 및 봉작 수여, 관리에 대한 인사고과 심사를 담당
인부(仁部)	토지와 조세관련 사무를 담당
의부(義部)	의례, 시험, 외교 사무를 담당
지부(智部)	군대와 무관의 임명, 봉수, 역참, 군마와 무기, 왕궁 호위, 성(城) 등 군사와 치안에 관한 업무를 담당
예부(禮部)	율령(법률과 명령), 형법, 천민에 관한 정무·재판 등의 사법행정 담당
신부(信部)	교량, 도로수선, 공장(工匠) 관련 사무 담당

2) 지방 관제

지방의 행정제도는 5경(京), 15부(部), 62주(州)로 구성되었고, 지방행정의 중심은 15부였다.

5경은 상경용천부, 중경현덕부, 동경용원부, 남경남해부, 서경압록부 등이 있었고, 5경을 둔 것은 정치적·경제적·전략적 측면을 고려한 것이다.

15부는 부여부, 정리부, 안변부, 솔빈부, 동평부, 철리부, 회원부, 안원부를 두었고, 솔빈부에서 기른 말은 발해의 명물로 인정되었다.

외국과 교통하는 곳에 부를 설치하였다. 동남쪽 바닷가에 용원부(일본으로 가는 길), 남해부(신라로 가는 길), 압록부(바다로 당과 통하는 길), 장령부(육지로 돌궐이나 당과 통하는 길)가 있었다.

3. 해상활동 담당기관

1) 해상교통 담당기관

해양·수상 활동을 관장하기 위하여 신부(信部) 아래에 2개의 소속기관을 두었다. 신부는 영선(배제작·수리 등의 업무), 관청수공업 등을 담당하였다. 발해의 해양과 수상에 관한 해양경찰 활동은 6부 중의 신부 장관인 경 1명이 총괄적으로 지휘·감독하였다.[70]

2) 조선 기술과 항해술

발해에서는 발전된 고구려의 조선 기술과 항해술을 이어 해상활동들이 활발히 진행되었다. 이에 대한 자료로서 732년 장문규가 거느린 발해의 수군이 압록강구와 요동 반도 남단의 수군 기지들을 떠나 바닷길로 당나라 등주를 기습하여 점령하였고,[71] 727년(무왕 9년) 8월 발해에서 처음으로 24명으로 구성된 발해 사절단이 일본으로 떠난 것을 들 수 있다.

발해에서 일본과의 무역과 사신 거래는 동해를 건너 해상으로만 진행되었다. 이러한 거래는 727년에 첫 사절단을 파견한 것으로부터 시작하여 발해국 마지막까지 약 200년 동안에 모두 34차에 걸쳐 진행되었다고 한다.

---

70 김형중(2020). 전게서, pp. 209-210.
71 윤명철(2014). 상게서, pp. 209-210.

Ⅷ. 해양 표류 사고 사례

「삼국사기」와 「삼국유사」에는 주로 표류 설화를 기록하고 있고, 일본 측 사서인 「일본서기」, 「속일본기」, 「일본후기」, 「속일본후기」에는 표류 사건을 기술하고 있다. 표류 설화와 사건은 다음과 같다.[72]

1. 표류 설화

표류 설화는 신라의 사례가 주를 이룬다. 신라 초기에 최고 지배층의 일부가 표류를 통해 유입되거나, 신라인이 왜국으로 건너가 그 곳의 왕이 되었다는 이야기가 전해 오고 있다.

아래 첫 번째의 호공 설화는 일본 열도 지역과도 교류가 활발했음을 알 수 있고, 두 번째 설화인 석탈해 설화는 바다 건너의 나라에서 배를 타고 들어온 이주민이라고 볼 수 있으며, 세 번째 설화인 연오랑과 세오녀 신화는 일본 열도에 진출해가는 과정을 알려주는 기록이다.[73] 연오랑과 같은 신라계의 진출자들은 제철기술을 갖고 동해를 건너와 이즈모에 정착한다. 그리고 철광석을 발견하고 제련하여 우수한 무기와 질 좋은 농기구를 만들어 사용하거나 팔면서 힘을 키워 주변의 주민들을 복속시켜 나갔다.[74]

---

72 해양경찰교육원·목포대학교 도서문화연구원(2019). 전게서. pp. 72-76, 351-356.

73 윤명철(2014). 전게서. pp. 137-138.

74 윤명철(2014). 상게서. p. 141.

표 2-4 ┃ 삼국사기와 삼국유사에서의 표류 설화

『삼국사기』 권1, 신라본기1, 신라혁서세거서간 38년(B.C. 20)	호공이라는 사람은 본래 왜인이었는데, 처음에 허리에 표주박을 차고 바다를 건너왔기 때문에 호공(瓠公)이라 불렀다.
『삼국사기』 권1, 신라본기1, 탈해이사금 1년 (A.D. 57)	탈해이사금이 즉위했다. 당시 나이가 62세였다. 탈해는 본래 다파나국에서 태어났다. 그 나라는 왜국의 동북쪽 1천 리 되는 곳에 있었다. 처음에 그 나라 왕이 여국왕(女國王)의 딸을 맞이해 처로 삼았는데, 임신한 지 7년 만에 큰 알을 낳았다. 왕은 "사람으로서 알을 낳은 것은 상서롭지 못하니 버리라 했다." 그녀는 차마 그렇게 하지 못하고 비단으로 알을 싸서 보물과 함께 함에 넣고 바다에 띄워 가는 대로 맡겼다. 그 아이는 신라의 4대왕이 된 석탈해였다.
『삼국유사』 권1, 기이1, 연오랑 세오녀 (延烏郎 細烏女)	어느 날 연오가 바닷가에 나가 해초를 따고 있었는데, 갑자기 바위 하나가 (물고기 한 마리라고도 함) 연오를 태우고 일본으로 가 버렸다. 일본국 사람들이 연오를 보고 "이는 범상한 인물이 아니냐" 하고 왕으로 삼았다. 세오는 남편이 돌아오지 않자 남편이 벗어 놓은 신이 있음을 보고 역시 그 바위에 올라가니 바위는 다시 그전처럼 세오를 태우고 일본으로 갔다. 부부가 다시 서로 만나 세오는 귀비(貴妃)가 되었다.

2. 표류 사건

표류 사건은 주로 일본 사서에 빈번하게 나타난다. 일반적으로 표류인에게 물자를 제공하고 무사히 본국으로 귀환할 수 있게 하는 것이 동북아 국가의 관례였음을 알 수 있고, 표류인 관리 및 송환 시스템이 법제화 혹은 관행화되어 있었음을 알 수 있다.[75] 현대에 와서는 한·일 해상 수색구조 협정(1990년), 한·중 해상수색구조 협정(2007년), 한·러 해상수색구조 협정(2011년)이 체결되어 상호간에 인명을 구조하고 있는 것과 유사하다.

---

[75] 해양경찰교육원·목포대학교 도서문화연구원(2019). 전게서, p. 75.

표 2-5 | 표류 사건

『일본서기』 권19, 흠명천황 31년(570)	여름 4월 "고려 사신이 바람과 파도에 시달려 배 댈 곳을 잃고 헤매다가 물결 따라 표류하던 중 연안에 도착함"라고 보고하였다. 조를 내려 "내가 왕업을 이은 지 얼마 안 되는 시기에 고려인이 길을 잃고 헤매다가 처음으로 越의 해안에 도착하였다. 담당 관서는 객관을 세워 깨끗이 정돈하고 후한 재물로 돌보라"고 명하였다.
『일본서기』 권20, 민달천황 2년(573)	5월 고려 使人이 越의 연안에 정박했다. 배가 부서져 물에 빠져 죽은 사람이 많았다. 본국으로 돌려보내도록 명하였다.
『수서』 동이열전 백제조	陳을 평정한 해에 전선 한 척이 표류하여 바다 동쪽의 躰牟羅國에 닿았다. 그 배가 본국으로 돌아올 때에 백제를 경유하니, 위덕왕이 필수품을 매우 후하게 주어 보냈다. 아울러 사신을 보내어 表文을 올려 陳을 평정한 것을 축하하였다.
『일본서기』 권22, 추고천황 17년(609)	5월 덕마려와 용 두 사람을 보내어 백제인들을 돌보아 본국으로 송환하는 과정에서 對馬에 이르러 道人 등 11명의 사람이 모두 머물기를 청하자, 表를 올려 머물게 하고, 원흥사에 있게 하였다.
『속일본기』 권34, 광인천황 8년(777)	5월 발해 판관 고숙원 및 소녹사 한 사람이 우리 연안에 도착하였는데, 배가 표류하여 익사하였다. 이에 숙원에게 正5位上, 少錄事에게 從5位下를 추증하고, 아울러 賻儀를 법령대로 하였다.
『속일본기』 권35, 광인천황 9년(778)	11월 견당사 선박이 살마국 甑嶋郡에 도착함. 판관 海上眞人三狩 등은 표류하다가 탐라도에 도착하여 섬사람에게 노략질당하고 억류되었다. 錄事 한국란원 등이 몰래 밧줄을 풀고 도망갈 것을 모의하여 무리 40여 명을 거느리고 돌아왔다.
『속일본기』 권35, 광인천황 10년(779)	5월 당의 사신에게 잔치를 베풀었다. 中納言 從3位 物部朝臣宅嗣가 勅을 선포하여, "唐朝의 천자 및 공경과 국내의 백성은 평안하신가. 해로가 험난하여 한두 使人이 혹은 바다에서 표류하다가 죽고, 혹은 탐라에 노략질당하였다. 짐이 그것을 들으니 마음이 슬프고 한탄스럽다.
『일본후기』 권12, 환무천황 연력(804)	兵部少丞 正6位上 大伴宿禰弥萬里를 신라국에 보냄. 太政官의 牒文에 "당나라에 사신을 보내어 交聘를 닦는 상황을 지난 해 大宰府로 하여금 이미 그 사실을 전해 알리게 했다. 지난 7월 초에 4척의 배가 출항하여 2척은 폭풍을 만나 표류하다가 되돌아오고 나머지 2척은 도착한 곳을 아직 찾지 못하였다. 바람의 세기와 방향을 헤아려 보건대 신라에 도착했을 것으로 추정한다.
『일본후기』 권21, 차아천황 2년(811)	8월 大宰府에서 말하기를 "신라인 金巴兄, 金乘弟, 金小巴 등 3사람이 아뢰기를 '지난 해 저희 縣의 곡식을 운반하기 위하여 뽑혔다가 바다 가운데서 도적을 만나 함께 모두 죽고 오직 우리들만 다행히 하늘의 도움을 입어 겨우 훌륭한 나라에 도착하였다. 원하는 대로 송환조치를 하였다.

『일본후기』 권22, 차아천황 3년(812)	3월에 신라인 청한파 등이 표류해 왔다. 바라는 대로 송환조치를 하였다.
『일본후기』 권24, 차아천황 5년(814)	10월 庚午 大宰府에서 말하기를 "신라 사람 辛波古知 등 26명이 筑前國 博多津에 표착하였다. 그들에게 온 이유를 물으니 '풍속과 교화를 흠모하여 멀리서 의탁하러 왔습니다'라고 하였다.
『속일본후기』 권12, 인명천황 9년(842)	8월 大宰大貳 從4位上 藤原朝臣衛가 4조목의 건의문을 임금에게 올려 아뢰었다. "신라 사람들을 일절 금지하여 나라안에 못들어오게 하십시오"라 하였다. 지시하기를 "덕택이 멀리까지 미쳐 바깥 번방에서 귀화하여 옴에 우리나라에 들어오는 것을 일절 금하는 것은 인자스럽지 못한 일이다. 표류해 오는 사람에게 양식을 주어서 돌려 보냈다.
『속일본후기』 권15, 인명천황 12년(845)	12월 대재부에서 "신라인이 康州의 첩문 2통을 가지고 본국의 표류인 50여 명을 압송하여 왔음"이라고 보고하였다.

고려 시대

Part 3.

I. 후삼국의 통일과 Korea(고려)

1. 후삼국의 통일

신라 말 사회 혼란을 배경으로 지방 호족들이 성장하고 농민들의 봉기가 끊이지 않는 상황에서 견훤과 궁예가 독자적으로 정권을 수립하였다.

후백제는 옛 백제 지역 호족들의 지지를 받아 완산주(전주)에 도읍하여 900년에 건국하였다.

후고구려는 궁예가 북방 지역 호족들의 후원을 받아 송악(개성)에 도읍하여 901년에 건국하였다. 그 이후 철원으로 천도하여 태봉으로 개칭하였다.

후고구려 호족들이 왕건(태조)을 왕으로 추대하여 918년에 고려를 건국하였고 919년에 송악으로 천도하였다.

후백제는 왕위 다툼으로 견훤이 고려에 935년에 귀순하였고, 고려는 신라 경순왕의 요청으로 935년에 신라를 통합하였고 후백제군을 격파하여 936년에 후삼국을 통일하였다.

고려는 후삼국을 통합하는 과정에서 수군의 힘에 크게 의존하였던 만큼 국가창설 초기부터 수군 건설에 매진하였다. 태조 왕건이 태봉국 시절에 백선장군(百船將軍)·해군대장군(海軍大將軍)이 되어 후백제 수군과 여러 차례 해전에서 큰 승리를 거두었고, 고려의 창건 이후에도 여러 명의 수군 장군들을 두어 수군을 유지했던 것으로 볼 때 그것을 짐작할 수 있다.[1]

---

1 임원빈·김주식·이민웅·정진술 공편(2004). 고려시대 수군관련 사료집, 신서원, p. 11.

왕건이 활약한 후삼국 시대의 태봉수군에 대한 역사적 자료를 살펴보면 다음과 같다.[2]

천복(天福) 3년 계해(903년) 3월에 주사(舟師)를 거느리고 서해로부터 광주(光州) 지역에 이르러 금성군을 공격하여 빼앗고, 10여 군현을 쳐서 취하고는 금성을 고쳐 羅州(현재의 전남 나주)라 한 뒤, 군사를 나누어 지키게 하고 돌아왔다.

(궁예가) 또 태조로 하여금 정주에서 전함을 수리하게 하고, 알찬종희(閼粲宗希), 김언(金言) 등을 부장으로 삼아 병 2,500명을 거느리고 가서 광주 진도군을 쳐서 빼앗았다.

고려사의 기록으로 나타나는 수군은 919년에 천우위(天牛衛)에 해령(海領) 1령을 두었다는 기사가 있다.[3] 고려의 1령은 대개 1천 명으로 이루어졌다. 천우위는 고려의 2군 6위 가운데 하나로서 중앙군에 속해 있었다.

고려는 건국 당초에 상당한 해군력을 지니고 있었다. 태조 왕건은 해상활동을 배경으로 대두한 인물이었고, 후백제 공격을 위한 나주(羅州) 중심의 경략은 해군력의 뒷받침을 받아 이룩될 수 있었다. 이미 신라 말에 청해진을 근거지로 하는 활발한 해상활동이 있었고, 또 신라 말기와 고려 초기에 대중국 무역활동이 해로를 통해 광범위하게 이루어지고 있었으며, 고려 초의 해군력은 상당한 수준인 것으로 판단할 수 있다.[4]

2. 한국의 국호 Korea

우리나라의 공식 국호는 'Korea'이다. 'Korea'란 국호는 왕건이 세운 '고려' 왕조에서 나왔다. 고지도에서 바다 이름이 '조선해'가 아닌 '고려해'가 된 이유는 조선보다 고려가 국제적으로 더욱 강렬한 인상으로 남았을 가능성이 크고, 해양 강국 고려의 잔영이었을 것으로 추정된다.[5]

---

2 「高麗史」 1卷 世家 太祖 卽位前.
3 「高麗史」 77卷 백관지2.
4 陸軍本部(1968). 韓國軍制史. p. 105.
5 강봉룡(2005). 전게서. pp. 172-177.

표 3-1 | Korea에 대한 기록

일본에서 선교활동을 하던 예수회 선교사들		1592년에 임진왜란의 전황을 상세히 기술한 「1592년 예수회 연례보고서 부록편」을 작성하여 로마의 예수회 본부에 보냈다. 당시의 조선인들의 이야기가 포함되어 있다. 여기에서 조선이라는 국호 대신에 '코라이(Coray)'란 국호를 사용하고 있다.
스페인 신부 루이스 데 구스만		일본에서 활동하던 신부들이 작성한 자료에 근거하여 1601년에 저술한 「선교사들의 이야기」라는 저서에서 역시 국호를 '코라이(Coray)'라고 하고 있다.
스페인 신부 그레고리오 데 세스뻬데스		천주교 신자인 고니시 유키나가(小西行長)의 요청으로 종군하여 1593년 12월 27일에 직접 조선땅을 밟았다. 조선에서 겪었던 경험을 써서 보낸 편지에서 하느님의 뜻으로 '코라이' 왕국에 가게 되었음을 밝히고, 당시의 전황을 생생하게 전하고 있다.
고지도	포르투갈인 마우엘 고디뇨 드 에리디아	1996년 11월 주한 포르투갈 문화원에서 개최한 〈지도 제작기술에서의 동서양의 만남전〉에서 16세기 초에 제작한 아시아 지도가 전시되었는데, 이 지도에서 한국과 일본 사이의 바다를 'Mar Coria'라고 표기하였다.
	경희대 김신 교수 소장	1720년에 영국에서 제작한 지도에는 동해를 'Sea of Corea'라고 표기하였다.
	1748년 프랑스 제작된 지도	동해를 'Mer De Coree'라고 표기하였다.
	중국 복단대학교(復旦大學校)의 오송제(吳松第) 교수	1998년 '동해 지명과 바다 명칭에 관한 국제 학술 세미나'에서 1700-1826년 사이에 제작된 유럽의 고지도 30여 장을 분석하면서 동해를 'Mer De Corea', 'Sea of Corea', 'Gulf of Corea' 등으로 표기한 지도 15장을 소개하였다.
	2001년 미국 남가주대 한국 전통문화도서관 소장 180여 점의 고지도·영국국립도서관 소장 16-19세기 90점의 지도에 대한 조사국가프로젝트	대다수의 지도가 'Sea of Corea', 'Sea of Korea', 'Mer De Doree', 'Zee Van Korea' 등으로 표기되었다.

자료: 강봉룡(2005). 바다에 새겨진 한국사, 한일미디어.

II. 고려의 통치체제와 수군

1. 시대 구분

일반적으로 고려시대의 시대 구분은 무신정변(1170년)을 기점으로 전기와 후기로 나누고, 고려전기는 초기(10세기), 중기(11-12세기)로, 고려 후기는 무인 집권기(1170년), 원 간섭기(13세기), 원명 교체기(14세기)로 구분하고 있다.

고려시대의 경찰기구는 고려 전기의 치안 기구 → 무인 집권기의 야별초 → 원간섭기의 순군만호부로 변천되었다.

표 3-2 ┃ 고려시대 구분(918-1392년)

고려 전기		고려 후기		고려 말
초기(10세기)	중기(11-12세기)	무인집권기 (무인정변, 1170)	원간섭기	원명 교체기 (14세기)
호족	문벌귀족(호족 중심의 신분체계)	무신	권문세족	신진사대부
자주적	보수적·사대적	-	보수적· 친원	진취적·개혁적
대외관계	• 요(거란) (916-1125년) • 북송 (960-1127년)	• 금 (1115-1234년) • 남송 (1127-1279년)	• 원 (1271-1368년)	• 명 (1368-1644년)

자료: 김형중(2020). 한국경찰사, 박영사.

2. 통치체제

1) 중앙 행정제도(2성 6부)

성종 때에 2성 6부제를 토대로 문종 때에 완성되었다.

중서문하성(재부)	고려 시대의 최고관서, 문화시중이 국정을 총괄. 중서문화성은 상층조직인 재부와 낭사로 분리된 상하 이중조직
상서성	실제 정무를 나누어 담당하는 6부(이·호·예·병·형·공)를 두고 정책을 집행
6부	이부(吏部)·호부(戶部)·예부(禮部)·병부(兵部)·형부(刑部)·공부(工部)

귀족 중심의 회의 기구에는 도병마사, 식목도감, 대간 등이 있었다.

도병마사	국방 문제를 담당하는 임시기구, 고려 후기 도평의사사(도당)개편되어 국정 전반을 담당하다가 조선 초기 폐지(1400년)
식목도감	임시기구로서 법의 제정이나 각종 시행 규정을 다루는 회의기구
대간제도	어사대의 관원과 중서문하성의 낭관으로 구성, 간쟁권·봉박권·서경권을 가지고 있었고, 고위관리를 견제

2) 지방행정제도

성종 때 12목을 설치하고 지방관을 파견하였고, 전국을 경기, 5도, 양계로 나누었다.

5도	일반행정구역, 안찰사 파견, 도 아래에 주·군·현과 특수행정구역인 향·부곡·소 설치
양계	군사요충지(북계와 동계)에는 병마사 파견, 국방상 요충지에 진 설치

3경(京)은 처음에는 개경, 서경(평양), 동경(경주)이었으나 문종 이후 동경 대신에 남경(한양)으로 바꾸었다.

4도호부는 현종 때 5도호부를 설치했다가 4도호부가 되기도 하고 수시로 폐지되거나 설치되었다. 4도호부는 군사상 방비의 중심적 역할을 하였다. 12목은 성종 때 12목을 설치했다가 8목으로 개편하기도 했다.

3) 군사제도

중앙군으로 2군 6위가 있었다. 2군은 응양군과 용호군을 말하며, 국왕의 친위부대였다. 6위는 주로 전투부대였다. 지방군으로 주현군·주진군이 있었다.

지방군에는 경기 및 남부 5도의 주현군과 양계 지역의 주진군이 있었다. 주현군은 지방 수령들이 지휘권을 가지고 있었다. 공민왕 때 수군제도를 정비하여 연안의 주민들을 분류하여 세 명을 한 호로 정하고, 수군 한 명씩을 내게 했다. 지방군으로 진술군을 편성하고, 기선군(騎船軍)을 양성했다.[6]

중앙의 군제상 순군부(徇軍部)는 군사 지휘권을 가지고 있었고, 군경(軍警)이 분리되지 않은 상태에서 군사와 경찰 임무를 동시에 담당하였던 중앙경찰기관으로 보기도 한다.[7] 왕권이 강화되면서 그 자취가 사라졌다.

내군부(內軍部)는 고려 초기 궁중 경호의 임무를 담당하는 기관이었다.

4) 천우위(千牛衛) 해령(海領)

고려시대 중앙의 군사조직인 2군 6위 중 하나인 천우위에 소속되었던 해군 부대로 해상 또는 수상에서 국왕을 시종하며 의장대의 임무를 담당하였다.[8] 총 1,000명으로 구성된 해령은 임무 수행의 안정성을 높이기 위해 소속 부대원이 전업적 성격을 띠며 군인전을 지급받았다. 이들은 도읍으로 오가던 군수품 운반, 조운 감독 그리고 바다를 통해 입국하는 외국 사신의 영접·호위와 동시에 감시하는 임무까지 수행한 것으로 이해한다.

3. 수군

1) 개요

고려 전기의 수군은 수군, 해군, 선병, 주사 등으로 불리었다. 고려 수군

---

6 윤명철(2014). 한국해양사. 학연문화사, p. 324.
7 김형중(2020). 전게서, p. 232.
8 해양경찰교육원·목포대학교 도서문화연구원(2019). 전게서, pp. 23–24.

의 기원은 태봉 수군에서 찾을 수 있는데, 태봉 당시에 중앙정부에서 필요에 따라 수군으로 동원할 수 있는 잠재적 병력 자원은 최소한 5천 명 이상이었을 것으로 추정된다.[9]

고려 초의 수군은 주로 동북 지역 동여진을 경계하는 데 놓여 있었다. 이 것은 고려사의 기록에 원산을 기점으로 하여 동북해적에 대응하는 수군의 존 재가 명확히 나타나고 있으며(진명구: 원산), 이때를 전후하여 해상전투의 사실, 해적에 붙잡힌 일본인 수백명의 구출·송환조치[10] 등을 통해 알 수 있다. 이 동북해적은 지금의 함경북도 북방지역을 근거로 활동한 동여진이었고, 윤관의 여진 정벌이 있은 다음부터 고려 동북 지방에서의 분쟁이 적어지면서 해전의 기록도 별로 나타나지 않는다.[11]

2) 도부서(都府署)와 사수서(司水署) 및 사수시(司水寺)

도부서는 고려 시대 지방의 수군(水軍)을 지휘·감독하던 관청이다. 일명 선병도부서(船兵都部署)라 불렸다. 고려 전기 해안의 방어를 위한 수군 전담 관 서로서 동북양계(東北兩界)의 도부서(都部署)와 동남해도부서가 있었다.

도부서는 고려 시대 군사 지휘체계가 육군 중심이었기 때문에 해역별로 해상 방어를 위해 설치한 사령부의 성격이 강하였다. 당시는 해양 관련 업무 에 관한 관부와 관직의 직무가 세밀하게 분화되지 않은 시기이므로, 1차적으 로 군사적인 해상 방위를 담당한 도부서가 민정(民政)적 성격에 준하는 여러 임무를 수행하였다.[12] 예를 들면, 외국 사신이나 상인관련 외선(外船)의 입출항 관련 업무, 해상에 표류한 고려인 및 외국인의 송환 업무, 도서·연해지역 범

---

9 이창섭(2005. 3. 30). "高麗 前期 水軍의 運營." 史叢 60. p. 27.

10 鎭溟船兵都部署 張渭南等 獲海賊八艘 賊所掠日本生口 男女二百五十九人 遣供驛令鄭子良 押送 其國(高麗史 顯宗世家 10年 4月 丙辰).
(현종 10년 1019년 4월 병진): 해적에 납치된 일본인들을 빼앗아 본국으로 송환하다.
여름 4월 병진일에 진명(鎭溟: 원산)의 선병도부서 장위남(張渭男) 등이 해적선 8척을 노획하고 그들이 납치하였던 일본인 남녀 259명을 빼앗아 공역령 정자량(鄭子良)으로 하여금 자기 본국으 로 호송하게 하였다.

11 陸軍本部(1968). 전게서. p. 106.

12 해양경찰교육원·목포대학교 도서문화연구원(2019). 전게서. pp. 25-26.

죄관련 순찰과 단속업무 및 지방관의 감독 업무 등을 들 수 있다. 이들 업무가 오늘날 해양경찰의 임무와 동일하지는 않더라도 군사조직인 도부서가 불법으로 출입하는 선박의 단속을 통해 해양주권을 수호하고 밀입국 및 밀수와 같은 국제성 범죄 단속을 통해 치안 질서를 유지한 점에서 오늘날의 해양경찰과 유사한 점이 있다.

동계방면에는 대략 1005년(목종 8년)~1009년(현종 즉위년) 사이에 진명도부서가, 1044년(정종 10년)~1049년(문종 3년) 사이에 원흥도부서(元興都部署: 지금의 함경남도 정평)가 설치되어, 당시 빈번하게 동해안을 침범하던 동여진(東女眞)의 해적에 대비하였다.

그리고 북계 방면에는 통주도부서(通州都部署: 지금의 평안북도 선천)와 압강도부서(鴨江都部署: 지금의 압록강 남안)가 있었다. 이 도부서는 문헌상 1390년(공양왕 2) 혁파되고 대신 사수서(司水署, 또는 사수시: 司水寺)로 개칭되었다고 한다.[13]

1186년(명종 16년)을 끝으로 도부서는 기록에 보이지 않게 되고, 충선왕 때 도부서를 당시 어량천택(魚梁川澤)을 관장하는 도진사(都津司)의 관할 하에 두었다는 기록이 보인다. 이는 고려 후기에 이르면 수군 전담기관으로서의 도부서의 본질이 이미 상실되었음을 증명해 준다.

사수시(司水寺)는 고려시대 병선(兵船)과 수병(水兵)을 관장한 관청이다. 1390년(공양왕 2년) 사수서(司水署)를 고친 것이다. 관원으로 판사(判事: 종3품)·영(令: 종3품)·부령(副令: 종4품)·승(丞: 종6품)·주부(注簿: 종7품) 등을 두었다.[14] 헌종이 즉위한 1010년 이후 거란·여진·왜구의 침범이 자주 발생하므로 이에 대비하기 위해 진명·원흥진·김해 등 전국의 중요 해안기지에 둔 선병도부서의 후신이다. 그뒤 선병도부서는 충선왕 때 도부서(都府署), 공양왕 때 잠시 사수서(司水署)라 하였다가 사수시가 되어 고려 말까지 존속하였다.

3) 수소(戍所)

연안 요충지에 주현군이 주둔한 곳으로 군수(軍戍)·방호소(防護所)·수소(戍所)

---

13 네이버 지식백과, 도부서[都部署] (한국민족문화대백과, 한국학중앙연구원).
14 네이버 지식백과, 사수시[司水寺] (두산백과 두피디아, 두산백과).

등으로 명명되었다. 11세기경 동여진의 동해안 약탈로 인해 해안 경계와 연해 및 해상 주권 수호활동을 위해 동해안을 따라 다수의 수소(戌所)를 설치하였다.

동해안에 3개의 도부서와 함께 다수의 수소가 설치된 것은 11세기 이래 동여진 해적의 잦은 침범으로 해양 경계의 중요성을 인지하고, 이를 계기로 해양 주권 수호 의지가 더욱 강화되었다. 이후 충렬왕 때 일본 정벌 이후 왜구의 침입이 예상되는 남해안을 중심으로 다수의 수소가 배치되어 방어소(防禦所)의 역할을 수행하였다.

이와 같은 수소는 전국적으로 50여 개소가 설치된 것으로 추정된다. 이들 고려시대 해안 경계를 비롯하여 해상 주권 수호활동을 펼친 연해의 수소는 오늘날 해군기지 또는 95개소에 설치된 해양경찰 파출소의 성격을 지니는 것으로 이해된다.

4. 순검군의 활동

순검군(巡檢軍)은 순찰과 치안 유지가 주된 임무였을 것으로 추정된다. 설치된 시기는 분명하지 않으나, 목종과 현종 때 서북면과 동북면에 도순검사(都巡檢使)를 파견한 적이 있고, 1093년(선종 10년) 안서도호부(安西都護府) 관할에 연평도 순검군(巡檢軍)의 존재가 나타난다. 그러므로 고려 전기에 이미 동·서북면과 안서·안남·안북·안변 등 도호부에 설치되어 있었음을 알 수 있다.[15]

1) 연평도에서 해적선 나포(1093년 7월)

서해도안찰사(西海道按察使)가 아뢰기를, "안서도호부(安西都護府) 관할 하에 있는 연평도(延平島)의 순검군(巡檢軍)이 선박 한 척을 나포하였습니다. 타고 있던 송(宋) 사람 12인과 왜인(倭人) 19인이 활·화살·칼·갑옷·투구와 아울러 수은·진주·유황·법라(法螺) 등의 물품을 가지고 있었으니, 필시 이는 양국의 해적들이 우리의 변방을 함께 침범하고자 한 것입니다. 그 병장기 등의 물품은 관아로 거두어들이시고 사로잡은 해적들은 모두 영외(嶺外)에 유배하시며, 순

---

15 네이버 지식백과, 순검군[巡檢軍] (한국민족문화대백과, 한국학중앙연구원).

찰하다가 나포한 군사들에게는 상을 내려주실 것을 청합니다"라고 하였다. 이를 따랐다.16 해적선에 적재한 물품으로 보아 그 해적선은 사무역을 겸한 왜선이었다는 것을 알 수 있다.

여기에서 순검군은 해양에서 밀수를 방지하는 오늘날의 해양경찰 역할을 수행했다고 평가할 수 있다. 현재 황해도 인접한 서해5도에는 「서해5도 특별경비단」이 2017년 4월에 설치되었다. 서해5도란 인천광역시 옹진군의 백령도·대청도·소청도·연평도·소연평도를 말한다. 서해5도특별경비단은 서해5도 해역의 불법외국어선의 단속·수사·사후 처리, 경비·작전·위기관리·수색·구조를 담당하기 위해 중부지방해양경찰청 산하에 설치된 직할단으로 단장은 총경으로 보하고 있다.

2) 선화봉사 고려도경(宣和奉使高麗圖經)에서의 순선(巡船)

선화봉사 고려도경은 우리에게 고려도경으로 알려져 있으며, 이 책은 중국 송나라 사신인 서긍(徐兢, 1091–1153)이 1123년에 고려 개경에 한 달간 다녀온 경과와 견문을 그림과 곁들여 써낸 여행 보고서이다. 1124년에 완성한 이책은 고려 시대의 개경의 모습과 아울러 각종 풍습과 신앙, 생활모습 등이 다양하게 기록되어 있다.

고려의 수군은 본격적인 해전을 벌였고, 해양방어체제를 보조하는 역할을 겸했으며, 사신선이나 무역선이 바다를 항해할 때 보호하는 역할을 수행했다.17

서긍이 군산 연안에서 목격한 것을 선화봉사고려도경에 기록한 고려 수군의 순선(巡船)의 광경을 살펴보면 다음과 같다.18

📖 사신이 군산으로 들어가면 관문에 순선 10여 척이 있는데, 모두 정기(旌旗)를 꽂았고, 뱃사공과 나졸은 모두 청의(靑衣)를 착용하고 호각을 올리고 징을 치고 다가온다. 각각 돛대 끝에 작은 깃발 하나씩을 세우고 거기에 홍주도순(洪州都巡)·공주순검(公州巡檢)·보령(保寧)·회인(懷仁)·안흥(安興)·기천(蟿川)·양성(陽城)·경원(慶源) 등의 글씨를 썼

---

17 윤명철(2014). 전게서, p. 311.
18 徐兢. 「高麗圖經」 33권.

다. 그리고 위사(尉司)라는 글자가 있으나 실은 포도관리(捕盜官吏)들이다. 경내로 들어가서부터 돌아올 때까지 군산도에서 영접하고 전송하고 있는데, 신주(神舟)가 큰 바다로 들어가는 것을 보고서야 자기 나라로 돌아간다.

III. 무신정권 시대

1. 개요

고려는 건국 후 200년 동안 유교적인 통치기구를 정비하고 과거제를 실시하는 과정에서 문신의 지위는 높아졌고, 무신의 지위는 낮아졌다. 의종은 문신에 의존하고 향락에 빠지는 등 실정을 하였고, 군인들은 군인전을 제대로 지급을 받지 못하였으며, 이에 따라 하급 군인들의 불만이 고조되는 등의 지배체제의 모순에서 무신정변(1170년)이 발생하였다.

무신정변 이후 27년 동안 무신 간의 권력투쟁이 전개되어 정중부 → 경대승 → 이의민 → 최충헌의 순으로 최고 권력자가 변경되었다. 이어서 최씨 무단정치가 계속되었고 무신 임유무가 몰락할 때까지 74년 동안 지속되었다.

무인정권은 명종 1년(1171년)에서부터 신종·희종·강종·고종·원종 11년(1270년)까지 100년 동안 유지되었다. 무인정권은 몽골의 침입으로 인하여 몰락할 때까지 실질적인 정치운영과 경찰권 행사는 야별초,19 도방, 교정별감, 정방, 마별초20에 의해서 수행되었으며, 고려 전기의 모든 통치조직은 형식상의 기구에 불과하였다.

삼별초의 경우 최씨 무인 정권의 사병조직 성격을 가지고 있었으며, 무인 정권이 무너지고 고려 정부가 개경으로 환도하자 개경 정부 및 몽골군에 대항하여 항쟁하였다.

---

19 야별초가 포도금란(捕盜禁亂)의 임무를 수행한 기록 등은 고려사, 고려사절요 등 곳곳에 산재하여 기술하고 있다.
20 마별초는 기병 부대로 몽골의 영향으로 편성된 것으로 보인다.

표 3-3 ┃ 무신정권의 주요 권력 기구

기구	설치자	성격
중방	제8대 현종	• 무신의 최고회의기관
도방	경대승, 최충헌	• 사병집단으로 무인 정권의 군사적 배경이 됨
정방	최우	• 최씨정권 최고인사기구(공민왕 때 폐지)
서방	최우	• 최씨정권의 문인 우대기구
교정도감	최충헌	• 관리 비위 감찰·인사행정·세정 등을 담당 • 장(長)인 교정별감이 국정을 장악함
삼별초	최우	• 삼별초는 치안 유지를 위해 설치한 야별초에서 시작됨 • 야별초에 소속한 군대가 증가하자 좌별초·우별초로 분할 • 몽골 병사와 싸우다 포로가 되었다가 탈출한 병사들로 신의군 (神義軍)을 조직하고, 좌·우별초를 합하여 삼별초라 명명함

2. 야별초와 순마소·순군 만호부

1) 야별초(夜別抄)

야별초는 고려 최씨 무신정권의 최우(崔瑀) 집권기에 조직된 군대로서 삼별초(三別抄)를 구성하는 핵심 부대이다. 1220년대에 설치되고 원종의 「삼별초 혁파령」에 의해 1270년에 폐지되었다.

야별초는 처음에 나라 안의 도적을 막기 위해 조직되었으며, 이들이 궁성과 향촌 사회의 치안을 담당했다. 이것은 중앙뿐만 아니라 전국에 걸쳐 치안 유지의 공백 상태를 야별초가 대신하였음을 알 수 있다.[21] 전국적으로 민란이 증가하고 초적(草賊)의 숫자가 늘자 이를 통제하기 위해 야별초 병력을 늘려 좌별초(左別抄)와 우별초(右別抄)로 분리했다. 그리고 대몽 전쟁기(1231~1259) 몽골군에게 포로로 잡혀갔다가 탈출하여 돌아온 자들로 조직된 신의군이 야별초에 더해져 삼별초를 이루었다.

야별초는 대몽항쟁기 고려 무신정권의 권력 유지와 강도(江都) 정부의 본

---

21 네이버 지식백과, 야별초[Yabyeolcho, 夜別抄] (한국민족문화대백과, 한국학중앙연구원).

토 장악력을 강화하는 데 필수적인 무신정권의 무력 기반이었다.

2) 순마소(巡馬所)와 순군만호부(巡軍萬戶府)

순마소의 경우 원종 11년(1270년)에 야별초가 폐지된 후 충렬왕 때에 원의 제도의 영향을 받아 수도 개정을 중심으로 순찰·포도(捕盜)·형옥(刑獄) 등의 사무를 담당하는 순마소가 설치되었다. 지방에는 전국에 33개 순포(巡捕)를 설치하여 전국의 치안을 담당하였다.[22]

순마소는 다루가치(達魯花赤)가 제공관(提控官)이 되고, 두목으로 순마천호(巡馬千戶)를, 속관(屬官)으로 유생 출신을 채용하였다. 그 후 1293년(충렬왕 19년)에 개경을 중심으로 만호부(萬戶府)를 설치하면서 몽고식 직명인 순군 천호가 순군지유(巡軍指諭)로 개칭되었고, 내료(內僚)가 순마를 겸하였다.

순마소에는 도적을 수색해 체포하는 군졸, 즉 순마군 또는 순군이 있었으며, 체포된 자를 순군옥(巡軍獄)에 가두었다. 순마소는 왕명을 받들어 도적·난폭자를 다스리는 본래의 목적 외에도 방수군(防戍軍)에 선발되었을 때에는 방수책임을 다하지 못한 장신(將臣)를 다스리는 등 일종의 금군 역할도 하였다.

순군제가 충렬왕 말년에는 순군만호부로 확대 개편되었다.[23] 계급체계는 도만호(都萬戶)·상만호(上萬戶)·만호(萬戶)·부만호(副萬戶)·진무(鎭撫)·천호(千戶)·제공(提控) 등 원나라 제도에 따르는 군관제를 채택하였다. 기능은 앞서 순마소 직능에 더해 민간의 다툼이나 소·말의 도살을 통제하고, 사헌(司憲)과 협동해 약탈·음란자도 처벌하였다.

또한 왕실 내의 정치적 갈등과 정권쟁탈, 반대당의 제거에도 이용되었다. 1356년(공민왕 5년) 이래의 반원 개혁정책에서는 원나라 세력을 배제하고 국권을 회복하며, 부원배인 기씨(奇氏) 세력을 타도하는 역할을 하였다. 그리고 홍건적의 침입으로 혼란할 때에는 이 틈을 탄 모반에 참여하기도 하였다.

1369년 사평순위부(司平巡衛府)로 바뀌며, 관원도 제조(提調) 1인, 판사(判事) 3인, 참상관(參上官) 4인, 순위관(巡衛官) 6인, 평사관(評事官) 5인을 두었다. 이는

---

22 김형중(2020). 전게서. p. 316.
23 네이버 지식백과, 순군만호부[巡軍萬戶府] (한국민족문화대백과, 한국학중앙연구원).

공민왕의 반원 개혁정책에 따른 관제 개편이었을 뿐 직능상의 변화는 없었다. 우왕 때 다시 순군만호부로 바뀌면서 관원도 과거 만호부 때로 환원되었다.

특히 위화도회군 이후에는 과거 포도 금란의 직능 이외에 실권자인 이성계 일파를 도와 반대파 제거의 옥사를 담당하였다. 이것을 계기로 조선조 건국 직후에는 포도순작(捕盜巡綽) 이외에 관원의 형옥, 간쟁(諫諍)의 봉쇄 등을 맡았으며, 소속 사졸도 대규모화하였다.

이 같은 부작용으로 태종 연간에는 간관(諫官)들이 순군부의 혁파를 주장하기도 하였다. 그러나 혁파론에도 불구하고 순군부의 직능은 오히려 강화되었다. 1402년(태종 2년)에는 순위부(巡衛府)로 개칭되었다가 다시 의용순금사(義勇巡禁司)로 고쳐지고, 직제도 상호군·대호군·호군·사직(司直)·부사직(副司直)의 병직(兵職)으로 개편되었다.

또 우두머리인 판의용순금사사(判義勇巡禁司事)는 참지의정부사(參知議政府事) 등 고급 관리가 겸임하였다. 그리고 이들 순군관 밑에는 8품 거관(去官)인 영리(令吏)가 배속되었고, 그 아래에 1천여 명의 도부외(都府外) 사졸과 수백 명의 나장(螺匠)이 있고 경기지방의 민정(民丁)으로 충역되었다. 의용순금사는 1414년 의금부로 개편되었다.

3. 방호별감과 해도 별초

1) 수로·해도 방호별감(防護別監)

방호별감은 고려 후기에 외적의 침입을 방어하기 위해 요지에 파견된 군대의 지휘관이다. 대몽항쟁기에 주로 산성방호별감(山城防護別監)이 파견되었지만, 수로(水路)나 해도(海島)에 파견된 방호별감은 아군의 항로를 확보하면서 적선을 포획하여 연해 지역민의 안정을 도모하였다. 방호별감은 방호사(防護使)로도 호칭되었다. 수로 방호별감·수로 방호사는 무인 정권 말기에 대몽항쟁 전략의 하나인 해도입보(海島入保)24의 추진과 도서 연해 지역을 안정시킬 목적으

---

24 해도입보책(海島入保策): 주민들을 바다의 섬으로 이주시켜 살도록 하는 고려 무신정권의 정책을 말한다. 입보처로 기능한 해도는 대부분 육지와 비교적 가까우면서도 전략적으로 중요한 요충지에

로 파견된 임시 벼슬로 약간의 야별초군을 통솔하였다.

2) 해도 별초(別抄)

대부도·예도·창린도·위도·흑산도·암타도 등의 해도(海島) 별초군은 도서 및 연해 방비부대의 성격을 지녔다. 대몽항쟁기 도서·연해 지방의 해안 방어 태세를 유지하기 위해 파견 지휘관인 수로방호별감 등은 일정한 별초군을 거느렸다. 해도 별초는 섬을 근거지로 삼아 몽고 군선을 격퇴하거나 섬에 유배 온 자를 압송하는 임무를 수행하였다. 이후 원 간섭기에 들어서 확인되는 진변별초(鎭邊別抄)는 바닷가 지방의 수소(戍所)에서 국경을 지키는 임무를 맡아보던 군사들이었다.

무인 정권기까지 빈약하였던 수군 조직 속에서도 삼별초 항쟁과 도서 연해민 봉기 등 도서 연해지역의 비상사태에 대응하여 해도 방호별감·수로 방호사·해도 별초와 같은 임시 특별부대를 파견하였다.

4. 대몽항쟁과 연안항로

몽골은 1240년경까지 북중국, 서아시아, 동남아시아, 러시아, 동유럽에 이르는 광대한 지역을 정복하였다. 1270년에는 고려를 굴복시키고 1276년에는 남송을 멸망시켰다. 몽골은 1231년 처음으로 고려를 침략한 이후 9차례의 대규모 공격이 있었지만 무력으로 굴복시키지 못했다. 1270년에 고려 왕조를 유지해 준다는 조건으로 고려와 강화를 하였다.

고려가 이처럼 장기간 버텨냈던 것은 몽골이 해전에 약했기 때문이라기보다는 해양국가 고려의 막강한 해양력이 있었기 때문이었음을 주목할 필요

입지하는 특징을 지니고 있었다. 입보처인 해도는 몽고군을 피해 군현민이 입보하는 곳으로만 기능하는 것이 아니라, 몽고군의 후방 부대를 기습·견제하거나 강도(江都)를 향하는 수로를 방어하는 등의 전략적 요충지의 역할을 하였다. 해도입보는 지역민이 삶의 터전을 떠나 섬으로 들어가야 했으므로 해도 입보를 주저하거나 경우에 따라서는 저항하기도 하였고, 수전에 상대적으로 약한 몽고군의 침입을 방어하는데 효과적인 전술로 기능하였다. 고려가 장기간에 걸쳐 몽고와 대적할 수 있었던 요인들 중 하나로써 해도입보는 그 일익을 담당하였다고 할 수 있다(네이버 지식백과, 해도입보책[海島入保策], 한국민족문화대백과, 한국학중앙연구원).

가 있다.[25]

최씨 무신정권은 1232년 개경에서 강화도로 천도하여 1270년까지 몽골에 항거하였다. 육지의 관민에게는 산성이나 해도(海島)에 피신하라는 지침이 하달되었다. 바다와 강은 강화도 고려 정부의 주요 유통로였다. 모든 인적·물적 자원은 바닷길과 강 길을 통해서 강화도로 유입되었다. 바닷길은 강화도 고려 정부의 생명줄이었다.[26]

1) 몽골의 연안항로 거점 공격

압해도전투는 고려 후기 제6차 몽고 침입 때 압해도(押海島)에서 몽고 수군을 물리친 전투를 말한다. 1255년 고려에 침입한 몽고의 제6차 침입군은 1256년(고종 43년) 초에는 그 선발대가 전라도 남부지역에까지 도달하였다. 몽고 군의 압해도 침공은 이 과정에서 야기되었으며, 강화도에 연결되는 서남해 연안해로의 차단이 침공의 주요 목적이었다.

압해도(전라남도 신안군 압해면)는 육지와 불과 3km 떨어진 서남해안의 도서로서, 서남 연안해로의 간선로에 해당하는 해상 요충지이다.

압해도에 입보한 주현민이 몽고 군의 해도 침공을 막아냄으로써 서남해안으로부터 강화도로 이어지는 연안 해로와 조운로(漕運路)를 안전하게 지킬 수 있었다. 아울러 강도(江都) 이남 지역에 위치한 해도에 대한 몽고 군의 추가적인 침공을 봉쇄하였다. 이러한 점으로 미루어 볼 때 압해도전투는 군사적 측면뿐만 아니라 경제적 측면에 있어서 위기에 처한 강도 조정을 구원한 전투였다고 평가된다.[27]

2) 삼별초의 항전

최씨 정권의 가병이었던 삼별초 전사들에게 개경 환도는 충격이었고 사형선고나 다름없었다. 1270년 6월 1일 삼별초는 배중손을 중심으로 난을 일으

---

25 강봉룡(2005). 전게서. p. 201.
26 강봉룡(2005). 상게서. pp. 201-202.
27 네이버 지식백과, 압해도전투[押海島戰鬪] (한국민족문화대백과, 한국학중앙연구원).

켜 강화도를 점령하고 왕족 승화후 온을 왕으로 추대하였다. 동년 6월 3일에는 1,000여 척을 배를 동원하여 진도에 도착하였다.

삼별초는 진도의 용장사를 중심으로 용장산성을 축조하였다. 진도에 입거한 지 3개월 만에 제주도를 점령하였으나 1271년 5월경 여몽 연합군의 공격에 의하여 패전하였다. 진도 정부 삼별초 군단의 김통정은 제주도로 입거하여 최후의 항전을 전개하였으나 1273년 4월 여몽 연합군에 의해서 진압되었다.

막강한 몽골군을 상대로 고려가 40여 년을 버텨낼 수 있었던 힘이 바로 고려의 해양력이 있었다는 점을 고려한다면 삼별초의 몰락은 곧 고려 해양력이 약화된 것을 의미한다.

IV. 고려 후기

1. 원(몽골)의 내정간섭

원 간섭기의 고려는 독립국의 지위를 유지하였으나 원의 부마국으로 전락하였다. 고려에서 몽골풍이 유행하고, 몽골에 고려양이 전파되었다.

몽골은 국호를 원(元)으로 변경하고 2차에 걸쳐 일본원정을 단행하였다. 고려로부터 선박, 식량, 무기를 비롯한 전쟁물자와 함께 군대와 선원 등 인적 자원을 징발하였다. 2차 원정(1280년) 때에는 정동행성을 설치하여 준비하였으나 2차례 모두 태풍으로 실패하였다.

내정간섭	정동행성 유지, 다루가치(감찰관) 파견
영토 강탈	쌍성총관부(함경도 화주), 동녕부(서경), 탐라총관부(제주)를 설치하고 원이 직접 지배
자원 수탈	많은 수의 공녀와 환관 요구, 금·은·인삼·매 등 특산물 수탈, 일본원정에 고려인 동원

1) 정동행성(征東行省)

일본 정벌을 위해 설치된 기관이었지만 일본 정벌이 실패한 이후 내정간섭기구로 남아 공민왕 때까지 유지되었다.

2) 다루가치(達魯花赤) 파견

다루가치가 처음으로 고려에 배치된 것은 1231년(고종 18년) 살리타(撒禮塔)를 총지휘관으로 하여 고려에 침입한 제1차 몽고 침입 때의 일이었다. 몽고 군이 개경에 돌입하려는 태세를 갖추고 고려에 권항사(勸降使)를 보내자, 고종은 더 이상 버틸 계책도 세우지 못한 채 그들이 권고한 화평의 조건을 받아들였다.

살리타는 철군의 조건으로 서경을 비롯한 서북면 지방의 14개 요성에 72명의 다루가치를 나누어 배치하였다. 요동으로 철수한 살리타는 1232년 2월 고려의 국사를 도통(都統)한다는 임무를 맡긴 도단(都旦)을 개경에 파견하였다. 다루가치가 최고책임자로서 고려의 내정에 간섭하려는 것이며, 이로써 다루가치가 수도인 개경에도 설치되었다.

또한 삼별초의 항쟁이 좌절된 직후인 1273년(원종 14) 제주도에 탐라총관부(耽羅摠管府)를 두고 목마장을 설치한 일이 있었는데, 이곳에 다루가치를 배치하였다.

3) 응방(鷹坊)

응방제도는 몽고에서 들어온 것으로 우리 나라에 처음 설치된 때는 1275년(충렬왕 1년)이고, 1281년 응방도감(鷹坊都監)으로 제도화되었다. 원래 매사냥은 수렵과 목축을 업으로 하는 북방 민족과 중국 대륙에서 일찍부터 행해졌다.

응방의 조직은 다음과 같다. 처음에 왕 직속 하에 응방사(鷹坊使)·왕지사용별감(王旨使用別監)·착응별감(捉鷹別監)·응방심검별감(鷹坊審檢別監) 등을 두어 각지의 응방을 관장하다가, 충선왕 때에 응방사(종3품)·부사(副使, 종4품)·판관(判官, 종4품)·녹사(錄事) 각 2인을 두었다. 응방은 궁궐 안을 비롯하여 전국 각지에 설치되었는데, 특히 함경도 지방은 해동청(海東靑)의 산지로서 중시되었다.

고려의 응방은 면역·면세의 특권을 가지고 있었으며, 경제적 기반으로 많은 사전(賜田)을 받았고 노비와 소작인을 거느렸다. 당시 응방의 횡포와 폐해는 극심한 것이어서 그에 대한 반성과 비판이 일어나 여러 차례의 설치와 폐지를 반복하였다.

1288년과 1309년(충선왕 1년)에 잠시 폐지하였다가 다시 설치하였고, 충목왕 때 다시 폐지되면서 응방에 속했던 전토(田土)와 노비를 각각 본처(本處)에 환원시켰다. 1372년(공민왕 21년)에 다시 설치되었다가 창왕 때에 완전히 폐지되었다.

2. 왜구의 침입과 고려 정부의 대응

1) 왜구의 침입

13세기 왜구(일본 해적)는 1223년(고종 10년) 5월 금주(경남 김해)에 침입하여 약탈한 경우가 있고, 1225년, 1226년, 1227년 경상도 연안에서 약탈 행위를 했다.[28]

14세기에 들어와 침입은 빈번해지고 규모가 더욱 커졌다. 1323년(충숙왕) 6월 왜구는 군산도(전북 옥구군)에 침입하여 개경으로 가는 조운선을 습격하여 약탈하였고, 다음 날에는 추자도에 침입하여 주민들을 납치해 가기도 했다. 왜구의 침입은 1350년대에 들어와 본격화되었다.

고려로부터 시작된 조운제도는 1894년 조세가 급납화될 때까지 국가경제의 근간이 되는 관영물류시스템이었다. 고려의 조운제도는 크게 60여개의 포구를 중심으로 운송하던 시기, 12개의 조창으로 운영되는 시기, 왜구의 침입으로 조창의 근간이 무너지면서 군현별로 납부하던 시기로 구분할 수 있다.[29]

조운은 고려의 경제 동맥이었고, 이 제도를 인하여 고려는 연안 해양 능력이 확대되었으며, 선박들도 발달되었다. 연안의 중요한 지역과 강 하구 또는 내수면의 강을 연결하는 나루 같은 곳에 조창(漕倉)을 설치했다. 초기에 13

---

28 「고려사」 22권.
29 문경호(2011). "고려시대 조운제도 조창," 지방사와 지방문화 제14권 제1호, p. 7.

조창을 설치했는데, 그 가운데 12창은 남도의 연해와 내수의 강에 설치했고, 나머지 1창은 황해도 장연군에 설치했다.30

조운제의 운영에서 가장 큰 어려움은 왜구의 약탈이었다. 공민왕(1356년) 5년과 22년(1373년)에 조운의 육상화를 지시하기도 했다. 하지만 그것도 여의치 않아 결국 1376년에는 일시적으로 중지한 경우도 있다.31

표 3-4 | 1350년 이후 연도별 왜구의 침입

연도	내용
1350	① 2월에 경남 남해안의 거제, 고성, 죽림(김해군)에 침입하여 합포 천호가 지휘하는 고려군에 의하여 300여 명을 손실하고 퇴각 ② 4월에 100여 척의 왜함선이 순천, 남원, 구례, 영광, 장흥 등 전라도 연안 일대에서 보내는 조운선을 공격하여 조세미 약탈 ③ 5월에 66척의 왜적선이 순천부, 합포, 장흥, 동래, 진도 등 남해안에 침입하여 약탈
1351	① 8월 왜적선 130여 척으로 개경 부근 자연도, 상목도, 남양부 쌍부현에 침입하고 약탈 ② 11월 남해현 습격
1352	① 3월 강화도 부근 파음도, 교동도에 침입하고, 남해안의 여러 고을 침입 ② 6월 동해안의 강릉도에 침입하여 약탈
1353	50여 척이 합포에 침입
1354	전라도 조운선 40여 척이 약탈당함
1355	조운선 200여 척이 습격당함
1358	경상도 사주(사천) 각산수를 침입하여 고려 선박 300여 척을 불태움
1360	5월에 강화도에 침입하여 300여 명 학살, 4만여 섬의 쌀을 약탈
1363	213척의 왜적이 교동도에 침입하여 개경을 위협
1364	① 3월에 200여 척이 경남 거제 부근 갈도에 침입하여 약탈 ② 5월 경상도 도순문사 김속명이 지휘하는 고려군이 진해현에 침입한 3,000여 명의 왜구를 섬멸함

---

30 윤명철(2014). 전게서, p. 323.
31 한정훈(2004). "고려시대 조운제와 마산 석두창", 한국중세사연구 제17호, p. 53.

연도	내용
1372	서해, 남해, 동해 지역에 걸쳐 10여 차례 침입, 6월에 양천(경기도 김포군)에 침입하여 수도를 위협
1374	4월에 350여 척의 선단으로 합포에 침입하여 약탈함.
1375-1379	5년간 왜구들은 133회 이상에 걸쳐 200여 지점에 침입하여 약탈함.

자료: 고려사, 고려사절요.

2) 공도(空島) 조치

고려 말에 공도 조치가 취해졌다. 공도 조치란 섬 주민들을 육지로 이주시켜 섬을 비워버리는 극단적인 조치이다. 문헌은 공도 조치의 원인에 대하여 한결같이 '왜구의 침탈로부터 섬 주민을 보호하기 위해서'라고 기술하고 있다.

고려말의 공도 조치는 「신증동국여지승람」에 기록하고 있다.[32] 고려말 공도 조치 대상 섬은 남해도·거제도·진도·압해도·장산도·흑산도 등이 있다. 거제도는 1271년에, 진도는 1350년(충정왕 2년)에, 남해도는 공민왕 때(1351-1374)에 공도화 된 것으로 언급하고 있다.

고려 말 공도 조치는 해양력을 약화시키고 해양 방어체제를 붕괴시키는 결과를 가져왔다. 이는 한국해양사의 일대 전환이 일어나고 있음을 의미한다.

3. 왜구 대응 기관

고려말 원나라의 간섭기에 왜구의 침략에 대응하는 설치한 기관과 관직은 다음과 같다.[33]

1) 진변만호부(鎭邊萬戶府)와 진변 만호·진변사(鎭邊使)

진변만호부는 고려 후기 원나라의 영향을 받아 설치된 수군조직이다. 일

---

32 신증동국여지승람 건치연역·고적조.
33 해양경찰교육원·목포대학교 도서문화연구원(2019). 전게서, pp. 29-33.

본정벌 실패 직후인 충렬왕 7년(1281년)에 남해안 요충지에 최초의 진변만호부인 금주등처진변만호부(金州等處鎭邊萬戶府)를 두었다. 1287년에 합포의 원군(元軍)이 모두 철수함에 따라 고려군으로 그 병력을 대체하면서 금주등처진변만호부가 합포등처진변만호부로 개칭되었다. 이어서 1290년에 전라도진변만호부(全羅道鎭邊萬戶府)도 두었다.

이후 공민왕 5년(1356년) 반원 정책의 일환으로 5개의 만호부(진변만호부 2개에 서경만호부·탐라만호부·순군만호부)를 모두 혁파함에 따라 진변만호부 역시 폐지되었다. 이후 왜구방어 기능은 1374년에 설치된 왜인추포만호(倭人追捕萬戶)와 수군이 재건되면서 우왕 13년(1387년)부터 설치되기 시작한 수군만호부(水軍萬戶府)로 계승되었다. 공민왕 5년에 폐지되었던 진변만호부는 왜인만호부로 명칭을 바꾸어 왜인 초유(招諭)34 및 체포 등의 관리 임무를 수행하였다. 우왕 14년(1388년)에는 조준 등의 건의에 따라 왜구의 방어를 목적으로 지방 군정기관으로 수군만호부가 설치되었다.

왜구의 약탈이 본격화되면서 진변사(鎭邊使)의 파견과 활동이 많아졌다. 진변사는 왜구의 침입이 극심하던 공민왕 때 하삼도 지역에 주로 파견되었다. 진변만호부에서 방위업무를 수행할 군인의 군현별 할당액을 정한다든가, 연해지역에 있는 창고를 내륙으로 옮겨 왜구의 침입에 대비할 것을 요청하는 등 해안 방어의 실태 및 그 문제점을 점검하는 일을 주요 임무로 삼았다.

2) 왜적 추포사(追捕使)·포왜사(捕倭使)

충렬왕 때 원나라 병제를 본받아 왜인의 침입을 순찰하는 임무를 맡았던 왜인추포 만호에서 기원한다. 공민왕 때 해상에서 큰 피해를 입힌 왜구를 잡기 위해 긴급하게 추포사를 파견하였다. 때로는 도안무사가 겸직하기도 하였다. 이색이 제시한 왜구의 근절책에 추포사를 파견하여 항상 배 위에서 명령을 내리고 왜구를 체포하는 안이 포함되어 있었던 만큼 선상생활 속에서 왜구 체포 작전을 수행하여 왜구 소탕에 실질적인 성과를 거둔 것으로 평가할 수 있다.

---

34 초유(招諭)란 불러서 타이름을 의미한다. 초유사(招諭使)는 전쟁이나 반란으로 인하여 민심이 동요된 지역에 파견되어 백성들을 설득하고 의병 봉기를 독려하는 임무를 수행한 임시 관직이었다.

3) 해도만호(海道萬戶)

일본 정벌 실패 이후 해도에 해도 만호부를 설치하여 만호로 하여금 지휘·감독하게 하였다. 왜구의 약탈이 최고조에 달하는 우왕 때에 해도만호는 해도를 공격한 왜구를 수색하여 체포하는 역할을 수행하였다.

4) 도순문사(道巡問使)

도순문사는 1281년(충렬왕 7년)부터 군사관계의 임무를 띠고 파견된 임시 외관직이었다. 양계에서는 군사와 민사를 모두 관장하는 지방장관의 역할을 하였고, 하삼도(下三道)의 경우에는 창왕 즉위년까지 존재하였다가 공양왕 1년에 도절제사로 고쳐졌다. 하삼도에 파견된 임시 군관이었던 만큼 연해에 침공한 왜구 방어뿐 아니라 공민왕 때 제주도 목호(牧胡)의 토벌에도 공을 세웠다.

5) 도지휘사(都指揮使)

대몽항쟁기인 고종 연간에 처음으로 파견된 도지휘사는 충렬왕과 공민왕 때에 자주 파견되었다. 충렬왕 때에는 하나 또는 여러 개의 도(道)를 단위로 파견되어 주로 군사행정적인 업무를 수행해 원나라의 일본 정벌에 필요한 군사력 및 군량·전함 등을 조달하는 일을 관장하였다. 1350년(충정왕 2년) 경상도 지역에 대한 대규모의 왜구 침입을 계기로 군사지휘자로서의 도지휘사를 다시 파견하였다. 주로 정3품 이상의 고위 관원이 이에 임명되었다.

6) 도순찰사(都巡察使)

고려 후기 각 도에 파견되어 각 도의 군관을 통솔한 군관직의 하나이다. 우왕 때 왜구의 창궐에 대비하기 위하여 각 도에 1인씩 보내어 6도 도순찰사(六道都巡察使)를 두었다. 도순찰사는 원수의 지휘를 받으며, 원수(元帥)·군목(軍目)과 함께 각 도의 군관을 통솔하였다.

7) 왜적 방어사(防禦使)

방어사는 고려 초기부터 주로 예성강과 원산만 이북의 지방 세력 통제와 국방력 강화를 위해 파견된 관원이었다. 공민왕 때에 해로를 통해 북상한 왜구의 침략이 심각해지자, 서해의 도서 및 연해 지역에 왜적 방어사를 파견하였다.

8) 체복사(體覆使)

왜구의 침입이 극심하던 공민왕 및 우왕 연간에 집중적으로 파견되었다. 왜구가 침입한 지역의 민정을 살펴 보고하고, 전투를 독려하며, 그 상황을 점검하는 등 출정군에 대한 감독을 주된 임무로 하였다. 때에 따라서는 전투를 몸소 지휘하기도 하였다.

4. 수군의 활동

1) 수군의 인사 분야

무인정권 시기에 강화도와 지방들과의 수상교통 운수가 단절되면 강화도 정권에 큰 타격이 아닐 수 없었고, 고려의 수군은 전라도와 경상도 지방으로부터 군량 운반, 군수물자의 수송과 조세 운반, 호위, 해상순찰 등 군사적 임무를 수행하도록 하였다.[35]

고려 정부는 왜구를 물리치기 위하여 중앙군과 지방군을 통솔하는 지휘관과 고위급무관 등을 임명하고 병력을 증원하기도 하였다.[36] 예를 들면 1373년에는 최영을 6도 도순찰사로 임명하였고, 경상, 전라, 양광도 등지에 지휘사 또는 2−4도 도지휘사(1370−1380)를 파견하거나 도순문사(1350−1380년대)를 도별로 또는 2−3개 도를 합해서 파견하였으며, 순문사 아래에는 도원수, 상원수, 원수, 부원수, 조전원수, 병마사 등을 두고 왜구를 토벌하게 하였다. 이 외에

---

35 오봉근외 4인(1991). 전게서. p. 131.
36 오봉근외 4인(1991). 상게서. p. 154.

도 6도 도순찰사, 포왜사, 왜인추포만호 등이 있었다. 이러한 관직들은 필요할 때마다 임시로 파견하기도 하였다.

수군의 인사 분야를 보면 1381년에 정지가 처음으로 해도원수(海道元帥)에 임명되었는데, 얼마 후에 병으로 사직하고 대신 심덕부가 임명되었으며, 1383년에는 나세가 임명되었다.37 그해에 정지가 다시 해도도원수(海道都元帥)에 임명되었고, 1386년에는 해도원수 4도 도지휘체치사(海道元帥四道都指揮處置使)가 되었다. 그리고 1389년에는 박인우가 양광좌우도 수군도만호(水軍都萬戶)에 임명되었다. 1390년에는 왕강이 경상도 수군도체찰사(水軍都體察使)에 임명되었고, 얼마 후에 전라·경상·양광 3도 수군도체찰사(水軍都體察使)로 임명되었다. 이처럼 원수·도원수·도지휘처치사·도만호·도체찰사 등과 같은 수군지휘관의 임명은 필요에 의해 수군을 부분 통합 또는 전부 통합하여 지휘하는 데 따른 임시방편이었지만 수군의 지휘조직으로 만호(萬戶)가 연해 각처에 배치되었던 것은 1390년에 이르러서였다.

2) 최무선(崔茂宣)의 활약

고려 시대에서 화약 사용의 성행과 왜구로 인한 화약 병기의 필요성에서 독자적인 화약 제조의 가능성은 성숙해 갔으며, 화약의 전래와 그 발달은 왜구 문제에 대응하기 위한 것이었다. 이러한 배경하에서 최초로 화약 제조에 성공한 이는 최무선이었다.

「고려사」 1377년 기록에 따르면, 처음으로 화통도감을 설치하였는데 판사 최무선의 건의에 의한 것이다. 무선은 앞서 원나라 염초장(焰硝匠) 이원과 같은 마을에서 살면서 그를 잘 대접하여 그 기술을 몰래 취득한 후 화통도감(火㷁都監)의 설치를 건의하였다.38

화통도감 설치 이후 20종의 화기가 제조되었고, 도감의 설치된 후 6개월만인 우왕 4년(1378년) 4월에는 화기발사의 전문부대로 보여지는 화염방사군이 편성되었다. 이에 따라 화약 사용 및 도감 설치의 최대의 목적이었던 왜구 격

---

37 임원빈·김주식·이민웅·정진술 공편(2004), 전게서, p. 12.
38 「高麗史」 33권 辛禑傳 3年(1377) 10月條.

퇴에 활용되었는데, 우왕 6년(1380년)의 진포 대첩에서 그 절정을 이루었다.39

진포 대첩 때 왜구는 300여 척으로 진포(금강 입구)에 침입하여 모든 배를 정박해 두고, 거의 다 상륙하여 내륙 각지로 흩어져 약탈하였다. 고려 정부에서는 최무선의 화약 병기를 시험할 때라고 판단하여 최무선을 부원수로 임명하고, 도원수 심덕부, 상원수 나세로 하여금 왜구를 치게 하였다. 무선은 화기를 싣고 진포에 이르러 화포로서 적선을 불태웠다. 3년이 지난 우왕 9년(1383년)에는 정지 장군이 진포전의 보복차 진도에 70여 척으로 침입한 왜구를 역시 화약무기로써 모두 불태웠다.40

고려 말기 왜구의 침범이 빈번하고 대규모인 것은 그 시기가 일본에서는 무로마치 바쿠후(室町幕府) 시대로서 그 약 60년간은 계속된 남북조 쟁란기(1333-1392)라 중앙통치력이 혼란한 시기였기 때문이다. 당시 고려를 비롯하여 원나라의 연안 지방에 이르기까지 왜구에 의해서 약탈당하여 연안해역은 황폐화되었다.41

V. 고려 시대의 표류민 구조와 송환

1. 담당 기관

고려 시대 표류민의 구조 및 송환은 송·고려·일본 동아시아 국제질서 유지에 중요한 사항이었다. 송나라와 고려의 담당 기관은 다음과 같다.

1) 송나라

해당 지역의 지방관인 전운사(轉運使)나 연해제치사(沿海制置使)가 담당하였고, 국제무역 상인의 표류 처리는 시박사에서 담당하였다. 표류민의 송환 업무는 감

---

39 육군본부(1968). 韓國軍制史. p. 393.
40 육군본부(1968). 동게서.
41 장수호(2011). 전게서, p. 36.

사관(監司官)인 안무사(按撫使)·전운사·제형안찰사(提刑按察使)·제거상평사(提擧常平使) 외에도 군사 업무를 위한 제치사 등을 파견하여 지주(知州)나 지부(知府)를 겸직하게 했다. 양절(兩浙)·복건(福建)의 전운사나 연해제치사는 송을 왕래하는 선박을 관리하고, 연해에서 발생하는 밀무역이나 해적 등에 관한 일을 담당하였다.

2) 고려

일본 사절이 직접 표류민을 송환할 경우는 동남해선병도부서(오늘날의 경주)나 금주(오늘날의 김해)가 거점이 되었다. 고려는 송·일본과 달리 지방에 위임하지 않고 중앙정부의 명령을 받은 지방관(도 안찰사)에 의해 송환이 이루어졌다.

2. 해양 사고의 구조·구난 사례

현행 법령상 "구조"란 조난을 당한 사람을 구출하여 응급조치 또는 그 밖의 필요한 것을 제공하고 안전한 장소로 인도하기 위한 활동을 말하고, "구난"이란 조난을 당한 선박등 또는 그 밖의 다른 재산(선박등에 실린 화물 포함)에 관한 원조를 위하여 행하여진 행위 또는 활동을 말한다.[42] 고려사에 나타난 해양사고에서 인명구조 사례를 살펴보면 다음과 같다.

표 3-5 | 고려사에 나타난 해양사고

시기	내용
정종 2년 7월	진봉겸고주사 상서우승 김원충이 송에 가다가 옹진에 이르러 배가 파손되어 돌아왔다.
광종 14년 12월	963년 12월에 송에서 책명사 시찬을 파견하였는데, 바다에서 풍랑을 만나 물에 빠져 죽은 사람이 90인이었고 시찬만 홀로 죽음을 면하였으므로 왕이 그를 두텁게 위로하였다.
현종 10년 4월	진명 선병도부서 장위남 등이 해적의 배 8척을 포획하여, 해적에게 사로잡혀 있던 일본인 포로 남녀 259인을 공역령(供驛令) 정자량을 보내 그들의 나라로 압송하게 하였다.

---

[42] 수상에서의 수색·구조 등에 관한 법률 제2조.

시기	내용
문종 3년 11월	동남해선병도부서사가 아뢰기를, "일본 대마도 관청에서 수령 명임 등을 보내어, 우리나라 사람으로 태풍으로 표류했던 김효 등 20인을 압송하여 금주(金州)에 보내었다."
문종 14년 7월	동남해선병도부서에서 아뢰기를, "대마도에서 우리나라 사람으로 풍랑으로 표류해 간 예성강 백성 위효남을 돌려보내 왔습니다"라고 하였다. 왕이 그 사자(使者)에게 예물을 후하게 하사하였다.
원종 4년 6월	일본의 관선대사(官船大使) 여진 등이 불법을 배우려고 송으로 가다가 풍랑을 만나 승려와 일반인 등 230인이 개야소도에 닿았으며, 265인은 군산도와 추자도에 도달하였다. 한편 태재부(大宰府)소속의 상선에 탔던 78인은 송에서 본국으로 돌아가다가 풍랑을 만나 배를 잃고 작은 배로 선주(宣州) 가차도에 표류하여 왔다. 전라도 안찰사에게 명령하여 양식과 선박을 지급하여 그 나라로 호송하였다.
원종 4년 7월	일본 상선에 탔던 30인이 풍랑을 만나 구주(龜州) 애도(艾島)에 도착함, 양식을 주고 호송해 보내라고 명령하였다.
원종 10년 5월	경상도안찰사가 급보하기를, "제주 사람이 표류하여 일본에 갔다가 돌아와서 말하기를, '일본이 병선을 준비하여 장차 우리나라를 침범하려고 합니다'라고 하였다. 이에 삼별초와 대각반을 파견하여 해변을 순찰하게 하였다. 또 연해의 군현에게 성을 쌓고 양식을 비축하라는 명령을 내렸으며, 창선현(경남 남해군)에 보관하던 국사(國史)를 진도로 옮겼다.
충숙왕 11년 7월	왜구의 선박이 풍랑으로 영광군에 표류하였는데 모두 220여 명이었다. 배를 마련하여 돌아가게 하였다.
충렬왕 15년 10월	군량 수송선의 해양사고에서 인명과 화물을 구조·구난한 후, 그 사고에 관한 수사 내용으로 '군량을 수송하던 선박 중에서 부서진 것이 44척, 바람을 만나 유실된 것이 9척, 쌀 중에서 침몰된 것이 5,305석, 양식이 모두 떨어져서 훔쳐 먹은 것이 908석 4두, 익사자 119명, 병사자 4명, 도망자 67명, 행방불명자 86명'라고 발표하였다.
고종 30년 9월	금주방어관이 보고하기를, "일본국에서 토산물을 바쳤으며, 또 우리나라에서 풍랑으로 표류한 사람들을 돌려보냈습니다"라고 하였다.
고종 31년 2월	전 제주부사 노효정과 판관 이각이 재임시에 일본 상선이 폭풍을 만나 제주 해역에서 난파하였다. 노효정 등이 능견과 은·진주 등의 물건을 사취(私取)하였다고 탄핵당하였다. 이에 노효정에게서 은 28근, 이각에게 은 20근을 추징하고 섬으로 유배 보내었다.
공민왕 22년 11월	주영찬 및 김잠·조신이 탄 배가 영광(靈光) 자은도에서 파선하여 모두 익사하였다. 우인열·송문중만 살아서 돌아왔다.

조선 시대

Part 4.

I. 조선 전기

1. 통치체제의 정비

조선의 통치체제는 성리학 이념을 바탕으로 정비하고 「경국대전(經國大典)」[1]
으로 성문화하였다.

1) 중앙 정치 조직

중앙 정치 조직은 의정부와 6조 중심으로 구성되었다. 의정부는 국정을
총괄하고, 6조는 정책을 집행하며, 3사는 언론기능을 담당하였다.

---

[1] 경국대전은 조선 건국 초의 법전인 『경제육전(經濟六典)』의 원전(原典)과 속전(續典), 그리고 그 뒤
의 법령을 종합해 만든 조선시대 두 번째 통일 법전을 말한다. 세조는 즉위하자마자 육전상정소(六典
詳定所)를 설치, 통일 법전 편찬에 착수하였다. 1460년(세조 6년) 7월에 먼저 재정·경제의 기본이
되는 「호전(戶典)」과 「호전등록(戶典謄錄)」을 완성하고, 이를 「경국대전 호전」이라고 이름지었다.
이듬해 7월에는 「형전(刑典)」을 완성해 공포·시행했으며, 1466년에는 나머지 「이전(吏典)」·「예전
(禮典)」·「병전(兵典)」·「공전(工典)」도 완성하였다(네이버 지식백과, 경국대전[經國大典], 한국민족
문화대백과, 한국학중앙연구원).

표 4-1 | 조선 전기 중앙 정치 조직

의정부	국정총괄: 제상들의 합의로 정책 심의·의결
6조	• 정책집행기관, 6조의 고위 관리는 국가의 주요 정책과 경연2에 참여 → 행정의 전문성과 효율성을 증대하기 위함. • 이조(내무, 문관 인사), 호조(재정·조세·호구), 예조(의례·교육·외교), 병조(군사, 무관인사), 형조(형률), 공조(토목)
3사	사헌부, 사간원, 홍문관으로 구성, 왕과 대신들을 견제하는 언론기능담당(권력 독점과 부정방지)
기타	승정원(왕의 비서기구), 의금부(국왕 직속 사법기구), 한성부(수도의 행정·치안 담당), 춘추관(역사서 편찬), 성균관(최고 교육기관)

2) 지방행정 제도

지방행정은 8도와 부·목·군·현으로 조직하고, 향·소·부곡을 폐지하였으며, 상피제를 실시하였다. 8도의 관찰사를 파견하고, 모든 군현에 수령을 파견하여 속현이 소멸되었다. 그리고 유향소를 설치하였다.

표 4-2 | 조선 전기 지방행정 기관

관찰사	8도에 파견, 각 도의 행정을 총괄하여 관할하고, 지역의 수령을 지휘·감독
수령(지방관)	모든 군현에 파견(행정권·사법권·군사권 행사)
향리	수령 보좌, 지방행정 실무 담당 → 고려 시대에 비해 권한 약화
유향소	지방 사족3이 조직한 향촌 자치 기구(수령 보좌·견제, 향리의 비리 감시, 풍속 교화 담당)

3) 군사제도

육군과 수군으로 구분되었으며, 수군은 배를 타고 싸우는 군병이라 하여 '선군'으로 호칭되었으며 '기선군(騎船軍)'이라고도 불렸다. 수군은 육군의 정병

---

2 경연이란 왕과 신하가 모여 유교경전과 역사서를 공부하면서 학문과 정책을 토론하던 제도를 말한다.
3 사족이란 전·현직 관료와 그 가문을 통칭하는 개념으로 향촌 사회의 지배층이었다.

(正兵)과 더불어 양인의 의무 병역이었다.

　　조선 건국 전후 시기의 불안정한 대내외적 상황하에 남쪽 변경에 자주 출몰하는 왜구는 조선 수군의 건설과 조직발전에 근본적인 원인을 제공하였다.4

　　『세종실록』지리지에 의하면 군정(軍丁) 총계 9만 6,259인 중 선군이 4만 9,337인으로 반수를 초과하고 있다.

표 4-3 ┃ 조선 전기의 군사제도

군역	정군(양인 남성으로 현역 군인), 보인(정군의 비용 부담)으로 편성
조직	• 중앙군(5위, 궁궐과 수도 방위) • 지방군(국방상 주요 지역에 영과 진 설치, 병마절도사와 수군절도사 파견) • 잡색군(평상시 생업에 종사, 유사시 군사로 동원)

4) 포도청(捕盜廳)

　　도적이 성행하면 포도장(捕盜將)을 임명하여 포도(捕盜)에 종사하게 하였다가 도적이 수그러들면 폐지하는 등 포도청이 창설되기까지 설치와 폐지를 거듭하였다.

　　1474년(성종 5년)에 도적을 잡기 위하여 포도장을 다시 설치하였다.

　　성종 6년 서울 도성에 도적의 발호가 심해지자 포도장을 좌변·우변5으로 나누어 2인의 포도장을 두었다.6 당시의 포도장은 단독관청이 아닌 병조소속으로 운영되었다.

　　포도장에게는 기병(騎兵)과 보병(步兵)을 각각 40명씩 주어졌다. 포도청의 실질적인 책임자가 포도대장(捕盜大將)이다. 포도대장은 도둑을 잡고, 야간 순찰을 담당하였다. 성종 때 포도장의 사목에서 의하면, "만약 도적이 섬으로 도망하여 들어간 경우 수군절도사(水軍節度使)와 수군만호(水軍萬戶)가 포도장의 지휘를 받았다"라고 한 데서 알 수 있듯이 포도장은 육지에서 도둑을 잡는 기능에 주력하였으나, 일부 도적이 섬으로 숨어들어 간 경우 수군절도사와 수군만호

4　장학근외(1997). 조선시대 수군관련사료집. 도서출판 신서원. p. 11.
5　좌변은 서울의 동부·남부·중부·경기좌도를 맡고, 우변은 서울의 서부·북부·경기우도를 맡았다.
6　「성종실록」38권, 성종 6년 1월.

가 관리하였다.

중종 23년(1528년) 11월을 기점으로 포도대장·포도부장·포도군관 등 왕이 임명하는 것으로 전환되면서 항구직화되었다. 명종 2년(1547년) 4월 이전에는 이미 좌·우 포도청이 설치되어 운영되었으나, 그 체제가 허술하여 포도대장이나 그 소속 관원들의 위상이 확고하게 정립된 것은 아니었다.

조선 후기 포도청이 제대로 기능을 발휘한 것은 22대 정조 시기(재위: 1776-1800)이다. 이때 포도대장은 그 관원 그리고 지방의 수령까지도 포도(捕盜)와 관련된 사안에 관해서는 군율로 다스리는 등 강력한 처벌정책을 추진하였다. 그 결과 포도청과 지방의 수령들은 경각심을 갖고 포도에 주력하여 사회질서는 전반적으로 안정을 찾게 되었다.[7]

도망한 죄인을 체포하기 위하여 출사하는 포도군관이 공사초료(公事草料)[8]를 가지고 내려가는 경우에는 지방의 영읍진(감영·읍·진)에 직관(直關)[9]할 수 있는 권한을 가지고 있었다.

고종 8년(1871년) 7월 병조소속의 무관직인 포도청의 좌·우 포도대장은 병조판서와 같은 의정부 당상관과 동일 직위로 수직 상승하였다. 오늘날의 장관급에 해당하는 직위이다. 이러한 지위 격상은 섭정의 대권을 위임받은 흥선대원군이 정치적 기반이 약해서 군사권과 경찰권을 장악하는 것이 급선무였기 때문이다.

1894년 갑오경장 때 포도청은 경무청으로 개편되어 내무아문(內務衙門)에 속하였다. 포도청은 육지의 도적을 잡아 치안을 유지하는데 주 임무이나 만일 도적이 섬으로 도망갈 경우 수군절도사와 수군만호가 병선을 거느리고 출동하는 데 있어서 포도장의 지휘를 받았다.

---

7 김형중(2020). 전게서, pp. 512-515.
8 공무로 내려가는 사람이 여행길에 관에서 받던 소정의 공급물을 말한다. 종과 마필 그리고 숙식도 제공받을 수 있었다.
9 직관(直關)이란 중앙 관아에서 지방으로 직접 공문서를 보내는 것을 말한다.

2. 조선 전기의 수군 조직과 진관체제

1) 수군 조직

조선 초기에는 수군이 육군과 구별되어 독립하고 새로운 병종으로 확립된 시기라고 볼 수 있다.[10] 이전 시기에도 수군이 있었지만, 조선 초기 수군은 기타 육군 병종과는 확실히 다른 편제와 역할을 갖게 된다. 수군[11]은 바다에서 선상생활을 한다는 특수한 여건과 왜적과 해상전투를 벌이는 것 등으로 인해, 일반백성들에게는 고역으로 인식되고 점차 천역으로 기피 대상 병종이 되었다.

위화도 회군에서 조선왕조를 세운 태조 이성계는 왜구소탕의 명장으로서의 경험과 고려 말기부터 추진하여 온 군비 확장과 연안의 중요지역에 수군영의 설치를 계승하는 한편 왜구에 대해서는 회유책을 시행하였다.[12]

조선왕조는 국초부터 연해 요충에 설진·치장(設鎭·置將)하는 등 해양 방어를 강화하고 수군의 제도를 정립해 나아갔다.[13] 그 결과 세종 무렵에는 각도에 수군도안무처치사(水軍都安撫處置使) 또는 수군첨절제사(水軍僉節制使)를 두고, 각 진포(鎭浦)에 도만호(都萬戶)와 만호(萬戶)를 두고 군선을 배치하여 수군의 제도를 정비했다. 그 후 세조 때인 경국대전의 편찬을 계기로 그 제도가 다소 달라졌다. 각도의 수군 책임자는 수군절도사(水使라고 약칭)로 되고 그가 첨절제사(僉使라고 약칭)와 만호를 거느리게 된 것이다. 수사는 주진(主鎭)인 각도 수영에, 그리고 첨사와 만호 등 진장(鎭將)은 요해지(要害地)[14]의 독진(獨鎭)[15]에 상주하게 되었다.

---

10 장학근외(1997). 조선시대 수군관련 사료집1, 신서원. p. 13.

11 세조시대에 편찬된 경국대전에 의하면 수군은 4만 8,800명이라고 기술하고 있다.

12 장수호(2011), 전게서, p. 36.

13 金在瑾(1989). 우리배의 역사, 서울대학교 출판부, p. 95.

14 지세(地勢)가 군사적으로 아주 중요한 곳을 말한다.

15 조선 초기 고려의 지방군제(地方軍制)를 혁파하면서 군익체제(軍翼體制)에 의거하여 각 도(道)의 중요한 고을과 해안 지대에 독립하여 편제한 군대의 진영(鎭營). 첨절제사(僉節制使)나 그 지방의 수령(守令)이 다스렸다. 세조(世祖) 때에 지휘 체계를 행정 구역상의 도(道)와 일치시키는 한편, 요새지나 군사기지로서의 거점적 성격을 분명히 하기 위하여 거진(巨鎭)을 중심으로 그 주변의 진을 관리하게 하는 진관체제로 개편하면서 혁파되었다가, 조선 후기 숙종 대 이후 지방군을 재편하는 가운데 속오법(束伍法)에 따라 지방군이 편성되지 않은 변방과 연해의 일부 지역에 대해 다시 설치하였다.

각 관의 위계를 보면 수사가 정3품, 첨사가 종3품, 우후가 정4품, 만호가 종 4품이었다. 수사는 종 2품인 관찰사나 각도 병사보다 한 계층 아래이지만 당상관이고, 종 4품인 만호는 군수와 동격이고, 종5품인 현령과 종 6품인 현감보다는 훨씬 높은 자리이다. 각도의 수영과 진에는 각기 소정의 군선과 수군이 배치되어 있었다.16

수사(水使)는 각 도의 수영(水營)에서 휘하의 거진(巨鎭)과 포항(浦港)의 병선을 동원하여 조운선의 호송과 해방(海防)의 그 임무로 했고, 첨사와 우후는 각도의 항만과 요지에 설치된 포진(蒲津)에 있어서 예하의 만호를 동원했으며, 만호는 그 밑에 예속된 부만호·천호·부천호를 지휘하였다. 수군직제를 정리하여 표기하면 다음과 같다.17

표 4-4 | 조선 전기 수군의 직제

관명	위계	정원수	비고
수군통제사	종2품	1	수사(水使)를 겸임함
수군절도사	정3품	17	관찰사와 병마절도사가 겸임하는 도가 많음
순군첨절제사	종3품	12	함경도를 제외한 각 도 거진(巨鎭)에 배치함
수군우후	정4품	5	충청, 경상, 전라 3도에만 배치함
수군만호	종4품	55	평안도를 제외한 각 도 포진(蒲津)에 배치함

한양이 조선의 수도가 된 이유는 조운(漕運)이 잘 통하는 곳이었고, 풍수지리적인 측면을 고려한 것이다. 남쪽의 조세를 배로 운반하기 위하여 태종 때에 조운선 500척을 건설하라는 지시가 있었고, 세종 때에도 제도적인 개선이 있었으며, 조운선은 사고가 자주 발생하였다. 조운과 수군과의 관련성은 조운의 감독을 수군 만호 등이 맡은 예가 태종 때에 보이고, 병선을 조운에 사용한 예도 태종 때에 나타난다. 성종 때에는 조운에만 종사하는 수군을 따로 구별하여 편성하는 등 체계적으로 발전해 나간다.18

---

16 金在瑾(1989). 동게서.
17 정진술·이민웅·신성재·최영호 공편(2008). 다시보는 한국 해양사, 도서출판 신서원, p. 261.
18 장학근외(1997). 전게서, pp. 22-23.

2) 수군 진관체제(鎭管體制): 주진(主鎭)·거진(巨鎭)·제진(諸鎭)

고려 말 왜구를 방어하기 위해 수군을 재건하고 해도원수(海道元帥)를 임명하였다. 조선 건국 후 수군은 경기 수군을 중심으로 개편하고, 삼남(三南)19과 경기 좌·우도에 수군도절제사(水軍都節制使)를 두어 도별로 지휘하도록 하였다. 1420년(세종 2년)에 각도 수군 사령관의 직함을 수군도안무처치사(水軍都安撫處置使)로 고치고, 그 예하에 수군도만호(水軍都萬戶)와 수군만호(水軍萬戶)를 배치하여 조직을 갖추었다.

1455년(세조 1년)에 지방군 체제를 전국으로 확장하고, 1457년(세조 3년)에 진관체제(鎭管體制)로 개편하였다. 진관체제란 수영(水營)을 중심으로 각도(各道)의 주요 지역에 거진(巨鎭)을 두고, 그 예하에 제진(諸鎭)을 편성하여 방어망을 구축한 것이다.20 즉, 수영에 수군절도사를 파견하여 주진(主鎭)으로 삼고, 그 하부에 수군첨절제사가 주둔하는 거진(巨鎭)을 두었으며, 그 예하에 수군만호(水軍萬戶)를 파견하여 제진을 편성하였다.

『경국대전』에 의하면, 수군절도사는 경기도, 충청도, 경상 좌도·우도, 전라 좌도·우도에 각각 1명씩 모두 6명을 임명하고, 관찰사가 겸직하는 수군절도사가 8도에 각 1명씩 파견되었으며, 북방의 경우 함경 남·북도와 평안도의 병마절도사가 수군절도사를 겸직함에 따라 모두 17명이었다.

3) 전함사(典艦司)와 산택사(山澤司)

전함사란 조선시대 선박관리 및 조선(造船)·운수(運輸)에 관한 일을 관장하기 위하여 설치되었던 관서를 말한다. 원래 내사(內司)와 외사(外司)가 있어서 내사는 서울의 중부 징청방(澄淸坊)에, 외사는 서강(西江)에 있었다. 선박관장기관의 변천은 다음과 같다.21

1392년(태조 1년) 사수감(司水監)을 설치하여 전함의 수리 및 운수에 관한 일을 감독하게 하였다가 1403년(태종 3년) 관제의 개편으로 사재감(司宰監)에 병

---

19 경상도와 전라도, 충청도를 통틀어 이르는 말이다.
20 해양경찰교육원·목포대학교 도서문화연구원(2019). 전게서, pp. 33-34.
21 [네이버 지식백과] 전함사[典艦司] (한국민족문화대백과, 한국학중앙연구원).

합되고, 다시 1432년(세종 14년) 병선 건조의 중요성이 강조되어 사수색(司水色)으로 부활되었고, 1436년 수성전선색(修城典船色)으로 개편되었다가 1465년(세조 11년) 전함사로 그 명칭이 고정되었다.

『경국대전』이전(吏典)에 명시된 전함사의 주업무는 경외(京外)의 선박과 전함을 관장하였고, 관원은 도제조(정1품)·제조(종1품~종2품) 각 1인, 제검(종4품)·별좌(종5품)·별제(정·종6품) 등 5인과 수운판관(종5품) 2인, 해운판관(종5품) 1인이 소속되어 있었다.

그러나 후기에 들어 전함사의 기능이 약화되어 『대전통편』에서 판관은 모두 없어지고 전함사 자체가 공조에 병합되었으며, 그 기능 중 조선관리업무는 비변사와 공조·선혜청에서 담당하고, 조선장(造船場)으로서의 기능은 주로 삼남의 수영에서 대신하였다.

병조선(兵漕船)은 세조 때 군용과 조운에 모두 사용할 수 있도록 만든 선박이다. 이 병조선은 세조 10년에 좌의정인 신숙주의 제의에 의하여 만들어졌다.[22] 신숙주는 함선을 관장하는 총책임자인 전함색도제조를 겸직하면서 병조선을 개발했으며, 그 당시 사용되었던 대선, 중선, 소선 등의 군선을 개량해 만들었다.

산택사는 조선 시대 공조의 한 기관으로 산택(山澤)·진량(津梁)·원유(苑囿)와 초목(草木)의 종식(種植), 시탄(柴炭)·목석(木石)의 취벌(取伐)과 가항(街巷)·제언(堤堰)·선즙(船楫)·조운(漕運)·표애(石表碍)·둔전(屯田)·어염(漁鹽) 등의 일을 맡아보는 관청이었다.[23] 조선시대 선박 건조 및 조운 업무를 담당했다는 점에서 수군과 관련이 있고, 오늘날의 해양경찰과도 관련성이 있다.

4) 왜관과 동래 부사

왜관은 조선시대 일본인이 조선에서 통상을 하던 무역사무실이다. 고려 말 이후 조선 초기까지 왜구의 노략질이 심해지자, 태조와 태종은 회유책을 써서 왜인의 왕래를 허락하였다. 그 뒤 아무 곳에나 무질서하게 정박하는 왜인들을 통제할 필요성에서, 태종은 1407년 동래의 부산포와 웅천의 내이포를,

---

22 윤명철(2014). 전게서. p. 361.
23 [네이버 지식백과] 산택사[山澤司] (한국고전용어사전. 2001. 3. 30., 세종대왕기념사업회).

1418년(태종 18년)에는 울산의 염포와 고성군의 가배량을 개항해 이곳에만 정박하게 하였다.

그러나 세종 1년 대마도 정벌을 계기로 개항장은 폐쇄되었다. 그 뒤 대마도 도주의 간청으로 1423년에는 부산포와 내이포, 1426년에는 염포에 왜인의 내왕을 허가해 삼포가 개항되었다. 왜관은 이 개항장에 설치된 것으로, 여기에서 교역·접대 등에 관한 일을 맡아 보게 하였다.

왜관은 개항장의 설정과 변천에 따라 설치와 폐지를 거듭하였다.[24] 즉 1510년(중종 5년) 삼포왜란으로 폐쇄되었다가, 1512년 임신조약으로 인한 국교 회복과 동시에 처음에는 제포(薺浦)만을 개항했고, 부산포를 추가하였다. 그런데 1541년 제포에서 조선의 관병과 왜인 사이에 싸움이 일어나자, 제포를 폐쇄하고 왜관을 부산포로 옮겼다. 그 뒤 임진왜란으로 다시 폐쇄되었던 왜관은 1607년(선조 40년) 국교 회복과 더불어 부산항내 두모포에 새로 설치되었다가 1678년(숙종 4년) 초량으로 옮겼다.

동래부사는 다음과 같은 업무와 관련되었을 때 파직되거나 교체되었다.[25] 왜인들의 살인과 약탈사건, 왜인과 왜관 관원 간의 갈등, 왜인의 난동, 왜인과 밀무역 단속, 왜인과 여인들 간의 풍기문란 등이었다. 이를 통해서 볼 때 동래부사의 역할과 임무가 해양경찰의 밀수단속, 외사기능의 역할과 유사하다.

3. 조선 전기의 공도 및 해금 정책

조선 초기 도서(島嶼)에 관한 정책은 공도(空島)정책이 주를 이루었다. 당시까지 지속되었던 왜구의 영향과 건국 초기 국가적 통합과정에서 백성 전체를 국가의 통제하에 두려는 정책목표에 의해 시행된 것이다. 현재의 울릉도·무릉도에 대해서도 태종과 세종 양대에 걸쳐 주민쇄환을 통한 공도정책을 편 사실이 있다. 그러나 서남해의 여러 섬에 목장을 설치하기도 하였다.[26]

조선왕조의 공도 조치는 더욱 강화되어 일시적인 조치의 차원을 넘어서

---

24 네이버 지식백과, 왜관[倭館] (한국민족문화대백과, 한국학중앙연구원).
25 해양경찰교육원(2021). 해양의 이해, p. 15.
26 장학근외(1997). 전게서, p. 25.

서 법으로 규정되는 국가정책으로 자리 잡았다. 관(官)의 허락 없이 몰래 섬에 들어간 자는 장(杖) 100대의 형으로 다스렸고, 심지어 섬의 도피·은닉한 죄는 본국을 배반한 죄에 준하는 것으로 처벌해야 한다는 주장까지 거론되었다.[27] 그 이유는 모든 백성들은 국왕의 지배와 보호를 받는 위치에서 편제되어야 한다는 조선의 통치이념에서 나온 것이다.

조선의 공도 및 해금 정책은 명나라의 해금정책을 따른 측면도 있다.[28] 명은 왕조를 안정시키는 과정에서 명의 지배에 저항하는 해상세력에 대한 타격을 가하기 위해 모든 해상활동을 금하는 해금정책을 시행하였다.

조선은 농업을 중시하여 농자천하지대본(農者天下之大本)이라고 하고, 산업의 근본을 농업에 두었고, 공업이나 상업을 천시했다. 이에 따라 조선시대는 고려시대에 비해 해양활동이 그다지 활발하지 못했으며, 해양문화 또한 발달하지 못했다.[29]

조선은 육로를 통해 명이 설정한 조공체제를 충실히 이행할 수 있는 지정학적 위치에 있었으므로 명의 해금 정책에 적극 동조하였다. 일본은 명의 해금 정책으로 인해 가장 심각한 타격을 입었다. 일본이 명과 조선과 교역하기 위해서는 반드시 바다를 통해야 했기 때문이다. 결국 일본은 바다를 통한 불법적 교역 활동을 전개할 수 밖에 없었고, 일본인들의 불법행위는 점차 무력 침탈행위로 돌변하였으며, 왜구라 불리는 해적집단의 발호로 나타났다.

수령과 만호는 백성이 조세나 요역, 방수를 피하여 섬에 도망하여 생업에 종사할 경우 색출하여 처벌하는 역할을 수행하였다. 여기서 만호는 수군의 벼슬 중이 하나이고 함선과 수군을 동원할 수 있는 지위에 있었기 때문에 경찰권을 행사하여 쇄환 역할을 했을 것으로 판단된다. 즉, 조선 정부는 관찰사, 병마 절도사, 수군 절도사 등에게 지시하여 연해에 사는 백성이 요역을 피하기 위하여 섬에 잠입하여 생활을 하고 선박을 이용하여 도적질을 하므로 수색하여 쇄환시키거나 처벌을 하도록 하였다.

---

27 강봉룡(2005). 전게서. p. 231.
28 강봉룡(2005). 상게서. p. 232.
29 윤명철(2014). 한국해양사. 학연문화사. p. 349.

표 4-5 | 공도 및 해금 관련 역사 기록

『문종실록』 7권, 문종 1년(1451) 5월 13일	의정부에서 아뢰기를, "전라도 진도군은 본래 사람이 없는 땅인데, 부근 각 고을에 사는 백성 및 여러 곳의 유망(流亡)하는 무리가 그 조세와 요역이 없는 것을 즐겨하여 많이 가서 살았음. 고을을 설치하고 수령을 둔 뒤로는 그 요역과 방수(防戍)의 노고를 싫어하여 도로 다시 도망해 흩어져서 남은 백성이 매우 적습니다."
『세조실록』 25권, 세조 7년(1461) 8월 6일	병조에서 아뢰기를, "전라도 백성이 해도에 도망해 들어간 자가 많으니, 청컨대 조관(朝官)을 보내어 쇄환하게 하소서." 임금이 쇄환할 계책을 물으니, "바닷가의 백성이 여러 섬에 도망해 들어가서 혹은 고기를 낚고 소금을 굽는 것으로 직업을 삼는 자도 있고, 농사로 생활하는 자도 있으며, 내왕하면서 장사하는 자도 있는데, 추쇄(推刷)하라는 명령이 내린 것을 들으면 가족을 데리고 사람이 없는 섬에 깊숙이 들어갔다가 조금 늦추어지면 돌아오기도 하고, 영구히 돌아오지 아니하는 자도 있으니, 참으로 작은 일이 아닙니다. 속히 쇄환함이 마땅하나, 지금 만약 쇄환한다고 말하면 깊이 숨을 것이니, 불의에 나가서 찾아 잡는 것이 마땅합니다."
『성종실록』 72권, 성종 7년(1476) 10월 9일	〈하삼도 감사에게 도망해 숨은 육지 거민을 돌아오게 하는 사목〉 1. 여러 섬에 숨은 사람은, 수령과 만호 중에서 택정(擇定)하여 추쇄(推刷)하되, 만일 그전처럼 다른 섬으로 가서 숨기를 꾀하는 자는 여러 진이나 여러 포의 군인을 알맞게 동원하여 도별(道別)로 나누어 체포한다. 1. 수령·만호 등과 감고·색장인 등이 나라의 법을 두려워하지 않고 숨은 사람을 색출하는데 마음을 쓰지 않았다가 뒤에 나타나게 되면, 수령과 만호는 제서 유위율(制書有違律)[30]로 논단(論斷)하고 감고[31]·색장[32]은 전가 사변(全家徙邊)[33]한다. 1. 순종인은 양인과 천인을 구분하여 조처하고, 만일 전에 도피한 자나 항거한 자, 그리고 우두머리는 참(斬)한다. 1. 모든 섬에서 잡은 사람은 각각 본고장으로 돌려보내되, 그 중에 괴수(魁首)들은 여러 고을에 나누어 가두고 계문(啓聞)해서 구처(區處)한다. 1. 쇄환한 뒤에 수령과 만호가 규검(糾檢)하지 못하여 도로 숨게 한 자는 본인은 파출(罷黜)[34]시키며, 전가사변한다.

[30] 임금의 교지(教旨)와 세자(世子)의 영지(令旨)를 위반한 자를 다스리는 율. 《대명률(大明律)》 이율(吏律) 제서유위조(制書有違條)에 의하면 위반한 사람은 장 1백에 처한다고 규정하였다.

[31] 조선 시대 정부의 재정부서에서 전곡(錢穀) 출납의 실무를 맡거나 지방의 전세·공물 징수를 담당하던 하급관리를 말한다.

[32] 조선 시대 성균관 소속의 임원이다.

[33] 죄인을 전 가족과 함께 변방으로 강제 이주시키는 형벌을 말한다.

[34] 파출이란 관원을 현재의 관직에서 파직시킴과 동시에 가지고 있던 품계도 내리는 경우를 말하였다.

『성종실록』 135권, 성종 12년(1481) 11월 6일	의금부에 지시하기를, "심정원이 전라도 수군 절도사로서 경작이 금지되어 있는 외딴 섬을 함부로 개간하여 우후로 하여금 군장도 갖추지 않은 군졸을 이끌고 수확하게 하다가 우후와 군졸 2인이 왜적에게 살해되게 하고도 바른 대로 보고하지 않고 구황 해물을 채취하다가 죽은 것으로 속였으니, 추국(推鞫)하여 보고하라"하였다.
『성종실록』 247권, 성종 21년(1490) 11월 25일	전라도 관찰사·병마 절도사·우도 수군 절도사·좌도 수군 절도사에게 지시하기를, "본도(本道)의 연해에 사는 백성이 요역을 피하기 위하여 섬에 잠입하여 어염(魚鹽)으로 생활을 하고 배로 집을 삼아 해상에 출몰하면서 도적질을 하므로, 선왕조 때부터 모두 쇄환시켜 거주할 수 없게 하였다. 수령들이 그것을 조사하여 검거하지 아니하므로, 점점 도망하여 돌아가고 있으니, 매우 옳지 못하다. 끝까지 수색하여 쇄환시키도록 하고, 거주하는 자는 죄를 주도록 하라."
『중종실록』 25권, 중종 11년(1516) 5월 12일	절도에서 밭을 일구지 못하게 하는 일은 전에 금령이 있었으니 상고하여 아뢰라.
『명종실록』 17권, 명종 9년(1554) 9월 3일	"전라도의 외딴 섬에 사는 백성들은 대신과 병조로 하여금 함께 의논하여 조종조의 전례를 고찰해 보고 엄격하게 절목을 세워 모조리 쇄출(刷出)하도록 하라."
『연산군일기』 29권, 연산 4년(1498) 4월 21일	승정원이 아뢰기를, "여러번 요동에 공문을 보내어, 해랑도에 도망가서 사는 우리 백성을 쇄환해 달라고 청했는데 요동에서 답하지 않음, 쇄환하지 않은 채 시간이 지나면 변방 백성이 반드시 몰래 들어가서 그 수가 늘어날 날 것이므로 비록 쇄환을 하려 해도 형세가 어려울 것이니, 염려되지 않을 수 없다. 지금 다시 요동에 공문을 보내 쇄환해 줄 것을 청하고, 답하지 아니하면 천자께 주청할 뜻으로 그 형세를 관망하고 처리하는 것이 어떠하옵니까?" 하니, 논의하라 명하고, 그 논의는 "전후 그 섬에 간 자가 많은 이익을 얻어가지고 돌아왔으니, 이는 반드시 물산이 풍부하여 살 만한 곳인 듯하다. 고정남에 의하면, 섬 안에 사는 백성이 90여 명에 달한다하니 그 수가 적지 않으므로 꼭 쇄환해야 할 것인데, 다만 전에 여러 번 요동에 공문을 냈으나, 지금까지 답하지 아니하니 형세가 어려운 점이 있는 것으로 생각된다.
『연산군일기』 38권, 연산 6년(1500) 7월 9일	해랑도의 초무사 전임과 부사 이점이 보고하기를, "해랑도에 도착하여 수색·체포하려할 때 활을 당겨 쏘면서 체포에 항거하였지만 4명을 사로잡고 사람들이 간 곳을 물으니, 섬 서쪽 소장산도에 옮겨가서 살고 있다 하였다.' 즉시 종사관 등으로 하여금 포작선(鮑作船) 26척에 나누어 타게 하여 녹도를 거쳐 밤중을 이용하여 이튿날 아침에 소장산도에 이르러 남녀 70명을 사로잡고, 또 바위구멍을 수색하여 31명을 사로잡았습니다" 하였다.

4. 대왜정책(對倭政策)

1) 대마도 정벌과 삼포개항

조선 초기에도 왜구의 약탈행위는 가끔 발생하였다. 산악이 많아 농산물만으로써는 식생활을 충족시킬 수 없는 대마도의 왜인들은 조선이 교역을 거절할 때 해적과 같은 습성을 발휘할 수밖에 없었다. 세종이 이종무로 하여금 대마도를 정벌케 한 것은 이 왜구의 근거지를 소탕하려고 한 것이었다(세종 원년, 1419).35

세종 4년(1422년)부터는 전라도·충청도 연해를 오가는 사선(私船)은 반드시 병조의 항행허가증이 있어야 했다. 각 진포의 만호 또는 천호가 항행을 허가하도록 하여 왜구에 대한 철저한 경계를 하였다.36

1419년 대마도 원정 이후 거의 한 세기 동안 일본 해적들의 대규모적이 체계적인 침입은 없었으나 일본 열도에서는 봉건영주들 사이의 분쟁이 계속되고 있었으며, 해적들의 준동도 완전히 종식된 것은 아니었다. 이에 따라 조선 정부는 한편으로는 해상 및 해안방어를 늦추지 않으면서, 다른 한편으로는 일본의 각지 봉건영주의 무역선 파견요청을 일부 허용하는 정책을 실시하였다.

대마도의 종씨(宗氏)가 누차 사신을 보내어 사죄의 뜻을 표하였으므로, 조선에서는 제한된 교역을 허락하였다.37 이에 따라 내이포(웅천: 1423년), 부산포(동래: 1423년), 염포(울산: 1426년) 등 3포를 열어 무역할 것을 허락하고, 3포에는 왜관을 두어 교역에 종사하도록 하였다. 그 결과 왜선이 3포에 빈번히 내왕하면서 많은 미곡과 면포를 수입해 갔다.

3포의 개항장에는 항거왜인(恒居倭人)이라 하여 일본인의 거류(居留)가 허용되었다. 세종 때에 3포에는 모두 60호(戶)가 허용되었다. 거주 일본인이 증가함에 따라 쇄환시키기도 했다. 세종 18년(1436년)에 거류를 원하는 자 60명과 그 밖의 거류를 원하는 자와 합하여 206명을 남기고 그 외는 쇄환시켰다.38

---

35 李基白著(1992). 韓國史新論. 一潮閣. p. 258.
36 정진술·이민웅·신성재·최영호 공편(2008). 전게서. p. 292.
37 정진술·이민웅·신성재·최영호 공편(2008). 동게서.
38 「세종실록」 71권. 18년 3월 을미조.

3포에서의 무역을 제한하려 한 것이 세종 25년(1443년)의 **계해약조**(癸亥約條)였다. 이 약조에 의하여 대마도주는 1년에 50척의 세견선을 파견할 수 있을 뿐이며, 그것도 도주의 도서(圖書, 증인:證印)가 찍힌 증명서가 있어야만 입항할 수 있게 되었다. 그리고 그들에게 1년의 거래량을 세사미두(歲賜米豆) 200섬으로 제한하였다.

조선 거주 왜인들은 조선의 느슨한 대왜정책을 이용하여 자신들만의 조직체를 체계적으로 운용하며 활동하였고, 그 실력도 무시할 수 없을 만큼 커져 선박보유 125척, 소속 인원이 4−5천이 되었다. 포소마다 조직체를 구성하여 긴밀하게 연결되어 있었다.[39]

1510년 4월 4일 대마도 영주의 대관 성친(盛親)이 왜적선 100척과 함께 삼포 거류 왜인들은 내이포와 부산포에 쳐들어오는 사건을 일으켰다. 이를 삼포왜란이라고 한다.

이날 이른 새벽 삼포의 왜인무리 4,000−5,000명은 갑옷과 투구, 활과 검, 창, 방패로 무장하고 내이포성 밖 백성들의 집에 불을 지르고 성을 공격하여 강점하고, 병선들을 불태웠으며, 웅천성으로 밀려들었다. 왜인무리 200명은 부산포를 공격하여 첨사를 살해하였으며, 거제도의 영등포에 침입하여 백성들의 재산을 약탈하였다.[40]

이 삼포왜란이 진정된 후 3포를 폐쇄하고 교역을 끊었으나, 대마도주의 간청으로 다시 중종 7년(1512년)에 **임신약조**(壬申約條)를 맺고, 계해약조에 규정된 세견선과 세사미두를 반으로 감하여 각기 25척, 100섬으로 제한하고 교역을 허락하였다.

임진왜란(1592년)과 정유재란(1597년) 이후 1604년 초까지 일본과의 관계는 완전히 단절되었다. 그동안 포로송환, 사신 교환 등이 있었고, 1609년(광해군 1년) 6월 일본과 새로이 임진·정유 왜란 때의 납치자 송사를 위한 약조(送使約條)를 체결하고 삼포를 다시 개방했다(己酉約條). 1611년 11월 세견선 체류 기한을 80일로 결정하고 1617년 4월 부산에서 왜인 잡상(雜商)을 금했다.

---

39 이재범(1996). "삼포왜란의 역사적 성격에 대한 재검토," 한일관계사연구 제6집, pp. 9−10.
40 「중종실록」 11권, 5년 4월.

2) 일본의 남해안 지역 어장요구와 고초도조어금약(孤草島釣魚禁約)

3포가 개항되면서 대마도인들이 고기잡이를 할 수 있는 지역은 부산포, 내이포로 제한되었다. 그 후 대마도에서는 1427년(세종 9년) 3월에 대마도인의 생계가 어렵다고 호소하면서 추가로 허가해 줄 것을 요청하였으며, 3년 후인 1430년 9월에도 고성포, 구라량 등지를 내왕하면서 무역허가를 요청하였으나 거절당하였다.41 이와 같이 항구의 추가 개항을 거절당하자 경상도 연해 어장의 확대를 요구하기 시작했다. 이에 따라 1430년 11월에는 가배량·구라량·두모포·서생포에서, 1438년 10월에는 고성·구라량에서 고기잡이를 할 수 있도록 요청하였다.42 그러나 조선에서는 삼포 지역만으로도 충분하다고 판단하여 요구를 들어주지 않았다.

1435년(세종 17년) 10월에는 대마도의 고기잡이 어선과 흥리왜인(興利倭人)43이 삼포뿐만이 아니라 가배량·구라량 등지를 왕래하면서 무역하고 또 조선의 선군(船軍)을 동승하여 경계 없이 마음대로 어업활동을 할 수 있도록 요청하였다. 이에 대해 조선에서는 가배량 등지를 왕래하면서 무역하는 것을 허락하지 않는 대신에 조선의 선군이 왜선에 동승하여 개운포 등을 왕래하면서 어업활동을 할 수 있도록 허락하였다.44 이에 따라 왜인들은 삼포 중 가장 서쪽에 위치한 내이포를 경계로 하여 동쪽으로 염포의 개운포 지역에서 어업활동을 할 수 있었다. 그러나 내이포로부터 서쪽 지역은 왜인들의 출입을 철저하게 통제하였기 때문에 전라도와 충청도 해안을 마음대로 왕래할 수 없었으며, 정해진 해역 이외의 지역을 항행하는 왜선은 왜구로 간주되어 제재를 받았다. 이러한 조치에도 불구하고 왜인들의 불법어업활동은 근절되지 않았다.45

이와같이 조·일 양국 간의 어업에 관한 갈등과 대립이 진행되었다. 이러한 어업갈등을 해결하고 왜인들이 조선의 영역을 침탈하는 것을 사전에 방지하기

---

41 「세종실록」 35권, 9월 3일 을묘(27); 권49, 12년 9월 임술(24).
42 「세종실록」 50권, 12년 11월 기해(2); 권59, 권83, 20년 10월 기사(18).
43 단독상행위(무역)을 하는 자를 흥리왜인(興利倭人) 또는 상왜(商倭)라 칭했다.
44 「세종실록」 70권, 17년 10월 을묘(17).
45 한문종(2011). "조선의 남방지역과 일본에 대한 경계인식," 한일관계사연구 제39집, pp. 152-153.

위한 조치가 바로 1441년(세종 23년)의 고초도조어금약(孤草島釣魚禁約)이었다.46 이 고초도조어금약은 신숙주의 『해동제국기』에 자세히 기록되어 있다.

대마도 왜인으로 어업활동을 하는 자는 도주의 삼저도서(三著圖書)의 문인(文引)을 받아 지세포(知世浦)에 도착하여 문인을 바치면 만호는 문인을 다시 발급해 준다. 고초도의 지정된 곳 이외에는 함부로 돌아다니는 것을 금하며, 어업활동을 마치면 지세포로 돌아와 만호에게 문인을 반납하고 어세(漁稅)를 바친다. 만호는 도주의 문인에 회비(回批)하여 도장을 찍어주고 돌아갈 때 증거로 삼는다. 만약 문인을 가지지 않은 자와 풍랑을 이기지 못한다는 핑계로 몰래 무기를 가지고 변방 섬을 횡행하는 자는 적으로 간주하여 처벌한다.47

조선 정부는 「고초도조어금약」을 위반자를 체포한 경우 직접 처벌하지 않고 석방하여 돌려보내고 대마도주로 하여금 처벌하게 한 후 그 사실을 조선에 통보하도록 하였다. 위반자가 도주한 경우 사신을 파견하여 범인을 송환한 사례도 있지만, 주로 대마도주에게 통보하여 압송하도록 하였다. 그 이유는 일본과의 불화를 방지하고, 왜구의 재발가능성을 사전에 차단하기 위한 방책이었다.48

이와 같이 고초도 지역에서 어업활동을 허용해 주는 것은 현재 우리의 배타적 경제수역에서 외국인이 어업활동을 하기 위해서는 해양수산부장관의 허가를 받아야 하는 것과 유사하고, 어세를 징수하는 것은 입어료를 징수하는 것과 유사하다. 또한 오늘날의 「배타적 경제수역에서의 외국인어업 등에 대한 주권적 권리의 행사에 관한 법률」에서는 입어조건 등을 세세하게 규정하고 있는 것처럼 고초도 지역에 대하여 조선의 영해라는 것을 왜인들에게 인식시키고 실효적으로 지배하고 있었으며, 불법조업에 대해서 엄중하게 대응한 것이라고 볼 수 있다.

---

46 한문종(2011). 상게논문. pp. 125-126.
47 신숙주, 해동제국기, 종빙응접기 조어금약.
48 한문종(2012). "조선 전기 조일간 어업분쟁과 해양권의 강화," 한일관계사연구 제42집. p. 116.

II. 조선 후기

1. 왜란과 호란 그리고 정치체제의 변화

1) 왜란

일본에서는 도요토미 히데요시가 전국시대를 통일하고 지방 영주의 불만을 무마하기 위해 조선을 침략하였다.

임진왜란(1592년)에서 전쟁 초기 한성과 평양이 함락되었고, 조선 정부에서는 광해군 중심의 조정을 별도로 구성하였다. 선조가 의주로 피난하고, 명에 지원군을 요청하였다. 이순신 장군의 수군은 남해에서 해상권을 장악하여 일본군의 수륙 병진 작전이 좌절되었다. 전국각지에서 의병이 활약하였으며, 조명 연합군이 평양을 탈환하였다. 그리고 명과 일본의 휴전 협상이 전개되었다.

정유재란(1597년)은 명과 일본의 휴전 협상이 결렬된 후 다시 침입하였다. 조명 연합군이 일본군의 북진을 방어하였으며, 이순신이 명량해전에서 승리하였다. 전세가 일본에 불리하였고, 도요토미 히데요시가 사망했다. 이에 따라 일본군은 철수하였다.

왜란 이후 동아시아의 정세는 다음과 같다. 조선은 국토가 황폐화되고 인구가 감소하였으며, 국가 재정이 악화되었다.

명은 국력이 약화되고 여진이 급속히 성장하여 후금을 건국(1616년)하였다.

일본은 토쿠가와 이에야스의 에도 막부가 수립하였고, 조선의 기술자와 학자로부터 인쇄술·도자기 제조법·성리학을 수용하였다. 에도 막부가 조선에 국교 재개와 사절의 파견을 요청하였다. 이에 따라 조선 정부는 회담겸 쇄환사를 파견하였다. 여기서 쇄환사란 일본에 잡혀간 조선인들을 송환하기 위한 사절을 말하고 3차례 파견하였다. 이어서 조선 정부는 통신사를 파견하였다.

2) 호란

정묘호란의 배경은 다음과 같다. 서인이 중립 외교를 비판하고 광해군을 축출하였다. 서인의 친명 배금 정책 추진과 명군이 가도49에 주둔하자 후금은 조선을 침략하였다. 이를 정묘호란(1627년)이라 한다. 인조의 강화도 피신, 관군과 의병 정봉수 등의 항전이 있었고, 후금과 조선 정부는 화의를 하였다.

병자호란의 발생 원인은 후금이 청을 건국하고, 조선에 군신 관계를 요구하였다. 이에 조선에서는 주전론(척화파)과 주화론의 논쟁이 있었으나 주전론의 우세로 청의 군신 관계를 거절하였다. 이에 따라 청 태종은 조선을 침략(병자호란, 1636년)하였다. 인조가 남한산성에서 항전하다가 청에 항복하였다. 그리고 청과의 군신 관계를 체결하였다.

3) 비변사의 기능 강화와 군사제도의 변화

비변사는 16세기 초 왜구와 여진의 침입에 대비하기 위한 임시기구로 설치되었다. 왜란과 호란 이후 국정을 총괄(군사, 외교, 재정, 인사 등)하게 되었다. 이에 따라 의정부와 6조 중심의 행정체계가 유명무실해지고 왕권이 약화되었다.

군사제도의 경우 중앙군은 임진왜란 때 훈련도감을 설치하였고, 5군영 체제로 개편하였다. 지방군은 양반에서 노비까지 포함하는 속오군으로 편성하였다.

4) 해금과 쇄국 정책을 고수한 조선

해양문화는 탈중앙집권적이고 호족성이 강하며, 때로는 무정부성이 힘을 발휘하는 경우가 많았으므로 내부적으로는 정통성 취약한 조선 건국 초기의 정부로서는 해양력을 약화시키고 해양문화를 소외시키는 정책이 필요했다.50

조선왕조는 국초부터 해상활동을 금지하고 해양의 문호를 걸어 잠그는 해금 정책과 쇄국 정책을 국시로 삼아 초지일관 유지했다. 유럽이 대항해시대로 접어든 것과는 대조적이다. 유럽인들이 15세기에 아메리카 대륙에 상륙하

---

49 가도(椵島)는 평안북도 철산군 철산읍에 속한 섬으로 철산 반도에서 2km 지점에 위치하는 섬이다. 1622년 14년 광해군은 모문룡을 가도에 머물게 했는데, 그는 이곳에 진을 치고 동강진(東江鎭)이라고 이름짓고, 명군과 난민 1만여명을 받아들여 이곳을 기지화했다. 그는 조선으로부터 식량을 지원받고, 명으로부터 무기를 지원받아 후금의 후방을 교란하였다. 결국 가도로부터 발생한 금의 후방 불안은 정묘호란과 병자호란의 가장 큰 직접적인 원인이 된다.

50 윤명철(2014). 전게서, p. 350.

고 16세기에 동북아시아에 접근하기 시작하자 중국과 일본은 제한적 개방정책을 시행하였으나 조선은 해금과 쇄국 정책을 고수했다.[51]

2. 수군 제도

1) 수군 기관

(1) 삼도 수군통제사

각 도에 수영과 수사를 두고 그 산하 중요 진(津)을 첨사와 만호로 하여금 지키게 하는 수군 제도의 기본적인 틀은 조선 후기에 변함이 없었으나 일부 임진왜란을 겪으면서 달라진 점도 있었다.

큰 변화는 충청·전라·경상의 3도 수군을 통괄하는 삼도수군통제사의 신설이다. 조선 전기에 각도의 수군은 각도의 수사가 개별적으로 지휘하게 되어 있었다. 그러나 선조 25년 임진왜란이 발생하여 각도의 수군을 통합하여 지휘할 직책이 필요해서 임진왜란 시기에 전공이 큰 전라좌수영 이순신 장군을 선조 26년(1593년)에 삼도수군통제사로 임명한 것이 그 시초였다.

(2) 통어영

인조 11년(1633년)에는 경기·충청·황해도의 3도 수군을 지휘하는 삼도통어사(三道統禦使)를 처음으로 두었다. 통제영이 삼남 지방의 왜침에 대비하기 위하여 설치된 데 비하여 통어영(統禦營)은 수도의 방비를 위하여 설치되었다. 그런 만큼 경기수사(京畿水使)가 겸임하도록 되어 있는 통어영은 통제영처럼 적극적으로 운영되지 못하고 한 때 폐지되기도 했다. 정조 13년(1789년)에 다시 설치하여 본영을 강화 옆 교동부(喬桐府)에 두고 그곳 부사(府使)가 통어사와 경기수사를 겸했다. 고종 30년(1893년) 수도권의 방비를 보다 강화하고 수군도 근대화하기 위하여 통어영은 남양부(인천)로 옮겨서 연해총제영(沿海摠制營)으로 되었으나 큰 역할을 하지 못했다.[52]

---

51 강봉룡(2005). 전게서. p. 284.
52 金在瑾(1989). 전게서. pp. 96-98.

(3) 방어영(防禦營)

방어영은 대부분 17세기 후반 서해안을 중심으로 설치된다. 17세기 후반 가장 강조되었던 수군방어영은 소강진과 영종진이다.[53] 육군 방어영은 도성 외곽이나 국경 등에서 적을 격퇴하는 역할을 하였고, 수군 방어영은 해적의 침공을 물리치거나 도성의 입구인 강화도를 수호하는 임무 등을 수행하였다. 예를 들면 1690년(숙종 16년)에 강화도 남부 해안과 연해를 방어하기 위하여 강화도 배후지인 영종도에 수군 방어영을 설치하였고, 1711년(숙종 37년)에 해적으로부터 충청도 바다를 지키고 동시에 강화도를 지원하기 위해 안흥진에 수군 방어영을 설치하였다. 또 1713년(숙종 39년)에는 육지에서 멀리 떨어져 있는 섬이 유사시에 대응할 수 있도록 제주도에 수군 방어영이 설치되었다.

소강진과 영종진을 중시한 이유는 중국의 황당선이 옹진반도에 집중적으로 출현하였기 때문이다. 소강진은 옹진반도에 있고 황해와 맞닿아 있어서 해방(海防)의 제일 요충지이고, 요새지였다. 조선 숙종 때 소강진 첨사가 황당선을 나포하면서 방어영으로 승격되었으며, 방어사가 첨사를 겸직하였다.

1718년(숙종 44년)에 소강진이 수영으로 승격하고, 관할 현이었던 옹진현은 부(府)로 승격하였으며, 옹진 부사가 수사를 겸임하였다.

(4) 해연총제영(海沿總制營)

고종 20년(1883년)에 경기도 연해의 방어를 목적으로 민영목을 기연해방사무(畿沿海防事務)로 임명하였다. 1884년에 부평(富平)에 군영을 설치하여 경기·충청·황해도의 수군과 연해의 육군을 소속시켰다. 이것이 삼도 육군통어영(三道陸軍統禦營)이다.

1893년 1월 청주에 있던 삼도육군통어영을 남양부로 옮기고, 그 수장을 해연총제사라 칭하였다. 독판내무부사 민응식을 해연총제사에 임명하였다. 이때 해연총제사가 전 해군을 관할하도록 하였다. 1893년 4월 인천을 해연총제영에 편입시키고, 동년 9월에 남양 대부도에 수사별장을 증설하였다. 해연총제영은 1894년 6월 조선의 군영 가운데 가장 먼저 폐지되었다. 이후 해군 지

---

53 해양경찰교육원·목포대학교 도서문화연구원(2019). 전게서, pp. 38-40.

휘권은 관제개혁 때 군무아문 산하 해군국으로 이관되었다.

해연총제영(海沿總制營)은 인천과 경기 연안의 방비를 총괄하기 위해 경기도 남양에 설치되었다. 해연총제영에서는 1893년 해군 장교를 양성하기 위해 '조선수사해방학당'을 강화도에 설치하였는데, 해영총제영에서 설치한 것이므로 총제영학당 또는 수사해방학당(水師海防學堂)이라고도 하였다. 이는 1893년 고종이 설립한 한국 최초의 근대적인 해군사관학교에 해당한다. 1894년 청일 전쟁 후 일본의 압력으로 폐지되었다.

2) 조선 전기와의 차이

후기 수군의 제도에서 달라진 점은 통제사와 통어사 밑에 소속되었던 연안의 각 읍이 군선을 가지고 직접 해방을 담당하게 된 점이다. 당초에 연안의 각 읍은 수군을 초정(抄定)하여 영진에 제공하는 수군충족지정(水軍充定之政) 만을 담당했었는데, 삼포왜란(三浦倭亂) 이후로 왜침이 다시 시작되자 중요연안에 배치되어 있는 첨사, 만호의 세력만 가지고는 해방에 만전을 기하기가 어렵게 되어 제읍도 군선을 확보하고 가까운 곳에 선소(船所)를 마련하는 등 군비를 갖추어 직접 해방을 하게 된 것이다.

경국대전과 속대전의 경우를 비교하면 군선이 배치된 영진이 경국대전에서는 73개에 불과하던 것이 후자에서는 총 142개로 증가되었다. 이것은 연해 제읍(沿海諸邑)이 해방에 직접 참가함으로써 이루어진 것이다. 조선 전기에는 오직 수사(水使)와 우후(虞候) 산하에 들어 있는 첨사, 만호들로만 조직되었던 수군이 후기에는 목사, 부사, 군수, 현감 등 수령과 그들 휘하에 장수, 별장들을 포함한 복잡한 편제로 되었다.

임진왜란 이후 평화 시기가 길어지면서 숙종 때에 수군무용론 내지 수군 감축론이 대두되었고, 영조 때부터는 군선을 조운에도 겸용하자는 전조선통용론(戰漕船通用論)이 반복되기도 하였다.

영조 때의 속대전[54]에 의하면 조세를 운반하기 위하여 전국의 여러 곳에 조운창이 있었다. 그중 군산창에는 조함이 18척, 조군이 816명이 있었다

---

[54] 조선 영조 때의 문신 김재로 등이 왕명을 받아 1746년(영조 22년)에 편찬한 법전이다.

고 한다.[55]

고종 3년(1866년)에는 김병학의 건의에 따라 전선의 조운 겸용정책이 채택되기에 이르렀다. 즉, 전선을 조운선으로 개조하고, 조운선은 전선으로 개조해서 같이 사용하자는 것이었다. 그러나 이러한 전조선 겸용정책도 제너럴 셔먼호 사건(1866년)과 프랑스 함대의 병인양요(1866년)가 발생하여 제대로 시행되지 못하였다.[56]

3. 수토군과 황당선·해랑적

1) 수토군(搜討軍)

수토(搜討)란 국가에서 관리를 도서 지역에 파견하여 그 상황을 조사하고, 관리의 눈을 피해 몰래 들어가 살고 있는 백성이나 혹은 왜구 또는 황당선 등을 수색하여 토벌하는 것이다. 수토의 목적은 크게 3가지였다.[57]

첫째, 도서 지역에 무단으로 침입하는 외국 선박을 쫓아내는 일이고, 둘째, 조선 후기에 도서 지역으로 이주하는 백성들이 늘어나면서 이들을 체계적으로 관리하기 위한 정보 파악이었다. 셋째는 치안 유지를 목적으로 했다. 즉, 범죄자나 유망인들이 도서 지역에 모여 정부에 저항하는 세력을 만들고 그 조직의 근거지로 삼을 수 있는 우려 때문이었다.

수토제는 17세기 말에 확립되었다. 동해안의 경우 주로 동해안 삼척진장이나 월송만호가 2년 간격으로 순번에 따라 '울릉도 수토관'으로 임명되었다.

1794년(정조 18년) 강원도 관찰사 심진현의 장계에 따르면 "울릉도의 수토를 2년에 한 번씩 변장(邊將)으로 하여금 돌아가며 거행한다"라고 하면서 월송만호 한창국을 수토관으로 임명하여 동년 4월 21일에 출발, 22일 섬에 도착해서 30일까지 수토를 마친 다음 5월 8일에 월송진으로 돌아왔다고 보고하였다.[58]

---

55 김중규(2001). 군산역사이야기. 나인. p. 81.
56 윤명철(2014). 전게서. pp. 377-378.
57 해양경찰교육원·목포대학교 도서문화연구원(2019). 전게서. pp. 52-53.
58 「정조실록」 40권. 정조 18년(1794) 6월 3일.

2) 황당선과 해랑적

조선 후기에 군사적으로 중대한 문제로 부각된 것은 황당선(荒唐船)[59]과 해랑적(海狼賊)[60]의 침범을 막는 것이었다. 명나라 혹은 청나라의 어선, 상선으로서 불법적으로 우리나라 연해를 침범하는 배를 황당선이라 하였는데, 이들의 출몰은 16세기 중반부터 나타나기 시작하였다. 중종 39년(1544년) 7월 전라병사 한기는 다음과 같이 중앙 정부에 보고하였다.[61]

군산도(群山島)를 수색하다 이름 모를 네 사람을 잡아서 추문하니, 공초하기를 "우리는 한산(韓山)의 염간(鹽干)인데 여덟 사람이 같은 배에 타고 소금을 싣고서 황해 지방을 향하여 가던 중 마량(馬梁) 앞에 이르니, 큰 배 한 척이 있고 그 좌우에 작은 배가 있었다. 그 안에는 붉은 수건으로 머리를 싸매기도 하고 비단으로 옷을 만들어 입기도 한 이상한 복장의 사람이 1백여 명 있었다. 이들의 배에 올라와 약탈하기 시작할 때에 다른 네 사람은 물에 뛰어들었는데 살았는지 죽었는지 모르겠다. 안손(安孫) 등 우리 네 사람을 잡아 가서 샘물이 있는 곳을 안내하게 하여 횡간도(橫看島)에 이르러 샘물을 길어다가 배에 실은 뒤에, 우리들을 섬에 버려두고 곧 서해 큰 바다를 향하여 갔다"라고 하였습니다.

이와 같이 16세기 중반부터 서해에 황당선이 출몰하여 민간인에게 피해를 입히고 있었다. 명나라, 청나라 북부의 어민들과 상선들은 서해를 건너와서 비밀무역도 하고 물고기도 잡았다. 그들 중 일부는 평상시에는 어업과 상업에 종사하였으나, 소득이 적거나 식량이 떨어지면 해안에 상륙하여 노략질을 하고 조선의 배들을 습격하기도 하였다. 남쪽에서는 일본 해적의 침입이 없지 않았으나, 임진왜란 때 조선을 침공하였다가 막대한 손실을 내고 패전한 일본은 19세기 중엽까지는 조선을 침공할 엄두를 내지 못하였다.[62] 이에 따라 조선 후기에는 서해의 해상 방위가 중요 문제로 떠올랐다.

---

59 조선 중기 이후에 '이국선(異國船)'을 달리 이르던 말. 모양이 눈에 설어서 황당한 것이라는 뜻이다.
60 해적과 같은 말이다. "경기, 충청 양도 바다 위 해랑적이 성하여 해상에 물화 실은 배들이 내왕하기 염려되는 중에…"라는 표현이 한말의 독립신문에 기재되어 있다.
61 『中宗實錄』 104권, 중종 39년 7월 壬寅.
62 오봉근외 4인(1991), 조선수군사, 백산자료원, p. 372.

광해군 즉위년(1608년)에 군산도 해역에 나타난 수적선 5-6척은 부안 지방을 도적질하고, 우리나라 상선을 약탈하여 갔고,[63] 또 광해군 원년(1609년)에는 군산포 만호가 해적에게 피살되기도 하였다.[64] 특히 이때 군산포 만호가 해적에게 피살되자 국왕은 '국가의 큰 치욕이다'라고 말하기도 하였다. 이는 조선 정부의 공권력이 해적에게 무력화된 것이고 해상방위와 해양경찰 기능이 훼손된 사건이다.

이러한 사건들이 발생하자 인조 2년(1624년)에 군산도에 별장을 두어 고군산진이라고 칭하고,[65] 방패선(防牌船) 1척을 배치하였다. 방패선은 방선(防船)이라고도 하는데, 선체의 갑판 위에 방패 판을 세워 적의 화살로부터 군사를 보호한 전투함으로서 전선(戰船)보다는 작고, 병선(兵船)보다는 크다. 방패선의 승선 인원은 31명으로 되어 있다.[66]

인조 15년(1637년) 2월에는 고군산에 배치된 방패선을 전선으로 바꾸었고,[67] 이듬해인 인조 16년(1638년) 2월에는 새로 마련한 전선의 사부(射夫)·포수(砲手)·격군(格軍: 노젓는 군인)을 육지의 속오군으로 채워 주었다.[68] 전선은 조선 후기 수군의 주력함으로서 흔히 판옥선이라고도 부르는데, 전선 1척에는 사부, 포수, 격군 등으로 이루어진 수군이 164명 승선하였다.[69]

17세기 말 이후에는 황당선들이 황해도 장산곶, 해주 앞바다에 수백척씩 와서 해삼을 채취하느라고 침범하였고,[70] 1712-1714년에는 황당선의 침습이 심하다는 보고가 자주 조선 정부에 올라갔다. 조선 정부는 청나라 측에 항의하여 그들을 단속하도록 요구하였다. 1710년에는 청나라로부터 조선 측이 임의로 처분해도 좋다는 동의를 받았으며, 다시 1720년에는 조선 측에서 포사격을 가하여 격침, 처단해도 무방하다는 합의까지 받았다.[71]

---

63 『光海君日記』 8권, 광해군 즉위년 9월 癸巳.
64 『光海君日記』 12권, 광해군 1년 1월 庚戌.
65 『大東地志』, 萬頃, 古群山島鎭 '仁祖二年 置別將於舊鎭 稱古群山'.
66 金在瑾(1989), 우리 배의 歷史, 서울대학교 출판부, pp. 268-269.
67 『湖南鎭誌』, 「古群山鎭誌與事例幷錄成册」(서울대 奎 12188).
68 『承政院日記』 63권, 인조 16년 2월 5일 己亥.
69 『肅宗實錄』 40권, 숙종 30년 12월 甲午.
70 『肅宗實錄』 51권, 38년 6월 임술.
71 『肅宗實錄』 49권, 36년 9월 기미, 〈비변사등록〉 숙종 46년 7월 16일.

황당선에 대한 대책으로 백령진, 초도진을 신설하고, 추포선을 배치하며, 추포무사를 두었다. 황당선이나 해랑적을 체포해도 그들을 청나라로 송환하는 것은 비용이 들고 시끄러운 일이었으므로 1717년에는 조선 땅에 상륙하지 않고 바다에 떠 있는 황당선은 붙들지 말라고 지시하기도 하였다.[72]

1780년대에 청나라 해적은 평안도 신도에 상륙하여 신도를 거점으로 부근의 수산자원을 약탈해 갔다. 당시 미곶진 소속 신도에는 청나라 해적 약 600명이 40여 개의 초막을 지어놓고 마을을 형성하여 거주하면서 선박을 49척이나 가지고 있었다.[73]

1785년 평안도 용천 부사는 미곶진 첨사와 함께 300여 명의 포수를 동원하여 신도의 해적을 내쫓고, 집과 선박, 그물을 모두 불태웠다.[74]

고군산진의 해양방위 업무는 1876년 강화도 조약으로 외국에 문호를 연이후에도 계속되었다. 고종 17년(1880년) 1월 전라감사 심이택은 다음과 같이 정부에 고군산 첨사 김응섭의 보고를 인용·보고하고 있다.

> 📖 고군산진에서 서쪽으로 30리쯤 떨어진 곳에 이양선(異樣船) 30여 척이 와서 정박하였으므로 11일에 급히 가서 문정(問情)하니, 그 사람들의 머리 모양이 앞은 깎고 뒤는 길렀으며 실은 것은 고기 잡는 그물과 밧줄이었다는 내용이었습니다. 모두 고기를 잡는 것이므로 크게 우려될 것은 없겠지만 저 사람들을 잘 일깨워 고기를 잡지 말도록 하라는 내용으로 말을 잘 만들어 써서 보내겠습니다.[75]

조선 말 고종실록에 불법조업 단속의 기록(1884년)도 나타나고 있다.[76]

> 📖 통리군국아문에서 아뢰기를, "근년에 해금이 해제되면서 황해도 일대에 중국 어선들이 자주 왕래하고 있습니다. 만약 관청에서 면밀히 검사하지 않는다면 무허가 선박까지 마구 드나들게 될 뿐 아니라 또한 포구의 무지한 백성들이 혹시 사단을 빚게 될 우려가 있습

---

72 『肅宗實錄』 51권, 38년 7월 신축, 권59 43년 2월 무자.
73 『비변사등록』 정조 10년 3월 3일·3월 13일.
74 『정조실록』 21권, 10년 3월 경술.
75 『고종실록』 17권, 고종 17년 1월 23일.
76 『고종실록』 21권, 고종 21년(1884) 7월 28일 경오.

니다. 백령 첨사 현승운을 검찰관(檢察官)으로 임명하여 우리나라에 정박하고 있는 중국 어선들에 대하여 증명서에 따라 검사하는 한편 포구의 백성들을 단속하여 장정(章程)을 위 반하지 못하게 함으로써 사단을 미연에 방지하는 것이 어떻겠습니까?"하니, 윤허하였다.

이러한 기록을 볼 때 19세기 후반에도 불법조업을 하는 중국인들을 단속 하는 등 해양경비 업무를 충실히 수행하고 있었던 것이다. 오늘날에도 중국어 선들이 서해상에서 불법조업을 하고 있다. 과거에는 수군이 불법조업에 대해 대응했지만 오늘날에는 해양경찰이 불법조업 외국어선에 대해 배타적 경제수 역 내에서 나포, 해상검문검색, 순찰을 하는 등 수산자원을 보호하고 단속하 고 있다.

III. 조운선 사고와 표류민 구조·송환

1. 조운선 사고

조세의 운송은 육지를 이용하는 육운과 바다를 이용해서 운반하는 해운이 있다. 조선시대에 육운은 도로망이 미비하여 발달하지 못했고, 해상운송에 의 존해 왔다. 조선 후기에는 조운의 병폐였던 지방관리와 사공들간의 결탁으로 인해서 조세 횡령이 빈번했고, 작은 해난사고와 수도의 경창에 도착하는 것이 지연되는 등 여러 문제들이 있었다.77 조운의 운송책임자는 관찰사, 수군절도 사, 수군첨절제사 등이었고, 말단 관리는 조운 선군, 선군 등이 담당하였다.

표 4-6 ｜ 조운선 등의 해양사고

『태종실록』 3권, 태종 2년(1402) 3월 18일	경상도 보령현 조운선이 동강에서 침몰하였다.
『태종실록』 5권, 태종 3년(1403) 5월 5일	전라도 조운선 34척이 침몰되어 죽은 사람이 많다.

77 윤명철(2014). 전게서, p. 360.

『태종실록』 7권, 태종 4년(1404) 3월 7일	경상도 수군첨절제사 노중제가 조운선을 영솔하고 전라도에 지경에 들어가서 술에 취하여 천기(天氣)를 살피지 않고, 조운선을 출발시켜 바람을 만나 패선하였다.
『태종실록』 19권, 태종 10년(1410) 5월 2일	수군첨절제사 김장이 조운선을 점고하지 않고 관기와 함께 육로로 이동하다가 병선 4척이 역풍을 만나 패선하여 쌀·콩 925석이 침수되고, 군졸은 언덕에 의지하여 살았습니다.
『태종실록』 24권, 태종 12년(1412) 7월 17일	전라도 관찰사 이귀산이 배에 선적하는 일을 지연시켜 7월에 조운하였다가 선박이 침몰하였다.
『태종실록』 25권, 태종 13년(1413) 5월 21일	남원 조운선 1척이 태풍에 침몰하여 죽은 자가 13명이다.
『태종실록』 28권, 태종 14년(1414) 8월 4일	전라도 조운선 66척이 패몰하여 익사자가 200여 인이고, 침수한 쌀·콩이 5,800석이었다. 7월에 조운선 운항을 꺼리던 바였는데, 수군도절제사 정간이 호조의 이문(移文)을 따르다가 재앙에 이른 것이다. 호조에서 비록 절기의 빠르고 늦은 것을 살피지 않고 기간을 정하여 이문하였더라도 금년은 7월의 절후가 8월 14일에 다하는데, 봉행하는 자가 능히 살피지 않고 처리한 것이 패몰하는데 이르렀다.
『태종실록』 35권, 태종 18년(1418) 3월 14일	봉산 사람들이 신루(新樓)를 지을 서까래를 조운하다가 배가 폐몰하여 28명이 사망하였다.
『세종실록』 78권, 세종 19년(1437) 8월 5일	전라도 조운선 15척이 침수되어 쌀과 콩은 물론 14명이 사망하였다. 압령관리는 추핵하였다.
『세종실록』 117권, 세종 29년(1447) 9월 16일	경기도·황해도 감사와 점마별감 이준생이 유시하기를, "덕적도로 향하여 가던 배 한 척과 승선자 19명이 침몰하였는데, 혹시 해안가에 살아있을지도 모르니 구휼하도록 하라.
『문종실록』 7권, 문종 1년(1451) 5월 26일	전라도 조전경차관(漕轉敬差官)이 보고하기를, "영산성의 초운선(初運船)이 태안의 안흥량에 이르러 21일에 큰바람을 만나서, 7척이 표몰하고, 사람은 겨우 생존하였으며, 4척은 간 곳을 모릅니다."
『단종실록』 7권, 단종 1년(1453) 7월 17일	충청도 선군 장두언 등 17인이 관곡을 조운하다가 익사하였다.
『세조실록』 1권, 세조 1년(1455) 윤6월 20일	평안도 조운선군과 목포의 조운선군이 익사하자, 제사와 제수를 내리고 부역을 면제하였다.
『성종실록』 285권, 성종 24년(1493) 12월 20일, 『성종실록』 287권, 성종 25년(1494) 2월 18일	충청도 태안군의 안파사(安波寺)에서 해마다 수륙재(水陸齋)를 베푸는 것은 조전선(漕轉船)이 항행하며 편안히 갈 수 있도록 비는 것임. 그런데 그 공미(供米)를 여러 고을에 나누어 정합니다. 허황된 일로 백성에게 폐해를 끼치는 것이 옳겠습니까? 청컨대 그것을 혁파하소서.

『광해군일기』 154권, 광해군 12년(1620) 7월 11일, 『인조실록』 48권, 인조 25년(1647) 2월 30일	법성창 조운선 10여 척이 강화에서 침몰하여 쌀 1만여 섬, 수백 명의 뱃사공이 사망하였다.
『인조실록』 47권, 인조 24년(1646) 5월 14일	전라도 지역에 태풍이 불어 바닷가 여러 고을의 전선과 조운선이 부서졌으며, 80여 명이 익사하였다.
『효종실록』 13권, 효종 5년(1654) 7월 4일	영남지방의 조운선이 침몰하여 조군이 익사하였다.
『정조실록』 42권, 정조 19년(1795) 윤2월 3일	제주로 향하는 곡물 11,000석을 실은 5척의 배가 파손되어 곡식을 먹을 수 없게 되고, 감관 1명이 익사하였다. 선박이 침몰한 원인을 어찌 바람으로만 돌릴 수 있겠는가? 영운하는 차원이 부적격자였다면 벌써 고려했어야 할 것이다. 당해 도신(道臣)은 월봉(越俸)하도록 하고, 해당 차원은 잡아다가 엄히 곤장을 칠 것이다.
『효종실록』 17권, 효종 7년(1656) 8월 27일	전남 우수사 이익달이 각읍의 전선을 통솔하여 바다로 나아가 수군을 조련시킬 무렵에 비바람이 크게 일어 금성·영암·무장·함평·강진·부안·진도 등 고을의 전선이 모두 떠내려 가거나 침몰되어 죽은 수졸이 1천여 인이며, 진도 군수 이태형도 물에 빠져 죽음. 도신이 아뢰자, 상이 하교하였다. "지금 이 보고를 듣고 하루 내내 서글퍼 가슴을 진정시킬 수가 없다. 본도에 영을 내려 특별히 휼전을 시행하도록 하고, 수사 이익달과 우후 신숙은 함께 잡아다 국문하도록 하라."
『현종실록』 1권, 현종 즉위년(1659) 12월 25일	사간원이 아뢰기를, "당상 선전관 이익달이 일찍이 전라도좌수사로 수상 조련을 할 때, 시기를 골라 잘 진행하지 못했던 관계로 1천 명 가까운 수군이 모두 물에 빠져 죽었으니, 군률을 면한 것만도 다행이라 하겠습니다. 그런데 은서(恩叙)를 내리시자마자 또 본직을 제수하셨으므로, 세상 평론이 모두 놀라고 있습니다. 그를 파직시키기 바랍니다."
『숙종실록』 58권, 숙종 42년(1716) 8월 1일	전라도 흥양현과 여도진에서 습조(習操)하러 나간 수영(水營)의 배가 바다 가운데에서 패몰하여 죽은 군사가 59명이었는데, 수사가 계문(啓聞)하였다.

2. 표류민의 송환 체제

1) 하멜표류기

현종 1666년 제주도에 표류하여 여수 전라좌수영에 배치되어 노역을 하던 하멜 등 8명의 네덜란드인이 탈출하여[78] 본국으로 돌아가서 자신의 13년 억류 생활을 담은 보고서를 작성했다. 훗날 「하멜표류기」로 알려진 이 보고서는 조선의 정치·군사·풍속·지리 등을 유럽에 알린 최초의 문서이다.

2) 표류 사례

(1) 외국인의 표류

현재 「수상에서의 수색구조 등에 관한 법률」에서 인명과 물건에 대한 수색과 구조·구난 절차를 규정하고 있다. 해양경찰은 구조와 구난 임무를 담당하고 있다. 조선시대에도 해양사고가 빈번하였고 동아시아 사람들은 표류인을 경계하지 않고 해난사고에서 살아 돌아온 뱃사람으로 인식하고 표류자가 바라는 대로 송환했다.

세종 때 중국인이 표류해 온 경우 명에 대한 사대의 예를 표류자 발생 때에도 적용하여 즉시 명에 보고하고 송환하는 절차를 밟았다.[79]

「만기요람」[80]에 따르면 해로로 송환할 때에는 해당 지역의 지방관의 지휘·감독을 받아 선박을 보수해 주거나 항해에 필요한 식량과 의복, 땔감 등을

---

[78] 1666년 9월에 전라좌수영에 있던 하멜 등 5명과 순천에 있던 3명이 일본으로 탈출을 결행하여 성공하였다. 그러자 나가사키의 네덜란드 상관(商館)은 잔류해 있는 네덜란드인들이 송환될 수 있도록 일본정부가 교섭해 줄 것을 요청하였고, 일본은 이를 외교 문제화시켜 조선을 난처한 상황으로 몰고 갔다. 결국 조선은 마지막 생존자 7명을 남원에 집결시켜 새로운 의복을 지급한 후에 동래부로 이송하여 1668년 7월 동래에서 떠나보냈다. 이들은 9월에 나가사키에 도착하였고, 1670년에 네덜란드로 돌아갔다(강봉룡(2005). 전게서, p. 293).

[79] 장학근외(1997). 전게서, p. 24.

[80] 1808년에 서영보(徐榮輔)·심상규(沈象奎) 등이 왕명에 의해 찬진(撰進)한 책으로 「재용편(財用篇)」과 「군정편(軍政篇)」으로 되어 있다. 18세기 후반기부터 19세기 초에 이르는 조선왕조의 재정과 군정에 관한 내용들이 집약되어 있다(네이버 지식백과, 만기요람[萬機要覽] (한국민족문화대백과, 한국학중앙연구원).

제공해 주었다. 육로로 송환할 때에는 표착지점에서 연안, 연안에서 내륙, 내륙에서 국경에 이르기까지 역관과 낭청이 동행했다. 표류 선박에 화물이 남아 있으면 돈이나 옷감으로 바꾸어 지급했다.[81]

표 4-7 | 조선시대 표류 사례

『세종실록』 45권, 세종 11년(1429) 8월 28일	예조에서 아뢰기를, "풍랑에 표류되어 온 유구국 사람을 돌려보낼 것인가 아니할 것인가를 의정부·여러 조(曹)와 함께 의논함. 본인들이 만약 머물러 살기를 원한다면 의복·양곡·토지·씨앗 등을 주어서 경상도의 연해 지방에서 편안히 생업에 종사하게 할 것이고, 본토에 돌아가고자 한다면 선박을 수리하고 식량을 주어서 왜객(倭客)에게 부탁하여 보내는 것이 바람직하다."
『세종실록』 91권, 세종 22년(1440) 12월 23일	예조에서 아뢰기를, "대마도의 왜인 표온고로 등 6인이 풍랑을 만나 전라도 장흥 지방에 이르러 바다의 섬에 숨어서 거주하였다. 종정성(宗貞盛)에게 글을 보내어 본도(本島)로 도로 돌려보내게 하시기를 청하였다." 그 종정성에게 보낸 글에서, "귀주(貴州)의 사람 표온고로 등 6명이 고기를 낚는다 칭탁하고는, 문인(文引)도 가지지 않고 함부로 경계를 넘어, 전라도의 장흥 지방에서 경내(境內)의 섬에 숨어 있음, 죄를 다스림이 마땅하겠지만 이제 불문에 두어 양식을 주고 다시 돌려보내게 하였으니 그리 알라." 하였다.
『중종실록』 48권, 중종 18년(1523) 7월 20일	충청도 수사 황침이 장계하기를, "포작한 최잉송 등이 고기잡는 일로 가외덕에 들어갔다가, 8명의 패선인이 섬에 있는 것을 발견하고 즉시 배에 싣고 왔다. 중국 사람들로 나무가 모자라서 소금 굽는 연호(煙戶)에서 시선(柴船)을 내어 해산(海山)에 들어가 나무를 베었는데, 가정 2년 6월 28일 캄캄한 밤에 풍랑을 만나 작은 배가 바람에 불려 밀려갔다가 산에 닿아 부숴졌으며, 10명 가운데 8명만이 목숨을 보전했다 한다.' 중국 사람인지 왜인인지를 판별할 수가 없었으므로, 추문(推問)하기 위한 일로 임천·서천 등 고을로 사람을 보내었다."
『인조실록』 46권, 인조 23년(1645) 10월 8일	황해도 관찰사 정유성이 보고하기를, "이달 3일에 중국 배 한 척이 백령진 먼바다에서 오차포로 표류해 왔다. 배 안의 사람은 모두가 머리를 깎은 중국 사람이었다. 그중에 마유라는 자가 자칭 청나라의 조도사(漕都司)라며, 천진에 군량을 사들이러 나왔다가 풍랑을 만나서 표류하여 왔다고 하였다. 의복과 양식을 후히 주어서 돌려보내게 하였다. 마유가 바람세가 좋지 않다고 하면서 겨울을 나고 가기를 청하자, 허락하였다.

---

81 김치완(2021). "제주(濟州)·유구(琉球) 표류 난민의 신분 위장과 경계인 인식," 왜 지금 난민: 난민의 출현과 인식. 제주대학교 탐라문화연구원·꿈다로 푸는 제주 섬의 역사와 난민사업단, pp. 292-293.

『효종실록』 14권, 효종 6년(1655) 4월 25일	남만인(포르투칼 및 스페인) 30여 인이 표류하여 제주에 이르렀으므로 목사 이원진이 잡아서 서울로 보내었다.
『숙종실록』 17권, 숙종 12년(1686) 7월 26일	중국 사람 위위 등 80여 명이 진도 남도포에 표류해 옴. 스스로 말하기를, '복건성 대만 지역에 산다'고 하였다. 파손된 배를 수리하고 식량을 주어서 돌려 보내도록 하였다.
『정조실록』 30권, 정조 14년(1790) 7월 11일	흥양현 삼도에 외국 배 표류하였다. 배 안에는 쌀·조·콩·팥·보리·밀·목면·파초를 실었고, 배 안의 사람은 7명으로 말은 통하지 않았으나 이명천이란 자가 약간 문자를 알아 글로 쓰기를 "유구국 중산왕의 사람으로 장사차 본국 산원 땅으로 가다가 풍랑을 만나서 14일만에 이 지방에 와 닿았다" 하였다.
『정조실록』 30권, 정조 14년(1790) 7월 20일	제주목에 외국 배가 표류하였다. 유구국 사람으로 연례로 바치는 공물을 그 나라 궁고도(宮古島)로 바치러 가다가 6월 임술일에 풍랑을 만나 같은 달 병자일에 제주의 귀일포에 표류하였다. 닻과 키를 수리하여 본국으로 돌려보내줄 것을 애걸하므로 제주 목사 이철모가 급보로 상문하였다. 그들에게 음식과 옷을 후하게 주어 돌려보낼 것을 명하였다.
『고종실록』 3권, 고종 3년(1866) 10월 30일	함경 감사 김유연의 장계에서, '명천의 연진에 표류해 온 외국인 2명과 선창진에 표류해 온 외국인 3명에게 자세히 내막을 물었다. 모두 개시(開市)했을 때에 무역을 하던 청나라 사람들로서 풍랑을 만나 표류해 온 자들이었음. 보호해 주고 먹여주고 있다.

(2) 조선인의 표류

조선인이 일본이나 유구국에 표류한 경우 이들 국가는 표류자를 돌려보냈다. 이에 대한 대가로 교린정책에 따라 사례형식으로 무역이 허락되기도 하였다.[82]

조선인이 외국에 표류하는 사례도 상당히 많았다. 조선 표류인들은 주로 중국과 일본에 표착하였지만, 멀리 동남아나 그 이서 지역에까지 표착한 경우도 있었을 것이다. 이 중 표류 경험을 기록하여 '표해록'을 남기는 경우도 있었다.[83] 나주 출신 최부가 성종 때에 중국 절강으로 표류했던 경험을 기록한 것이나 제주도 사람 장한철이 영조 때에 오키나와에 표류한 경험을 기록한

---

82 장학근외(1997). 전게서. p. 24.
83 강봉룡(2005). 전게서. pp. 305-308.

것, 문순득의 표해록이 있다. 우이도의 평범한 어상(魚商) 문순득(1777-1847)은 1802년 1월에 표류되어 만 3년 2개월 동안 오키나와와 필리핀, 중국 등에서 전전하는 험난하고 파란만장한 표류생활을 경험했다. 문순득의 표해록은 19세기 초 오키나와와 필리핀의 민속 및 언어 연구에 귀중한 자료를 제공하고 있다.

3) 송환 체제

조선시대 관찬 사료 및 개인 문집에서 제주 사람들의 표류 발생 현황을 분석한 연구에 따르면 365건의 표류 가운데 그 인수(人數)가 미기재된 41건의 표류 사건을 제외한 표류 제주인의 수는 총 4,427명으로, 이 가운데 760명은 표류 도중 생환되지 못하였고, 3,667명은 해난사고로 말미암아 타국으로 표류, 그곳 주민들로부터 구조되어 본국으로 살아 돌아왔다.[84] 83%라는 생환은 상호 호의에 입각한 송환체제가 유지되고 있음을 알 수 있다.

(1) 일본

일본에 표류한 사람들은 1645년 이래 정비된 덕천막부의 송환절차에 따라 모두 장기현(나가사키현)으로 보내졌다. 막부는 외부세계와의 접촉을 4개 창구(長崎·薩摩·對馬島·松前)로 제한하였다. 그중 조선인 표착에 대해서는 장기현으로 제한했다. 따라서 표착지가 어디건 장기현을 거쳐, 대마도에서 조선 송환이 이루어지도록 했다. 그 때문에 송환 기간이 길어졌지만, 송환비용의 일부를 막부가 부담하여 무상송환 원칙을 준수했다. 이를 계기로 조선은 대마번의 표류민 송환자를 '표차왜(漂差倭)'라는 정식 외교사절로 인정하여 접대를 아끼지 않았다. 이러한 구조 속에서 조선인 표착민 송환은 비교적 순탄하게 이루어졌다.[85]

1682년 숙종 8년에는 표류자 관련 통신사 조약을 체결했다.[86] 그 내용에는 "① 일본 각지에 조선인 표류자가 있으면 대마도는 사신을 파견하여 조선

---

84 김나영(2018). "조선시대 제주인의 표류 발생 배경과 실태." 탐라문화 57, 탐라문화연구원, pp. 219-222.
85 이훈(2003). "표류를 통해서 본 근대 한일관계." 한국사연구 123, 한국사연구회, pp. 279-280.
86 정진술·이민웅·신성재·최영호 공편(2008). 전게서, pp. 454-455.

에 호송한다. ② 대마도에 표류하는 자는 해마다 정기적으로 보내는 선박에 부쳐 보낸다. ③ 대마도의 표류에 대해서도 선박이 파손되고 인명에 피해가 있으면 별도의 사신을 보내 호송한다" 등이 있었다.

(2) 중국

중국에 표착한 사람들은 해안 방위를 담당하는 비왜관(備倭館)에서 심문 과정을 거쳐 경사로 보내져 송환될 기회를 기다렸다. 명나라 때 조선 표류민의 대한 송환 방법은 일반적으로 사신이 왔을 때 함께 귀국하는 방법이 많이 이용되었다. 다른 방법은 표류민의 입장을 고려하여 병부의 좌군도독부(左軍都督部) 차관(差官)이 요동까지 호송하고, 조선 경계지역에서 송환하는 방식도 취하였다. 청나라 때는 예부가 통사(通事)를 파견해 역체(驛遞)의 방법으로 조선에 송환하였다.[87]

(3) 유구

유구에 표착한 난민들은 세 가지 경로로 송환되었다.[88] 유구 사신에 의한 직접 송환, 일본을 경유하는 송환, 중국을 경유하는 송환이다. 일본을 경유하는 경우는 유구에서 장기현으로 보내진 후 대마도를 거쳐 송환되었고, 중국으로 우회할 경우 유구에서 복건성으로 보내진 후 북경을 거쳐 조선으로 송환되었다. 15세기 중엽까지는 유구에서 조선까지 직접 송환하였지만 15세기 말엽부터는 직접 송환 대신 명나라를 통한 우회 송환 또는 일본을 경우하는 송환 등이 이루어졌다. 명나라를 우회하느냐, 일본을 경우하느냐에 대한 원칙도 분명하지 않았다. 1698년 이후부터는 청나라를 경유하여 송환되었는데, 조선과 유구, 유구와 일본, 조선과 일본, 그리고 명·청과 조선·유구·일본의 관계 등 동아시아 국제관계의 영향을 받은 것으로 추정된다.

---

87   王天泉(2012). "朝鮮 漂流民에 대한 明의 協力體制—중국 표착 제주 표류민을 中心으로—," 역사민속학 40, 한국역사민속학회, pp. 179–180.
88   이수진(2015). "조선 표류민의 유구 표착과 송환," 열상고전연구 48, 열상고전연구회, pp. 456–457.

개항과 대한제국
그리고 일제 강점기

Part 5.

I. 외국과의 불평등 조약

1. 국제 정세

1) 서세동점(西勢東漸)과 이양선의 출몰

18세기 이후 시작된 서양 제국주의의 동양 진출은 19세기에 접어들면서 더욱 본격화되었다. 이러한 형국을 서세동점이라 한다. 19세기 전반에 영국은 인도, 동남아시아, 미얀마, 말레이반도, 보르네오섬 등을 점령하였고, 프랑스는 베트남, 캄보디아 일대를 점령하였다.[1]

19세기에 이르러 서구 열강들의 문호개방 요구로 인하여 일대 전환기를 맞이한다. 일본과 청국은 각각 1854년과 1842년에 문호를 개방했다.[2]

1861년 러시아의 대마도 점령사건(対馬占領事件)이 발생했다.[3] 이 사건은 러시아의 군함이 일본의 쓰시마(対馬) 아소 만(浅茅湾) 남부에 있는 이모자키(芋崎)를 점령해 막사와 공장, 연병장 등을 건설하고 반년 동안 체류했던 사건이다. 러시아의 의도는 극동에서의 근거지를 얻고 남해 항로를 확보하는 데에 있었는데, 당시 아시아 일대에 광대한 식민지를 가지고 있던 영국에 추월당해 대

1 강봉룡(2005). 바다에 새겨진 한국사. 한얼미디어. p. 316.
2 윤명철(2014). 한국해양사. 학연문화사. p. 384.
3 위키백과. 쓰시마 점령 사건.

마도가 영국에 조차될 것을 두려워했다고 한다.

한반도에도 18세기 말부터 서양 선박들은 조선 연안에 출몰하기 시작하였다. 헌종실록의 기록4에 따르면 1948년 당시 이양선의 출몰이 빈번하게 발생하였는지 알 수 있다.

📖 "올해(1848년) 여름과 가을 이래로 외국 선박이 경상·전라·황해·강원·함경 5도에 몰래 출몰하였는데, 쫓으려 해도 따라갈 수 없었다. 그중에는 상륙하여 물을 길어 가기도 하고, 때로는 고래를 잡아먹기도 하였는데, 그 선박의 수는 헤아릴 수가 없다."

표 5-1 | 1948년 이전의 이양선 출몰 사례

1787년 5월	프랑스 군함, 제주도와 울릉도 해역 측량
1816년 9월	영국 군함, 조선의 서해안 연안측량, 군산항에 입항
1832년 6월	영국 상선 암허스트호, 통상과 조난구조에 관한 조약체결 요구
1845년 6월	영국 군함, 남해안을 측량하고 제주도에 상륙하여 가축 약탈
1846년 6월	프랑스 동양 함대사령관 세실 제독, 군함 3척을 이끌고 1839년 기해사옥 때 프랑스 신부 3명을 살해한 것에 대해 문책 요구
1847년 6월	프랑스 군함 3척이 조선 연해에 출동하였으나 고군산열도에서 좌초

2) 청의 양무운동(1861년)

청에서는 양무운동(洋務運動)이 전개되었다. 양무운동은 1861년부터 1894년까지 청나라에서 진행된 자강(自强) 운동이다. '양무(洋務)'란 다른 나라와의 외교 교섭에 관한 사무를 뜻하는 말이지만, 넓게는 서양의 문물과 기술을 받아들인다는 뜻으로 쓰였다. 따라서 양무운동이란 서양의 문물을 받아들여 군사적 자강과 경제적 부강을 이루려 했던 여러 정책과 사회적 변동을 말한다.

이홍장 등 한인 관료가 중심이 되어 유교적 질서를 바탕으로 하면서 서양의 발전된 과학과 기술을 수용하자는 사상 즉 중체서용이 전개되었고, 군수산업을 중심으로 각종 공장과 산업시설 설립, 유학생 파견 등이 있었다.

---

4 「헌종실록」 14년 12월.

청나라 정부와 관료들은 아편전쟁과 태평천국을 겪으면서 서양의 근대적 무기의 우수함을 인식하였다. 이에 따라 양무운동에서 가장 먼저 추진된 것은 근대적 군수 공업의 육성이었다. 1865년 상하이(上海)에 강남제조총국, 난징에 금릉기기국이 설립되었고, 1867년에는 천진(天津)에 천진기기국이 만들어졌다. 이처럼 1860년대 초부터 서양식 총포, 탄약, 선박을 제조하는 군수 공장들이 만들어져 1894년까지 전국에 모두 24개의 공장이 세워졌다.

열강의 잇따른 침략은 청의 자강을 어렵게 하였다. 청은 양무운동 기간 중에 나타난 대만사건(1874), 청프전쟁(1884–1885), 청일전쟁(1894)에서 모두 일본과 프랑스에게 패배해 류큐(지금의 오키나와), 베트남, 조선의 종주권을 잃었다. 이들 전쟁에서의 패배는 자강을 일차적 목표로 한 양무운동의 실패로 여겨졌고, 양무운동은 산업과 기술만이 아니라 정치·사회 제도의 근본적 개혁까지 이루어야 한다는 변법자강운동에 자리를 내주었다.[5]

3) 일본의 메이지 유신(明治維新)(1868년)

메이지 유신이란 일본 메이지 왕(明治王) 때 막번체제(幕藩體制)를 무너뜨리고 왕정복고를 이룩한 변혁 과정을 말한다.[6] 일본 막부가 개항을 단행하자 외국 상품의 수입과 물가 폭등으로 경제 상황이 악화되었다. 개항 반대 세력이 막부 타도와 존왕양이(尊王攘夷) 운동을 전개하였다. 존왕양이 운동이란 왕을 내세우고 외세를 배격하자는 운동이다. 존왕양이 운동을 주도한 세력은 서양 무기의 우수성을 확인한 후 개항과 서양 문물의 도입을 추구하는 입장으로 돌아섰다.

이는 선진 자본주의 열강이 제국주의로 이행하기 전야인 19세기 중반의 시점에서 일본 자본주의 형성의 기점이 된 과정으로 그 시기는 대체로 1853년에서 1877년 전후이다. 1853년 미국의 동인도함대 사령관 페리 제독이 미국 대통령의 개국(開國) 요구 국서를 가지고 일본에 왔다. 이때 유신의 싹이 텄고, 1854년 미·일 화친조약에 이어 1858년에는 미국을 비롯하여 영국·러시아·네

---

5 네이버 지식백과, 양무운동[洋務運動] (두산백과 두피디아, 두산백과).
6 네이버 지식백과, 메이지 유신[明治維新(명치유신)] (두산백과 두피디아, 두산백과).

딜란드·프랑스와 통상조약을 체결하였다.

그러나 이 조약은 칙허 없이 처리한 막부(幕府)의 독단적 처사였으므로 반막부세력(反幕府勢力)이 일어나 막부와 대립하는 격동을 겪었다. 그러다가 700여년 내려오던 막부가 1866년 패배하였고, 1867년에는 대정봉환(大政奉還)·왕정복고가 이루어졌다. 메이지 정부는 학제·징병령·지조개정(地租改正) 등 일련의 개혁을 추진하고, 부국강병의 기치 하에 구미(歐美) 근대국가를 모델로, 국민의 실정을 고려하지 않는 관주도(官主導)의 자본주의 육성과 군사적 강화에 노력하여 새 시대를 열었다.

이 유신으로 일본의 근대적 통일국가가 형성되었다. 경제적으로는 자본주의가 성립하였고, 정치적으로는 입헌정치가 개시되었으며, 사회·문화적으로는 근대화가 추진되었다. 또, 국제적으로는 제국주의 국가가 되어 천황제적 절대주의를 국가구조의 전분야에 실현시키게 되었다. 유신을 이룩한 일본은 구미에 대한 굴종적 태도와는 달리 아시아 여러 나라에 대해서는 강압적·침략적 태도로 나왔다. 1894년의 청일전쟁, 1904년의 러일전쟁은 그 대표적인 예이며, 그 다음 단계가 무력으로 조선을 침탈한 것이다.

2. 개항과 외국과의 협정

1) 개화 정책의 추진

(1) 통리기무아문(統理機務衙門) 설치(1880년)

통리기무아문은 의정부와 별도로 설치한 기구로써 1880년(고종 17년) 12월 21일 변화하는 국내외정세에 대응하기 위해 국내외의 군국기무(軍國機務)를 총괄하는 업무를 관장하던 정1품아문(正一品衙門) 관청이다.

(2) 군제의 개편

중앙군인 5군영을 2영(무위영·장어영)으로 개편하고, 별기군을 창설하였다.

2) 강화도 조약(1876년)

조선은 1866년 병인양요와 1871년 신미양요를 치르면서 서구 열강의 우월한 군사력을 몸소 체험했지만 척화를 세우는 등의 쇄국정책만을 고집하고 있었다.7

1392년에 건국한 조선은 해금(海禁)과 쇄국으로 일관하다 1876년 강요된 개항을 받아들일 수밖에 없었다. 이후 개화와 수구 사이에 갈등하고, 청·일·러 사이에 휘둘리는 과정을 거치다가 약육강식이 판치는 제국주의 시대의 희생양이 되고 말았다.8

(1) 개설

근대적인 조약형식에 의하여 외국과 체결한 최초의 조약은 고종 13년(1876년) 일본과 맺은 병자수호조약(강화도 조약)이다. 이는 고종 12년 일본이 고의적으로 운양호사건(雲揚號事件)9을 일으켜 강요한 조약이다.

미국은 고종 8년(1871년) 신미양요(辛未洋擾) 때 무력으로 충돌했기 때문에 양국교섭은 완전히 중단되었고 일본과의 수교조약이 체결되자 미국은 일본을 통하여 한미교섭의 알선을 바랐으나 실패하고 청국을 통하여 성취시켰다.

강화도 조약은 조선의 자주권을 침해하는 불평등 조약이었으며, 조선은 부산 등 3개 항구를 개항하고 일본에게 조선 연안에 대한 측량권과 영사재판권(치외법권)을 인정하였다. 조일 수호 조규 부록에서는 일본인의 거류지 설정과 개항장에서 일본 화폐의 유통을 허용하였고, 무역규칙에서는 일본인에게 양곡의 수출입을 허용하였고, 사실상 무관세 교역을 규정하였다.

---

7 윤명철(2014). 전게서. p. 384.
8 강봉룡(2005). 전게서. p. 358.
9 일본 군함 운양호는 고종 12년 8월 21일 예고도 없이 강화도 동남방 난지도 부근에 투묘한 다음 담수를 찾는다는 이유를 들어 단정으로 연안을 탐색하면서 초지진포대까지 접근하자 이를 주시하던 우리 포대의 수비병은 국토방위의 목적에서 발사하였다. 운양호는 일본을 떠날 때부터 조선과의 사이에 국제분쟁을 일으키도록 명령받고 우리 영해 깊숙이 침입해 들어온 것이다. 그러다가 포격을 받은 일본함은 예정대로 사건이 일어나자 초지진은 물론 영종진까지 보복적인 맹포격을 가하며 육전대까지 상륙시켜 살육과 약탈의 만행을 저지른 후 장기(長琦)로 돌아갔다(李瑄根(1961-63). 韓國史. 乙酉文化史. p. 377).

표 5-2 | 강화도 조약과 부속 조약

5○ 강화도 조약(1876)
제1조 조선은 자주국이며 일본과 평등한 권리를 보유한다.
제2조 부산 이외에 제5조에 기재한 2개 항구를 개항하고 일본인이 왕래 통상함을 허가한다.
제7조 조선의 연해 도서는 위험하므로 일본의 항해자가 자유로이 측량함을 허가한다.
제10조 일본 인민이 조선이 지정한 각 항구에서 죄를 범한 것이 조선 인민과 관계되는 사건일
          때는 모두 일본 관원이 재판한다.

• 조일 조규 부록(1876. 6)
제4관 부산항에서 일본이 통행할 수 있는 도로의 거리는 부두에서 동서남북 각 직경 10리(4km)
          로 정한다.
제7관 일본인은 본국에서 사용하는 여러 화폐로 조선인이 보유하고 있는 물자와 교환할 수 있다.

• 조일 무역규칙(1876. 6)
제6칙 조선국 항구에 거주하는 일본인은 쌀과 잡곡을 수출, 수입할 수 있다.
제7칙 (상선을 제외한) 일본국 정부에 속한 모든 선박은 항세를 납부하지 않는다.

통상조약이 체결됨에 따라 개항장을 설치하게 된다. 일본은 조일수호조규 일명 강화도 조약에서 침략의 발판으로 외교관의 서울 주재와 통상을 위한 개항장의 설치를 규정하여 개항장의 설치를 강요하기 시작하였다. 강화도 조약에 규정한 부산을 1876년에, 1880년에 원산개항, 다시 1882년에 인천개항 등을 합하여 3개의 항구가 개항되었다. 그리고 건양 2년(1897년) 7월에 목포, 진남포를 개방하고, 광무 3년(1899) 5월에 군산, 성진, 마산을 개항하였다. 개항장에는 감리서가 설치되고 개항장경무서, 개항장재판소, 그리고 국경지방개시장에는 변계경무서도 설치되었다.

개항에 대하여 그 당시의 언론인 독립신문에서 "항구는 급하지 않은 일"이라는 제목으로 다음과 같이 언급하고 있다.[10] "지금은 항구를 더 열 때가 아니라 한국에서 스스로 상품을 만들어 수출할 수 있도록 공업을 진흥시키고 아울러 한국상인들을 보호하고 지원하여 그들이 외국 상인들에게 예속되는 것을 막아야 할 때"라고 지적하고 있다."

---

10 독립신문, 1899. 5. 22.

(2) 어업 관계 조약

강화도 조약의 어느 곳에서도 일본인의 입어허가에 대한 내용은 없었다. 조정에서는 개항에 따른 새로운 어업질서를 위하여 중국과 상민수륙무역장정(中朝常民水陸貿易章程)을 1882년 8월 체결하고 그에 부수하여 청국인에 대하여 서해안의 황해, 평안, 양도 연안에 입어할 수 있는 권리를 인정했다. 그리고 1883년 7월 「재조선국일본인민통상장정 및 해관세칙(在朝鮮國日本人民通商章程竝海關稅則)」을 체결했다. 이 조약에 의해서 일본인의 입어를 합법적으로 인증하게 되었다.

재조선국일본인민통상장정 제41관에 의하면 "일본국 어선은 조선국 전라, 경상, 강원, 함경의 4도 해변, 조선국 어선은 일본국 히젠, 지구젠, 이시미, 나가도의 조선 바다에 면한 곳, 이스모, 쓰시마의 해변에 왕래포어(往來捕魚)하는 것을 인증한다. 그러나 임의로 화물(어획물)을 무역하는 것은 허가하지 않으며 위반자의 물품은 몰수한다. 단 어개(魚介)를 매매하는 것은 불문에 부친다. 그리고 피차 납하는 어세(魚稅) 및 기타의 세목(細目)을 대해서는 실시 2년 후에 그 사정을 보아 다시 협의하여 정한다"고 규정하고 있다.

이 통상장정 제41관의 규정은 일본의 메이지 정부와 수교 후 양국 간에 합의한 어업관계조약이었다. 이는 앞서서 언급한 1441년(세종 23년) 대마도주의 요구에 의하여 대마도민에게 고초도 근해입어를 허가한 어업약정(孤草島釣魚禁約)이 있었다.[11]

그 후 그동안 협의를 미루어 왔던 통상장정 제41관의 세목 제정을 하게 되었다. 1889년(고종 26년) 11월 12일 비로소 입어 관계 규정의 내용을 더욱 상세하게 구체화하여 전문협약서로의 「조선일본양국통어장정(朝鮮日本兩國通漁章程)」을 체결했다.

일본인의 합법적인 동해 포경 입어는 1889년 체결한 통어장정 체결에 의해서였다. 그 통어장정 제4조에서 "양국의 어선은 어업면허의 감찰을 받은 자라 하더라도 특허를 받지 않으면 양국 3해리 이내에 있어서 고래를 포획해서

---

11 장수호(2011). 조선시대말 일본의 어업 침탈사: 개항에서 1910년까지 일본의 어업 침탈에 관한 연구, 수상경제연구원 BOOKS & 블루앤노트, p. 73.

는 아니 된다"라고 규정하고 있었다. 일반어업에 입어감찰을 받은 자라 하더라도 별도의 포경면허를 받지 아니하면 포경업을 영위할 수 없다는 것을 의미한다. 이러한 일반어업과 포경업의 구분을 통하여 조선 정부에서는 포경업을 통제하고자 했다.[12]

3) 외국과의 불평등 조약 체결과 거문도 사건

(1) 불평등 조약 체결

① 조·미 수호 통상조약(1882년)
조선이 서양과 맺은 최초의 조약에 해당한다.

② 조·청 상민수륙무역장정(1882년)
임오군란(1882년)을 계기로 청의 정치적·군사적 영향력이 확대되었다. 조선에 대한 청의 종주권을 명시하였고, 청나라 상인의 내지 통상권과 청에 영사 재판권을 허용하였다.

③ 서양 각국과의 조약 체결
영국과 독일은 1883년에, 러시아는 1884년에, 프랑스는 1886년에 조약을 체결하였다.

(2) 거문도 사건(1885-1887년)

고종이 조·러 비밀 협약을 추진하자 영국이 거문도를 불법으로 점령하였다. 조선의 항의와 청의 중재로 영국군이 철수하였다.

그 당시 영국은 러시아의 대마도 점령과 남하정책에 대항하기 좋은 항구로 거문도를 선택하고 점령하게 되었다.[13]

---

12 장수호(2004). "조선왕조 말기에 있어서 일본포경업의 입어," 수산연구 제20호. p. 62.
13 정진술·이민웅·신성재·최영호 공편(2008). 다시보는 한국 해양사, 도서출판 신서원, p. 522.

3. 개항장 감리서와 경찰관

1) 개항장 감리서

고종 20년(1883년) 8월 19일에 인천·원산·부산의 3개소의 개항장에 감리(監理)를 두어서 통상사무를 관장케 한 것이 개항·시장감리서(開港·市場監理署) 설치의 맨 처음이다. 그렇지만 이때부터 바로 감리서(監理署)라고 불렀는지 아니면 그 뒤에 와서 감리서라고 불렀는지의 여부는 확실치 않다. 그러나 감리서라고 하여 하나의 독립된 기구로서 취급된 것은 좀 더 뒤의 일이고, 처음에는 감리라고만 하던 것을 뒤로 내려오면서 감리서라고 한 것 같다. 이때 설치된 감리는 3개 개항장 내의 있어서 최고책임자로서 권한을 행사하였다.[14]

개항과정에서 근대적 관세징수 기관인 해관(海關, 오늘날의 세관)이 설치되었고, 이러한 해관업무의 관리·감독을 위하여 감리서가 창설되었다.[15]

1883년 8월 조선정부는 통상사무를 취급하기 위한 기구로 감리서를 설치하였다. 감리서는 인천·부산·원산 등 3곳의 개항장에 두었으며 개항장의 해관 사무를 관장하였다. 여기서 해관은 수출입화물에 대한 관세사무 등을 맡아보는 행정기관으로 오늘날의 세관과 같다. 관세는 국내산업을 보호함과 동시에 중요한 국가재정수입이 되는 것이기 때문에 외국과의 통상관계에 있어서 반드시 수반되어야 할 문제였다. 그러나 관세에 대한 인식을 갖고 있지 못했던 조선정부는 강화도 조약 체결 직후부터 해관이 설치되는 1883년까지 무관세체제 하에 놓여 있었다.[16]

이러한 감리서는 개항장의 감리뿐만 아니라 그 뒤 고종 26년(1889년) 8월에는 개항장이 아니고 개방지나 개시장[17]과 같은 경흥(慶興)·회령(會寧)에도 각각 감리를 두어 한청(韓靑)·한러(韓露) 육로통상사무를 해당 부사(府使)가 겸임하

---

14 李鉉淙(1978). 開港場監理署와 居留地置廢에 관한 硏究, 동국대학교 대학원 박사학위논문. p. 29.
15 최선우(2014). "개화기(開化期) 근대 해양경찰의 등장과 역사적 함의," 한국해양경찰학회보 제4권 제2호(통권 7호). p. 114.
16 인천광역시 편찬위원회(2003). 인천의 역사와 문화, 인천광역시. p. 136.
17 개항장은 주로 항구인데 대하여 개시장은 주로 육지, 즉 내륙지방에 설치되는 것으로, 예를 들면 평양개시장 등이 대표적인 것이다. 결과적으로 보면 개항장이 되어야 개시장으로도 되는 것으로 두 가지가 다 같이 개방지가 되는데 있어서는 마찬가지이다.

도록 하여 그곳에서 일어나는 모든 대외관계 사무까지 처리토록 하였다. 따라서 감리는 개항장에 있어서나 육로 통상에 있어서의 여러 가지 대외관계 문제들을 처리토록 하였으며, 이러한 업무는 점차 확대되었다.

이와 같은 개항장에는 조계가 있었다. 조계는 개항장의 일정지역에 외국인 전용 거주지역을 획정하여 그곳의 지방행정권을 그들 외국인에게 위임한 것이다. 조계의 행정권은 조계 설정국 정부나 조계 거류민대표에 의하여 행사되었다. 조계에서는 행정권뿐만 아니라 사법권도 독자적으로 행사되었다. 조계는 강력한 행정권과 함께 영사재판을 행하던 치외법권적 특수권익 구역으로 마치 '나라 안의 나라' 또는 '일국 내의 소국'처럼 되었다.18

조선왕조실록의 감리서에 대한 언급을 살펴보면 1892년(고종 29년)에 이미 감리서를 설치한 지 여러 해가 되었다는 기록이 있고 경흥 감리서의 관리임명에 대한 논의가 있다. 적어도 감리서는 1892년 이전에 설치된 것으로 판단된다. 이 감리서의 업무는 오늘날의 외교부, 해양경찰서, 출입국관리소, 관세청, 해양수산청의 업무를 담당한 것으로 생각된다.

『통리교섭통상사무아문(統理交涉通商事務衙門)』에서 아뢰기를, "경흥 감리서(慶興監理署)를 설치한 지 이미 여러 해가 됩니다. 그런데 상거래가 점점 왕성해지고 사무가 복잡하게 되었으니, 전 부사(前府使) 신국희를 방판경흥통상사무(幇辦慶興通商事務)로 임명하는 것이 어떻겠습니까?" 하니, 윤허하였다.19

고종 32년(1895년)에 인천, 부산, 원산 3항의 감리서 폐지에 관한 안건(칙령 제99호)을 반포하고, 덕원 군청을 원산항에 옮겨 두고 종래의 감리서를 그 군청으로 쓰는 안건을 반포하였다.20 그 이유는 지방제도를 개편하면서 감리사무를 관찰사에게 속하게 하는 것이 가능하고, 예산을 절감하기 위한 것으로 판단된다. 개항장 감리서가 폐지되고 난 다음에 모든 것을 지방행정조직에 따라 적용하였으며, 개항장을 관할하는 군수(郡守)는 개항장이 없는 군수와는 달리 특별한 직권이 부여되었다.

감리서가 폐지된 지 불과 6개월 만에 감리서와 거의 동일한 기구로서 개

---

18 인천광역시 편찬위원회(2003). 상게서, pp. 140-141.
19 『고종실록』 29권, 29년 5월 5일.
20 『고종실록』 33권, 32년 5월 26일.

항장 소재지의 군수가 담당한 섭외사무(涉外事務)를 일원화시키기 위하여 지사서(知事署)가 설치되었다. 감리서를 폐지할 때에 부관찰사(府觀察使)가 있는 지방은 해당 지방의 관찰사가 대외국인관계나, 교섭관계 등 통상사무처리를 하도록 규정하였으며, 부(府)가 없는 개항시장에 있어서는 해당 지방의 군수에게 그 권한을 주어서 처리하도록 하였다. 그러나 지사서는 부청(府廳)이 없는 곳에 한해서 지사서를 설치하였으므로 개항장 지방의 군수에게 맡겨졌던 권한을 지사로 하여금 담당하여 처리토록 하였다.

고종 33년(1896년)에 각 개항장의 질서유지를 위하여 "감리(監理)"제도를 부활하여 사무를 관장하게 하였고, 「각 개항장 감리 부설 관제에 관한 규칙(各開港場監理復設官制規則)」을 제정하여 반포하였다.21 1896년 8월 10일에는 종래의 관찰사 등이 관장하던 개항장 업무를 감리가 관장하게 함으로써 감리서제(監理署制)가 복구되고 이어 8월 10일에는 각 개항장에 외부(外部) 소속의 감리서와 별도로 내부(內部) 소속의 경무서가 새로이 설치되었다. 이는 고종 20년(1883년)에 창설된 감리서가 고종 32년(1895년)년 폐지되고, 이어서 6개월 만에 지사서가 설치되었다가, 또다시 6개월 후에 지사서가 폐지되고 감리서가 부활된 것이다.

감리서의 감리는 외부대신이 임명하고 지휘·감독한다. 감리는 항구 내에 거류하는 외국인의 인명, 재산과 본국인과의 일체 소송을 각국 영사와 서로 심사하는 권한을 가지며, 항구에 경무관, 총순, 순검을 둔다. 경무관은 내부에서 임명하고 해임하지만 경찰직무는 감리의 지휘·감독을 받는다.

처음에 감리서는 인천, 동래, 덕원, 경흥의 4개 지역이고, 경무서도 이 4곳에 설치되었다. 1996년 각 「개항장경무서 설치에 관한 건(칙령 제52호)」에 의하면 인천, 동래, 덕원, 경원 각 개항장에 경무서(警務署)를 설치하여 해당 항의 경찰 사무를 관장하게 하였다고 규정한 것에서 그 설치 사실을 알 수 있다. 그 후 1897년 9월에는 무안, 삼화에 감리서와 경무서가 설치되었고, 1899년(광무 3년) 5월에는 옥구, 창원, 성진 및 평양에 감리서가 설치되고, 같은 해 5월에는 이 4곳에 경무서가 추가 설치되었다.

두만강과 압록강 연안은 상대국 해안과의 거래와 밀무역이 성행하여 관

---

21 『고종실록』 34권, 33년 8월 7일.

세의 확보가 곤란하므로 세관관리(稅關吏)를 증원하고 중요한 지점에는 감독서인 감리서 또는 감시선을 배치하여 단속하게 하였다.[22]

1899년(고종 36년) 군산은 개항과 함께 개항장을 관리하는 기관인 옥구감리서와 경무서, 재판소, 세관, 우편사, 전시사 등 행정사무 기관들이 설치되었다. 여기서 옥구 감리서의 역할은 군산항 주재 일본 영사관 영사와의 교섭 사무와 개항장에서의 무역사무 처리 그리고 옥구항 재판소 판사로서 내외국인 간의 소송에 대한 재판을 처리함과 함께 겸직한 옥구 부윤으로서 옥구부 내의 행정사무를 처리해야 했다.[23]

김구(金九) 선생(1876-1949)이 인천 감리서에 투옥되었다가 탈옥하였다는 기록이 있다.[24] 1896년 3월 9일, 황해도 안악군 치하포의 한 주막에서 김구는 일본인 쓰치다 조스케(土田讓亮)를 타살했다. 김구는 치하포 사건의 주범으로 황해도 해주부에 체포된 후 1896년 8월 초 지금의 인천광역시 중구에 소재했던 인천 감리서로 이송되었다. 김구는 인천항 재판소의 신문을 받은 후 1897년 7월 사형 판결을 받았으나 1897년 8월 고종 황제가 사형을 중지하라는 명령을 내려 목숨을 구할 수 있었다. 그러나 석방은 되지 못한 채 인천 감리서 감옥에 투옥되어 있던 중 1898년 3월 19일 밤 탈옥을 단행하였다.

감리서의 업무를 구체적으로 살펴보면 감리는 각 군수와 각항의 경무관에게 훈령과 지령을 내리며 목사를 제외한 부윤에게 항의 사무에 관한 사건을 훈령으로 지령한다고 되어 있다. 감리서의 직원은 인천항의 경우 감리 1인, 주사 3인, 서기 2인, 통변 1인을 합하면(1+3+2+1) 7명에 불과하다. 이들이 모든 항 사무를 담당하기가 어려웠을 것이다. 실질적인 집행은 개항장 경무서를 통하여 이루어졌을 것으로 판단된다.

감리서를 현재의 지방해양수산청의 전신으로 보기도 한다. 지방해양수산청은 ① 해상운송사업, 선박 등록 및 검사, ② 선원근로감독 등 선원 관련 업무, ③ 항만 운영 및 연안역 관리, 해양수산부장관의 명을 받아서 항만국 통제, 외국선박에 대한 통제 등의 업무를 담당한다. 지방해양수산청은 대체로

---

22 정진술·이민웅·신성재·최영호 공편(2008). 전게서. p. 541.
23 김중규(2001). 군산역사이야기. 나인. p. 133.
24 [네이버 지식백과] 김구 탈옥 사건 [金九脫獄事件] (한국향토문화전자대전).

무역항에 설치되어 있고, 한말의 감리서는 외국 선박이 출입할 수 있는 개항이었다. 감리서가 개항장(開港場)·개시장(開市場)의 행정과 대외관계의 사무를 관장하던 관서였으므로 공통점이 존재한다.

2) 개항장 경찰관

프랑스법의 '경찰권(Pouvoir de Police)' 관념은 독일의 '경찰(Polizei)'이라는 관념의 형성에 영향을 미치고, 일본이나 우리나라의 경찰개념의 형성에 있어서 중요한 영향을 미쳤다.[25] 특히 우리나라에 있어서 일본의 영향은 매우 크다고 볼 수 있다. 강화도 조약(1876년) 이후 일본의 영향을 받아 왔으며, 갑오경장(1894년)에 의해서 근대적 법치주의가 도입되고 제도화되어 간다.

경찰관(警察官)이라는 관직명을 사용한 것은 1894년의 갑오개혁 때의 일이 아니라 그 이전이었으며, 배치된 지역도 개항장인 인천, 부산, 원산에서부터 비롯되었다.

(1) 경찰관(警察官)이라는 관직명 등장

1884년 4월 21일, "화도진별장(花島津別將) 김굉신(金宏臣)[26]을 인천항경찰관(仁川港警察官)으로 임명하다"[27]라는 역사기록이 있고, 우리나라에서 처음으로 경찰이라는 용어가 사용되었다. 경찰관이라는 관직명 사용은 갑오개혁 때가 아니라 그보다 10년 정도 앞선 1884년이었고, 개항이 있는 인천항에서 출발하였다.

감리의 관할업무가 증가함에 따라 다른 업무를 수행하던 자를 차출하여 감리의 업무를 보조하였는데, 그를 경찰관으로 칭하였던 것이다. 인천감리서는 화도진에 위치하고 있는데, 이 화도진에서 그 본연의 업무(해안경비업무 등)를 수행하고 있는 별장 김굉신을 급한대로 차출하여 경찰관으로 임명하여 감리의 업무를 보조하게 한 것이 개항장 경찰관의 효시인 것으로 보인다. 경찰관

---

25 강용길외 7인(2009). 경찰학개론(상). 경찰공제회. p. 26.
26 화도진 별장 겸 인천항 경찰관으로 재임하였던 김굉신(金宏臣)은 서응도, 김덕홍 두 사람에게 감독권을 주어 부두 하역일을 조직적으로 관리했다. 김굉신은 인천항 감리 밑에서 조계(租界)와 관련한 각종 사무나 운송업무 등을 보조하던 인물이었다(개벽, 1924년 8월호).
27 日省錄 고종 21년 4월 21일.

이 감리의 지휘감독을 받는다는 언급이 명시되어 있고, 실제로 현전하는 유일한 공식일지인 「부산항감리서일록(釜山港監理署日錄)」을 보면 경찰관이 감리서 직원임은 분명해 보인다.28

1880년 이후 일본은 조선에 공사관·영사관이 개설됨에 따라 정식으로 일본에서 경부(警部)·순사(巡査) 등의 직위를 가진 경찰관을 개항장에 파견하여 공관의 경비와 거류지의 경찰업무를 맡도록 하였다. 따라서 1884년 경이면 일본의 경찰제도가 개항장에 도입된 지 일정한 시간이 경과한 뒤인 시점이므로 자연스럽게 조선정부에서 이를 계수한 것으로 보인다.29

1885년 10월 29일, 통리교섭통상 사무아문(統理交涉通商事務衙門)에서 아뢰기를 "인천항에 이미 경찰관(警察官)을 두었으니, 부산과 원산 두 항구에도 똑같이 설치하는 것이 어떻겠습니까?" 하니, 윤허하였다(統理交涉通商事務衙門啓: "仁川港旣設警察官矣, 釜山, 元山兩港, 亦一體設置何如 ?" 允之). 부산은 첨사 최석홍, 원산은 서기관 박의병으로 하여금 겸임하게 하였다.30

부산항 경찰관 박기종은 1886년 10월 부산항 경찰관으로 개항장 부산항에서 막강한 영향력을 가지고 있었다. 즉, 객주와 어민 간의 알력 다툼을 중재하고, 일본인의 이권을 견제하며 측량에도 관여하는 등 개항장 내의 조선측 치안관이자 외국인과의 중재자 역할을 수행했다. 1886년에서 1895년까지 10여년 동안 부산항 경찰관, 사검관(일본어선에 대한 징세 담당), 경무관 등으로 근무하면서 인적 네트워크를 형상하였다.31

1888년(고종 25년) 4월부터 인천 근해에서 일본인에게 어업활동이 보장되자 일본 어민들은 북쪽으로는 강화, 남쪽으로는 남양에 이르는 넓은 어장에서 자유롭게 조업하고 어획물을 인천항에 판매할 수 있게 되었다. 일본어선들은 불법조업 행위를 자행함에 따라 조선 어민의 피해가 급증하였다.32

경찰이라는 용어 사용은 갑오경장(1894년)에서 처음으로 사용33한 것이 아

---

28 민회수(2012). "개항장 경찰의 설치와 운영(1884–1896)," 사학연구 108, p. 112.

29 하원호(2009). 개항기 재조선 일본공관 연구. 동북아역사재단, pp. 45–46.

30 「高宗實錄」 22년 10월 29일.

31 이병길. "부산경찰서 투탄 100주년, 의열단원 박재혁과 그 친구들," 오마이뉴스, 2020. 10. 5.

32 인천광역시 편찬위원회(2003). 전게서, p. 142.

33 李運周(2002). 警察學槪論, p. 69.

니라 그 이전부터 사용되었다. 그 증거는 앞의 기록들에서 알 수 있다. 1884
년에 김굉신을 인천항경찰관에 임명하고, 1885년에 인천항에 경찰관을 배치하
였으니 부산, 원산에도 배치해야 된다는 기록이 있다. 경찰관이라는 관직명
사용은 갑오경장에 의한 경무청신설 때보다 10년 정도 앞선 것으로 역사기록
에서 나타난다.34

갑오개혁(1894년) 때 각 항구의 경찰관을 경무관으로 변경하고, 경무청에
소속시켰다. 경찰관은 경무관과 동위의 관직으로 1884년에서 1894년 시기의
경찰관은 상당히 높은 고위직 해당한다. 즉, 조선왕조실록의 공식기록상 경찰
업무를 담당하는 관직의 명칭은 처음에는 일본의 영향을 받아 인천, 부산, 원
산 등의 무역항에서 "경찰관"이라고 칭하였다가 갑오경장 때 "경무관"이라는
명칭으로 바뀌었음을 알 수 있고, 관직명으로 경찰관이라는 명칭 사용의 최초
는 항구도시인 인천에서 비롯되었음을 알 수 있다.35 이러한 경찰관은 경찰관
밑에 아래의 표와 같이 일정한 조직과 관서 사무실, 임무를 담당하고 있었다.36

표 5-3 | 개항장 경찰관서와 조직과 임무

조직	① 총책임자: 경찰관 ② 경부(警部)로 지칭되는 중간간부, 경부는 갑오개혁 이후에 총순(總巡)으로 개칭. 경부 아래 사람인 근반(跟伴), 청차(聽差) ③ 순찰 등 실질적인 업무를 담당하는 순포(순사로도 지칭, 후에 순무로 명칭 변경) 여러 명, 총지휘를 맡은 도순포(都巡浦) ④ 선박에 대한 검사업무를 담당하는 조검감관(照檢監官)과 그에 딸린 선격(船格) ⑤ 기타 잡무를 담당하는 서사, 대청직, 주방고자, 주방하전 ⑥ 사무실인 경찰소 또는 경찰서, 수감용으로 사용되는 유치장
임무	① 항구에 정박한 외국 국적 선박의 승선원 조사 ② 개항장 상행위 단속, 객주로부터 영업세 징수, 절도·세금 탈루 조사 ③ 형사사건 수사 ④ 외국인들이 소지한 화폐유통 조사 ⑤ 조계지 공사관리·각국과의 공동관리업무 대표로 참석 ⑥ 감리서 소관의 각종 운송업무(관세수입금 이송)

자료: 민회수(2012). "개항장 경찰의 설치와 운영(1884-1896)," 사학연구 108.

---

34 노호래(2011). "해양경찰사 小考–한말 개항장(開港場)의 감리서(監理署)와 경무서(警務署)를 중심
으로–," 한국경찰연구 제10권 제2호, p. 71.

35 노호래(2011). 상게논문, p. 72.

36 민회수(2012). 전게서, pp. 111-130.

(2) 갑오경장에 의한 제도화

우리나라에서의 근대적 의미의 경찰제도는 갑오경장(1894년, 고종 31년)부터
이지만 그 관직명 사용은 앞에서 기술하였듯이 그전부터 있었다. 고종 31년에
포도청이 폐지되고, 의정부관제(議政府官制)에 의해 내무아문 소속하여 경무청이
설치되었다. 경무청은 국민을 보호하고, 건강을 보호하며, 순찰하는 것 외에
사법 사무와 감옥 사무를 담당하였다. 1895년 3월 칙령 제53호의 발포로 내부
(內部)가 경찰사무를 관장하는 근대적인 경찰제도가 마련되었다.37

갑오개혁안의 실행을 위하여 반포된 신관제는 6조(曹)를 기초로 하여 중
앙기관을 편성하되, 의정부38 밑에 8개아문(내무, 외무, 탁지, 군무, 법무, 학무, 공무, 농
상)을 두고, 내무아문의 장관격인 내무대신 밑에 7국(총무, 판적, 주현, 위생, 지리, 사
사, 회계국)과 1청(경무청)을 두어 경무청이 경찰사무를 관장하도록 하였다. 이에
따라 갑오년(1894) 7월 14일(음력)에 「경무청관제·직장」39 및 「행정경찰장정」40
이 제정되었다.

「경무청관제직장」의 제정에 따라 좌·우포도청은 폐지되고 한성부에 경무
청이 신설되었고, 경무청은 처음에는 법무 아문에 소속하다가 내무아문(1895년
4월부터 내부로 개칭됨)의 관할에 속하게 되었다. 또한 경찰작용은 「행정경찰장정」
의 법적 토대 위에서 수행할 수 있게 되었다. 이와 같은 경찰조직은 일제 강
점기를 거쳐 1945년 해방, 해양경찰의 경우 1962년의 「해양경찰대 설치법」이
있었고, 육지경찰은 1991년의 「경찰법」에 의해 경찰청이 중앙행정기관으로 변

---

37 김형중(1990). 한국고대경찰사. 수서원. pp. 23-25.

38 의정부는 내각(內閣)으로 개칭을 반복하다가 광무 11년(1907년 6월) 내각관제가 제정·반포되어
    의정부를 폐지하고 내각을 설치하여 한일합방 때(1910년 8월)까지 시행됨.

39 경무청관제직장(警務廳官制職掌)은 경무청의 조직 및 사무분장에 관한 규정으로서 종래 각 관청
    에서 취급해 오던 행정경찰사무를 일원화하여 통괄하고 순찰 및 사법경찰사무(범인의 체포, 수사
    및 송치 등)를 수행하는 등 제도상 경찰행정기관으로서의 토대를 마련하였다(한국경찰사편찬위원
    회(1972). 한국경찰사(Ⅰ). 내무부치안국. p. 319).

40 행정경찰장정(行政警察章程)은 일본의 「행정경찰규칙(行政警察規則)(1875)」과 「위경죄즉결례(違
    警罪卽決例)」를 혼합하여 옮겨 놓은 것으로 경찰의 작용에 관한 법규이다. 행정경찰의 목적을 명
    시하여 과잉단속의 엄금, 총순·순검의 복무요령, 위경죄심판절차, 경찰관리의 채용방법, 경찰관리
    의 인사제도, 그리고 경찰권의 행사방법, 행정벌제도 등을 규정하는 외에 수사 및 체포업무는 사
    법경찰의 직무이므로 사법경찰규칙에 따라야 한다고 규정하고 있다[한국경찰사편찬위원회(1972).
    한국경찰사(Ⅰ). 내무부치안국. pp. 319-320].

경되고, 1996년에 해양경찰청도 중앙행정기관이 되었으며, 2020년 「해양경찰법」이 시행되어 해양경찰의 조직법이 체계화되었다.

II. 제1차·제2차 갑오개혁(1894년)과 건양 관제(1896년)

1. 중앙과 지방의 관제

1) 중앙 관제

제1차 갑오개혁의 경우 일본군이 흥선 대원군을 내세워 김홍집을 수반으로 하는 정권을 수립하였다. 군국기무처를 설치하여 개혁법안을 마련하였다. 제1차 갑오개혁 때의 중앙 정치기구는 다음과 같다.

왕을 중심으로 궁내부, 의정부, 중추원, 도찰원, 회계심사원, 경무청을 설치하였다. 의정부 밑에 기존의 6조를 8아문으로 개편하였다. 8아문에는 내무아문, 외무아문, 탁지아문, 군무아문, 법무아문, 학무아문, 공무아문, 농상아문을 설치하였다. 주요 특징으로는 궁내부를 설치하여 왕실 사무와 정부 사무를 분리하였고, 6조를 8아문으로 개편하였다. 그리고 경무청을 설치하고, 탁지아문에서 재정을 일원화하였다.

제2차 갑오개혁은 청·일 전쟁에서 승리한 일본이 조선 내정에 적극적으로 개입하였다. 이때의 중앙정치기구는 궁내부, 내각(내부, 외부, 탁지부, 군부, 법부, 학부, 농상공부), 중추원, 도찰원, 회계심사원, 경무청으로 개편하였다. 의정부 8아문을 내각 7부로 개편하여 국왕 중심에서 내각 중심으로 통치제도를 개편하였다.

2) 지방관제

갑오·을미개혁기 때에 23부제(府制)를 실시하였으나 건양관제에서는 23부를 13도제(道制)로 변경하였다.

갑오·을미개혁기 때에 지방의 수령을 일률적으로 군수라 명칭을 부여하였다가 건양관제에서는 다시 목사·부윤으로 명칭을 부여하고, 군수명칭은 그대로 두었다.

2. 갑오·을미개혁과 건양 때의 경찰 관제

1) 경무청 관제 직장

갑오경장 때(1894. 8)에는 「경무청관제직장(警務廳官制職掌)」과 「행정경찰장정(行政警察章程)」[41]을 제정하고, 「경무청관제직장」 제1조에 의하여, "좌·우포청을 합쳐 경무청을 설립하고, 내무아문에 소속시켜 한성부 오부자내의 일체의 경찰사무를 관장"하게 하였다. 그 최고책임자로서 경무사(警務使)를 두고 그로 하여금 경찰 사무와 감옥 사무를 총괄토록 하고, 범죄인을 체포·수사하여 法司에 이송토록 하는 임무를 수행하였다. 동관제에 의하여 최초로 한성(오늘날의 서울)시내에 5개 경무지서를 설치하고 경무관(警務官)을 서장으로 보하였다.[42] 다시 말하면, 「경무청관제직장」은 일본의 경시청관제를 모방한 것이다.[43] 1894년 당시에 5개의 경무지서 밑에 순검번소가 50개가 있었다.

1894년 군국기무처 의안에서 각 항구(港口)의 경찰관을 경무관으로 고쳐 부르고 경무청에 소속시키며 그 승진과 강등 등의 사무는 경무청에서 내무 대신(內務大臣)에게 신청하여 시행하도록 하였다.[44]

경무청의 업무로서 선박, 어렵, 표파선(漂破船)에 대한 경찰 사무를 담당하는 것으로 되어 있어서 오늘날의 해양경찰의 업무도 맡고 있음을 알 수 있다. 「경무청관제직장」에 따라 1884년부터 경찰관을 개항인 인천, 원산, 부산에 파견되어 경찰관이었다가 경무관으로 개칭되었고, 이 경무관은 한성의 5개 경무지서장과 동위의 계급이었다. 이는 수도인 한성의 치안유지와 함께 개항장이

---

41 행정경찰장정은 우리나라 최초의 근대적 경찰작용법에 해당하는 것으로 경찰의 직무를 ① 백성의 위험방지), ② 위생사무, ③ 풍기단속, ④ 범법자의 수사로 구분하였다. 司法사항에는 따로 검찰이나 사법경찰규칙에 따라 수사·체포·送廳에 종사하고, 경찰관리는 비례원칙에 따라 백성의 사생활에 불간섭하여 공정한 근무를 하도록 규정하였다[내무부 치안국(1972). 韓國警察史, p. 326].

42 이운주 외(2000). 경찰학개론, p. 155.

43 내무부 치안국(1972). 전게서, p. 318.

44 「고종실록」 32권, 31년(1894 갑오) 8월 6일(경술).

있는 도시도 중요시했음을 알 수 있다.

이때의 경무청의 업무는 실로 방대함을 「경무청관제직장」 제3조에서 알 수 있다. 시장경찰, 종교경찰, 풍속경찰, 교통경찰, 건축경찰, 위험물관리경찰, 위생경찰, 집회시위에 관한 오늘날의 정보경찰 등 현재의 각 부처의 협의의 행정경찰 업무와 보통경찰기관의 업무를 모두 관장하였음을 알 수 있다. 물론 현재의 해양경찰의 업무라고 볼 수 있는 선박(船舶), 어렵(漁獵), 표파선 관련 업무도 수행하였다.

표 5-4 | 경무청관제직장(1894년 음력 7월 14일)

제1조 좌우포도청을 합쳐 경무청을 설립하고, 내무아문에 예속시켜 한성부 오부자내이 일체의 경찰사무를 관장케 한다.
제2조 경무사 일원·부관일원·경무관 기원·서기관 기원·총순 기원·순검 기원을 둔다.
제3조 총무국은 부관이 주장하고 경무관 기원이 좌개 사무와 영업을 양조한다. 장·시·회사·제조소·교당·강당·도장·연예·유희소·휘장·장식·채회·도박·선박·하안·도로·교량·철도·전선·공원·차마·건축·전야·어렵·인명상이·군집·喧(훤)·화총포·화약·발화물·도검·수재·화재·漂破船·유실물·매장물·전염병예방·소독·검역·종두·식물·음수·의약·가축·屠場·묘지, 기타 위생에 관계되는 사무일체·罪人搜捕, 증거물을 수집하여 總巡에게 부하는 일, 풍충·기아·결사·집회·신문·잡지·도서·기타 판인 등의 경찰사무 …
제4조 경무사 일원은 칙임하고 내무대신이 절제를 받아 한성부 오부자내 경찰과 금감사무, 죄범을 査拿(사나), 경중을 분별하여 법사로 이송 聽判하는 일을 총괄한다. …

2) 일본의 고문관 파견

고종 31년(1894년) 11월에 일본은 내정개혁요항(內政改革要項)을 통해 경찰권 통일을 요구하였다. 이를 위해 한성부 소재 경무청은 고문관(顧問官)으로 일본인 경시(警視) 무구극조(武久克造)를 초빙하였다.[45] 이것은 경찰고문제도의 시작이었다.

---

[45] 김형중(1990). 전게서, p. 593.

3) 건양 관제 때의 지방 신식 경찰 관리의 배치

갑오·을미개혁 때에 군(郡)에까지 경찰관이 배치되지 않았으나 건양[46]관제 때부터 말단기관인 군에 까지 순교(巡校)가 처음으로 배치되었다.[47]

각 부(部)·목(牧)·군(郡)에는 순교가 배치되었고, 특히 부에는 순솔 8명을 배치하였다. 하급 경찰관리로 사령(使令)을 두었는데, 부에는 10명, 목에는 8명을 배치하였다.

고종 34년(1897년)에는 도적이 많은 경기·충남·황해·강원도 14개 부·군에는 별순교(別巡校)[48] 각 10명씩, 그리고 청리(廳吏) 5명씩을 증원 배치하였다.

바다와 접한 연안의 부·목·군의 경우 해양 관련 범죄나 사고가 발생한 경우 이들이 치안유지를 했을 것으로 추정된다.

3. 대한제국 때의 경부관제

1) 경부관제

고종 34년(1897년) 연호를 건양에서 광무로 바꾸고 대한제국이 성립되었다. 경부시기는 경찰조직이 장관급 행정부서로서 존재한 시기이다. 1900년 6월 9일 고종황제는 "갑오경장 때에는 경무청이 내부 직속으로 되어 있으나 지금에 이르러서는 국내의 경찰 사무가 점차로 은번(殷繁)하여 현재의 제도가 적당치 않으니 경부(警部)를 따로 설치하되 관제를 새로 정하라"는 조칙을 내렸다.[49] 3일 후에 경부관제로 공표되었다. 독립된 경부 조직이 탄생하면서, 의정부에 경부대신이 신설되어 전국 경찰 사무를 관장하고 경찰관리를 지휘·감독하였다.[50]

9월 22일 개정 반포한 「경부관제」에서는 2개국(경무국, 서무국)이 3개국(경무국, 서무국, 회계국)으로 변경되었다.[51] 경부관제에 의하면 경찰의 업무가 한성 및

---

[46] 건양(建陽): 1896년부터 1897년 8월까지 사용되었던 조선시대 최초의 연호이다.
[47] 고종 33년 8월 4일자 칙령 제36호, 「지방제도와 관제 및 봉급과 경비의 개정에 관한 건」.
[48] 관찰사와 군수의 명을 받아 도적을 체포하는 것이 주요 임무였다.
[49] 「高宗實錄」 광무 4년 6월 9일.
[50] 현규병(1955). 韓國警察制度史, 민주경찰연구회, pp. 132-133.
[51] 내무부 치안국(1972). 전게서, p. 432.

개항장 경무와 감옥서를 통합하였다.

한성부를 제외한 지방의 경우 종전처럼 관찰사가 경찰업무를 관장하고, 각 관찰부에 총순을 두어 관찰사의 경찰업무를 보좌하도록 했다.

한성 및 개항장은 그 중요도가 높았기 때문에 근대경찰제도를 가장 먼저 시행한 지역이었다고 볼 수 있다. 그리고 1894년 「경무청관제직장」에는 개항장 경무에 대한 규정이 없지만 1900년 「경부관제」에는 "제1조에서 경부에서 국내 일체 경찰사무를 관리하며 한성 및 각 지방 개항장 경무와 감옥서를 통할하고, 경찰관리를 감독하는 일을 한다"고 규정되어 있다.

표 5-5 | 경부관제(1900. 6. 12, 칙령 제30호)

제1조 경부에서 국내 일체 경찰사무를 관리하며 한성 및 각 지방 <u>개항장 경무</u>와 감옥서를 통할하고, 경찰관리를 감독하는 일.
제2조 경부에 좌개직원을 치할 사: 대신(장관) 1인 칙임 1등, 협판(차관) 1인 칙임 2등 혹 3등, 국장 2인 칙임 혹 주임, 경무관 15인 주임, 주사 8인 판임, 총순 40인 판임, 감옥서장 1인 주임, 간수장 2인 판임, 주사 2인 판임
제3조 경부대신은 각부관제통칙에 게한 바를 종하여 각부 대신과 동일한 직권이 유하고 의정부찬정을 예겸한 일
제4조 대신은 소속관리를 통독하고 경찰사무를 지휘하는 일
제5조 협판은 대신을 좌하여 부중 사무를 정리하고 각 국 과 사무를 감독하는 일
제8조 경찰관은 상관의 명을 承하고 경찰위생사무와 범죄인 집포에 종사하며 우 사법관의 명을 승하여 령장집행과 증거수집을 보조하며 순검 급 간수 기타 고원 등을 지휘하는 일

경부관제는 1902년 2월 폐지되고, 새로운 경무청관제가 시행되었다. 이 경무청은 경부체제보다는 격하되었지만, 1895년 경무청이 수도경찰관서인데 비하여 격이 상승되어 전국 경찰을 관리하였다. 1895년의 경무청과는 달리 새로운 경무청은 내부대신의 지휘 감독하에 있으면서, 사실상 반독립적인 강력한 조직체로 평가되었다. 이러한 신경무청직제는 1905년 2월까지 지속되었다.[52]

각 개항에 감리서가 설치되고 경무관을 배치하여 개항장내의 질서유지에 노력을 기울였다. 그러나 경무관은 내부의 소관이지만 경무관이 항내에서만은 감리의 지휘하에 있도록 하였다. 즉, 감리는 개항장에서 일어나는 모든 일에

---

[52] 내무부 치안국(1972). 전게서, pp. 462-465.

대하여 권한을 위임받아 사무를 집행하였다. 따라서 개항장에서 최고의 권한을 행사하는 사람은 감리였다.[53]

2) 개항장 경무서: 항구도시의 실질적인 법집행기구

개항장 경무서는 개항도시의 실질적인 법집행기관으로 볼 수밖에 없다. 그 이유는 앞의 「개항장 감리부설관제에 관한 규칙」에서 감리서의 직원은 감리를 포함하여 7명인데, 이들이 항만에서 모든 법집행업무를 수행하기에는 어렵다. 감리라는 명칭에서 알 수 있듯이 감리서 직원은 감독을 하고 현장의 법집행업무는 개항장 경무서에서 담당하였다고 볼 수 밖에 없다. 〈표 5-6〉에서 인천항의 개항장 경무서의 직원은 총 69인 것에서 추론해 볼 수 있다.

고종 32년(1895년) 4월 고종의 재가를 얻어 칙령 제85호로 「경무청관제」가 제도화되었다. 이때의 경무청관제에는 개항장에 대해서는 아무런 규정이 없었다. 그러다가 개항장의 사무가 번잡하여지고, 외국인과의 관계에서 많은 문제가 생기므로 개항장 경무서가 설치되었다.

1896년에 5월에 인천, 원산, 부산에 개항장에 우선 경찰관(나중에 명칭 변경에 의하여 경무관)을 두었다가 독립관서로 제도화된 건은 1996년 건양원년 8월에 칙령 제52호에 의해서이다. 이때의 칙령을 보면,[54] "짐이 각 개항장의 경무서 설치에 관하는 건을 재가하여 반포케 하노라"라고 되어 있다. 개항장 경무서가 설치된 내용에 관한 관보의 내용은 8개 조로 되어 있다. 그 내용은 다음의 〈표 5-6〉과 같다.[55]

표 5-6 | 개항장 경무서의 설치(1896. 8. 12, 칙령 제52호)

제1조 인천, 동래, 덕원, 경흥 각 개항장에 경무서를 설치하여 당해 항 경찰사무를 장리케 함.
제2조 항무를 위하여 경무관 이하 배치함은 내부대신이 수시증감하되 현재의 경무관 이하 직원과 경비는 아래와 같다. 인천항 69인·8,472원, 동래항 69인·8,472원, 덕원항 46인·5,842원, 경흥항 25인·2,555원

---

53   李鉉淙(1978). 전게서, p. 82.
54   구한국관보, 제402호.
55   구한국관보, 제402호.

제3조 각 항장 경무관과 총순은 내부대신이 파견하되 경찰의 직무는 경무청 경찰직무에 준함.
제4조 경무관은 당해 항 감리의 지시에 따라 소속직원을 감독함.
제5조 총순은 감리의 명을 따르고 경무관의 지휘를 받아 항내경찰사무에 종사하되 경무관을
　　　설치하지 않은 장소에서는 해당 감리의 지휘를 받아 소속직원을 감독함.
제6조 경무관리의 징계는 순검이상은 해당 경무관이 전횡하고 경무관과 총순은 해당 감리가
　　　내부로 보하여 내부에서 행함.
제7조 경무관이 내부에 관계된 일이 있을 때는 감리를 경유하지 않고 직보함.
제8조 본령은 반포일로부터 시행함.

　　　개항장경무서에는 경무관(警務官)**56**과 총순(總巡),**57** 순검(巡檢),**58** 청사(廳使)**59**
및 압뇌(押牢)**60**가 배치되었는데, 그 경찰의 직무는 경무청 경찰직무에 준한다
고 하였으며, 경무관은 당해 감리의 지휘를 받아 부하직원을 감독하고, 총순
은 경무관의 지휘를 받아 경찰업무에 종사하되 경무관이 없는 경흥과 평양에
는 감리의 지휘를 받아 소속 직원을 감독하도록 하였다. 다만, 내부에 관련된
사항은 감리를 거치지 않고 경무관이 바로 내부에 보고하는데, 이는 개항장경
무서가 내부에 소속되어 있었기 때문이다.**61**
　　　인천항과 동래항 경무서의 예산표에 의하면 각각 경무관 1인, 총순 2인,

56　구한말에 경찰업무를 맡은 경무청의 경무지서장에 해당하는 관직. 대한제국 때 경시로 고쳤다. 오
　　늘날에 총경에 해당한다.
57　구한말에 경무청에 속한 판임관으로 고종 32년(1895년)에 두었는데, 경무관 다음 서열로서 30명
　　이하의 정원을 두었다.
58　경무청의 관제는 경무사·경무관·총순·순검 등으로 되어 있었고, 총순이 판임관으로 순검을 지휘
　　하였다. 순검의 명칭은 1907년 12월 순사(巡査)로 바뀌었다. 1895년 6월 23부에도 순검을 두었
　　고, 1896년 1월에는 23부에 경무관을 두어 지방경찰제도를 정비하였으나 1896년 8월 모두 폐지
　　되고 중앙의 경무청만 남게 되었다. 순검의 임무와 임용은 「행정경찰장정」(1894. 7. 의안) 중 제3
　　절 순검직무장정, 제5절 순검선용(選用)장정 등에서 규정하기 시작하여 「순검채용규칙」(1895. 8.)·
　　「순검직무세칙」(1896. 2.) 등에서 보다 구체적으로 규정되고 있다. 행정경찰로서의 순검의 기본임
　　무는 ① 민(民)의 피해 예방, ② 건강보호, ③ 방탕음일(放湯淫逸) 제지, ④ 국법을 범하고자 하는
　　자를 은밀하게 탐포(探捕)하는 일로 4가지이었다. 이 외에도 감옥사무(간수 등), 죄인호송, 고위관
　　리 경호를 맡았다. 순검은 품행이 단정하고 신체가 건강한 20~25세인 자 중에서 시험을 거쳐 선
　　발하였고, 일정 기간 순검으로 복무해야만 총순으로 승진하는 것이 가능하였다(네이버 지식백과,
　　순검[巡檢], 한국민족문화대백과, 한국학중앙연구원).
59　대한제국 때 경무청에서 부리던 사령(使令)을 말한다.
60　조선 시대에 죄인을 맡아서 지키던 사람을 말한다.
61　박범래(1988). 한국경찰사, 경찰대학. pp. 148-149.

순검 60인, 청사 3인, 압뇌 3인으로 총 69명이 근무하였고, 이보다 작은 규모의 덕원항에는 경무관 1인, 총순 1인, 순검 40인, 청사 2인, 압뇌 2인으로 총 46명의 정원으로 운영되었다.

인천항경무서의 직원은 총 69인으로 경무관 1인, 총순 2인, 순검 60인, 청사 3인, 압뇌 3인이다. 감독은 감리서 직원이 하고 현장 집행은 개항장경무서의 직원이 담당하였을 것으로 추정이 가능하다. 감리서 직원 7명으로 할 수 있는 업무량은 제한될 수밖에 없기 때문이다.[62]

이들 직원을 징계할 경우에 순검이하는 해당 개항장경무서의 경무관이 전행케 하고, 경무관과 총순의 경우에는 감리가 내부에 보고하여 직접 시행토록 하였다. 그리고 경무관이 내부에 관계되는 일이 있을 때에는 감리를 경유치 않고도 직접 보고하도록 규정하였다.

1897년 9월 무안(목포)에 감리서가 설치되었다. 1998년 9월 거류지회의에서 경찰권을 일본영사관 소속 경찰관리에게 위임하여 일본인에 대하여는 일본 경찰이 담당하였다. 일본 경찰관은 경찰사무 외에 영사재판소의 검사 사무와 영사관 부속 감옥서의 감옥사무도 취급하였다.[63]

1899년 군산항이 개항하면서 동년 5월 옥구(군산포)에 옥구감리서와 옥구경무서가 설치되었다. 감리서에는 청사 2명, 순시 3명, 사령 5명의 정원이 책정되어 있었고, 옥구경무서에는 경무관 1명, 총순 2명, 순검 60명, 청사 3명, 압뇌(유치장 간수로 판단됨) 3명이 배치되었다.[64] 경무관은 옥구감리의 지휘를 받으면서 부하직원을 감독하였고, 총순은 경무관의 명을 받아 경찰업무에 종사하였다. 옥구경무서는 전국에 경무서·지서·분파소 제도가 시행된 1907년 2월까지 개항시장 경찰업무를 담당하였다.

1903년 목포에서는 일본인들이 감리서에 침입하여 경찰관들을 구타하고 관련 범죄자들를 빼가는 등의 행패까지 발생하였지만 대한제국은 경찰권을 행사하기 어려웠다. 이 사건은 1903년 11월 21일 20시경 일본인 곡원가시(谷垣嘉市) 등 100여 명이 감리서에 난입하여 5시간 동안 감리를 가두고 난동을 부

---

62 노호래(2011). 전게서. p. 68.
63 김정섭(1991). 목포지. 향토문화사. p. 74.
64 전라북도경찰청(2005). 전북경찰육십년사. p. 30.

리다가 경무서 유치장을 열고 범죄자 1명을 탈옥시킨 사건이었다. 대한제국 경찰이 경찰권을 행사하지 못한 이유는 강화도 조약에서 명시된 '개항장에서 의 일본인 범죄자들에 대해 현지에 파견된 일본영사가 재판한다'는 조항 때문 이었다.[65]

위와 같은 개항장경무서는 광무 9년(1905년)에 종합되고 또 그 위치도 알 수 있다. 각 개항과 시장에 경무서를 두고, 그 관할은 내부관할에 속하며, 당 해 항·시장 내 경찰사무를 관장한다. 1905년에 12개의 개항시장경무서가 존 재하였고, 그중 평양시경무서와 의주시경무서는 항구가 아니라 내륙에 설치되 어 개시장이었다.[66] 그 시기에 총 10개의 항구도시에 개항장경무서가 설치되 어 있었다. 이 중 남한지역인 인천항경무서(제물포), 동래항경무서(부산), 옥구항 경무서(군산포), 무안항경무서(목포)는 오늘날에도 해양경찰서가 설치되어 있다. 인천에는 해양경찰청과 인천해양경찰서가 있고, 동래항경무서가 설치된 지역 에는 남해지방해양경찰청과 부산해양경찰서가 설치되어 있으며, 군산에는 군산 해양경찰서가 있고, 목포에는 서해지방해양경찰청과 목포해양경찰서가 설치되 어 있다. 과거의 개항이었던 곳에 지금도 해양경찰서가 대부분 설치되어 있다.

표 5-7 | 각 개항시장 경무서 관제(1905. 2. 26, 칙령 제17호)

제1조 각 개항시장에 경무서를 둔다.
제2조 각 개항시장경무서는 내부관할에 속하며 당해 항 시장내 경찰사무를 관장한다.
제3조 각 개항시장경무서의 위치는 아래와 같다.
　　　인천항경무서(제물포), 삼화항경무서(증남포), 동래항경무서(부산), 옥구항경무서(군산포),
　　　덕원항경무서(원산), 창원항경무서(마산포), 경흥항경무서(경흥), 성진항경무서(성진), 무
　　　안항경무서(목포), 평양시경무서(평양), 용천항경무서(용암포), 의주시경무서(의주)
제4조 각 항시장에 총순(總巡) 2인을 둔다.
제5조 총순은 감리의 명에 따라 관내경찰에 종사하며 순검(巡檢)을 감독하고, 그 직무는 경무
　　　청경찰직무에 준한다.
제6조 총순의 진퇴는 내부대신이 전행(專行)하고 징계는 감리가 내부에 보고하고 시행한다.
제7조 순검의 원액(員額)은 각 항시장사무번영을 위하여 내부대신이 정한다.
제8조 순검의 진퇴와 징계는 총순이 감리에게 보고하고 시행한다.

65　박찬승·고석규 공역(2002). 무안보첩. pp. 351-360.
66　노호래(2011). 전게서. p. 77.

1906년 무안항경무서(목포) 소속 총순 구종명의 살인사건을 적절하게 처리한 사례를 살펴보기로 한다.[67] 1906년 10월 25일 당시 삼향 오룡촌에 오경오라는 한국인이 일본인 후지키 히로스케로부터 빚을 갚지 않는다는 이유로 구타 및 고문으로 목숨을 잃게 하는 사건이 발생하였다. 이 사실을 알게 된 오경오의 일가 친척들이 그의 아들 오수민을 데리고 가서 후지키를 칼로 살해하는 충격적인 사건이 발생하였다.

구종명 총순은 이 사건에 대하여 신속하게 사건을 처리하고, 정확하게 검시하였으며, 일본 경찰을 상대로 적극적으로 중재하여 아버지의 원수를 아들이 갚는다는 전근대적인 사건을 현명하게 처리하였다. 그 과정에서 한국인을 적극 보호하였으며, 이러한 역할로 인해 당시 목포주민들이 구종명 총순을 기리는 불망비[68]를 세운 것으로 판단된다.[69]

광무 9년(1905년)과 건양 원년(1896년)의 개항시장 관련 규정을 비교하여 검토하면 다음과 같다.[70]

첫째로, 1896년에는 항구(인천, 부산, 덕원, 경흥)에만 경무서를 설치하는 것을 규정하고 있지만, 1905년에는 개항장뿐만 아니라 개시장(평양시, 의주시)에 경무서 설치를 규정하고 있다.

둘째로, 건양 원년에는 항무 형편에 따라 경무관 이하 배치는 내부대신이 증감할 수 있지만, 광무 9년에는 개항장 경무서는 내부소속 관할 항·시장 경찰사무를 담당하는 것으로 되어있다. 이는 개시장 업무가 추가되었음을 알 수 있다.

셋째로, 건양 원년에는 경무관은 감리의 지휘를 받아 소속직원을 감독하도록 되어 있고, 광무 9년에는 각 항·시장에 총순 2명을 배치하도록 되어 있다. 이는 개항장의 최고 경찰책임자를 경무관에서 총순으로 직급을 낮추었음을 알 수 있다.

---

67 이윤정(2021). 한국경찰사 연구—총론, 사료 그리고 함의. 박영사. pp. 78-79.
68 총순구공종명영세불망비(總巡具公鍾鳴永世不忘碑)는 전남 목포시 수문호 35번길 5에 소재하고 있다.
69 이윤정(2021). 상게서. p. 82.
70 노호래(2011). 전게서. p. 78.

넷째로, 건양 원년의 경우 경무관리의 징계는 순검이하는 경무관이 전행하고, 경무관과 총순은 감리가 내부로 보하여 내부에서 시행함이었는데, 광무 9년의 규정에는 총순 진퇴는 내부대신이 전행하고, 징계는 감리가 내부에 보고하여 시행한다.

다섯째로, 건양 원년에는 내무에 관계되는 일이 있으면 감리를 경유치 않고 직보할 것이었는데, 광무9년에는 순검의 원액은 각 개항·시장 사무의 간이 빈번 여부에 따라 내부대신이 정할 것으로 되어있다.

III. 일제 강점기

1. 일본의 국권 침탈

1) 국제 정세와 러·일 전쟁

(1) 러시아와 일본의 갈등

삼국 간섭과 아관 파천(俄館播遷)으로 한국에서 러시아의 발언권이 확대되었다. 아관 파천이란 을미의병(1895년)이 일어나자 이를 빌미로 1896년 2월에 친러 세력이 러시아 공사와 공모하여 비밀리에 고종을 러시아 공사관으로 옮긴 사건이다. 이 결과 친일 정권이 무너지고, 친러파가 정권을 장악하였다.

고종의 러시아 공사관 체류 기간이 길어지면서 국가의 주권과 이권이 손상되자 국내외적으로 고종의 환궁을 요구하는 여론이 비등해졌다. 파천 1년 만인 1897년 2월 20일 경운궁으로 환궁을 단행하였다.

러시아는 압록강 일대 삼림 채벌권을 보호한다는 구실로 용암포(1903년)를 점령하였다.

아관 파천 이후 한국에서 일본의 영향력이 축소되었다. 일본은 러시아를 견제하기 위하여 영국과 제1차 영·일동맹(1902년)을 체결하였다.

(2) 러·일 전쟁

만주와 한국 문제에 대한 러시아와 일본의 교섭이 결렬되자 일본이 뤼순 항에 정박한 러시아 군함을 기습 공격(1904년)하였다. 뤼순항을 함락시키고, 독도를 자국 영토로 불법적으로 편입하였다. 일본은 발트 함대를 격파하고 일본이 승기를 잡았다. 그리고 미국이 러시아와 일본을 중재하여 강화조약인 포츠머스 조약이 1905년에 체결되었다.

2) 일본의 국권 침탈

(1) 한일 의정서(1904. 2)

대한 제국이 국외 중립을 선언하였으나 러·일 전쟁을 빌미로 일본이 한성에 군대를 주둔시켰다. 한일의정서에 의해 전쟁 수행에 필요한 경우 한국의 영토를 군사 기지로 사용할 수 있는 권리를 획득하였고, 한국에 내정을 간섭을 하였고, 러시아를 비롯한 열강의 접근이 제한되었다.

(2) 제1차 한일 협약(1904. 8)

러·일 전쟁에서 전세가 유리해지자 일본이 한을 보호국화하려는 계획이 마련되었다. 일본이 한국에 재정고문으로 일본인 메가타를 파견하고, 외교고문으로 미국인 스티븐슨을 파견하여 한국 내정에 본격적으로 간섭하였다.

경찰의 경우 환산중준(丸山重俊) 경시가 경무고문으로 파견하여 한국경찰 제도에 대한 심의·기안권을 장악하였다.[71]

(3) 을사 늑약(1905. 11): 제2차 한·일 협약

국제 관계	• 가쓰라·태프트 밀약(1905. 7): 일본은 미국의 필리핀 지배를 인정, 미국은 일본의 한국 지배 인정 • 제2차 영·일 동맹(1905. 8): 영국은 일본의 한국 지배 인정, 일본은 영국의 인도 지배 인정 • 포츠머스 조약(1905. 9): 러·일 전쟁에서 일본이 승리하여 일본의 한국지배권 인정
내용	• 체결: 이토 히로부미가 일본군을 동원해 위협하며 강제로 체결 • 내용: 외교권 박탈, 통감 파견·통감부 설치(초대 통감으로 이토 히로부미 임명)

---

71 「고종실록」 45권, 42년(광무 9년) 2월 3일.

(4) 고종의 강제 퇴위와 정미 7조약

고종은 을사늑약에 대하여 무효 선언을 하고, 미국에 특사를 파견하였으며, 네덜란드 헤이그에도 특사(이준, 이상설, 이위종)를 파견하였다. 일본은 헤이그 특사 파견을 빌미로 고종을 강제로 퇴위시켰다. 그 후 1907년 7월에 정미7조약(한·일 신협약)을 체결하였다. 정미 7조약에 의해 통감이 법률 제정, 고등관리 임명 등의 권한을 행사하여 한국의 내정권을 장악하였다. 정미 7조약 부속 각서에 따라 일본인을 각부 차관에 임명하고, 대한 제국의 군대를 해산하였다.

(5) 일본의 한국 강제 병합

일본은 한국의 사법권·감옥 관리권 박탈, 법부와 군부 폐지하고, 친일 단체인 일진회가 합방 청원서를 제출하였다. 한국 병합조약(1910. 8. 22)에 의해 국권은 강탈당하고, 총독부를 설치하였다. 총독부의 장인 총독은 최고통치자로 군림하였다. 대한제국은 '조선'으로 불리고, 고종은 '이태왕'으로 지위가 격하되었다.

해양력을 천시하고 해양 정책을 추진하지 않았던 조선은 임진왜란 등을 당해 국가의 근간이 흔들렸음에도 여전히 해양력을 경시하더니 결국은 패망하고 말았다. 조선 역사의 비자주성, 정체성, 쇄국성, 그리고 멸망은 해양이 얼마나 중요한 요소인지를 알려주고 있다.[72]

2. 통감부(統監府) 시기의 경찰

통감부 시기는 을시늑약 체결된 1905년(고종 42년) 11월부터 통감부에 의한 통감정치가 시작되었다. 그 시점부터 1910년 조선총독부가 설치된 시점까지를 말한다.

1) 통감부 및 이사청(理事廳) 관제

을사늑약 이후 1905년 11월 일본칙령 「통감부 및 이사청 관제」가 제정되

---

[72] 윤명철(2014). 전게서, p. 394.

어 통감부에 의한 통감정치가 개시되었다. 동관제의 내용은 다음과 같다.[73]

일본은 강화도 조약에 따라 각 개항지에 거주하는 일본인 범죄에 대해 일본의 법에 의한 재판권행사를 목적으로 일본경찰을 파견하여, 공사관과 영사관에 배치하였다. 1906년 통감부가 개청되자 통감부(공사관)경찰과 이사청(영사관) 경찰로 이원화시켰다. 통감부에 경무부(경무총장)을 두고, 경시·경부·순사를 배치하였고. 이사청 소재지인 한성·부산·원산·평양 등에는 12개 경무서·경무분소 3개·주재소 59개를 설치하였다.

1907년 11월 조선경찰과 일제경찰이 통합되기까지, 우리나라에 주재했던 일제경찰은 2가지로 나누어진다. 그 하나는 외교권을 박탈한 을사늑약 이후 영사재판권을 집행하기 위한 영사경찰이었고, 다른 하나는 러·일전쟁 중 제1차 한·일 협약을 강제로 체결하면서 고문정치의 고문경찰이었다. 영사경찰은 각 개항지에 거주 또는 왕래하는 일본인의 범죄에 대하여 일본 국법에 의한 재판권을 행사하기 위해 일본 외무성으로부터 파견된 일본 경찰관으로 공사관과 영사관에 배치되었다.[74]

(1) 중앙

통감부에는 총무부·농상공부·경무부 등을 설치하고, 통감부 내에 경무총장을 두어 경찰사무를 관장하게 하였고, 그 밑에 경시 7인·경부 50인·순사 500명을 배치하였다.

(2) 지방

1906년(고종 43년) 6월 칙령 제30호 「지방 13도와 각 관찰부 경무소 및 분서 설치에 관한 건」에 의해 13도 관찰부에 경무서·분서(分署)가 설치되고,[75] 4개월 후에 분파소가 개설되었다.

경무서는 1개 도(道)에 한 곳, 분서는 두 곳, 그리고 경무서와 분서 소재지 이외의 각 군(郡)에는 1분파소를 배치하는 것을 원칙으로 하였다. 1907년(고종 44년) 1월에 전국의 경찰관서는 13개 경무서·37개 분서·298개 분파소로 총

---

73 김형중(1990). 전게서. p. 593.
74 전라북도경찰청(2005). 전게서. pp. 31-32.
75 「고종실록」 47권, 43년 6월 칙령 제28호.

348개소로 증가하였다.

2) 경시 체제

고종 44년(1907년) 7월에는 경무청을 경시청(警視廳)으로 변경하고, 경찰관의 계급도 경무사를 경시총감으로, 경무관을 경시로, 총순을 경부(警部)로, 순검(巡檢)을 순사(巡査)로 개칭하였다.

지방의 경우 고종 44년(1907년) 12월 각 도(道)에 내무부와 경찰부를 신설하고, 경찰부장을 경시로 보하여 관찰사를 보좌하게 하였고, 도(道)의 경찰조직 지휘체계는 도 관찰사 → 경찰부(경찰부장) → (경찰부 산하의) 경찰서(경찰서장: 경시 또는 경부) → 순사주재소 체제로 골격이 갖추어져 오늘날의 경찰기구와 거의 유사하게 되었다.

순종 4년(1910년) 5월 지방의 경찰관서는 104개 경찰서·1개 분서·372개 순사주재소로 경찰관서는 총 477개였다.[76]

3) 개항장 경무서와 어업 관계

(1) 개항장 경무서의 폐지

개항장 경무서는 을사조약(1905년)이 체결된 이후인 광무 10년(고종 43년, 1906년) 6월에 전국적으로 경무서, 지서분파소제가 정해지면서 광무 11년(1907년, 고종 44년) 2월 20일자로 각 개항 시장 경무서 관제를 폐지하였다.

한국의 주권의 일부가 일제에게 강점되자 개항장에 설치된 감리서는 을사조약 제3조의 규정에 따라 일본이사관(日本理事官)이 대행하였다. 이사관의 설치는 종전의 개항장뿐만 아니라 일제가 그동안 개항장으로 삼으려 하던 곳에 마음대로 개항장화할 수 있는 권리를 얻어 그곳에 까지도 이사청(理事廳)을 두어서 외교·통상관계 등 행정을 담당할 수 있게 되었다.

당시의 이사청은 경찰행정과 감옥사무를 병행하는 관계로 입법, 사법, 행

---

[76] 순종 4년(융희 4년) 5월 4일자 내부령 제9호, 「경찰서, 경찰분서, 순사주재소의 명칭·위치관할 구역표 개정건」.

정의 3권을 휘두르는 막강한 권력을 행사하는 기관이었다. 이 시기에 개항장이 설치되어 있던 전북 옥구에는 대한제국의 행정기관인 옥구부가 존재하고 있어서 한 나라에 두 개의 주권이 공존했던 상황이었다.77

(2) 한국어업법

1889년(고종 26년) 11월에 체결한 「조선일본양국통어장정(朝鮮日本兩國通漁章程)」은 폐지하고 1908년 10월 「한·일 양국신민의 어업에 관한 협정」을 새로이 체결했다. 그 협정 내용은 「한국어업법」을 제정하여 그대로 반영되었다. 「한국어업법」은 1908년 11월에 공포하고 1909년 4월부터 시행되었다.

이에 따라 「한국어업법」의 실시로 일본인의 입어는 연안 바다에만 한정되었다가 그 이후 전 국토, 강, 만, 하천 및 호지(湖地)에 이르기까지 전국 내외 수계 어디에서나 영위할 수 있게 되었다. 일본인도 내국법체제에 편입되어 한국인과 동일하게 어업을 수행할 수 있게 되었다. 그러나 일본 입어자의 범법행위에 대한 재판은 이사청 혹은 통감부 법무원(統監府 法務院)에서만 집행하도록 하는 치외법권을 부여했다. 이는 불평등 규정으로서 지배자의 우월성을 강제하는 식민통치법의 전형이었다.78 「한국어업법」시행에 앞서 1909년 3월에 공포한 농상공부령 제1호에 의하여 신규연안어업은 일본이사청 이사관에게 그 어업권 신청을 하도록 했다.

(3) 수상경비소

일제강점기에 목포와 여수에 수상경비소를 두었다. 목포경비소는 1910년 9월 여수경비소와 함께 설치되었다. 각 5척의 경비선을 배치하여 오직 연안과 도서의 단속에 임하고 필요에 따라서는 멀리 압록강까지 파견되었다.

3. 조선 총독부 시대

이 시기는 조선총독부를 설치한 1910년에서 1945년 해방되기 이전의 기간을 말한다.

---

77 김중규(2001), 전게서, p. 155.
78 장수호(2011), 전게서, p. 105.

1) 조선 총독의 권한

조선 총독은 조선 통치의 최고 권력자로 역대 총독은 육군 또는 해군 대장 중에서 임명하였다. 총독은 일본 왕에 직속되어 일본 내각의 통제를 받지 않고 입법권·사법권·행정권·군사권 등의 모든 권한을 행사하는 무소불위의 권력자였다.

2) 헌병경찰제도

(1) 개설

1910년 6월 「통감부 경찰관서관제」를 제정하여 통감부에 경무총감부를 설치하고, 그 장인 경무총장에 육군장관을 임명하고, 서울과 황국의 경찰사무는 경무총감부 직할로 하였다. 각 도의 경무부장에는 해당 도(道)의 헌병대장인 헌병 좌관(佐官)을 발령하여 경찰권을 행사하였다. 헌병 장교가 경무총장·경무부장 또는 경시에, 헌병 준사관 및 하사는 경부에 임용할 수 있는 제도를 마련하여 헌병과 경찰을 통합하는 법적 근거를 마련하였다.

(2) 헌병경찰의 조직과 운영

① 중앙

경무총감부의 경무총장은 조선주차헌병대 사령관이 겸임하였으며, 경무총장 밑에 경찰관 출신의 경시와 헌병 좌위관(佐尉官)인 경시를 부관으로 두었다. 경무총감부에는 고등경찰과, 서무과, 경무과, 보안과, 위생과 등을 설치하였다.

② 지방

각 도에 경무부를 두고, 수장은 경무부장이었다. 경무부장에는 헌병대의 좌관을 임명하고(헌병대장), 그 밑에 헌병경찰인 경시·경부(하사관)을 두고, 그리고 일반경찰인 경시·경부·순사를 배속하여 경찰업무를 관할하였다.

경찰서의 경우 경시 또는 경부로서 보하고, 그리고 경찰관서에는 순사와 순사보 및 순사보와 동격인 헌병보조원을 두었다. 각 지에는 경찰서와 헌병분대가 있었다. 헌병분대는 경찰서의 역할을 수행하였다. 1910년 8월 전국적으

로 경찰서는 97개, 헌병 분대는 76개가 있었다.[79]

③ 헌병경찰제도의 운영

일반경찰은 개항지 및 철도 연변을 비롯하여 주로 질서를 요하는 도시에 배치되어 행정과 사법경찰을 담당하였고, 헌병은 군사상 필요한 지역·국경지방·의병이 출몰하는 지방 등에 주로 배치하였다.[80]

헌병경찰의 임무는 첩보의 수집·의병토벌 등에 그치지 않고, 민사소송의 조정·집달리업무·국경세관업무·일본어의 보급 등 업무가 광범위하였다.

1914년 8월 전국에 배치된 경찰관서는 경찰서·경찰분소·순사주재소 723개이고, 헌병경찰관서는 헌병분대·헌병분견소·헌병파견소 990개였으며, 총 1,713개이었다. 이는 헌병경찰제도를 통해 물샐틈없는 감시망을 구축하였다.[81]

④ 헌병경찰활동의 법적 근거

「신문지법(1907년, 조선인이 경영하는 신문발행금지)」·「보안법(1907년, 집회 및 대중운동제한 및 금지)」·「범죄즉결례(1910년, 처분즉결권)」·「조선태형령(1912년, 태형집행)」·「경찰범처벌규칙(경범죄처벌법)」 등이 있었다. 이러한 법령은 경찰권 행사를 뒷받침하는 일제강점기의 지배 법규이다.

3) 문화 통치기의 경찰

1919년 3월 항일 독립 만세운동 이후 일제는 문화정치로 그 통치의 방식을 전환하였다. 일본은 1919년 8월 총독부 직속의 경무총감부를 폐지하고, 총독부 밑에 경무국을 설치하였다. 신설된 경무국은 전국의 경찰 사무와 위생 사무를 감독하였고, 지방의 경우에는 각 도에 제3부(1920년대 경무부로 개칭)를 두어 경찰 사무와 위생 사무를 담당하도록 하였다.

---

79 김형중(1990). 전게서. p. 610.
80 김민철(1994). "조선총독부연구: 식민지 통치와 경찰." 역사비평 제24호, 역사문제연구소. p. 210.
81 김형중(1990). 상게서. p. 611.

4) 말기의 전시경찰제

일본 군국주의는 1931년 만주사변, 1937년 중일전쟁, 1941년에 미국을 상대로 한 태평양 전쟁을 일으켰다.

1930년대 이후 한국혼 말살정책(신사참배, 동방요배), 제도적 민족말살정책(창씨개명, 한국어·한국사 교육폐지 등), 인적(징병, 강제동원 등)·물적 자원(지하자원·곡식·총알 등 전쟁물자)을 침략전쟁 수행을 위하여 수탈하였다.

일제 강점기의 4대 치안 악법은 「보안법」·「정치범처벌법」·「치안유지법」·「예비검속법」이 있었다. 정치범처벌법·치안유지법·예비검속법은 일본의 패전 후 1945년에 폐지되었고, 보안법은 1948년에 폐지되었다.

IV. 우리나라의 울릉도와 독도 관리

1. 울릉도의 관리

17세기말 동래의 능로군(노젓는 군사) 안용복이 자발적으로 울릉도와 독도에 침습한 일본 해적들을 물리치기 위하여 호끼주(돗토리현)까지 가서 그 태수(다이묘)와 담판을 하고 독도가 우리 영토라는 것을 확인하게 한 사실이다. 이에 대해 일부 조선의 관리들은 그가 국법을 어겼으니 처형해야 한다고 하였으나 남구만 등의 변호하여 무사하게 될 수 있었다.[82]

울릉도에 대한 수토(수색·토벌)는 그전부터 일정하게 진행해 오던 것이었지만 일본 해적들의 울릉도 침입과 점거책동이 강화된 것과 관련하여 다시 규정을 만들고 해마다 수토를 진행하게 하였다. 그러다가 무슨 사정이 있으면 중지하게 하였다. 이 섬에도 주민들이 살게 하고 그들의 생산활동과 안전을 보장해 줄 대책을 세웠어야 하였으나 별다른 대책이 없이 계속 섬을 비워두었다.[83]

울릉도에 도장(島長), 도감(島監)을 둔 것은 1895년 이후의 일이었다. 그 기

---

82 오봉근외 4인(1991). 전게서, p. 376.
83 오봉근외 4인(1991). 상게서, pp. 376-377.

록을 살펴보면 다음과 같다.

① 내무대신 박영효가 아뢰기를, "울릉도(鬱陵島)를 수토(搜討)하는 규례를 이제 영구히 혁파하였으니 월송 만호(越松萬戶)가 겸하고 있는 도장(島長)을 별도로 감당할 만한 1인을 택하여 도장으로 차정(差定)하여 도민 사무(島民事務)를 관령(管領)하게 하고 해마다 배를 수차례 보내어 도민의 질고(疾苦)를 물어보는 것이 어떻겠습니까?" 하니, 윤허하였다.[84]

② 내부대신 박정양이, '울릉도(鬱陵島)에 도감(島監)을 두는 안건입니다'라고 상주(上奏)하니, 조령을 내리기를, "재가(裁可)한다" 하였다.[85]

③ 칙령(勅令) 제12호, 「지방 제도 중 울릉도 도감 설치 건(地方制度中鬱陵島島監設置件)」으로 도감이 설치되었다.[86]

2. 독도의 역사와 관리

독도는 삼국시대에는 우산국에 속해 있었으며, 조선 시대에는 우산도, 자산도, 가지도, 상봉도 등으로 불렀다. 우산도에 대해서는 세종실록지리지(1454년), 신증동국여지승람(1530년), 동국문헌비고(1770년), 증보문헌비고(1908년)를 비롯한 관찬 문헌과 지도에 기록되어 있다.[87]

2005년 일본 시마네현은 독도에 대한 여론 조성을 위해 2월 22일을 소위 "죽도의 날(죽도(竹島)는 독도의 일본명)"로 정하고 매년 행사를 개최하고 있다. 2008년 일본 문부과학성은 중학교 사회과 학습지도요령 해설서에 독도 관련 내용을 기술하여 독도에 관한 교육을 심화시키도록 하였다. 이처럼 최근 일본은 독도에 대한 교육, 홍보를 더욱 강화하고 있다.

독도는 지리적으로 울릉도에 가까이 있어(울릉도에서 87.4km) 육안으로 바라볼 수 있다. 세종실록지리지(1454년)는 '울릉도와 독도, 두 섬이 서로 거리가 멀지 않아 날씨가 맑으면 바라볼 수 있다'고 기록하고 있다. 그 원문의 해석을

---

84 「고종실록」 33권, 32년(1895 을미) 1월 29일(신축).
85 「고종실록」 33권, 32년(1895 을미) 8월 16일(갑신).
86 「고종실록」 37권, 35년(1898 무술) 5월 26일(양력).
87 한국해양수산연구원 독도연구센터. "독도는 대한민국의 고유 영토입니다".

보면 다음과 같다.[88]

📖 "우산과 무릉 두 섬이 현의 正東 바다 가운데 있다. 두 섬이 서로 거리가 멀지 아니하여 날씨가 맑으면 가히 바라볼 수 있다. 신라 때에 우산국, 또는 울릉도라고도 했는데 지방은 100리이다."

예로부터 울릉도 주민들은 독도를 울릉도의 부속섬으로 인식하고 있었고, 조선시대 관찬문서인 만기요람[89](1808년)에는 '독도가 울릉도와 함께 우산국의 영토였다'는 내용이 기록되어 있다.

1900년 10월 대한제국은 칙령 제41호를 공표하여, 울릉군수가 울릉도 본섬과 함께 독도를 관할할 것을 확고히 하였다. 과거 일본 정부의 공문서조차도 독도가 대한민국의 영토라는 것을 인정하였다.

대한제국은 1900년 10월 25일에 칙령 제41호를 관보에 "(울도)군청은 台霞洞(태하동)에 두고 구역은 울릉 숲島와 竹島, 石島를 관할할 것"이라고 정했다.

대한제국은 울릉도의 영역에 울도군(鬱島郡)이라는 새 명칭을 붙여 관할구역을 정한 것이다. 대한제국 칙령 제41호는 바로 고종의 '울릉도 군도론[90]'의 표현이었다. 고종은 칙령 제41호를 통해 울릉도 군도를 울도군으로 명명했다. 또한 칙령 제41호는 송도을 석도(독도)로 표기했다.[91]

1696년 도쿠가와(德川) 막부의 울릉도 도해금지(渡海禁止) 문서, 19세기 말 메이지(明治) 정부의 「조선국교제시말내탐서」(1870년), 「태정관 지령」(1877년) 등이 그것이다. 특히 1877년 3월 일본 메이지 시대 최고 행정기관인 태정관은 17세기말 도쿠가와 막부의 울릉도 도해금지 사실을 근거로 '울릉도 외 1도, 즉 독도는 일본과 관계없다는 사실을 명심할 것'이라고 분명히 지시하였다.[92]

1904년 9월, 러일전쟁 초중반까지만 해도 일본은 독도 침탈을 주저하고

---

88 『世宗實錄』 153권, 지리지, 삼척도호부, 울진현.
89 『만기요람』 군정편4 해방 동해 기사.
90 '울릉도 군도론'이란 울릉도란 울릉도 본도와 우산도, 송죽도(지금의 독도)라는 3개의 섬으로 구성되는 군도라는 것이다.
91 동북아역사재단(2010). 독도·울릉도연구, p. 78.
92 동북아역사재단 홈페이지(2011. 1. 17. 검색).

있었다. 당시 일본 내무성 이노우에(井上) 서기관은 독도 편입청원에 대해 반대하였다. 그 이유는 "한국 땅이라는 의혹이 있는 쓸모없는 암초를 편입할 경우 우리를 주목하고 있는 외국 여러 나라들에 일본이 한국을 병탄하려고 한다는 의심을 크게 갖게 한다"는 것이다. 이것은 1877년 메이지 정부가 가지고 있었던 '독도는 한국의 영토'라는 인식을 그대로 반영한 것이다.[93]

하지만, 러일전쟁 당시 일본 외무성의 정무국장이자, 대러 선전포고 원문을 기초한 야마자 엔지로(山座円次郎)는 독도 영토편입을 적극 추진토록 하였다. 그는 그 이유를 이렇게 말하였다. "이 시국이야말로 독도의 영토편입이 필요하다. 독도에 망루를 설치하고 무선 또는 해저전선을 설치하면 적함을 감시하는 데 극히 좋지 않겠는가?"

1905년 1월, 일제는 러일전쟁이라는 침략전쟁 중에 한반도 침탈의 첫 신호탄으로 독도를 자국의 영토로 침탈하는 조치를 취하였다. 이 침탈조치를 일본은 처음에는 독도가 주인이 없는 땅이라며 무주지 선점이라고 했다가, 후에는 독도에 대한 영유의사를 재확인하는 조치라며 입장을 바꾸었다. 일본의 주장이 이랬다 저랬다 하는 것은 그만큼 근거가 박약하기 때문이다.

제2차 세계대전의 종전과 더불어, 일본은 폭력과 탐욕에 의해 탈취한 모든 지역으로부터 축출되어야 한다는 카이로선언(1943년) 등 전후 연합국의 조치에 따라 독도는 당연히 한국의 영토로 회복되었다. 전후 일본을 통치했던 연합국 총사령부는 훈령(SCAPIN) 제677호를 통해 독도를 일본의 통치적, 행정적 범위에서 제외하였고, 샌프란시스코 강화조약(1951년)은 이러한 사실을 재확인하였다.[94]

3. 독도의용수비대

독도의용수비대는 1953년부터 약 3년 8개월 동안 독도에 무단 침입한 일본에 맞서 독도를 지킨 순수 민간 조직이다. 1953년 일본은 한국의 혼란을 틈타 세 차례에 걸쳐 독도에 무단 상륙했다. 이들은 1948년 미군의 폭격 연습 과정에서 희생된 한국 어부의 위령비를 파괴하고 독도에 '시마네현 오키군 다케시

---

93 동북아역사재단 홈페이지(2011. 1. 17. 검색).
94 동북아역사재단 홈페이지(2011. 1. 17. 검색).

마(島根縣隱岐郡竹島)'라는 나무 표지판을 세우는 등 불법 영토 침략을 저질렀다.[95]

1953년 4월 한국전쟁에 특무상사로 참전한 경력이 있던 홍순칠(洪淳七)이 주도해 울릉도에 살고 있던 청년들을 중심으로 독도의용수비대가 결성됐다. 설립 당시 수비대에는 모두 45명의 청년들이 참가했으며, 이들 대부분이 한국전쟁 참전 경험이 있는 인물들이었다. 이후 수비대원들 몇몇이 탈퇴하면서 최종적으로 수비대에 남은 인원은 33명으로 기록되어 있다.

수비대 대장은 홍순칠(1929-1986)이 맡았고 부대장으로는 황영문이 선임됐다. 수비대는 제1전투대(대장 서기종), 제2전투대(대장 정원도), 후방지원대(대장 김병열), 교육대(대장 유원식), 보급대(대장 김인갑) 등 모두 5개의 소부대로 구성됐다. 이들은 또 스스로 모금한 돈으로 사들인 무기와 울릉경찰서로부터 지원받은 박격포, 중기관총, M1 소총 등으로 무장했다.

1953년 6월 일본 오게(大毛) 수산고등학교 연습선 지토마루 호를 독도 서도 150m 해상에서 나포해 이들을 일본으로 돌려보냈다. 같은 해 7월 일본 해상보안청 소속 순시선이 독도에 접근하자 위협사격을 가해 이들을 격퇴시켰다. 이 싸움이 수비대가 일본에 맞서 벌인 첫 전투였다.

이듬해인 1954년 6월 홍순칠 대장 등은 독도 동도 바위에 한국령(韓國領)이라는 글자를 새겨 넣었다. 같은 해 8월 수비대는 다시 독도에 접근한 해상보안청 소속 순시선을 물리쳤다. 11월에는 일본 순시함 3척 및 비행기 한 대와 격렬한 총격전을 벌여 승리를 거뒀다. 이 전투에서 일본측은 16명의 사상자를 내는 등 피해를 입었다.

1956년 독도수비대는 기존의 업무를 국립 경찰에 넘기고 사실상 임무를 마쳤다. 한국 정부는 이들의 공로를 인정해 1996년 4월 고(故) 홍순칠 대장에게 국가보훈 삼일장을, 나머지 대원에게 보국훈장 광복장을 수여했다.

홍순칠이 작성한 수기가 단행본(『이 땅이 뉘 땅인데: 독도의용수비대 홍순칠 대장 수기』, 혜안, 1997)으로 발간되어 있다. 홍순칠은 독도 및 인근 해상에 대한 경비 활동을 함으로써 대한민국의 실효적 지배를 행사하는 데에 기여하였다.[96]

---

95   네이버 지식백과, 독도의용수비대[獨島義勇守備隊] (네이버 기관단체 사전: 종합).
96   해양경찰교육원·목포대학교 도서문화연구원(2019). 전게서, pp. 216-217.

4. 해양경찰의 독도 관련 업무

1) 독도 경비(1954)

정부는 1954년 1월 19일 독도에 영토 표지를 건립하였다. 이때 해양경찰대는 경비정을 파견하여 영토표지 업무를 지원하고 독도 주변해역에 대한 순찰과 경비를 강화하였다. 1954년 5월 18일 독도 영토 표지 강화의 일환으로 이상열 해양경찰대장이 석공 3명을 대동하고 독도에 입도한 후 석산봉 바위에 태극기와 "대한민국 경남 울릉도 남면 독도"라는 표지를 조각하여 독도 수호 의지를 재천명하였다.[97]

해양경찰의 장비는 매우 빈약하였다. 1954년 보유 경비정은 모두 11척이었다. 이러한 장비를 가지고 해양경찰은 일본의 독도 영유 주장과 순시선 침입에 대항하여 1954년 8월 26일 독도에 경비초소를 설치하고 경비원으로서 경사 1명, 순경 4명, 전경 10명을 주둔시키고, 6회에 걸친 일본 순시선의 침범을 격퇴시켰다.[98]

2) 독도 경비병력 수송업무 지원(1965. 11. 30)

정부는 독도 경비의 필요성을 절감하여 1965년 11월 25일 내무부 치안국 지시로 경북 경찰국 소속 경비정 승리호(108.9톤)를 해양경찰대로 관리 전환하고 독도 경비 교체 병력의 수송 임무를 수행하게 하였다.[99]

3) 독도 입도 승인업무 관장(1992. 12. 2)

독도의 지리적 여건과 특수성, 기상 등을 고려하여 안전 차원에서 「경찰관직무집행법」 제5조(위험발생의 방지)에 따라 경찰청에서 관장하던 독도 입도 관련 업무를 1992년 12월 2일 독도입도 승인업무 관장부서 조정에 따라 해양

---

97 해양경찰청(2013). 해양경찰 육십년사, p. 73.
98 警察廳(1995). 警察五十年史, pp. 206-207.
99 海洋警察廳(2003). 海洋警察五十年史, p. 44.

경찰청으로 이관되었다. 그 후 정부의 규제 완화 조치에 따라 1999년 5월 30일 경상북도로 관련 업무를 이관하였다.[100]

4) 독도경비대 지원

1996년 5월 통합방위본부 주관으로 독도 경비보강을 위한 군·경 합동점검을 실시하여 경비체제 개선과 보완을 위하여 울릉경찰서 소속 독도경비대와 울릉도 경비를 전담하고 있는 318전경대와 통합하여 1996년 6월 창설한 울릉경비대 예하에 독도경비대를 두고 울릉경찰서장의 책임하에 운용하게 되었다.[101] 해양경찰은 독도경비대와 협력체제를 갖추고 영해를 침범하거나 불법으로 독도에 접안할 경우 체포 또는 나포할 수 있도록 만전을 기하고 있다.

---

100 海洋警察廳(2003). 상게서, p. 182.
101 경찰청 역사편찬위원회(2006). 한국경찰사Ⅴ, 경찰청, p. 1476.

태동기와 해무청 시기
(1945-1962년)

Part 6.

8·15 이후의 해양경찰의 시대 구분은 10년 단위, 국제적인 변화 혹은 조직의 성장면에서 구분한다기 보다는 해양경찰조직의 명칭과 신분관계를 고려하면 태동기, 해무청시기, 신해양경찰대시기, 해양경찰청시기, 중앙행정관청시기로 나눌 수 있고,[1] 세월호 사고 이후의 해양경찰은 해양안전 체계에 대한 큰 변동이 있었으므로 별도의 시기로 나눌 수 있다. 세월호 사건 이후에는 해양경찰이 국민안전처 해양경비안전본부로 격하되었다가 2017년 해양경찰청 환원되었다.

해양경찰과 육지 경찰을 비교해 볼 때 제도적인 면에서는 같으나, 해상이라는 공간에서 경찰작용을 한다는 점에서 차이가 있다. 해양경찰은 시대에 따라 각각 다른 특성을 갖고 발전해 왔으며 업무 내용도 법체계, 국가정책, 사회환경, 국민정서 등 여러 가지 요인의 영향을 받으며 논리적 개념으로서가 아니라 역사적·제도적 개념으로 변천하여 왔다. 육지의 일반경찰은 국민의 인권 보호와 봉사 경찰보다는 정치적 환경의 지배를 받아 운영되어 온 반면에 해양경찰은 자원 보호, 환경, 해상교통 등 봉사업무와 경비, 국방 임무 차원에서 조직이 확대되고 발전하였다고 볼 수 있다.[2]

태동기와 해무청 시기의 해양경찰 조직의 변천을 요약하면 다음과 같다. 1953년 12월 23일 내무부 치안국 소속 해양경찰대로 발족되어 영해경비, 어업자원보호 임무를 수행하다가, 1955년 상공부 해무청 소속으로 바뀌어 해양

---

1 노호래(2011). "현대 해양경찰사 연구." 한국공안행정학회보 제45호, p. 98.
2 海洋警察廳(2003). 海洋警察五十年史, pp. 3-4.

경비와 항로표지 보호 임무를 수행하였다. 1962년 5월에는 다시 내무부 소속으로 복귀하여 해상에서 경찰에 관한 사무와 해난구조와 해양오염에 관한 사무를 담당하였다.

I. 대한민국 정부수립

1. 미군정 시기의 경찰

1945년 8월 15일 일본 천황이 교전 당사국이었던 미국·영국·중국 등에게 포츠담 공동선언을 수락하며 무조건 항복을 발표하였다. 이에 따라 제2차 대전은 끝나고, 한반도는 북위 38도선을 경계로 미국과 소련에 점령을 당하였다. 38도선 이남에 대해서는 태평양미육군총사령부 총사령관 맥아더가 1945년 9월 7일 '조선 국민에게 고함'이라는 「포고 제1호」[3]를 발하여 미군정 실시를 선언하였다.

광복 직후 경찰의 모습은 소위 고등경찰로서 정치사상 관계를 혹독하게 다뤘던 한국인 경찰을 빼놓고는 대부분의 일반경찰은 비교적 태평하게 새로운 세계를 기다리고 있었다. 그러나 한편으로는 미군정이 실시되면 일제 때의 경찰관을 옥석 가릴 것 없이 모조리 처벌하거나 몰아내기를 단행하지는 않을까하는 염려도 있었다.[4]

미국의 하지(John R. Hodge) 중장(재조선 미군사령관)은 9월 8일에 97,000여 명의 병력과 함께 인천항에 상륙하였다. 하지 중장은 재조선 미육군사령부 군정청(United States Army Military Government in Korea)을 조직하고, 9월 12일에 아놀드(Archibald V. Arnold, 육군 소장)를 미군정청 장관으로 임명하였다. 9월 20일 군정청의 성격·임무·기구 및 국·과장급 인사를 발표하고 군정을 실시하였다.[5]

---

3 「포고 1호」 제1조: "38도선 이남의 지역과 주민에 대한 모든 행정권은 태평양 미육군 최고사령관의 권한 하에서 시행된다". 이 행정권에는 경찰권도 포함된다.
4 전북지방경찰청(2005). 전북경찰육십년사, p. 5.
5 이윤정(2021). 한국경찰사, 박영사, pp. 402-403.

1945년 10월 9일 군정청 「법령 제11호」를 공포하여 일제 강점기의 대표적인 악법인 「정치범처벌법」(1919년 제정), 「신사법」(1919년 제정), 「치안유지법」(1925년 제정), 「정치범보호관찰령」(1936년 제정), 「예비검속법」(1941년 제정)을 폐지하였다.

그리고 경찰이 담당했던 위생 사무가 신설된 위생국으로 이관되는 등 비경찰화 작업이 진행되었다. 따라서 경찰과 일반행정의 분화(비경찰화)는 군정 경찰의 탄생 시기부터 이루어지기 시작하였다고 볼 수 있다.[6]

1945년 10월 21일 군정청에 경무국을 창설하고, 경무국에는 관방, 총무과, 공안과, 수사과, 통신과를 두었다. 지방에는 도지사 아래에 경찰부를 두고, 하부 조직으로 경무과, 보안과, 형사과, 경제과, 정보과(경기), 위생과 등 6과 내지 7과를 설치하여 군정 경찰기구를 발족하였다. 군정청에 경무국을 창설한 10월 21일이 「경찰의 날」이 되었다.

1946년 1월 16일에는 경무국을 경무부(경무부장)로 변경하고, 종전의 과(課)를 국(局)으로 승격시켰다.[7] 경찰서의 경우 도경찰부장의 지휘·감독을 받으며, 경찰서장은 도시의 규모에 따라 총경, 감찰관, 선임경감 등으로 보하였다. 경찰관 주재소를 지서로 변경하고, 주재소의 장을 지서장으로 명칭을 변경하였다. 1946년 4월 11일 '도경찰부'를 '관구경찰청'으로 개칭하여 8개의 관구경찰청이 생겼고, 경찰서도 지명위주의 경찰서 명칭에서 벗어나 구(區)번호제로 바뀌었다.

1946년 9월 17일 각 관구경찰청의 감독기구로 3개의 '경무총감부'를 신설하였다. 그 관할구역과 명칭은 제1경무 총감부(제1·2관구 관할, 본부는 서울), 제2경무 총감부(제3·6·8관구 관할, 본부는 전주), 제3경무 총감부(제4·5·6관구 관할, 본부는 대구)이었다.

1947년 11월 25일에는 중앙경찰위원회가 설치되었다. 중앙경찰위원회는 중요한 경무 정책을 수립하고 경무부장이 안건으로 올린 경무 정책과 운영에 대한 심의와 결정을 하였고, 경찰관에 대한 인사관리를 하여 민주적 통제가 이루어졌다.

1948년 6월 미군정법령 제200호에 의하여 국립경찰이 담당한 무역항에

---

6   김형중(2020). 韓國警察史. 박영사. p. 628.
7   내무부치안국(1972). 한국경찰사. p. 938.

서의 선박 및 선원의 통제, 임검 및 수색에 관한 의무, 직능·서류·재산·임금 및 직원 등을 재무부 세관국으로 이관하였다.[8]

2. 대한민국 정부의 수립과 경찰

1) 개설

(1) 제1공화국

제1공화국은 1948년 8월 15일부터 1960년 4·19 혁명으로 붕괴되기 전까지의 시기를 말한다.[9] 대통령은 이승만이고, 집권 여당은 자유당이었다. 1945년 12월 미·소 공동 위원회가 결렬되어 한국 문제를 UN에 상정되었고, UN은 총선거 실시로 정부수립을 결정하였다. 북한이 이를 거부하자 선거가 가능한 남한에서만 선거가 실시되었고, 1948년 5월 10일에 총선거로 제헌 국회가 소집되었다.

「헌법」에 따라 대통령으로 이승만을 선출하여 1948년 8월 15일 제1공화국이 탄생하였다. 제1공화국은 대통령 중심제의 정치 체제였다. 1952년 발췌 개헌으로 대통령 선거 방법을 간접 선거에서 직접 선거로 바꾸었다. 1954년 「사사 오입 개헌」으로 초대 대통령에 한 해 중임 제한을 철폐하여 장기 집권을 가능하게 하였다. 1960년 3·15 부정 선거로 4·19 혁명이 발생하였고 이로써 제1공화국은 붕괴되었다.

(2) 경찰조직과 제도

1948년 8월 15일 대한민국 정부가 수립되면서 미군정은 종식되고, 대한민국 국립경찰로 새롭게 발족하였다. 경찰조직은 「정부조직법」(법률 제1호)[10]에

---

8 Official Gazette, USAMGIK, Ordinance No. 200, South Korea Interim Government, 21 June 1948.

9 네이버 지식백과, 제1공화국[第一共和國] (Basic 고교생을 위한 국사 용어사전, 2001. 12. 10., 황병석).

10 정부조직법[시행 1948. 7. 17.] [법률 제1호, 1948. 7. 17., 제정]
제3조 행정기관의 종류와 명칭은 원·부·처·청 또는 위원회로 하고 그 보조기관의 종류와 명칭은 비서실·국·과로 한다. 행정기관의 설치와 조직은 법률로서 정하고 그 보조기관의 설치와 사무범

의해 내무부 소속의 치안국으로 되었다. 이는 미군정 시기의 경무부에서 국 (局)으로 격하된 것이다.

내무부장관 밑의 치안국은 총 9개과로 구성되었다. 그 9개의 과는 경무 과, 보안과, 경제과, 사찰과, 수사지도과, 감식과, 통신과, 여자경찰과, 소방과 로 구성되어 있었다.

각 시·도의 지방경찰국은 시장·도지사의 보조기관으로 되었고, 경찰국 과 경찰서의 명칭은 번호가 아닌 지명으로 변경하였다.

1950년 6·25 전쟁 당시 경찰은 태백산 및 지리산 경찰 전투사령부와 1953년 서남지구 전투경찰대를 발족하여 국가수호의 역할을 담당하였다.

1952년 3월 「경찰승진시험규정」, 동년 8월 26일 「순경임용규정」이 제정 하여 공포되었다.

1953년 7월 27일 6·25 전쟁의 휴전협정이 체결되었고, 체결된 후에도 경 찰에 의한 공비토벌은 계속되었다.

1953년 12월 「경찰관직무집행법」을 제정하였고. 1953년 4월 1일 일제강 점기의 「경찰범처벌규칙」을 폐지하고 「경범죄처벌법」을 제정하여 공포되었다.

1954년 9월 제정된 「형사소송법」은 미국식 형사소송체계를 대폭 도입하 였으나 수사구조만은 일본식 검사주재체제를 유지하였다. 제정 당시 수사와 공소권 분리의 필요성은 공감하였으나 장기적인 과제로 넘겼다.11

2) 이 시기의 내무부 치안국장

미군정 시기(1945. 8–1948. 8)에는 경찰 고위직으로 올라갈수록 대부분 일 제 경찰 출신들이 재임용되었다. 예를 들면 수도관구경찰청내 일제 경찰 출신 자들의 재임용 비율은 각 계급별로 검토하면, 총경·감찰관·경감급이 100%, 경위급이 75%, 경사급이 약 60%, 순경급이 2%였다. 또한 해방 후 북한에서 일제 경찰관으로 근무하다 주민의 보복과 비판을 피해 남하한 경찰관들이 많

위는 대통령령으로 정한다.
제15조 내무부장관은 치안·지방행정·의원선거, 토목과 소방에 관한 사무를 장리하고 지방자치단 체를 감독한다.
11 경찰청 역사편찬위원회(2015). 한국경찰사, p. 107.

았다. 그들 역시 군정청 북한 출신 고위 관리들의 추천으로 대거 군정 경찰에 흡수되었다.[12]

1953년 12월 23일에 내무부 치안국 소속의 해양경찰대가 창설되었다. 이에 따라 해양경찰대가 창설된 이후에는 그 하부 기관이기 때문에 치안국장의 지휘·통솔을 받았다.

해양경찰대가 창설되기 전인 1953년 이전에는 연안에 있는 경찰서와 수상경찰서에서 해상치안을 담당하였다고 볼 수 있다.

제9대 이성주 치안국장(1953. 10. 5-1954. 3. 27.)이 재임할 때 해양경찰대가 창설되었다. 제10대 김장흥 치안국장(1954. 3. 27-1956. 5. 26) 때에 해양경찰대는 1955년 해무청 소속의 해양경비대로 그 소속이 변경되었다.

표 6-1 | 건국 초기의 치안 총수들(1945-1955)

성명	직위	기간	비고
제1대 조병옥	경무부장	1945. 10. 21-1949. 1. 6	내무장관, 민주당 최고위원·대표 최고위원·대통령후보
제1대 이호	치안국장	1949. 1. 7-1950. 3. 1	검사, 부장검사, 내무부장관, 법무부장관
제2대 김태선	〃	1950. 4. 24-1950. 6. 17	총독부 경무국 수사과 주임, 서울시장, 재향경우회장
제3대 장석윤	〃	1950. 6. 17-1950. 7. 17	내무부 차관, 내무부 장관, 국회의원
제4대 김태선	〃	1950. 7. 17-1951. 6. 20	제2대 김태선과 동일 인물
제5대 이익흥	〃	1951. 6. 24-1952. 3. 14	평북 박천경찰서장, 해방후 내무부 장관, 경기도지사
제6대 홍순봉	〃	1952. 3. 18-1952. 5. 25	간도특설대 근무
제7대 윤우경	〃	1952. 5. 25-1952. 9. 16	황해도 송화경찰서장, 해방 후 서울시경국장
제8대 문봉제	〃	1952. 9. 16-1953. 10. 5	간도특설대 근무, 해방후 서북청년단장 역임
제9대 이성주	〃	1953. 10. 5-1954. 3. 27	평남경찰서 서장
제10대 김장흥	〃	1954. 3. 27-1956. 5. 26	중부경찰서 보안주임, 강원도지사

12 이현희(1979). 한국경찰사, 덕현각, pp. 206-207.

3) 수상경찰서의 존재

해양경찰 기능을 수행하면 해양경찰의 역사라고 볼 수 있으므로 해방된 후에 일본의 영향으로 부산수상경찰서가 존재하였으므로 해양경찰의 역사에 포함되어야 한다. 따라서 현대의 해양경찰사의 시작은 1953년 해양경찰대 창설 때부터 구분하는 것이 아니라 1945년 해방 때까지 거슬러 올라가야 한다고 생각된다. 그리고 1949년 5월에는 인천수상경찰서가 신설된 것도 해양경찰의 역사라고 보아야 한다. 그 이유는 해상에서 불법어업 단속 등의 해양경찰 업무를 수행하였기 때문이다. 1953년 해양경찰대 신설된 이후에도 한동안 해양경찰대와 수상경찰서가 병존한 시기가 있었다. 그 시기는 1953년부터 1961년 7월까지이다.13

(1) 부산 수상경찰서

1924년 3월 3일에는 부산수상경찰서가 총독부령 제8호로 신설되었다.14 주요 업무는 부산부 해상(수면) 일원을 관할구역으로 하고 수상에서의 경찰 및 위생 사무 관리, 사법 행정업무를 맡았다. 수척의 경비선을 보유하고 있었으며, 경북 연안 및 경남, 전남 연안 부정어업규제도 하였다. 즉, 부산과 일본 시모노세키 사이를 왕래하던 관부연락선을 비롯한 부산항에 출입하는 모든 배와 사람들을 통제하는 기관이었다.

일제 식민 통치의 모순 분출 및 경제상황 악화로 인해 일제가 도항제한 제도를 정비하여 조선인의 도일 규제에 나섰지만 도일 기회를 얻고자 하는 조선인의 일본 '밀항'은 지속적으로 증가되어 나갔다. 일제는 이를 효과적으로 감시·단속하기 위해 도일자의 출발지에서는 관할 경찰관서, 출발항에서는 관할 경찰 및 수상경찰서, 연락선 선상에서는 수상경찰서 등을 주축으로 하여 철저하게 도일 목적과 본인확인을 실시하여 이중 삼중으로 '밀항'을 통제하였다.15

---

13 노호래(2011). "현대 해양경찰사 연구." 한국공안행정학회보, 제20권 4호(통권 제45호), pp. 96~98.
14 국가보훈처, 국내항일독립운동사적지(http://815book.co.kr/sajuk/TREA/#, 2011. 8. 3. 검색).
15 이승희(2012). "조선인의 일본 '밀항'에 대한 일제 경찰의 대응 양상." 다문화콘텐츠연구 제13집, 중앙대학교 문화콘텐츠기술연구원. pp. 337~360.

부산 수상경찰서는 1924년 3월 3일 창설(현재의 부산시 중구 대교동)하면서 영도주재소(현재 대교파출소), 남항주재소(현재 남항파출소), 대풍포주재소(구 대평파출소) 3개소를 두고 영도구 행정구역과 부산해안 전역 치안을 담당하였고, 1947년 10월 8일 부산시 영도구 대교도 4가 63번지로 청사를 이전하여 1957년 7월 26일 영도경찰서로 개칭(대통령령 제1298호)되면서 청사가 노후하여 1957년 12월 31일 부산시 영도구 대교동 4가 3번지로 청사를 이전하였다.[16]1953년 12월 내무부 치안국 산하 해양경찰대가 설치되면서 해양 관련 사무를 이관하였다.

(2) 인천 수상경찰서

1949년 5월 7일에는 인천경찰서가 분서되어 동인천경찰서와 인천수상경찰서가 신설되었다.[17]

1949년에 인천수상경찰경찰서 신설의 법적 근거는 「경찰서의 명칭·위치 및 관할구역 변경에 관한 건」(대통령령 제101호, 1949. 5. 7)이고, 이 법령에 의해 경기도에 인천수상경찰서와 동인천 경찰서를 신설하고 관할구역을 설정하였다. 신설된 인천 수상경찰서의 관할 지역은 북위 38도를 황해면상으로 연장한 기선 이남 경기도에 접한 수면일도, 경기도 부천군에 속한 도서(永宗面, 北島面, 龍遊面, 靈興面, 德穗面, 大阜面) 및 인천부 월미도동 일도이었다.[18]

인천수상경찰서는 창설 이후 수차례에 걸쳐 대규모의 밀수 도당을 적발하는 성과를 내었다. 1949년 11월 초에도 대규모 밀수단을 검거하는 쾌거를 올렸다.[19]

1962년 1월에 인천 수상경찰서가 폐지되고 인천경찰서에 통합되었다. 「국가재건최고회의」에서 의결한 것으로 보이는 「경찰서직제」(시행 1962. 1. 29, 각령 제406호)에 따라 인천 수상경찰서란을 삭제하고 인천경찰서 관할구역내에 '월미도동, 부천군에 속한 도서, 영종면, 북도면, 용유면, 영흥면, 덕적면, 대부면, 옹진군 중 백익면, 송림면 연평리'를 가한다.[20]

---

16 釜山地方警察廳(2000). 釜山警察史. p. 100.
17 경기경찰사 편찬위원회(2008). 경기경찰사, 경기지방경찰청. p. 29.
18 경찰서의 명칭·위치 및 관할구역 변경에 관한 건(대통령령 제101호, 1949. 5. 7).
19 해양경찰교육원(2021). 해양의 이해. p. 44.
20 경찰서직제[시행 1962. 1. 29.] [각령 제406호, 1962. 1. 29., 일부개정].

1961년 7월 9일에 인천수상경찰서가 폐지되었다는 인천중부경찰서 연혁에 나타나고, 신문기사에는 1962년에 「경찰서직제 중 개정 건」에서 인천수상경찰서를 폐지하고 인천경찰서에 병합한다는 기사가 있다.[21]

II. 태동기: 내무부 해양경찰대 시기(1945. 8-1955. 2)

1. 해양경찰대의 창설 배경

1) 해방병단(1945)과 조선 해양경비대(1946)

1945년 해방 직후의 해양경찰대가 창설되기 전에 해방병단과 조선해양경비대의 활동은 해양경찰 태동의 계기가 되었다. 해방병단과 조선해양경비대의 창설과 변화과정은 다음과 같다.[22]

1945년 해방 직후 손원일(초대 해군참모총장) 등 해군창설에 뜻을 같이하는 인사들이 모여 해사협회(海事協會)를 결성하였다. 동 협회는 한국해군 창설의 역할을 담당하겠다고 미 군정청에 제안하였고, 이에 대해 미 군정청 해사국장은 해사협회가 주축이 되어 연안경비와 밀수방지, 조난선의 구조 등을 주요 임무로 하는 해안경비대를 창설할 것을 요청하였다. 이에 따라 해사협회는 1945년 11월 11일 미 군정청의 인가를 받아 해방병단(解放兵團)을 창단하였다. 해병병단은 1946년 1월에 국방사령부로의 편입을 관철하고, 진해에 총사령부와 해군병학교(현재의 해군사관학교)를 조직하는 등 해군 창설을 위한 준비에 박차를 가하였다. 해방병단의 이와 같은 노력은 장차 해군의 모체가 되고 해양경찰이 태동하게 하는 씨앗이 되었다.

해방병단은 1946년 5월 10일 조선 해양경비대 창설에 대한 미 군정청의 승인을 받았다. 1946년 6월 15일 해방병단은 기존의 조직을 계승한 조선 해양경비대(Korea Coast Guard)를 정식으로 창설하게 되었다. 미 군정청은 조선 해양

---

21 경향신문, 1962. 1. 27.
22 오정동(2017), 해양경찰학개론 제1판, 서울고시각, pp. 5-6.

경비대의 임무를 "조선 영해의 해상 및 도서 순찰과 치안유지·사고조사를 담당하고, 선박검사에 관한 일체의 임무와 선원의 면허·증명 등 선원관리를 담당한다"고 명시함으로써 조선해양경비대를 군사 조직이라기보다는 해양경찰의 기능을 가진 치안조직으로 그 성격을 규정하였다.

1946년 9월에는 조선 해양경비대의 운영을 지원하기 위하여 방한한 코스트 가드(US Coast Guard) 자문단의 조언을 참고하여 조선해양경비대의 운영·관리 전반을 보다 체계적으로 정비하였다. 이때의 자문 지원활동과 관련하여 「The Coast Guardman's Manual」라는 책자에서 "1946년 Korea Coast Guard를 조직·관리하고 훈련하기 위하여 코스트 가드팀을 서울로 보냈고, 이 조직이 해양경찰이 되었다"라고 언급하고 있다.

1948년 대한민국 정부수립과 동시에 조선 해양경비대는 국방부 훈령에 따라 해군으로 개칭되었다. 이러한 일련의 과정을 검토해 보면 조선 해양경비대는 한국 해군의 전신이기도 하지만 해양경찰의 뿌리이기도 하다. 이에 따라 해군은 전투 및 국방을 위한 군사작전을 주 임무로 하면서, 한편으로는 경찰 기능에 속하는 해양경비 임무도 동시에 담당하여 1953년 해양경찰대가 창설되기 전까지 해상치안 활동의 주체로 활동하게 되었다.

2) 당시의 해양주권

(1) 맥아더라인

1945년 9월 미국 제5함대사령관의 명의로 일본어선의 어로제한수역을 일본 정부에 전달함으로써 군사상 통제뿐만 아니라 어자원 남획에 제동을 걸었다. 이 제한선을 당시 연합군 총사령관이었던 맥아더(McArthur Douglas)의 이름을 따서 「맥아더라인(McArthur Line)」이라 부르게 되었다.[23]

일본어선의 맥아더라인 침범이 빈번해지자 조선해양경비대는 1947년부터 맥아더라인을 침범하는 일본어선들을 나포하기 시작했다.[24] 1948년 4월 미군

---

23 海洋警察廳(2003). 海洋警察五十年史. pp. 4-5.
24 맥아더라인을 넘어온 일본어선을 나포한 최초 사례는, 1947년 2월 4일 제주도 근해에서 조업하던 幸漁丸호를 나포한 것이다[최종화(2000). 현대한일어업관계사. 세종출판사. p. 16.].

정청 군정장관 딘 소장도 무허가 일본어선이 맥아더라인을 침범할 경우 나포할 것을 조선해양경비대에 지시했다. 그에 따라 1948년 8월까지 나포된 일본어선의 수가 20여 척에 이르렀다. 그 후 1948년 7월 딘 소장은 이전의 지시를 취소하면서 조선 영해 안으로 들어온 어선만을 나포하고 맥아더라인을 침범한 어선의 경우는 단지 침범 사실을 통고만 하도록 지시했다. 그리고 미군정청은 1948년 8월 한국 정부수립 직전에 그동안 나포했던 모두 일본 측에 되돌려 주었다. 이는 일본 측 로비의 결과로서 실질적으로 맥아더라인을 무력화시키는 조치였다.[25]

한국 해군은 1949년 말부터 맥아더라인을 침범하는 일본어선들을 연합국 최고사령부의 허가 없이 나포하기 시작했다. 1950년 1월에만 제주도 부근에서 일본 어선 5척을 한꺼번에 나포하는 등 총 11척의 일본어선을 나포했다.[26]

당시 상공부 수산국에 근무하던 지철근 등이 중심이 되어 한반도 주변에 어로관할수역 설정에 대한 기초안을 만들었고, 이승만 정부는 미국제5함대 사령관의 명의로 어로제한수역을 통보하여 우리해역의 군사상 통제와 일본의 어자원 남획을 저지하였다.[27]

이에 대하여 일본 수산업계는 「맥아더라인」의 철회를 요구하였고, 일본어선들은 「맥아더라인」을 월선하여 제주도와 흑산도를 중심으로 한 서해 해역의 주요 어장에 대거 침입하여 남획하기에 이르렀다. 이러한 불법 어업에 대해 정부수립 초기의 우리 해군함정은 「맥아더라인」을 월선한 일본어선들을 발견하고도 나포하지 않고 퇴거하도록 경고만 했다. 그러나 일본 수산청 소속의 순찰선들이 이러한 행위를 묵인하거나 비호하는 상황에서 일본어선들의 침범에 우리 국민들의 분노가 고조되자 당시 이승만 대통령이 해군 참모총장에게 "향후 맥아더라인을 월선 침범하는 일본어선들을 모조리 나포하라"는 특명을 하달함으로써 우리나라 남해와 서해 해역에 침범하여 조업 중인 일본어선들을 나포하기에 이른다. 이러한 정부의 강경한 조치는 한·일 간 논란의 쟁

---

25 기획처(1949). 시정월보 제3호, pp. 58–59.

26 서울신문, 1950. 1. 27.

27 권자경(2011). "한국전쟁 국가기구의 확대: 이승만 정부의 중앙행정기구개편을 중심으로," 한국행정연구 제20권 제2호, p. 17.

| 그림 6-1 | 맥아더라인

점이 되었다.28

(2) 평화선

1950년 6·25 전쟁 기간에 일본어선들의 맥아더라인 월선 조업은 더욱
심해졌고, 1951년 9월 8일 샌프란시스코에서 미국의 대 일본평화조약이 조인
됨으로써 자동적으로 「맥아더라인」도 철폐될 단계에 이르렀다.

평화선 선언의 배경에는 샌프란시스코 강화회담 이후 「맥아더라인」 폐
지, 특히 한국의 설득에도 불구하고 연합국 특히 미국이 맥아더라인의 유지를
거부했다는 사실과 일본 어민들이 잦은 침입에서 기인한다고 할 수 있다. 한
국 정부는 일본의 평화선 침범은 한국 영토에 대한 재침략으로 인식하였다.29

이승만 정부는 우리 해양의 천연자원 개발과 어업자원을 보존하기 위하
여 1952년 1월 18일 「인접 해양의 주권에 대한 대통령선언」을 내외에 선포하

---

28 그러나 경찰이 아닌 해군이 출동하여 나포하는 강경수단은 일본정부의 반발뿐만 아니라 한국군과
유엔군사이에도 마찰을 일으키게 되었다.

29 조윤수(2008). "평화선과 한일 어업협상—이승만 정권기의 해양질서를 둘러싼 한일간의 마찰," 일
본연구총서 제28호, p. 199.

였고, 이를 「평화선」이라 한다.[30]

　이 대통령 선언 주요 내용은 다음과 같다. 우리 정부는 해양자원 보호를 위해 연안으로부터 평균 60마일의 해역을 대한민국의 주권선으로 설정하였고, 한반도 및 도서해안의 자원자원, 광물, 수산물을 보호·보존하며, 수산업과 어로업을 대한민국정부 감독하에 두며, 공해상의 자유항행권에 관한 것이었다.[31] 이 평화선은 1965년 6월 체결된 「한·일 어업협정」에 따라 철폐되기까지 약 13년 동안 우리나라의 주권선으로 유지되었으며, 독도를 평화선 수역 내로 포함시켰다.[32]

　1965년 「한·일 어업협정」 이전의 시기에는 영해법에 대한 국제법상의 뚜렷한 규정이 존재하지 않았다. 한국은 1948년 5월, 조선해양경비대의 직무와 권한을 규정하는 GHQ-SCAP법률 제189호에서 영해를 3해리라고 규정한 이후 1948년 제헌헌법 제100조에 헌법에 저촉되지 않는 법령의 존속을 명시했기 때문에 GHQ-SCAP(연합국 최고사령부 총사령부)법률 제189호를 그대로 유지했다. 1977년 「영해법」을 제정할 때까지 3해리를 유지했다.[33]

　이러한 우리 정부의 주권선 선포에 일본은 공해자유의 원칙을 주장하였지만, 우리 정부는 국제선례(國際先例)인 1945년 「트루만 선언」과 1953년 국제법 위원회에서 채택한 9개 조문, 그리고 1955년 로마에서 개최된 「해양자원의 보존에 관한 기술위원회」 등에서 명시한 바에 따라 국제기구가 현 실정하에서 모든 보존수역을 규제하고 관리하는 것은 불가능하기 때문에 연안국의 보존수역 설정은 필연적이며, 연안국이 취한 일방적 조치가 타국에서도 적용된다는 근거에 의하여 일본 측의 주장을 단호히 거절하였다.

　이 평화선 선언은 해저관할권, 상부수역 관할권, 경계획정시도, 항행의 자유 보장으로 구성되어 있다. 비록 이 선언이 이웃 국가인 일본과 중국과의 관할권 경계를 일방적으로 규정하기는 했지만 오늘날의 법학자들은 이 선언이 국제

30　海洋警察廳(2003). 海洋警察五十年史. p. 5.

31　국무원고시 제14호. 1952. 1. 18.

32　해양경찰청(2013). 해양경찰 육십년사. p. 49.

33　박창건(2014). "한일어업협정 전사(前史)로서의 GHQ-SCAP 연구: 맥아더라인이 평화선으로." 일본연구논총 제39호. p. 41.

법에 크게 반한다고 생각하지 않을 것이다. 이 선언은 20년 후의 배타적 경제수역 체제와 연결되어 있어서 서구학자들이 더 많은 관심을 가져야 한다.[34]

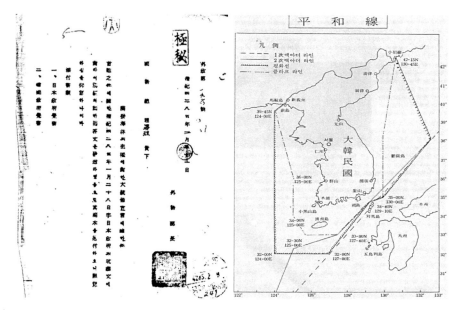

| 그림 6-2 | 인접해양의 주권에 관한 대통령 선언(1952. 1. 18)과 평화선

(3) 클라크라인

평화선이 설정되고 3개월이 지난 1952년 4월 25일 「맥아더라인」이 철폐되었고, 그 후 1952년 9월 27일 당시 연합군 총사령관인 클라크 장군이 공산 불순분자의 해상침투를 봉쇄하기 위하여 한반도 주변에 해상 방위수역을 설정하였는데, 이것이 「클라크라인(Clark Line)」이다.

이 클라크라인은 한국전쟁 휴정 1개월 후인 1953년 8월 28일 철폐되었다. 클라크라인 철폐 이후 1953년 9월부터 일본 어선들은 대규모로 평화선을 넘기 시작했다. 9월 1일에서 22일까지 평화선을 침범한 일본어선의 수는 1,172척에 달했고 하루 동안 435척의 일본어선이 침범하기도 했다.[35]

---

34 스튜어트 케이(서호주대학교 법대 학장)·번역(김하양)(2012). "해양법의 발전에서 평화선이 지니는 의의," 영토해양연구 Vol. 4, pp. 36-59.

35 동아일보, 1953. 9. 24.

(4) 북방한계선(Northern Limit Line)

1953년 7월 27일 6·25 전쟁이 끝나고 휴전협정이 성립되면서 남북한 사이에는 비무장지대와 군사분계선이 설치되어 지금의 휴전선이 설정되었다. 그후 동년 8월 27일에는 클라크라인이 철폐되고 다시 북방한계선을 설정함으로써 해상에서도 남북 간의 군사분계선이 그어지게 된다. 북방 한계선은 지금까지도 유지되고 있고, 북방한계선 인근인 서해5도는 남북관의 충돌과 전투가 자주 발생하고 있고 동북아의 화약고로 알려져 있다. 이 당시에 우리나라가 지켜야 할 해양주권선은 평화선과 북방한계선(NLL)이었다.

3) 어업자원보호법 제정(1953. 12. 12)

1953년 12월 제정된 「어업자원보호법」[36]은 평화선을 침범하는 외국어선을 단속하기 위해서 제정된 법이다. 한반도와 그 부속도서의 해안과 선을 연결한 선을 설정하여 어업자원을 보호하기 위한 관할수역을 정하였다(동법 제1조). 그리고 관할수역 내에서 어업을 하려고 하는 자는 주무부장관의 허가를 받아야 한다(동법 제2조).

범죄 수사에 있어서는 해군함정의 승무 장교, 사병 기타 대통령령으로 정하는 공무원이 사법경찰관리의 직무를 행한다. 수사에 있어서 필요하다고 인정한 때에는 범칙 선박의 회항을 명할 수 있고, 위반의 혐의가 있다고 인정한 때에는 단순한 통과 선박일지라도 이를 정지시키고 임검·수색 기타 필요한 처분을 할 수 있다(동법 제4조). 해양경찰 이외에도 「수산업법」규정에 의한 어업 감독공무원으로 지명된 자는 위 범죄 수사 권한을 보유하여 사법경찰관리의 직무를 수행할 수 있었다.

이어서 1954년 1월 「어업자원보호법시행령」을 제정했다. 이러한 법률과

---

[36] 어업자원보호법[시행 1953. 12. 12.] [법률 제298호, 1953. 12. 12., 제정]
제1조 (관할수역) 한반도와 그 부속도서의 해안과 좌의 제선을 연결함으로써 조성되는 경계선간의 해양을 어업자원을 보호하기 위한 관할수역(이하 관할수역이라 칭함)으로 한다.
제2조 (관할수역내의 어업허가) 관할수역내에서 어업을 하려고 하는 자는 주무부장관의 허가를 받아야 한다.
제3조 (벌칙) 전조에 위반한 자는 3년이하의 징역, 금고 또는 50만환이하의 벌금에 처하고 그 소유 또는 소지하고 있는 어선, 어구, 채포물, 양식물 및 그 제품은 이를 몰수한다.

시행령은 평화선 내에서 어업활동을 할 경우 내·외국인을 막론하고 주무장
관의 허가를 받도록 규정하여 평화선에 대한 법적 근거를 더욱 명확하게 해
주었다.[37] 1953년 12월 23일 내무부 치안국 소속으로 해양경찰대를 창설하여
평화선 경비를 담당하게 하였다.

표 6-2 | 평화선 선포 이후 한국 정부의 조치(1952-1955)

연도	내용
1952. 1. 18.	한국 정부 「대한민국 인접 해양의 주권에 대한 대통령선언」을 선언
1952. 1. 19.	한국정부는 SCAP(연합국최고사령부)를 통하여 일본에 통보
1952. 1. 28.	일본 외무성은 이것을 불인정하는 구상서를 한국정부에 송부
1952. 2. 4.	일본 기선저안망 어선이 평화선을 침범하여 조업하다가 한국경비정의 발포에 의해 선원 1명 사망
1952. 2. 11.	주한 미 대사가 한국이 선언한 것에 대한 불법성에 대하여 서간과 메모랜덤을 한국 외무장관에 전달
1952. 2. 13.	한국 외무부가 주한 미대사에 답변을 송부
1952. 4. 18.	한국 정부는 일본 외무성에 보낸 1월 28일 구상서에 대한 견해를 전달
1952. 6. 11.	주한 중화민국대사(대만)는 한국의 선언이 중화민국의 권리와 이해를 침해하고 있다고 한국 정부에 전달
1952. 6. 26.	한국의 외무부 차관은 중화민국 정부에 한국이 선포한 것은 중화민국의 권리와 이해를 침해하지 않을 것이라는 의견을 전달
1952. 10. 4.	대통령 긴급명령 제12호로 포획심판령을 제정·공포하고 포획심판소 및 포획고등심판소를 개설함
1953. 1. 12.	주한 영국공사는 한국의 선언을 인정할 수 없다는 서간을 보냄
1953. 1. 28.	한국 정부는 영국 정부에 「해양주권선언」의 필요성인 어업보호, 한일간의 분쟁 방지라는 평화적인 목적 등으로 설득하는 내용의 서간을 보냄
1953. 9. 11.	한국정부관계자는 공식적으로 「해양주권선언」을 「평화선」으로 공식적으로 부르기 시작함
1953. 12. 12.	한국 정부는 「어업자원보호법」을 공포
1954. 5. 6.	한국 정부는 일본 정부에 「어업자원보호법」을 통보

자료: 외교안보연구원, 한국의 어업자원보호법 공포에 관한 한·일간의 분쟁, 1953-1955.

---

[37] 지철근(1979). 평화선. 범우사. pp. 201-205.

2. 내무부 치안국 소속의 해양경찰대 창설

1952년 10월 4일 「포획심판령」[38]을 제정·공포하고 포획심판소 및 고등 포획심판소를 개설하여 「클라크라인」은 물론 평화선을 침범하는 일본어선은 모두 나포하여 포획심판령과 관계 법령을 적용 처벌하게 되었다.[39]

1953년 7월 27일 「6·25 전쟁」이 휴전되면서 「클라크라인」도 철폐되자, 일본어선들이 끊임없이 평화선을 침범하고 있었고, 북한에 의한 침입 및 경제 교란 방지 등 해양 경비의 필요성이 절실히 요구되었다. 이 당시에 한국해군 은 본연의 의무인 군작전과 해양주권선 수호의 이중의 임무를 담당함으로써 군작전 수행에 지장이 많을 뿐만 아니라 군이 본래의 업무를 벗어나 민간어선 을 나포한다는 것은 국제법에 위배된다는 문제가 있었다. 이에 따라 이승만 대통령은 유시(諭示)를 통해 해양주권선 경비 임무를 경찰이 수행하라는 지시 를 내렸다.[40]

한국 정부는 1953년 12월 12일 일본 어선들을 한국으로 넘어오지 못하게 하는 「李라인」을 강화하기 위하여 중무장 장비를 갖춘 해안경비대를 창설할 것을 계획하고 있다고 발표하고 있고, 이는 한국과 일본 간의 어업권 문제를 위한 치열한 논쟁이 전개되는 과정에서 가장 최근에 취하여진 조치인 것이다. 「李라인」은 어떤 해역에 있어서는 해안선으로부터 60마일 밖에 선정되어 있 다. 일본 어선들은 한국해안 탐색정에 의하여 나포되어 왔다. 내무부 발표에 의하면 해안경비대는 60척의 탐색정으로 정비될 것이라고 한다.[41]

1953년 10월 5일 해양경찰대 설치계획을 수립하고 조직편성 및 예산 조

---

38 포획심판령[시행 1952. 10. 4.] [대통령긴급명령 제12호, 1952. 10. 4., 제정]
  제1조 본령은 포획사건을 조약과 일반적으로 승인된 국제법규에 의거하여 심판함을 목적으로 한다.
  제2조 포획사건은 제1차는 포획심판소, 제2차는 고등포획심판소에서 심판한다.
  제3조 포획심판소에는 소장 1인 및 심판관 6인을 둔다.
  소장은 5년이상 판사, 검사, 변호사의 직에 있던 자 중에서 임용한다. 심판관은 3년이상 좌의 각 호의 1에 해당하는 직에 있던 자 중에서 임용한다. 1. 판사, 검사, 변호사, 2. 해군장교, 3. 3급 이 상의 외무부의 직원 …

39 海洋警察廳(2003). 海洋警察五十年史, 전게서, p. 5.

40 海洋警察廳(2003). 동게서.

41 동아일보, 1953. 10. 14.

치 등을 추진하여 1953년 12월 12일 평화선을 침범하는 외국 어선을 단속하고 어업 자원을 보호하기 위하여 「어업자원보호법」을 제정하고 관할수역의 경비를 담당하기 위하여 내무부 치안국 산하에 해양경찰대를 설치하게 되었으며, 해군으로부터 180톤급 경비정 6척을 인수하여 658명으로 1953년 12월 23일 부산에서 「해양경찰대」를 창설하였다.42 이 내무부 치안국 해양경찰대 시기는 그 기간이 대략 1년 6개월 기간으로 매우 짧은 기간이었다.

이에 비교하여 일본은 1946년 7월 1일 해상보안청의 전신으로서 운수성(運輸省) 해운총국에 불법입국선박감시본부 설치하고, 이어서 일본의 해상보안청은 제2차 세계 대전 후 본토 육지 면적의 86.9배(33,057km²)에 달하는 일본의 해안 곳곳에 밀입국, 밀무역, 해적행위, 불법어로 등 범죄행위가 극도에 달한 1948년 5월 해상에서의 인명 및 재산의 보호, 치안의 유지를 목적으로 「해상보안청법」에 의해 운수성의 4개 외청(해상보안청, 선원노동청, 기상청, 해난심판청) 중의 하나로 창설되었다.43

창설 당시 미국 해양경비대를 모델로 했기 때문에 미국의 해양경비대와 거의 같았고 수로 업무가 추가되었을 뿐이었다. 즉, 해상에 있어서의 치안유지나 해난구조와 같은 동적인 업무와 해난조사와 해난심판의 청구, 해기시험, 선박검사 같은 포괄적인 해상보안 행정이 당시의 해상보안청의 임무였다.

창설 당시의 일본해상보안청의 인력과 장비는 다음과 같았다.44 순시선과 순시정은 불법입국선박감시본부에서 인계받은 옛 해군의 소형 선·정이나 지방관공서의 다양한 선박으로 출발하였다. 이때의 함정과 인력은 순시선 132척, 정원 8,156명이었고, 1948년에 해상보안학교를 설치하였고, 1951년 4월에는 해상보안대학교를 설치하였다. 제도적 측면과 인력 측면에서 우리나라보다 체계적으로 설립되고 운영되었다.

---

42 해양경찰학교(2009). 경무일반. p. 9.
43 노호래(2022). 해양경찰학개론. 박영사. pp. 451-453.
44 https://www.kaiho.mlit.go.jp(2021. 9. 검색).

1) 해양경찰 총수

초대 해양경찰대장은 경무관으로 해군 대령 출신을 임명하였다.

표 6-3 | 해양경찰대 시기의 해양경찰 총수

성명	기간	출신
초대: 이상열 경무관	1953. 12. 21.-1955. 6. 14.	해군 대령: 예편과 동시에 경무관으로 임명

2) 해양경찰 조직과 활동

(1) 해양경찰 조직

1953년 7월 치안국에 경비과가 설치되고 약 2개월 뒤에 각 시·도 경찰국에 경비과가 설치되었으며, 일본의 영해 침범, 북한의 대남공작대의 해상침범, 전시금제품의 수출입 등 각종 해상범죄가 발생하자 정부에서는 해양경찰대의 설치를 추진하였다.[45]

1953년 12월 14일 해양주권선 내의 해양경비에 임하게 하기 위하여 「해양경찰대편성령」[46]이 공포되었다. 해양경찰대는 내무부 치안국 경비과에 설치하고, 대장은 경무관이었으며, 7개의 기지(부산본대 기지 포함)를 두었다.

표 6-4 | 해양경찰대 편성령(대통령령 1953. 12. 14)

제1조 인접 해양주권선 내의 해양경비에 당하게 하기 위하여 내무부 치안국 경비과에 배치된 경찰관으로써 동 경비과장 소속하에 해양경찰대(以下 隊라 한다)를 편성한다.
제2조 대에 대장을 두되 대장은 경무관 중에서 내무부장관이 명한다.
　　　대장은 상사의 명을 받아 대무를 장리하며 부하직원을 지휘 감독한다.
제3조 대의 기지는 경상남도 부산시에 둔다. 단, 내무부장관은 필요에 따라 이를 다른 지역에 이동시킬 수 있다.
제4조 대의 임무를 분담하게 하기 위하여 해양순찰반(以下 班이라 한다)을 편성한다.
　　　반에 반장을 두되 반장은 총경 또는 경감 중에서 내무부장관이 명한다.

---

45 경찰대학(2005). 한국경찰사, p. 230.
46 해양경찰대편성령(1953. 12. 14, 대통령령 제844호).

제5조 반의 기지는 다음 지역에 둔다.
    경기도 인천시, 전라북도 군산시, 전라남도 목포시, 경상북도 포항시, 강원도 강릉군 묵
    호읍, 제주도 북제주군 제주읍
제6조 해면 연안을 관할하는 경찰서장은 대의 경비업무에 적극 협력하여야 한다.
제7조 대 운영에 관하여 필요한 사항은 내무부장관이 정한다.

　　1953년 12월 16일 내무부 내훈에 따라 「해양경찰대 편성령 시행규칙」이 제정됨으로써 내무부 치안국 경비과장 산하에 해양경찰대가 편성되었다. 해양경찰대장은 경무관으로 보하고, 해양경찰대의 업무를 분장하기 위하여 참모장, 행정참모, 작전참모, 정비참모, 보급참모를 두었으며, 참모장과 각 참모는 총경으로 보하였고, 부산, 인천, 군산, 목포, 제주, 포항, 묵호 등 7개 기지대와 해양순찰반이 편성되었다.[47]

　　7개 기지대 중 하나인 군산기지대는 1954년 4월 29일 오전 11시에 발대식을 가졌다. 초대 기지대장으로는 홍근표 경감이 부임하였으며, 당시 전북일보에서의 발대식 소감은 다음과 같다.[48]

> "오늘 성대한 발대식을 갖게 된 것은 관계 당국을 비롯하여 지방유지 인사들의 절대적인 성원과 협조에서 기인한 것으로 심심한 사의를 표하여 마지않는 바이다. 앞으로도 끊임없는 협조가 있어 주기를 바라며 부여된 도서 어민들의 생명·재산의 보호와 평화선 수호에 성심성의 직책을 완수할 각오이다."

　　1954년 6월 26일 내무부 내훈에 따라 「해양경찰대편성령 시행규칙」이 개정되어, 관할구역이 인근 해양주권선 내의 해양에서 연안 3마일 외부로부터 인접 해양주권선까지의 해역으로 변경되었다(3마일 이내의 해역은 육상경찰 관할). 또한 기구 중 참모장 제도를 폐지하고, 통신참모를 신설하였으며, 7개 기지감을 기지대장으로 개칭하고, 각 지구대의 경비구역을 설정하였다.

　　1955년 8월 19일 대통령령인 「해양경찰대편성령」이 폐지되어 해양경찰

47　海洋警察廳(2003). 海洋警察五十年史, 전게서. p. 8.
48　전북일보, 1954. 5. 2.

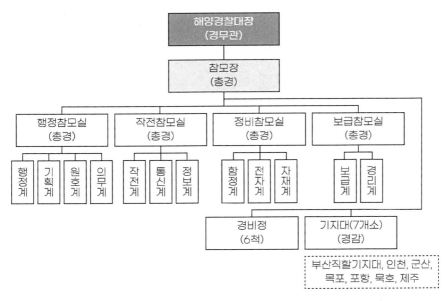

| 그림 6-3 | 해양경찰대 기구표(1953. 12. 23)

대는 해무청 해양경비대로 변경되었고, 「해양경비에 종사하는 공무원의 직종·정원 및 직무권한에 관한 건)」이 시행되었다.

(2) 해양경찰대의 독도 경비

대한민국 정부가 1952년 1월 「인접 해양의 주권에 대한 대통령 선언(평화선)」을 선포했다. 그 후 일본은 1952년 1월 28일 평화선 안에 포함된 독도(獨島)가 일본 영토라고 주장하면서 독도를 한국 영토라고 하는 대한민국의 주장을 인정하지 않는다는 내용의 외교문서를 보내 왔다. 이것이 「독도 영유권 논쟁」의 시작이다.[49]

독도 수호는 민간인과 정부가 함께 단호하게 대응하여 일본 측의 도발을 물리쳤다. 민간인들은 울릉도 주민들이 자발적으로 「독도 의용수비대(대장 홍순칠)」를 조직하고 무기를 구입하여 독도에 건너가서 대항하였다. 정부에서는 한국 해양경찰대를 파견하여 독도에 접근한 일본 선박들에게 영해를 불법 침입했다고 경고하고 울릉도 경찰서까지 동행할 것을 요구했다. 일본 선박들이 불응

---

49 신용하 교수의 독도문제 100문 100답(2000). "독도를 알면 대한민국이 보인다." 新東亞 5월호.

하고 도주하면 한국 해양경찰대는 몇 발의 경고 사격을 하면서 이들을 쫓아버리기도 하였다.[50]

(3) 최초 통신시설 설치(1953. 11-12)

해양경찰대의 발족에 따라 통신 관계 사무를 담당하게 하기 위하여 치안국 및 각 시·도 경찰국에 통신기술직을 차출하여 통신 요원으로 지정하고, 본대에 통신시설을 설치하였으며, 181톤 함정 6척에 통신시설을 설치하여 본대와 함정 간의 지휘통신망으로 운용하였다.

3) 정원의 변동

이 시기에 1953년 12월 총정원 658명으로 창설되었으며, 이 당시 경장, 경정의 계급은 없었으며, 그 이후에 신설된다.

표 6-5 ┃ 1950년대의 정원 변동

연도별	계	경무관	총경	경감	경위	경사	순경
1953. 12.	658	1	5	27	86	288	252
1955. 2.	708	1	5	28	86	288	300
1955. 4.	676						

자료: 해양경찰 육십년사

3. 해양경찰대의 장비

1953년 창설 당시에 해양경찰대의 장비는 181톤급의 소규모 경비정 6척이 전부였고, 항해장비를 비롯한 최소한의 필요한 장비도 갖추지 못한 열악한 형편이었다. 하부 조직인 기지대의 경우는 더 심하였다.[51] 일부 기지대가 첩보선 한두 척을 가지고 본대의 지시에 따라 극히 제한된 임무를 수행하였을 뿐 대부분의 기지대는 소속 경비정이 한 척도 없어 해양에서의 임무를 수

---

50 신용하(2000). 상게서.
51 해양경찰청(2013). 해양경찰육십년사, pp. 60-61.

행하는 것은 불가능한 수준이었다. 그 당시의 기지대장은 독자적인 지휘권이 없이 파견대의 성격으로 운영되고 있어서 사실상 본대 경비정의 보조 역할에 한정되었다.

4. 해양경찰 교육

미군정청은 1946년에 '국립경찰학교'를 국립 경찰전문학교로 변경하고 경무부장 직속으로 승격시켜 교육국장이 교장을 겸직하도록 하였다. 이 학교는 행정과, 전문과, 수사과로 나누어 교육하였다.[52]

1946년 2월 각 지방경찰부(후에 지방경찰국으로 변경) 산하에 도경찰학교(지방경찰학교)를 개설하였다. 각 학교는 교습과, 보습과, 강습과를 두었다. 교습과는 신임 순경 교육을, 보습과는 재래 및 특수한 경과의 경사와 순경의 재교육을, 강습과는 전문 직무교육을 담당하였다.[53]

정부수립 후 1949년 9월 경찰교육기관직제가 공포되어 국립경찰전문학교의 설립 근거가 마련되었다. 이 직제에 따르면 경찰전문학교가 치안국에서 내무부장관 직속기관으로 격상되고, 지방의 경찰학교가 시·도경찰국에서 시장·도시사의 직속기관으로 승격이 있었다. 동 직제는 경찰전문학교가 간부급 양성과 재교육을, 시·도 경찰학교가 순경의 양성과 재교육을 실시하였다.[54]

지방경찰학교의 교육기간은 12-16주이었지만 교육통계에 의하면 1950년도에는 16일간, 1951년도에는 44일간, 1952년에는 43일간, 1953년도에는 45일간, 1954년도에는 23일간으로 이를 평균하면 36일밖에 안 된다. 이와 같은 단기교육으로 복잡한 경찰 기능에 관한 지식과 정신적 자세를 갖추기는 어렵다. 지방의 경우 각종 경비업무 등으로 경찰학교 학생을 동원시키는 예가 허다하였다.[55]

해양경찰대는 치안국 소속으로 1953년 12월 23일에 부산에서 창설되었

---

52 치안국(1973). 한국경찰사 II(1948-1961. 5). p. 86.
53 치안국(1973). 동게서.
54 경찰청(1995). 경찰 50년사. p. 107.
55 장영길(2004). 경찰교육훈련의 문제점 및 개선방안에 관한 연구—경찰종합학교를 중심으로—. 원광대학교 행정대학원. pp. 23-24.

다. 그로부터 해양경찰대의 신임 교육은 경상남도 지방경찰학교에 위탁하여 실시하고, 직무교육은 해양경찰대 내에서 실시하였다.

1954년 3월 경찰전문학교직제가 공포됨에 따라 지방의 경찰학교는 폐지되고 초급경찰관의 교육을 담당할 과정으로 경찰전문학교에 보통과라는 명칭으로 설치되었다.

III. 해무청 해양경비대 시기(1955. 2-1962. 5)

1. 정부의 변화와 상공부 소속 해무청의 설립

1) 제2공화국

1960년 4·19혁명으로 제1공화국이 붕괴된 후 1961년 5·16 군사정변 때까지(약 9개월) 존속된 두 번째 공화 헌정 체제를 말한다. 1960년 6월 15일 개정헌법이 통과되고 6월 23일 새 선거법이 제정되어 8월 12일 민의원·참의원 합동회의에서 대통령에 윤보선(尹潽善), 국무총리에 장면(張勉)이 선출됨으로써 1차 내각이 이루어진 때로부터 1961년 5·16 군사정변이 일어나기까지 존속된 한국의 두번째 공화헌정체제(共和憲政體制)이다.[56]

2) 제3공화국

제3공화국이란 1961년 5·16 군사정변에 의한 1년 7개월간의 군정의 뒤를 이어 1962년 12월 17일 국민투표로 확정된 개정 헌법에 의하여 1963년 10월 대통령선거와 11월 제6대 국회의원선거를 거쳐 12월 17일 대통령 박정희가 취임함으로써 출범한 한국의 3번째 공화헌정체제를 말한다. 1972년 10월 17일 「10월 유신」 전까지 존속되었다. 정치 체제의 변화는 다음과 같다.[57]

---

56 네이버 지식백과, 제2공화국[第二共和國] (두산백과 두피디아, 두산백과).
57 네이버 지식백과, 제3공화국[第三共和國] (두산백과 두피디아, 두산백과).

① 제2공화국의 의원내각제를 폐지하고, 부통령제를 폐지하는 등 미국식의 완전한 권력분립주의와는 다른 점이 많았으나, 사실상 '신대통령제'로 전락하였던 제1공화국의 대통령 중심제보다는 미국식에 가까운 대통령 중심제로 복귀하였다. 그러나 대통령은 긴급명령권, 긴급재정·경제처분권 등 강력한 권한을 가졌고, 사실상 대통령은 정당지도자로서 정당을 통하여 국회를 지배하는 행정부 우월주의의 대통령중심제였다.

② 간접선거로 선출하였던 대통령을 국민의 직접선거제로 바꾸었고, 종전의 의결기관이었던 국무회의를 단순한 심의기관으로 하여 대통령은 그 구속을 받지 않게 되었다. 또 대통령은 국무총리를 국회의 동의 없이 임명할 수 있게 하여 행정부의 권한이 강화되었다.

③ 양원제(兩院制) 국회를 단원제(單院制)로 환원하였고, 정부의 국회해산권을 인정하지 않는 대신 국회의 국무총리와 국무위원에 대한 개별불신임권도 인정하지 않았으며, 해임건의권만을 인정하였다. 정당제도를 보장하고 양당제를 중심으로 한 정당정치를 지양하였다. 이와 같은 정당 국가화 경향은 국회의 활동을 매우 약화시켰고, 국회는 상임위원회 중심으로 운영되었다.

④ 헌법재판소를 폐지하고, 대법원에 위헌법률심사권·정당해산권을 부여하였다. 대법원장과 대법원판사 임명에는 법관추천회의제도를 채택하였고, 일반법관은 대법원판사회의의 의결을 거쳐 대법원장이 임명하게 하여 사법권의 독립을 보장하였다.

3) 상공부 소속 해무청의 설립

1948년 정부수립 당시 해사행정기능은 한 부처에서 일괄 처리하지 못하였고, 해운기능은 교통부의 해운국에서 수행하였고, 수산기능은 상공부의 수산국에서 담당하고 있었다.

1955년 2월 7일 「정부조직법」에 의하여 해무청이 설립되었다. 그 「정부조직법」에 따라면 "수산·**해양경비**·조선·항만 공사에 관한 사무와 일반항만 및 해운 행정을 관장하기 위하여 상공부장관 소속하에 해무청을 두고, 그 사무를 분장하기 위하여 수산국·해운국과 시설국을 둔다"로 되어 있다. 이 해무청은 오늘날의 해양수산부 역할과 유사하다. 해무청이 신설되면서 내무부 소속의 해양경찰대도 해무청 소속의 해양경비대로 개칭되면서 이전된다.

해무청장의 지휘 감독 하에 인천, 부산, 장항, 군산, 목포, 여수, 포항, 묵호, 제주의 9곳에 지방해무청을 설치하고, 수산, 조선, 항만공사, 항로표지관리와 일반항만 및 해운행정에 관한 사무를 담당하게 하였다. 미개항 소규모 항구 18곳에 지방해무출장소가 설치되었다.[58]

해무청은 이승만 정부가 해상질서를 유지할 수 있는 강력한 기구를 필요로 하였기 때문에 설치될 수 있었다. 일제강점기가 끝나고 대한민국 정부를 수립한 1945년 이후에도 일본어선은 우리나라 연안에서 불법조업을 계속하였다. 〈표 6-6〉에서 알 수 있듯이 한국 전쟁기간에 일본 어선의 월선과 납획은 더욱 심하였고, 단속은 어려웠다.[59]

〈표 6-6〉의 평화선을 침범한 일본 억류선원에 대한 처리 문제로 한일 외교교섭이 있었고, 합의의 결과가 「1957년 한일 억류자 상호 석방각서」이다. 이 각서는 일본 측이 오무라 수용소에 억류 중인 한국인을 석방하고, 한국은 형기를 만료하고 한국 국내의 외국인수용소에 억류 중인 일본인 어부를 송환한다는 내용이다. 이 각서에 따라 1958년 일본 측은 474명의 한국인을 모두 석방하였고, 한국정부는 부산수용소에 억류 중인 일본인 어부 922명을 모두 석방하였다.[60]

해무청은 수산, 조선, 해운, 항만 공사와 일반항만 및 해양경비에 관한 사무를 관장하고, 수산국에 어정과, 어로과, 제조과 및 해양경비과를 둔다. **해양경비과**는 「어업자원보호법」에 관련되는 해양경비와 해로표식 보호에 관한 사항을 분장하고, 해양경비과장은 해양경비원을 지휘·감독한다.[61]

1955년 4월 2일 「해무청직제」에 따르면 해양경비원 676인을 두었고, 1955년 12월 12일 「해무청직제」에서는 해양 경비원 571인으로 인원이 줄었다.

---

58 지방해무서직제.
59 권자경(2011). 전게논문. p. 17.
60 최영호(2017). "1957년 한일 억류자 상호석방 각서의 경위와 결과." 한일민족문제연구 제32권. p. 177.
61 해무청직제[1955. 2. 17.] [대통령령 제1010호, 1955. 2. 17., 제정] 제1조, 제4조.

인원이 준 이유는 대원 감원이 있었기 때문이다. 1955년 8월·9월에 정부
예산의 삭감으로 감원이 단행되었는데, 전형시험에 의한 성적불량자와 고령자,
시험 불응시자 등 4급 18명, 5급 82명 모두 100명을 해임시켰고, 1955년 12월
총정원은 571명으로 책정되었다.[62]

표 6-6 │ 한국에 나포된 일본어선 척수와 선원수

주요 역사적 사건	연도	나포어선(척)	억류선원(명)	송환어선(척)	송환선원(명)
대한민국 정부수립	1947	7	81	6	81
	1948	15	202	10	202
	1949	14	154	14	151
한국전쟁 중	1950	13	165	13	165
	1951	45	518	42	518
	1952	10	132	5	131
	1953	47	585	2	584
한국전쟁 이후 이승만정부	1954	34	454	6	453
	1955	30	498	1	496
	1956	19	235	3	235
	1957	12	121	2	121
	1958	9	93	0	93
	1959	10	100	2	100
	1960	6	52	0	52
한·일 국교정상화를 위한 막후 교섭	1961	15	152	11	152
	1962	11	116	4	116
	1963	16	147	13	147
	1964	9	99	7	99
한·일 국교정상화	1965	1	7	1	7
-	합계	327	3,911	142	3,903

자료: 정인섭(2006). "1952년 평화선 선언과 해양법의 발전," 서울국제법연구 제13권 제2호.

---

[62] 海洋警察廳(2003). 전게서, pp. 12-13.

이 시기의 해무청장의 임명관계는 제1공화국(이승만 정부)시기에 3명의 해무청장이 임명되었고, 제2공화국(윤보선·장면 정부) 때부터 5·16 군사정변 전까지 9개월 기간에 2명의 해무청장이 임명되었다.

표 6-7 | 역대 해무청장

정부	대수	이름	임기	출신지	출신학교	비고
제1공화국	초대	민복기	1955. 2. 26- 1955. 9. 30	서울	서울대	검찰총장, 법무부 차관, 법무부 장관, 대법원장
	2대	홍진기	1955. 10. 5- 1958. 2. 20	서울	서울대	법무부 차관, 법무부 장관, 내무부 장관, 중앙일보·동양방송 사장
	3대	권성기	1958. 2. 25- 1960. 5. 10	경북 봉화	서울대	농림부차관, 제8·9대 국회의원
제2공화국	4대	황부길	1960. 5. 19- 1960. 10. 22	함북 경성	도쿄대	-
	5대	최서일	1960. 10. 22- 1961. 5. 21	서울	일본 도쿄대	제6대 국회의원

2. 해양경비대 총수

이 시기에 이사관이라는 일반직 계급을 부여한 것은 해무청 해양경비대 시기의 경우 일반사법경찰관리가 아니라 특별사법경찰관리 신분이었기 때문이다. 이 시기는 해군 대령 출신이 해양경비대 대장을 맡는 경우가 대부분이었다.

작전참모였던 김옥경 총경이 서기관으로 승진하여 1대 해양경비대장이 되었고, 최효용 해군대령이 준장으로 예편과 동시에 이사관으로 임용되어 2대 해양경비대장으로 취임하였다. 3대와 4대 해양경비대장도 해군 대령 출신이었다.

5대 김순일 해양경비대장의 경우 1961년 5월 16일 군사정변 이후에 임명한 경우이다. 5·16 군사정변은 대한민국 육군 소장 박정희를 중심으로 한 육군사관학교 8기 출신 군인들이 무력으로 제2공화국을 무너뜨리고 권력을 강탈한 쿠데타다. 이 군사정변은 18년간의 박정희 장기 집권 및 박정희 → 전두환 → 노태우로 이어지는 32년간의 군사 독재 정권이 사실상 시작된 날이다. 5·16 쿠데타를 계기로 군부는 한국의 정치 무대 전면에 등장함으로써, 이후 30여 년 동안 한국의 정치·사회 등 모든 분야에 엄청난 영향력을 행사하였다. 군사정변 시기에 임명된 김순일 대장은 1년 8개월 만에 군으로 원대 복귀하였다.

표 6-8 | 역대 해양경비대장들

성명	기간	출신
김옥경 총경 서기관으로 승진	1955. 8. 4-1956. 6. 7	총경
최효용 이사관	1956. 6. 28-1957. 9. 11	해군 대령
김석응 이사관	1957. 9. 12-1960. 5. 25	해군 대령
민홍기 이사관	1960. 5. 30-1961. 6. 19	해군 대령
김순일 이사관	1961. 10. 30-1963. 12. 16	해군 대령

훈령 제2호를 발령하여 처음으로 해양경비대와 해양경비대장의 기(旗)를 제정하였다. 새로 제정된 해양경비대 기는 가로 180cm, 세로 120cm 의 직사각형 크기로, 중심부에는 은색의 독수리와 꼬리, 청홍색의 태극, 그리고 금색의 모장(帽章)을 형상화하였다.[63]

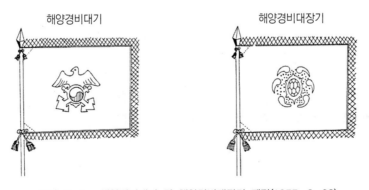

해양경비대기   해양경비대장기

| 그림 6-4 | 해양경비대기 및 해양경비대장기 제정(1955. 9. 28)

---

63   海洋警察廳(2003). 전게서, p. 13.

해양경비대장 기는 해양경비대 기와 크기는 동일하나 대장의 계급장을 중심으로 이미지를 형상화하여 차별화하였다. 이후 해양경비대와 해양경비대장의 기는 대외적으로는 해양경비대의 존재를 상징적으로 제시하고, 대내적으로는 해양경찰의 사명감을 고양하고 결속력을 다지는 구심점으로서의 역할을 하게 되었다.

3. 조직과 제도의 변화

1) 해양경비대 창설

해무청 해양경비대 시기는 내무부 소속의 해양경찰대에서 상공부의 해무청으로 변경되는 시기를 말한다. 이 시기는 구성원들이 경찰관 신분에서 특별사법경찰관리 신분으로 전환되었다.

「정부조직법」개정으로 수산, 해양경비, 조선, 항만 공사에 관한 사무와 일반항만 및 해운 행정을 총괄하기 위하여 상공부 소속하에 해무청을 신설하고 해무청 내에 수산국, 해운국, 시설국을 두었다. 이에 따라 1955년 2월 17일 「해무청직제」에 의하여 수산국 내에 해양경비과를 두고 「어업자원보호법」에 관련되는 해양 경비와 항로표지[64]보호에 관한 사항을 분장하게 하고 동년 8월 19일 대통령령인 「해양경비에 종사하는 공무원의 직종, 정원 및 직무권한에 관한 건」이 공포되었다. 이 령에서 해양경비원은 「어업자원보호법」 제4조(범죄의 수사)에 규정한 사법경찰관의 직무를 담당하고, 계급은 총경, 경감, 경위를 각각 경령, 경정, 경위로, 경사를 경조장, 일등경조, 이등경조로, 순경은 삼등경조, 일등경수, 이등경수로 분류하였다. 또한 해양경비과장이 그 구성원으로 해양경비대를 편성하고 필요한 곳에 해양순찰반을 두게 하였고, 서기관인 해양경비과장이 해양경비대장을 겸임하도록 하였다.[65]

---

64 항로표지란 등대, 등표, 입표, 부표, 안개신호, 전파표지, 특수신호표지를 말한다.
65 海洋警察廳(2003). 전게서, pp. 11-12.

표 6-9 | 해양경비에 종사하는 공무원의 직종, 정원 및 직무권한에 관한 건(시행 1955. 8. 19)

> 제1조 정부조직법 제22조 제3항 및 해무청직제 제4조 제4항에 규정한 해양경비에 종사하는
>   공무원(以下 警備員이라 한다)의 직종 및 정원은 별표와 같다.
> 제2조 경비원은 상동의 명을 받어 어업자원보호법 제4조에 규정한 사법경찰관사의 직무를 행
>   한다.
> 제3조 해양경비과장, 경령, 경정, 경위는 사법경찰관으로서 그 직무를 행하며 경조장, 1등경
>   조, 2등경조, 3등경조, 1등경수, 2등경수는 사법경찰사로서 상사를 보조한다.
> 제4조 해양경비의 특수임무에 비추어 해양경비과장은 그 과원으로써 해양경비대를 편성하고
>   필요한 곳에 해양순찰반을 둔다.
>   해양경비대에 대장을 두되 해양경비과장이 그 대장의 임에 당한다.
>   경비원의 복제는 별도 대통령령으로 정한다.

　　1955년 8월 19일 「해양경비에 종사하는 공무원의 직종·정원 및 직무권한
에 관한 건」에 따른 해양경비원의 직종 및 정원은 484인으로 아래 〈표 6-10〉
과 같다.

표 6-10 | 해양경비에 종사하는 공무원(警備員)의 직종 및 정원(1955. 8. 19)

書記官	1人	頸領	6人	警正	27人	警曹長	50인	
				警衛	53人	1等警曹	53인	
						2등경조	55인	
						3등경조	81인	
						1등경수	80인	
						2등경수	78인	
							계 484인	

2) 해양경비사령부로 개칭(1956)

　　1956년 7월 23일 해무청 훈령에 의하여 해양경비대의 업무를 원활히 수
행하기 위하여 해양경비대를 해양경비사령부로 개칭하고, 사령관은 이사관으
로, 참모장은 서기관으로 각각 보하였다. 하부조직으로 행정선임참모, 작전선
임참모, 후방선임참모, 감찰관실, 본부사령실, 본부통신대, 제1정대사령, 제2정

대사령, 해안구조대사령, 항공대사령, 기지사령으로 조직을 개편하였으며, 이 날짜로 부산기지대를 폐지하였다.[66]

1957년 11월 6일에는 1956년 6월경 「견우호(牽牛號) 사건」[67]으로 불거진 부정부패로 인하여 해양경비대 사령부를 해양경비대로 변경하고 인천, 군산, 포항, 묵호 기지대 등 4개 기지대를 폐지하였으며, 목포, 제주 기지대만 두었다.

그 당시의 신문에는 해양경비대를 해체하고 해군에 예속시키는 문제를 검토하고 있다고 상공부장관은 밝히기도 했고, 관련 법령에는 「해양경비에 종사하는 공무원의 직종·정원 및 직무권한에 관한 건」과 「해무청직제」가 있다고 했다.[68] 그 후 1962년 「해양경찰대설치법」제정과 함께 내무부 소속으로 다시 변경되었다.

3) 해양경비대의 해체와 내무부 이관

(1) 해무청의 해체

해무청이 1961년 5·16 군사정변 후 1961년 10월 2일 갑자기 해체되었다. 표면적인 해체이유는 행정기구를 새로운 산업분류방식에 따라 제1차·제2차·제3차 산업별로 재편성했다고 한다. 해무청의 주기능은 해운, 수산, 항만 기능이었다. 여기서 해운과 항만은 3차 산업이고, 수산은 제1차 산업이며, 해운국에 소속되어 있던 조선 산업은 제2차 산업이기 때문에 산업별로 재편성하는 것이 원칙에 부합한다는 것이다.[69]

이에 대하여 해무청의 해체는 한·일 국교 정상화를 위한 사전 조치라는 견해가 있다.[70] 5·16 세력은 대외업무 중 가장 먼저 서두른 것이 한·일 국교 정상화이었다. 경제개발에 필요한 자금이 시급하였던 정부로서는 일본으로부

66 　海洋警察廳(2003), 전게서, p. 13.
67 　견우호 사건: 1956년 4월 23일 평화선을 침범한 중국무장선에 대응하고자 출항한 견우호가 풍랑으로 침몰하면서 불거진 사건으로, 해양경비대장이 나포한 일본어선을 수산업자들에게 대여하고 뇌물을 받은 사건.
68 　동아일보, 1957. 7. 31. 해양경비대 해체 해군에 편입 등 방법 검토.
69 　최재수(2009. 6). "해무청의 해체과 해운항만행정 분산의 문제점," 해양한국, p. 99.
70 　최재수(2009. 6). 상게서, pp. 99-100.

터 자금을 조달하기 위한 고육지책으로 국교 정상화를 서둘렀다. 일본으로서는 이승만 대통령에 의하여 일방적으로 선포된 평화선의 철폐와 양국 간 합의에 의한 새로운 어업협정의 체결이 목적이었다. 군사정부에서는 어민들을 관장하는 기구가 해무청이고, 평화선의 철폐 또는 조정이 불가피한 상황에서 해무청의 존재가 한·일 국교 정상화에 장애물이 될 수 있다고 판단하였을 가능성이 있다. 또한 반대 세력을 약화시키기 위하여 신속하게 해무청을 해체하여 분산시킬 필요가 있었고, 일본에 평화선 문제를 행동으로 보여줄 필요가 있었으며, 평화선의 실질적인 관리기구인 해무청을 해체하여 일본 측의 신뢰를 얻으려 했을 가능성이 있다.

(2) 해양경비대의 내무부 이관

5·16 군사정변 직후인 1961년 10월 2일 개정된 「정부조직법(시행 1961. 10. 2)」에서 "**내무부장관**은 지방행정, 선거와 치안, 소방 및 **해양경비**에 관한 사무를 장리하고 지방자치단체의 사무를 감독한다(제20조)"로 되어 있다. 이때의 개정이유는 "국가재건최고회의지침에 의거하여 국가의 중앙행정조직의 대강을 새로이 정하여 통일적이고 체계있는 국무수행을 기할 수 있도록 하려는 것이었다"[71]고 한다. 이에 따라 해무청은 1961년 10월 2일 폐지되었고, 수산(어선건조와 어항시설 포함)에 관한 업무는 농림부가 이를 계승하였고, 해운 분야는 교통부로 이관되었다.

1961년 10월 2일 「내무부직제」에 따르면 다음과 같다. "총경, 소방령, 경령, 경감, 소방감, 경정, 경위, 소방사, 경위, 경사, 경조장, 1등경조, 2등경조, 3등경조, 순경, 1등경수, 2등경수는 상사의 명을 받아 치안, 소방 및 해양경비에 관한 사무를 담당한다(제2조 제3항)."

"치안국에 경무과, 기획심사과, 보안과, 경비과, 소방과, 수사지도과, 정보과와 통신과를 둔다. 경무과는 경찰관, **해경관**과 소방관의 인사, 교양, 훈련, 감찰, 복무, 의량, 회계, 보급, 차량, 병사사무의 협조 기타 국내 타과에 속하지 아니하는 사항을 분장한다. 경비과는 경비, 경호, 무기, 탄약 및 해양경찰에 관한 사항을 분장한다(제6조)"로 되어 있었다.

---

[71] 1961년 10월 2일, 정부조직법 개정 이유(법제처 국가법령정보센터).

1961년 12월 18일 시행의 「해양경비에 종사하는 공무원의 직종·정원 및 직무권한에 관한 건」에서의 직종과 정원은 총 524명이었고, 직종별 정원은 아래와 같다.

표 6-11 | 해양경비에 종사하는 공무원의 직종·정원 및 직무권한에 관한 건〈개정 1961. 7. 18〉

船舶副技監	1人
船舶技正 또는 船舶機關技正	1人
警領	7人
(行政職 2人, 財經職 1人, 通信職 1人, 船舶職 2人, 船舶機關職 1人)	
警正	28人
(行政職 3人, 財經職 2人, 通信職 2人, 船舶職 17人, 船舶機關職 4人)	
警尉	52人
(行政職 8人, 財經職 3人, 通信職 5人, 船舶職 21人, 船舶機關職 15人)	
警曹長	54人
(行政職 9人, 財經職 10人, 通信職 7人, 船舶職 14人, 船舶機關職 14人)	
1等警曹	59人
(行政職 3人, 財經職 2人, 通信職 14人, 船舶職 20人, 船舶機關職 20人)	
2等警曹	65人
(行政職 10人, 財經職 11人, 通信職 11人, 船舶職 12人, 船舶機關職 21人)	
3等警曹	90人
(行政職 12人, 財經職 7人, 通信職 16人, 船舶職 41人, 船舶機關職 14人)	
1等警守	81人
(行政職 5人, 通信職 15人, 船舶職 32人, 船舶機關職 29人)	
2等警守	86人
(行政職 4人, 通信職 19人, 船舶職 41人, 船舶機關職 22人)	

1962년 5월 1일 「해양경비에 종사하는 공무원의 직종·정원 및 직무권한에 관한 건」은 「해양경찰대설치법」의 시행과 동시에 폐지되었다.

1962년 5월 1일 「내무부직제」 제2조 제3항에서 "총경, 소방령, 경감, 소방감, 경위, 소방사, 경사 및 순경은 상사의 명을 받아 치안, 소방 및 해양경비에 관한 사무를 담당한다. 〈개정 1962. 5. 5〉"로 되어 있다. 즉, 1961년 10월 2일 직제에서 언급된 "경조장, 1등경조, 2등경조, 3등경조, 1등경수, 2등경수"라는 계급 명칭이 사라졌다. 이는 1962년 5월 5일에 이르러서야 완전하게 해양경찰 계급과 육지경찰의 계급체계가 같게 통일되었음을 의미한다.

4) 「수난구호법」의 제정(1961. 11. 1)

1961년 11월 1일 「조선수난구호령」을 폐지하고 「수난구호법」을 제정과 동시에 시행하였으며, 그 주요 내용은 다음과 같다.[72]

첫째, 「수난구호법」은 조난선박과 인명의 구호 및 표류물·침몰품등의 인양과 이에 수반한 업무처리에 관한 사항을 규정하여, 수난구호 업무에 신속·적절한 처리를 기하며, 인명·재산의 보전에 기여토록 하려는 것이었다.

둘째, 조난선박 및 인명의 구호업무는 경찰서장이 하며, 지방해운국장·구청장·시장·군수는 경찰서장에게 조력하여야 하고, 조난자의 보호와 물품의 처분 등 일체의 사무를 처리하도록 하였다.

셋째, 경찰서장은 구호를 위하여 긴급한 사항이 있는 경우에는 사람을 징용하거나 선박 등을 징발 또는 타인의 토지·건물 등을 사용할 수 있고, 선장은 선난전말보고서를, 지방해운국장은 조난의 원인을 즉시 경찰서장에게 제출하도록 했다.

넷째, 조난자의 보호 비용은 피보호자의 부담으로 하고, 피보호자가 부담할 수 없을 때에는 국고의 부담으로 하며, 구호비용의 금액은 각령의 정하는 바에 의하여 구청장·시장·군수가 경찰서장과 협의하여 정하도록 했다.

4. 해무청 시기의 정원 변동

이때의 계급체계는 경찰의 계급체계와 다르고, 신분은 해양경비원으로 특별사법경찰관리에 해당하며 11개 계급으로 구성되었다.

표 6-12 | 해무청 시기의 정원 변동

연도	계	이사관	서기관	경령	경정	경위	경조장	1등 경조	2등 경조	3등 경조	1등 경수	2등 경수
'55. 8.	572	–	1	6	27	53	59	60	62	69	105	130
'55. 12.	571	–	–	5	27	53	59	60	62	69	105	130
'60. 7.	524	1	1	7	28	52	54	59	65	90	81	86

자료: 해양경찰청(2013). 해양경찰 육십년사.

---

[72] 수난구호법[시행 1961. 11. 1.] [법률 제761호, 1961. 11. 1., 제정].

5. 해무청 해양경비대의 장비

1) 미국의 원조

1955년 5월 미군 제7항만경비사령부로부터 LCM형 소방정 3척을 인수하였고, 1955년 7월 미국의 대외원조기관(United States Operations Mission: USOM)으로부터 구조정 1척을 인수하였으며, 1960년대가 들어설 때까지 USOM으로부터 9척의 경비정을 인수하여 해양 경비에 활용하였다.[73]

2) 나포·귀순 어선의 경비정 편입

초기의 해양경찰대는 해군과 미국 대외 원조 기관(USOM), 미군 등으로부터 인수한 선박만으로 광활한 해상을 경비할 수가 없었다. 이에 따라 나포한 일본어선이나 압류한 범법선 등 다양한 선박들을 경비정으로 편입하여 운용했다. 이는 당시 해양경찰대의 장비가 그만큼 부족한 상황이었음을 반증하는 것이기도 하다.[74]

해양경찰대는 수시로 평화선을 무단 침범하는 불법조업 선박들을 나포하였는데, 출범 이후 10년 동안 나포한 어선은 중공어선 2척을 포함하여 162척에 달하였다. 이 중 중공어선 2척은 노후하여 폐선시키고 160척의 일본어선 중 38척은 본국으로 송환하였으며, 나머지는 모두 압류조치하였다. 그리고 압류한 122척의 선박 가운데 104척은 국내 수산업자들에게 유상 또는 무상으로 제공하고, 선박의 상태나 엔진의 성능이 경비정으로 활용하기에 비교적 유효한 18척의 어선을 선별하여 경비정으로 편입하였다.

경비정으로 편입한 일본어선은 1956년 10월에 각각 충무호·화랑호로 명명한 79톤급·96톤급 2척, 1957년 12월에 S-1정·101정으로 각각 명명한 2.3톤과 81톤급의 어선 2척, 그리고 1959년에 105정·106정으로 명명한 98톤급 어선 2척이 대표적이다.

---

73 해양경찰청(2013). 해양경찰육십년사. pp. 60-61.
74 해양경찰교육원 교육자료(2018). 해양경찰사. pp. 22-23.

표 6-13 | 연도별 불법조업 선박 나포 현황

연도별	일본		중공		연도별	일본		중공	
	척수	인원	척수	인원		척수	인원	척수	인원
1954	31	427	2	17	1958	9	93	-	-
1955	29	490	-	-	1959	9	91	-	-
1956	18	218	-	-	1960	6	49	-	-
1957	10	98	-	-					

자료: 경찰청(1995). 경찰오십년사.

이 당시 해양경찰의 장비도 열악했다. 이 때문에 경비정들은 주로 연안 항·포구의 경비에 운용되었고, 그나마도 오래지 않아 반환되거나 폐선·퇴역 시키지 않을 수 없었다. 결국 1963년에 해양경찰대는 출범 당시 6척보다 훨씬 많은 총 21척의 경비정을 보유하기는 하였지만, 실제로 평화선 경비에 활용할 수 있는 경비정은 70톤 이상 100톤 미만의 보조 경비정을 포함하여 겨우 10 척 정도에 불과하였다. 1966년 12월에는 북한을 탈출하여 울릉도에 입항한 귀 순어선을 경비정으로 명명한 후 연안 경비업무에 투입하기도 하였다.

IV. 이 시기의 사건과 사고

1. 일본 및 중공 어선의 불법조업과 순직자 발생

창설 1년 만인 1954년에 평화선을 침범한 일본어선 31척과 중공 어선 2척, 선원 471명을 나포하도 했다. 해양경찰대가 단속한 것은 전체 불법어선수에 비하면 빙산의 일각에 지나지 않았다. 평화선을 월선하여 불법조업을 일삼는 외국 어선들은 주로 일본어선들이었고, 한국 정부의 치안능력이 해상전반에 미치지 못한다는 점을 이용하여 수시로 평화선을 넘나들었다.

무장한 중공어선들이 출몰하는 일도 잦아졌다. 중공어선들은 정크선까지 동원하여 주로 성어기에 대규모의 어선단 형태로 대한해협에 나타나 어장을 휩쓸다시피 하였고, 심지어는 한국의 해상치안을 비웃기라도 하듯 한국어선들을 무력으로 위협하거나 도서 지역에 마음대로 정박하는 경우도 빈번하였다. 1954년 1월 17일, 남해 소흑산도 부근 해상에서 무장한 중공 정크선이 평화선을 침범하여 한국어선을 나포하는 사건이 발생하기도 했다.

　　무장 중공어선과의 교전으로 첫 번째 순직자가 발생하였다.[75] 1955년 12월 25일에 발생한 무장 중공어선과의 교전은 해양경찰 창설 이후 중공어선과 벌인 최초의 교전으로 기록되고 있다. 교전 과정에서 15척 중 1척을 나포하였으나 중공어선들을 제압하지 못하고 나포한 1척의 어선마저 놓치고 말았다. 중공 어선들은 나포되었던 어선을 탈취하여, 이 선박을 연행하기 위해 탑승하고 있던 대원 4명을 태운 채 중공으로 도주하였다. 이때 피랍된 대원들은 중공에서 무려 12년 5개월이 지난 1967년 4월에야 석방되어 귀환하였다.[76]

　　1960년 1월 10일 어청도 서쪽 62마일 해상에서 경비 활동 중이던 600톤급 경비정 701정이 중공어선의 기습적인 총격을 받아 대원 2명이 순직하고 3명이 중경상을 입는 사건이 발생했다. 당시 701정은 무장한 중공어선들이 갑자기 총격을 가하면서 교전이 벌어졌다. 교전 결과 701정은 중공어선들을 평화선 밖으로 격퇴하는 데는 성공하였으나, 이 과정에서 5명의 사상자가 발생하였다.

　　이 사건은 2년 후 해양경찰대가 상공부 해무청에서 내무부 소속 부처로 변경되고 「해양경찰대 설치법」을 제정하여 해양경찰대의 사법권을 강화하는 계기가 되었다. 또한 정부로 하여금 해양경찰대의 장비와 인력을 보강하여 평화선 경비를 한층 강화하도록 지원을 확대하는 배경이 되었다.

75　해양경찰교육원 교육자료(2018). 전게서, pp. 26-27.
76　연합뉴스, 2013. 9. 6. '피와 땀으로 지킨 바다' 해경 60년 10대 해상사건: 정당한 법집행에도 타국서 옥살이…견우호 사건(1955년 12월 25일).

2. 해양사고

1) 창경호·행운호 침몰 사고(1953년)

창경호 침몰 사고는 1953년 1월 9일 전남 여수항에서 부산항으로 가던 정기 여객선 창경호가 경상남도 부산시(현 부산광역시) 서남쪽 다대포 앞바다 거북섬 부근에서 강풍을 만나 침몰한 사고이다. 승선 인원 중 선장과 선원 3명 학생 2명 군인 2명을 제외하고 300여 명이 익사한 것으로 추정된다.

창경호의 선장을 포함한 생존자들은 높은 파도나 횡파에 의해 침몰하였다고 진술하였고, 긴급구호본부에서는 초과 적재를 침몰의 원인으로 추측하였다. 창경호는 당시 2백 톤을 초과한 승객과 화물을 싣고 있었고, 거기에 거센 파도를 만나 침몰했다는 것이다. 검찰 당국의 조사에서는 쌀 260가마를 배 밑바닥에, 200가마를 상갑판에 실어 균형이 맞지 않은 것을 주요 원인으로 추정하였다. 창경호의 선체는 20년 이상 된 낡은 화물용 범선을 여객선으로 개조한 것이었다.

행운호 침몰 사고는 1953년 1월 25일 서천 앞바다에서 한국미곡창고주식회사(현 CJ대한통운) 소속의 행운호가 침몰한 사고이다. 이 사고로 100명이 넘는 사망자 또는 행방불명자가 발생하였다.

전북 승당과 전북 군산 사이를 운행하는 한국미곡창고 군산지점 소속의 행운호가 당일 오후 1시 전복승당을 출발한 2시간 만에 서천 앞바다에서 침수되었고, 해안에 배를 대고 상륙하려던 중에 배가 침몰하였다. 선원·경영주·시청사회계 직원을 포함하여 30여 명이 사고와 관련하여 구속되었다.

정원·적재량 초과와 침수가 원인이었고, 겨울방학이 끝나고 군산에 있는 학교에 복귀하는 학생들의 희생이 많았으며, 특히 여학생들의 피해가 컸다.

위 두 사고는 한국전쟁기(1950~1953)에 발생한 사고이고, 사고의 원인 분석을 하면 다음과 같다.[77] 해방 후 한국의 해운업은 절대적인 선박량 부족과 질적 노후화, 선원들의 직업의식 및 능력 부재, 선주의 모리배적 운영, 행정력

---

[77] 이송순(2021). "한국전쟁기(1950~1953년) 해상 여객선 침몰 조난사고," 사학연구 제144권, pp. 303–352.

미비가 겹치면서 한국의 해운은 혼란 상황을 벗어나지 못했고, 해운 행정체계는 일제 말 조선총독부 교통국 체제가 해방 이후 미군정하에서 그대로 이어졌으며, 평해호 사고를 계기로 1950년 3월 「선박관리법」이 제정되었지만 전쟁의 혼란 속에서 행정력이 해운 현장에서 발현되지 못했다. 이 시기 발생한 해난사고는 선박 자체의 문제, 과도한 여객 승선 및 화물 적재, 사고 대비에 대한 무방비가 만들어 낸 결과였다.

2) 태신호 화재 사고(1955년)

태신호 화재 사고는 1956년 1월 12일, 삼천포항에 기항 중이던 조선기선 소속의 태신호에서 화재가 발생하여 60명이 넘게 사망한 사건이다.

1956년 1월 12일 새벽 3시 30분, 부산발 여수행으로 삼천포 앞바다에서 기항 중이던 조선기선주식회사의 135톤급 선박 태신호에서 화재가 발생하였다. 불은 3시간 만에 진화하였고, 잠자고 있던 승객 147명 중 66명이 사망하였다. 경·중상자를 합하여 사상자는 88명이었다.

화재 원인은 선원의 부주의에 의한 것이었다. 치안국에서는 선박 내의 소방시설과 정원에는 위반이 없었다고 발표하였고,[78] 현지 경찰은 조사 결과, 선장이 화재가 발생한 배의 소실을 막기 위해 3등 선실의 하나뿐인 출입구를 봉쇄하였고, 그로 인한 질식으로 다수의 사망자가 발생하였다고 치안국에 보고하였다. 1월 22일 경찰의 확인에 의하면 태신호는 정원이 승객 122명, 선원 11명이었으며, 사고 당일에는 147명이 승선하였음이 밝혀졌다. 또한 객실 안에 선원실을 둔 것도 사고 확대의 원인으로 지적되었다.[79]

3) 속초항 입구 해상 조난 사고(1962년)

속초항 입구해상 조난 사고는 1962년 1월 2일 동해로 출항했다가 풍랑을 만난 어선단의 일부가 귀항 도중에 속초항 입구에서 침몰한 사고이다. 이 사

---

78 동아일보, 1956. 1. 14. 職員現地派遣 治安局서.
79 동아일보, 1956. 1. 24. 定員超過等 새 事實綻露 太信號事件.

고로 5척의 어선이 침몰, 24명이 사망 또는 실종되었다.

　명태가 잘 잡힌다는 소식을 듣고 속초항에서 어부 1,600명이 244척의 어선으로 명태잡이를 하던 중, 8시경부터 갑자기 파도가 일기 시작하였다. 어선단은 조업을 그만두고 귀항을 서둘렀으나, 13시 30분경부터 20시까지 여러 척의 배가 전복되었다. 배들은 사람들이 육지에서 지켜보는 가운데, 13시 40분부터 17시 30분 사이에 발생한 파도로 방파제 앞에서 전복되거나 침몰되었다.

　사고 당시, 구호선 1척이 있었으나, 사람들의 요구에도 출항하지 못하였다. 19시에 해군 61함과 PT 보트가 출동, 어선들을 조도 부근에 집결시키고 입항을 막았다. 어선들은 파도가 잔잔해진 3일 아침부터 15시까지 입항하였다.

　국가재건 최고회의에서는 한국함대 동해경비분대에서 1월 2일 밤부터 소속 함정 7척을 구조 작업에 동원하여 표류 선박을 구조하였다고 발표하였다. 1월 3일 오전, 공군에서 헬리콥터 2대를 지원하여 수색 작업을 도왔다. 헬리콥터는 2일 오후부터, 육군과 공군의 비행기도 3일 오전부터 수색에 동원되었다.

　1월 3일, 농림수산부에서는 구호대책위원회를 구성하였고, 농림부 장관과 치안국 과장이 파견되었으며, 해군에서는 함대 사령관을 속초에 파견하였다.

　사고의 원인으로, 일기예보로 예보되지 못한 기상이었고, 선내에 레이다 등 통신시설 미비, 선원들의 운영 미숙 등이 거론되었다. 바람을 동반한 10m 높이의 해일이 있었고, 해일이 있으면 항구에 들어올 수 없는데 연락을 받지 못한 배들이 내항으로 진입하려다가 암초에 부딪혔다는 것이다.[80]

　그 당시 「해무청직제」에 따르면 해양경비과는 "「어업자원보호법」 제4조에 관련되는 해양경비와 해로표식보호에 관한 사항을 분장한다"로 되어 있고. 「어업자원보호법」제4조(범죄의 수사)에 따르면 "범죄수사에 있어서는 해군함정의 승무장교, 사병 기타 대통령령으로 정하는 공무원(해양경비원)이 사법경찰관리의 직무를 행한다"라고 규정하고 있다. 해양경비대의 사무는 지금의 해양경찰의 임무인 수색구조 사무가 규정되어 있지 않았다. 따라서 해무청 해양경비대의 사무 범위가 아닌 것으로 판단할 수 있다. 이에 따라 경찰과 군이 구조업무에 종사했다는 기록이 있으나 해양경비대가 구조와 구난을 했다는 보

80　경향신문. 1962. 1. 4. 다시 잔잔한 "죽음의바다" 울부짖음속에 救助도 一段落.

고나 기록이 없는 것으로 판단된다. 그리고 그 당시 해양경비대의 지방 조직은 목포와 제주 2개 기지대만 있었고, 인력이 500여 명 수준이어서 구조할 인력이나 장비가 없는 상태이었다고 볼 수 있다.

신해양경찰대 시기
(1962. 5-1991. 7)

Part 7.

이 시기는 내무부 소속의 해양경찰대 시기로서 육지경찰이 경찰청으로 독립되기 이전이다. 대략 30여 년의 기간이다. 태동기의 내무부 치안국 소속의 해양경찰대 시기와 구분하기 위하여 新해양경찰대 시기로 명명하기로 한다.

Ⅰ. 개 설

1. 5·16 군사정변 이후 경찰의 변화

1) 개요

1961년 5월 16일 박정희를 중심으로 한 군부세력이 반공, 친미, 구악일소, 경제 재건을 명분으로 군사정변을 일으켜 정권을 장악하였다. 군부는 「헌법」의 효력을 중단시키고, 「국가재건최고회의」[1]를 구성하여 제3공화국이 출범하기

---

[1] 국가재건최고회의: 「국가재건비상조치법」은 대한민국에서 국가재건최고회의의 지위와 권한의 형식적 근거를 마련하기 위해 국가재건최고회의가 1961년 6월 6일에 제정한 국가재건최고회의에 관한 령이다. 이후 군정 기간 동안 몇 차례 개정되었다가 1963년 12월 17일 대한민국 제3공화국이 출범하면서 실효하였다.
5·16 군사정변을 통해 정권을 잡은 군부는 장면 국무총리와 국무위원들을 체포하고 국회를 해산한 이후 최고 통치기구로 국가재건최고회의를 설치하였다. 국가재건최고회의가 국회가 해산되면서 기능을 상실한 국무원과 국회를 대신하여 권한을 행사할 형식적 근거를 마련한 것이 이 법이다. 국가재건최고회의령으로 제정된 이 법은 그 형식상 일반적인 법률보다는 명령에 더 가깝지만, 이 법

전까지 최고권력기구로 운영되었다. 이 국가재건최고회의는 집회·시위·결사행위를 금지하고, 국회와 지방의회를 해산하며, 정당과 사회단체의 활동 금지명령을 내려 15개 정당과 238개 단체를 해산시켰다. 언론출판에 대한 사전검열, 언론사에 폐쇄령을 내렸고, 언론인을 대량으로 검거하거나 구속하였다.[2]

「헌법」을 개정하여 대통령 중심제와 단원제 국회로 변화시켰다. 1963년 10월 15일 실시된 대통령 선거에서 박정희가 당선되었고, 제3공화국이 탄생하였다. 1963년 12월 16일 박정희 대통령이 취임하면서 출범한 제3공화국 정부는 1원 13부 3처 5청으로 구성되었고, 경찰의 최고관청은 내무부장관이었다.

5·16 군사정변 이후 박정희 대통령은 반공정책을 더욱 강화하였다. 좌익활동 전과자는 물론이고 일정범위의 친족까지 공직 취임 등 사회활동을 제약하는 연좌제를 실시하였으며, 「국가보안법」을 엄격하게 적용하여 간첩과 동조자는 물론 은닉자도 불고지죄로 중벌하였다. 이 연좌제는 1990년대에 이르러 실질적으로 해제되었다. 대간첩작전 관계기관으로는 경찰의 대공 사찰부서를 비롯한 군 방첩대, 중앙정보부 등이 있었다.[3]

1961년 9월 「형사소송법」이 개정되어 검사의 독점적 영장청구권이 신설되었다. 이에 따라 검찰의 형사사법기관에 대한 일원적 지배구조가 확립되었다. 또한 검사의 유치장 감찰제도도 시행되었다. 1962년 12월 제5차 개헌으로 검사의 영장청구권이 「헌법」에 명시됨으로써 헌법차원으로 격상되었다.[4]

1963년 12월 제3공화국이 출범한 때의 경찰조직은 치안국장 산하에 경무과, 기획과, 보안과, 소방과, 수사지도과, 정보과 및 통신과 등 8개과가 있었고, 경찰전문학교, 해양경찰대, 과학수사연구소, 경찰병원이 별도로 구성되어 있었으며, 경찰전문학교는 1972년 2월에 경찰교육의 중요성을 감안하여 경찰대학으로 승격되었다.[5]

의 내용이 헌법과 충돌할 경우 이 법을 따른다고 스스로 규정한 것을 보면 그 효력은 실질적으로 「헌법」을 능가하였다.

2 한지수(1994). "지배이데올로기의 형성과 변화과정." 「한국사 20: 자주·민주·통일을 향하여」, 한길사. p. 356.
3 전북지방경찰청(2005). 전북경찰육십년사. pp. 190-191.
4 경찰청 역사편찬위원회(2015). 한국경찰사(2006.-2014. 12). 경찰청. p. 109.
5 박범래(1988). 한국경찰사. 경찰대학. p. 346.

해양경찰대가 1955년 2월 치안국에서 상공부 해무청 소속의 해안경비대로 변경되었다가 1962년 5월 「해양경찰대설치법」에 의해 다시 내무부 소속의 해양경찰대로 환원되었다.

1966년 말부터 북한의 대남 무력 공세가 강화됨에 따라 1967년 9월 전투경찰대를 발족하였다. 1968년 1월 21일 북한 민족보위성 정찰국 소속 124특수부대의 소대 규모 무장공비 31명이 청와대 기습을 목표로 서울 종로구 세검동까지 침투하였으나 총격전 끝에 김신조는 체포되고 30명 전원이 사살되었다.

대간첩작전 역량을 강화하기 위하여 1971년 3월 「전투경찰대 시행령」이 공포되었다. 이에 따라 전투경찰대원을 확보하고, 그 전투경찰대에 경찰관을 충원하였다.

2) 군 장교 출신자의 경찰특채

1961년 5월 19일부터 1963년 12월 6일까지 군정이 실시되었다. 이 기간에 군에서 경찰로 특별채용된 인원은 1961년도에 35명, 1962년 5월 5일과 11월 3일 2차에 걸쳐 67명, 1963년도에 18명으로 총 120명이 이르렀다.[6] 이를 계급별로 보면 준장 2명, 대령 26명, 중령 343명, 소령 28명 그리고 대위가 30명이었다. 1962년도에 특채자는 총경 42명, 경감 26명이었고, 1963년도의 특채자는 18명 모두 경위로 채용되었다.

3) 「경찰윤리헌장」 제정과 「경찰공무원법」·「전투경찰대설치법」 제정

(1) 「경찰윤리헌장」 제정(1966)

4·19와 5·16 등 사회적 대변혁으로 경찰관의 자질에 대한 요구가 높아져 경찰 내부적인 자가 교정과 정신적인 재무장을 하기 위하여 1966년에는 「경찰윤리헌장」이 제정되었다.

여기에는 자율적이고 적극적인 봉사자로서 갖추어야 할 기본정신과 실천해야 할 경찰윤리 행동지표를 제시하고 있는데 전문 내용은 다음과 같다.[7]

---

6 박범래(1988). 전게서. p. 331.
7 경찰청(1995). 警察五十年史. pp. 275-276.

📖 **경찰윤리헌장**

우리는 국민의 생명과 재산을 보호하고 공공의 안녕과 질서를 유지하는 경찰관으로서

1. 우리는 헌법과 법률을 수호하고 명령에 복종하며, 각자 맡은 바 책임과 임무를 충실히 완수한다.
1. 우리는 냉철한 이성과 투철한 사명감을 가지고 모든 위해와 불법과 불의에 과감하게 대결하며, 항상 청렴검소한 생활로써 영리를 멀리하고 오직 양심에 따라 행동한다.
1. 우리는 국민의 신뢰를 명심하여 편견이나 감정에 사로잡히지 않고 공명정대하게 업무를 처리한다.
1. 우리는 이 모든 목표와 사명을 달성하기 위하여 끊임없이 인격과 지식의 연마에 노력할 것이며, 민주경찰의 발전에 헌신한다.

(2) 「경찰공무원법」 제정(1969. 1. 7)

경찰직무의 특수성에 비추어 경찰 질서의 확립과 경찰인사의 합리화를 위하여 「국가공무원법」에 포함되어 있는 경찰인사에 관한 규정을 분리하여 별도로 독립된 「경찰공무원법」을 제정하였다. 이에 따라 경찰관의 직업공무원 제도의 기틀이 마련되었다.

주요 특징은 다음과 같다.

① 경찰관을 별정직공무원으로 하고, 경정·경장을 신설하여 10개의 계급으로 확대하여 경찰공무원의 계급은 치안총감, 치안감, 경무관, 총경, 경정, 경감, 경위, 경사, 경장, 순경으로 변경.

② 경찰관의 전문화를 위해서 직무의 종류에 따라 구분 즉 경과제도를 채택함.

③ 경찰관의 인사에 관한 중요사항에 관하여 내무부장관의 자문에 응하게 하기 위하여 내무부에 경찰관인사위원회를 둠.

④ 국내외의 교육기관에서 교육훈련을 받은 경찰관의 복무에 대하여서는 대통령령이 정하는 바에 따르도록 함.

⑤ 정치활동 및 집단행위 금지규정은 「국가공무원법」을 준용하지 아니하고, 벌칙을 일반공무원에 비하여 엄하게 함.

⑥ 연령 정년은 경정 이상 61세, 경위·경감 51세, 경사 이하 50세이고, 계급정년은 치안감 7년, 경무관 10년, 총경 10년, 경정 14년, 경감 16년임.

⑦ 승진임용대상자를 선발심사하게 하기 위하여 내무부에 중앙승진심사위
   원회를, 내무부·서울특별시·부산시·도 및 경찰전문학교와 **해양경찰대**
   에 각각 보통승진심사위원회를 둠.

(3) 「전투경찰대설치법」 제정 시행(1970. 12. 31)

앞으로 더욱 격렬해질 것으로 예상되는 대간첩작전에 대비하여 이를 전
담할 전투경찰대를 설치하고 그 대원은 현역병으로 입영한 후 소정의 군사교
육을 마치고 귀휴된 자중에서 임용·충당함.

① 서울특별시장·부산시장·도지사 및 **해양경찰대장** 소속하에 전투경찰
   대를 설치하고 필요에 따라 내무부장관 직속하에도 전투경찰대를 둘
   수 있게 함.
② 전투경찰대는 내무부장관이 선발하여 추천한 자로서 현역병에 징집되
   어 2개월간 군사교육을 마친 후 귀휴한 자와 경찰공무원으로 구성하고,
   그 편성 기타 조직에 관하여 필요한 사항은 내무부장관이 정하도록 함.
③ 전투경찰대 순경의 보수·승진·복무에 필요한 사항은 대통령령으로
   정하고 「경찰공무원법」을 전투경찰대 순경에 준용하도록 함.

2. 이 시기의 치안 총수

1) 치안국장 또는 치안본부장

해양경찰대는 치안국이나 치안본부의 운영·지도 감독하에 있었으므로
치안총수 지휘지침에 영향을 받을 수밖에 없으므로 역대 치안국장·치안본부
장을 검토해 보기로 한다. 5·16 군사정변 직후 조흥만 육군 준장이 치안국장
(1961. 5. 16- 1961. 6. 24)으로 임명되었다가 한 달여 만에 해임되어 군복을 벗
기도 하였다. 1961년 5월부터 1969년 4월까지 7명이 치안국장으로 임명되었
다. 이 중 1명의 검사 출신을 제외하고, 육군 출신이 치안총수인 치안국장에
임명되었다. 군사정권 초반기에는 육군 출신이 치안국장에 임명되는 경향이
있었다.

해양경찰대 창설 초반기에 대부분 해군 출신이 해양경찰대장에 임명되는

경향과 같다. 1969년 4월 이후에는 일반대학 출신이 치안 총수에 대부분 임명되었다. 치안국장·치안본부장을 역임한 다음 시·도지사가 되거나 국회의원이 되는 경우도 다수 있었다.

표 7-1 | 1962년 5월-1991년 7월까지의 치안국장·치안본부장

성명	직위	기간	비고
제18대 조흥만	치안국장	1961. 5. 16-1961. 6. 24	육군 준장
제19대 이소동	″	1961. 6. 23-1963. 11. 23	제3야전군사령관(대장)역임
제20대 박태원	″	1963. 12. 10-1964. 7. 8	육사, 육군 헌병감재임
제21대 박영수	″	1964. 7. 8-1966. 9. 19	육군 대령으로 예편, 부산시 경찰국장, 내무부 차관
제22대 한옥신	″	1966. 9. 19-1967. 10. 7	검사, 대전·대구 지검장
제23대 채원식	″	1967. 10. 7-1968. 2. 22	법조인(변호사)
제24대 박영수	″	1968. 2. 22-1969. 4. 14	21대 박영수와 동일 인물
제25대 최두열	″	1969. 4. 12-1970. 3. 6	고등고시 행정과·사법과 양과 합격, 부산직할시장
제26대 정상천	″	1970. 3. 6-1971. 6. 12	고등고시 행정과·사법과 합격, 강원도지사, 내무부 차관
제27대 장동식	″	1971. 6. 12-1971. 12. 13	1946년 순경 입직, 고등고시 사법과 합격, 충북·전북·경북·서울 경찰국장
제28대 정석모	″	1971. 12. 13-1973. 1. 16	강원도지사, 충남도지사, 내무부 차관, 국회의원, 내무부장관
제29대 최석원	″	1973. 1. 16-1974. 8. 22	고등고시 행정과 합격, 노동청장, 관선 부산직할시장
제1대 박현식	치안 본부장	1974. 8. 22-1975. 5. 26	육군 중장
제2대 장일훈	″	1975. 5. 26-1976. 1. 12	제주도·전남·전북·부산시 경찰국장, 해양경찰대 대장
제3대 김성주	″	1976. 1. 12-1978. 12. 26	경찰전문학교 교수, 중앙정보부 서울분실장

성명	직위	기간	비고
제4대 손달용	〃	1978. 12. 26-1980. 5. 28	육사 8기
제5대 염보현	〃	1980. 5. 28-1980. 9. 9	고등고시 행정과 합격, 경기도 경찰국장, 경찰대학 학장
제6대 유흥수	〃	1980. 9. 9-1982. 1. 5	고등고시 행정과 합격, 충남도지사
제7대 안응모	〃	1982. 1. 5-1983. 4. 7	경찰 순경 입직, 청와대 정무제2수석비서관, 국가안전기획부 제1차장, 내무부 장관
제8대 이해구	〃	1983. 4. 7-1984. 10. 10	고등고시 행정과 합격, 총경 계급으로 입직, 서울시경국장
제9대 박배근	〃	1984. 10. 10-1986. 1. 9	경찰간부후보, 인천직할시장
제10대 강민창	〃	1986. 1. 9-1987. 1. 21	경북 경찰국장, 내무부 치안본부 해양경찰대장
제11대 이영창	〃	1987. 1. 21-1987. 5. 27	경찰간부후보, 대구시·경북·부산시·서울시 경찰국장
제12대 권복경	〃	1987. 5. 27-1988. 5. 20	5l년 순경 입직, 서울시경국장
제13대 조종석	〃	1988. 5. 20-1989. 5. 4	경찰간부후보, 전남·경기도·서울시 경찰국장
제14대 김우현	〃	1989. 5. 4-1990. 6. 21	학사 경사, 경북 경찰국장, 치안본부 제3차장·제5차장, 서울시경국장
제15대 이종국	〃	1990. 6. 21-1991. 7. 31	경찰간부후보, 치안본부 제2차장·제4차장, 서울시경국장

2) 해양경찰 대장

신광영 해군 대령이 재임 7개월만에 해군으로 원대 복귀하였다. 해군으로 복귀하는 것이 가능했던 이유는 군사정부이었기 때문으로 분석된다.

1975년 1월 본대 정비과장인 천장건 총경이 해양경찰대 발대 이래 처음으로 경무관으로 승진하여 해양경찰대원들의 사기진작에 큰 밑거름이 되었다.[8] 당시 해양경찰대의 주요 보직자나 지휘관들은 주로 육상경찰, 해군 등 관계기관에서 부임해 오는 경우가 대부분이었고, 해양경찰 내부에서 승진하는 경우는 극히 드물었으며, 조직 내부에서는 인사에 대한 불만이 적지 않은 상황이었다.

대부분의 해양경찰대장은 치안국의 경무관에서 치안감으로 승진하여 부임하였다. 이에 따라 해양경찰에 대한 경험이나 전문성이 미흡했다고 평가할 수 있다. 1979년에 부임한 이광수 치안감의 경우 치안본부 해상보안과장을 거쳐 해양경찰대장이 되어 적어도 해양경찰 업무에 대하여 파악하고 부임하였다고 볼 수 있다.

1985년 4월 「해양경찰대 직제」를 개정하여 해양경찰대장 직급을 치안감에서 치안정감으로 격상되었다.

해양경찰 총수가 육지 경찰의 총수인 치안본부장이 된 경우도 상당수 존재한다. 장일훈, 염보현, 안응모, 강민창, 권복경은 해경 총수를 거쳐 육경의 치안본부장이 되었다.

표 7-2 | 신해양경찰대 시기의 해양경찰 대장

성명	기간	출신
신광영 해군 대령	1963. 12. 17-1964. 2. 2	해군 대령
신영철 부이사관	1964. 2. 3-1966. 10. 12	
신용관 치안감	1966. 10. 13-1971. 6. 20	경무관
이종학 치안감	1971. 6. 21-1973. 5. 19	부산시 경찰국장(경무관)
하삼식 경무관(직대)	1973. 5. 20-1973. 12. 9	경무관
박용전 치안감	1973. 12. 17-1974. 7. 11	치안국 경비과장(경무관)
장일훈 치안감	1974. 7. 12-1975. 5. 25	치안국 수사지도과장(경무관)
박병훈 치안감	1975. 6. 3-1976. 7. 27	경북 경찰국장(경무관)
염보현 치안감	1976. 7. 28-1979. 2. 19	경찰대학장
이광수 치안감	1979. 2. 20-1980. 7. 8	치안본부 해상보안과장(경무관)
안응모 치안감	1980. 7. 23-1981. 3. 8	충남 경찰국장(경무관)

8 해양경찰청(2013). 전게서, pp. 88-89.

성명	기간	출신
이균범 치안감	1981. 3. 9-1982. 1. 4	치안본부 경무과장(경무관)
강민창 치안감	1982. 1. 5-1983. 4. 7	경북·대구 경찰국장(경무관)
홍세기 치안감	1983. 4. 8-1983. 12. 12	치안본부 경무과장(경무관)
최영덕 치안감	1983. 12. 13-1985. 1. 17	경기도 경찰국장(경무관)
안규학 경무관(직대)	1985. 1. 18-1985. 2. 27	-
조종석 치안감	1985. 2. 28-1986. 1. 16	-
김상조 치안정감	1986. 1. 17-1986. 10. 26	치안본부 제3부장
권복경 치안정감	1986. 10. 27-1987. 1. 21	-
주병덕 치안정감	1987. 1. 22-1988. 5. 31	-
정용득 치안정감	1988. 6. 1-1990. 6. 25	-
허진원 치안정감	1990. 6. 26-1991. 7. 30	-

II. 1960년대의 해양경찰 조직

1. 경찰기관 체제로 전환

해양경찰대가 해무청에서 내무부 소속으로 변경되면서 군 직제에서 벗어나 경찰직제로 조직을 재편하였다.[9] 군대식 조직 편제인 참모장, 참모실 등의 직위나 부서를 경무관, 경무과, 경비과, 정비과, 통신과로 변경하고, 계급체계도 경찰직제에 맞게 경령을 총경으로, 경정은 경감, 경위는 기존과 같은 경위로, 경조장·일등경조·이등경조를 경사로, 삼등경조·일등경수·이등경수를 순경으로 조정하였다.

---

9 해양경찰청(2013). 전게서. pp. 56-57.

1) 「해양경찰대설치법」의 제정

「해양경찰대설치법」을 제정하여 내무부장관 소속하에 해양경찰대를 두고 「어업자원보호법」에 의한 관할수역 내의 범죄 수사와 기타 해상에 있어서의 경찰에 관한 사무를 관장하게 하였으며, 대장은 행정부이사관, 부대장은 경무관으로 보하도록 하는 한편 하부조직에 관한 해양경찰대의 직제, 공무원의 직종과 정원에 관한 사항을 각령으로 정하게 하였다. 따라서 1962년 5월 1일 이 법의 시행으로 「해양경비에 종사하는 공무원의 직종, 직무권한에 관한 건」은 폐지되었다.[10]

표 7-3 | 해양경찰대설치법(안)[11]

• 제안 이유 平和線內의 海洋警備는 1953년 12월 14일 大統領令 第844號 海洋警察隊編成令에 依하여 內務部長官이 掌理하다가 1955년 2월 17일 政府組織法 改正에 따라 商工部長官所屬下의 海務廳에서 海洋警備에 관한 業務를 管掌하여오던 中 5·16軍事革命後 政府機構改編에 따라 內務部에 移管되어 있는 바 現在의 海洋警備隊는 海警職으로 編成되어 있으며 漁業資源保護法에 依한 犯罪搜査에 대하여만 司法警察權이 賦與되고 있는 데 韓·日國交의 正常化를 앞두고 漁業資源의 保護분만 아니라 間諜의 海上侵透·密輸·密航者의 團束 등을 보다 더 徹底히 하여야 할 必要性이 切實하므로 海洋警備隊로 하여금 海上에 있어서의 一切의 警察業務를 管掌시킴으로써 警察命令系統의 一元化와 海洋警察業務의 效率的인 遂行을 期하고자 이 法을 制定하려는 것임. • 주요 골자 1. 海洋警察隊에 隊長 1人과 副隊長 1人을 두고 그의 職務를 明示함(第2條) 2. 海洋警察隊의 職制, 公務員의 種類와 定員에 관한 事項은 閣令으로 定하도록 함(第3條) • 기타 사항 國家再建最高會議 第21次 常任委員會(1962. 3. 21)上程·議決

이 「해양경찰대설치법」[12]은 국회가 만든 법률이 아닌 5·16 이후 최고 권

---

10 海洋警察廳(2003). 海洋警察五十年史, 전게서, pp. 16-19.
11 의안정보시스템.
12 「해양경찰대설치법」은 1973년 1월 15일 폐지되었다. 「정부조직법」 개정으로 1962년 4월 3일 제정되었던 「해양경찰대설치법」을 폐지하고, 「정부조직법」 제3조 제1항에 근거하여 대통령령으로 제정된 「해양경찰대직제」(1969년 9월 20일 전면 개정, 1971년 7월 14일 및 1972년 5월 6일 일부개정)에 의한 조직기구가 되었다.

력기관인 「국가재건최고회의」에 의해 만들어진 법률이다. 「해양경찰대설치법」은 1961년 10월 2일 정부조직법 개정(제20조)에 근거한 것이며, 상공부 해무청 산하에 있던 해양경비대가 내무부 산하의 해양경찰대로 이관되는 근거가 된 것이다.

표 7-4 │ 해양경찰대설치법(시행 1962. 5. 1)

> 제1조(목적) 어업자원보호법에 의한 관할수역내에 있어서의 범죄수사와 기타 해상에 있어서의 경찰에 관한 사무를 관장하게 하기 위하여 내무부장관 소속하에 해양경찰대를 둔다.
> 제2조(대장과 부대장) ① 해양경찰대에 대장 1인과 부대장 1인을 둔다.
> ② 대장은 행정부이사관으로써 보하고 부대장은 경무관으로써 보한다.
> ③ 대장은 내무부장관의 명을 받아 대업무를 관장하여 소속공무원을 지휘·감독 한다.
> ④ 부대장은 대장을 보좌하며 대장이 사고가 있을 때에는 그 직무를 대행한다.
> 제3조(하부조직) 해양경찰대의 직제, 공무원의 직종과 정원에 관한 사항은 각령으로 정한다.

2) 「해양경찰대설치법」의 의의

초기의 해양경찰대는 밀수범죄가 의심되어도 효과적인 대응을 하기가 매우 어려웠다. 특히 해무청 해양경비대 시기에는 수산자원 보호라는 극히 제한된 범위 안에서만 사법권이 부여되어 있었기 때문에 밀수품이 있다거나 심지어는 간첩이라고 의심이 되어도 현행범 혹은 명확한 범죄행위자 외에는 수색을 할 수가 없었다.

밀수는 5·16이 일어나기 직전 두 달 동안에 적발된 건수만 해도 1,412건에 이를 정도였고, 전체 밀수 사범에 비하면 검거실적은 미미한 형편이었다. 이러한 상황을 고려하여 군사 정부는 1962년 5월 「해양경찰대설치법」을 제정하여 해양경찰대에 광범위한 사법권을 부여하였다.[13]

해무청 시대에 수산자원 보호를 위한 경비업무와 「어업자원보호법」에 의한 수사권에 한정되었다가 "밀수·밀입국의 단속, 해상을 통한 간첩 침투 방지, 평화선 경비와 조난선박의 구조, 항로표지 보호, 불법조업 단속" 등의 임무를 수행할 수 있도록 일반사법권이 부여된 것이다. 즉, 특별사법경찰관리에

---

13 해양경찰교육원 교육자료(2018). 전게서, pp. 27-28.

서 일반사법경찰관리로 변화된 것이다. 이러한 권한 강화에 따라 밀수범죄에 대하여 강력한 단속을 진행하여 상당한 성과를 거두었다.

5·16 이후 군사정부는 밀수사범에 대해 단호한 자세를 취하면서 해상에서 공공연하게 이루어지던 밀수행위는 찾아보기가 어려울 정도가 되었다. 당시에 언론에서는 "밀수가 성행하였던 남해안의 근거지들이 한산해졌다며, "사실상 밀수행위자들은 거의 뿌리가 뽑힐 단계에 접어들었다"[14]고 보도하기도 했다. 1960년대 후반으로 접어들면서 밀수는 한층 교묘해진 수법으로 더욱 기승을 부렸고, 1970년대까지도 계속되었다.

「해양경찰대설치법」은 비록 국가재건최고회의에서 제정된 법률이지만 2019년 제정된 「해양경찰법」과 동등한 수준의 법률이었다. 육경은 「경찰법」에의해 법률 수준의 조직법을 갖추게 된 것은 1991년이었다. 육경보다 30년이나 먼저 법률 수준의 조직법을 갖추게 된 것이다. 이 「해양경찰대설치법」은 1962년에 제정되어 11년간 존치하다가 1973년에 폐지되었다. 폐지하기보다는 보

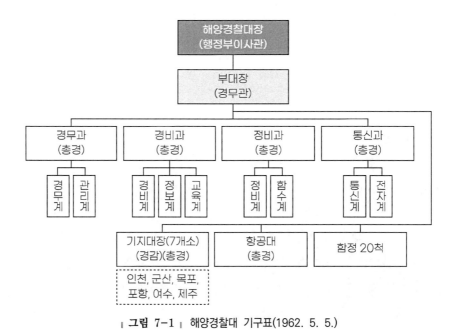

| 그림 7-1 | 해양경찰대 기구표(1962. 5. 5.)

---

14 경향신문. 1962. 5. 4.

완하여 해양경찰의 조직법으로 계승하여 제도적인 안정화와 전문화에 기여할 수 있도록 했어야 했다. 법률 수준의 조직법에 의하여 해양경찰 조직을 제도화했을 경우 2014년 「정부조직법」에 의하여 국민안전처로 흡수되는 경우는 발생하지 않았을 것이다.

3) 해양경찰대직제

「해양경찰대직제」를 공포하고, 「해양경찰대설치법」의 목적에 따른 직무를 관장하도록 하였다. 해양경찰대의 대장·부대장·총경·경감·경위·경사·순경의 공무원을 두고, 하부조직으로서 경무과·경비과·정비과·통신과·기지대 및 항공대를 두었으며, 과장과 기지대 및 항공대의 장은 총경으로 보하도록 하였다. 그러나 당시 7개 기지대장과 항공대장은 주로 경감 또는 경위로 보해졌다.

1962년 5월 해양경찰대는 김순일 대장을 비롯한 496명의 대원과 항공기 4대, 경비정과 구조선 20척의 장비를 갖추고 있었다.[15]

표 7-5 | 해양경찰대 직제(시행 1962. 5. 5)

제1조(직무) 해양경찰대는 내무부장관의 명을 받아 어업자원보호법에 의한 관할수역 내에 있어서의 범죄수사와 기타 해상에 있어서의 경찰에 관한 사무를 관장한다.
제2조(공무원) ① 해양경찰대에 대장 및 부대장 이외에 다음의 공무원을 둔다.
　총경, 경감, 경위, 경사, 순경
　② 전항의 공무원의 과별 배정은 내무부장관이 정한다.
제3조(하부조직) ① 해양경찰대에 경무과, 경비과, 정비과, 통신과, 기지대 및 항공대를 둔다.
　② 과장과 기지대 및 항공대의 대장은 총경으로써 보한다.
제4조(경무과) 경무과는 기밀, 관인관수, 문서, 통계, 인사, 감찰, 복무, 례식, 예산, 경리, 용도, 감사, 의료 및 대내 타과에 속하지 아니하는 사항을 분장한다.
제5조(경비과) 경비과는 경비, 작전, 정보, 무기관리, 교육훈련, 해난구조, 기상, 함정통제 및 사법 경찰에 관한 사항을 분장한다.
제6조(정비과) 정비과는 함정 정비, 검사, 함수 및 함정의 유지관리에 관한 사항을 분장한다.
제7조(통신과) 통신과는 유선통신 및 무선통신의 수발, 공작, 통신기기와 전자기기의 관리에 관한 사항을 분장한다.
제8조(기지대) 기지대는 관할구역내에서 본대와 함정간의 연락과 출입함정에 대한 지원 및 경비작전과 이에 따르는 정보에 관한 사항을 분장한다.

15　해양경찰청(2013). 전게서, p. 57.

제9조(항공대) 항공대는 경비, 작전의 지원, 연락, 정찰 및 공중촬영에 관한 사항을 분장한다.
제10조(기지대 및 항공대의 명칭등) 기지대 및 항공대의 명칭, 위치와 관할구역은 따로 내무부
　령으로 정한다.
부칙〈각령 제730호, 1962. 5. 5.〉
① (시행일) 본령은 1962년 5월 5일부터 시행한다.
② (경과조치) 본령시행 당시의 경령은 총경으로, 경정은 경감으로, 경위는 경위로, 경조장, 1
　등경조 및 2등경조는 경사로, 3등경조, 1등경수 및 2등경수는 순경으로 각각 임명된 것으
　로 본다.

4) 기지대·항공대의 명칭·위치 및 관할구역

1962년 10월 15일 해양경찰대의 지방조직은 1개의 항공대와 7개의 기지
대로 구성되었다. 기지대는 인천, 군산, 목포, 제주, 묵호, 포항, 여수에 설치되
었다.

표 7-6 ｜ 기지대와 항공대의 명칭·위치 및 관할구역에 관한 건(내무부령, 1962. 10. 15. 시행)

명칭	위치	관할 구역
항공대	경상남도 진해시	어업자원보호법에 의한 관할수역 일원
인천기지대	경기도 인천시	충청남도 서산군 관수각선 이북의 충청남도, 경기도, 황해도의 해상
군산기지대	전라북도 군산시	북위 35도 30분선 이북의 전라남도의 해상과 충청남도 서산 군 관수각선 이남의 충청남도의 해상
목포기지대	전라남도 목포시	동경 127도선이서, 북위 34도 2분선 이북의 전라남도의 해상과 북 위 35도 30분선 이남의 전라북도의 해상
제주기지대	제주도 제주시	동경 127도 10분선 이서, 북위 34도 2분선 이남의 제주도의 해상
묵호기지대	강원도 묵호읍	강원도 용추갑에서 북위 38도, 동경 131도의 해점을 연하는 선과 북 위 38도선 이북의 강원도의 해상
포항기지대	경상북도 포항시	강원도 용추갑에서 북위 38도, 동경 131도의 해점을 연하는 선과 북 위 38도선 이남의 강원도, 경상북도의 해상
여수기지대	전라남도 여수시	동경 127도선(북위 34도 2분선 이남에 있어서는 동경 127도 10분선) 이동의 전라남도의 해상과 동경 128도 5분선 이서의 경상남도의 해상

2. 암호취급소와 항공대 설치

1) 암호취급소 신설(1961)

1961년 12월 10일 해양경찰 본대 및 지구대와 함정 등 15개소에 암호취급소를 신설하고, 암호사를 배치 운용함으로써 전 경찰통신망에서 보안대책을 확고히 하고 국가기밀을 보호하게 되었다.[16] 1963년 4월에 해양경찰대 인천지구대, 5월에 동해지구대, 6월에 포항지구대, 7월에 여수지구대, 8월에 군산지구대 등이었으며, 유무선 통신망이 확장 운용됨에 따라 1963년 10월 1일을 기하여 중앙정보부에서 음어 자재를 일괄 제정하여 전국 경찰관서에 배부 운용하게 됨으로써 경찰통신에 대한 보안 유지를 하게 되었다.

2) 항공대 설치(1962)와 폐지

해양경찰대는 낡고 성능조차 부족한 경비정만으로는 광활한 해역을 순찰하고 경비하는 데 어려움이 많았으므로 하늘에서 바다를 정찰할 수 있는 항공기를 절실하게 필요로 하였다. 1961년 2월 평화선의 경비를 강화하기 위하여 해군이 사용하던 3대의 항공기를 인수하여 처음으로 항공 장비를 갖추게 되었다. 수상 쌍발기와 단발 수상기는 진해 함대사령부 소속 조경연 중령이 제작한 국내 유일의 국산 비행기로 500km의 항속 능력을 가진 비행기였다.[17]

이 항공기들이 도입됨에 따라 평화선 인근 해역에서는 불법조업을 자행하던 일본어선들이 일시에 사라지는 특이한 현상이 나타났다. 이는 항공기를 통한 정찰의 위력을 실감케 한 것이었는데, 해양경찰대에 항공 장비가 도입된 것을 알게 된 일본의 제7해상보안본부는 자국 어선들에게 평화선을 침범하지 말라고 경고 방송을 하는 일이 벌어지기도 하였다.

해양경찰대는 이 항공기를 운용하기 위해 1962년 5월 5일의 직제 개편 시 항공대를 신설하였고, 이 항공기들을 주축으로 평화선에 대한 정찰 임무를

---

16 박범래(1988). 전게서, p. 335.
17 해양경찰교육원자료(2018). 전게서, pp. 24-25.

수행하여 해상경비를 강화하였다.

　1년 후인 1963년 2월 5일 직제 개편에서는 항공대를 폐지하여 치안국 항공대로 병합하고,[18] 항공대가 보유하고 있던 항공장비들도 치안국 항공대에 위탁관리하는 방식으로 항공 장비 운용체계를 변경하였다. 대신 치안국 항공대 부산 기지대를 신설하여 해양경찰대가 치안국에 요청하여 해상 정찰임무에 항공기를 동원하도록 조정하였다.

| 그림 7-2 | 해군에서 도입한 수상 쌍발기(1961)

3. 한·일 어업협정(1965)과 공동 순시

　1951년 10월부터 시작되었던 일본과의 국교 정상화를 위한 외교교섭이 우여곡절 끝에 타결을 보게 되어, 1965년 12월 「한·일 어업협정」이 체결됨에 따라 평화선 경비는 어업전관수역 경비에 중점을 두게 되었다. 이 협정의 내용은 연안 또는 직선기선으로부터 12마일 이내는 한국 전관 수역(배타적 권리를 갖는 수역), 전관 수역선으로부터 평화선까지는 우리 어선과 일본어선이 공동으

18　海洋警察廳(2003). 海洋警察五十年史, 전게서, p. 18.

로 조업할 수 있는 공동규제수역과 공동 어자원조사 수역으로 구분하여 일본 어선의 조업 척수와 어획량 등을 규제하는 것이었다. 이로써 한·일 간의 조업 질서는 새로운 질서를 맞이하게 되었다.

이 당시 박정희 정부는 한일회담을 조속히 타결하기로 결정했지만, 야당은 한일협상을 '대일 저자세 외교'로 규정하여 대정부 투쟁에 나섰고, 학생들도 1964년 3월 24일부터 한일회담 굴욕타결 반대를 외치며 대규모시위를 벌였다. '평화선 사수'는 한일회담 반대시위에서 가장 많이 등장한 구호였다. 당시 서울대학교 학생들은 선언문을 통해, 정부가 한국 어민의 생명선이자 국가 존립의 국방선이고, 한국 최대의 미개발 보고인 평화선을, 36년간의 압제와 착취의 대가 6억 달러로 흥정하고 있다고 비난했다.[19]

「한·일 어업협정」에서 기존의 평화선 수역에서 12해리까지로 한국측의 전관수역을 대폭 양보한 것처럼 보일 수 있지만 당시의 국제법상 3해리가 영해에 해당하고 일본 역시 3해리가 영해였다. 일본이 공식적으로 12해리를 영해로 선택한 것은 1977년 5월이었다. 따라서 한국측에 전관수역을 12해리까지 인정해 주었다는 것은 일본 정부로서도 국내적으로 매우 비난받는 정책이었고 한국 측에 양보한 조치이기도 하였다.[20]

일본이 국내적 비난을 감수하면서 한국의 12해리 영해 원칙을 인정한 이유는 평화선의 철폐가 최우선이라는 정치적 측면을 고려했고, 한국은 일본의 어업협력자금 9천만 달러 제공과 연간 어획량 15만 톤 제한이라는 경제적 측면을 고려하여 평화선의 철폐에 합의했다.[21]

그 당시 양찬우 내무부장관은 1965년 12월 28일 부산에 있는 해양경찰대장에게 전관 수역과 공동규제수역 안에서의 해상경비 기본방침을 시달했는데, 해상경찰은 전관 수역 안의 경비를 강화하고 전관수역을 넘어와 어로작업하는 외국선박은 가차없이 나포하라고 강력히 지시했다.[22]

---

19 이재오(1984). 한일관계사의 인식 II. 학민사. pp. 177–181.
20 조윤수(2008). "평화선과 한일 어업협상–이승만 정권기의 해양질서를 둘러싼 한일간의 마찰," 일본연구총서 제28호. p. 219.
21 최장근(2002). "어업협정과 독도 및 EEZ와의 관련성: 일본외교의 정치문화적 특성에서 고찰," 일본학보 제50권 제1호. p. 449.
22 중앙일보. 1965. 12. 28.

전관 수역을 침범한 일본어선을 나포·예인하던 해경 106정 소속 황○○·김○○ 두 순경이 일본어부들에게 목을 졸리고 집단구타를 당한 후 식도로 위협까지 받은 사실이 1966년 3월 16일 해경조사반에 의해 밝혀졌다.[23]

표 7-7 | 한·일 어업협정의 내용

- **동해 중간수역 설정**
  - 동해에 한·일 양측이 조업할 수 있는 중간수역을 설정한다.
  - 중간수역은 양측 연안으로부터 35해리 폭을 기준으로 하여 여러 개의 직선으로 연결된 다각형 모양이다. 그 동쪽 한계선은 동경 135도 30분이고, 서쪽 한계선은 동경 131도 40분(울릉도 동쪽 35해리점의 경도)이다.
  - 대화퇴(大和堆) 어장의 반 정도가 중간수역에 포함된다.
  - 독도가 중간수역에 포함된다.
- **동해 중간수역에서의 자원관리**
  - 동해 중간수역에서는 기국주의를 실시한다.
  - 동해 중간수역에서 각 체약국은 타방 체약국의 국민 및 어선에 대하여는 자국의 법령을 적용하지 않는다.
  - 각 체약국은 이 수역에서의 해양생물자원의 보존을 위하여 한·일 어업공동위원회의 권고에 따라 자국의 국민과 어선에 대하여 취할 조치를 결정한다.
- **제주도 남부수역**
  - 제주도 남부와 일본 규슈 서부 사이의 수역에 일정 범위의 중간수역을 설정한다.
  - 이 중간수역에서는 기국주의 원칙하에 자원의 공동 관리를 실시한다.

「한·일 어업협정」에 근거하여 한일 공동 순시가 시행되었다. 한국과 일본의 수산청이 주관이 되어 매년 6회의 공동 제휴 순시를 하게 되었고, 제2차와 제4차 순시는 한국의 해양경찰대 함정과 해상보안청 순시선이 담당하기로 했다. 공동제휴 순시는 1965년 「한·일 어업협정」이 폐기되고 1999년 「신한·일 어업협정」이 체결될 때까지 24년 동안 지속되었다.[24] 이러한 공동 순시는 일본어선들의 불법조업을 일시적으로나마 감소시키는 효과를 거두었다.

---

23 중앙일보, 1966. 3. 17.
24 해양경찰청(2013). 전게서, p. 71.

4. 동·서해 어로보호본부(1969)와 정보수사과 설치(1969)

1) 동·서해 어로보호본부(1969) 설치

우리 어선이 북한에 피랍되는 것을 방지하기 위하여 어로보호경비를 강화하게 되었다. 처음에는 해군이 담당하던 어로보호업무를 수산청으로 넘겼다가 1969년부터 해군, 수산청 등 관계기관의 협조하에 해양경찰대가 주관하게 되었다. 따라서 1969년 3월 경기도의 덕적도에 서해 어로보호본부를 설치하였고, 동년 11월에는 강원도 속초에 동해 어로보호본부를 설치하게 되었으며, 또한 속초기지대를 신설하여 동해 어로보호 업무를 지원하게 됨으로써 7개 기지대에서 8개 기지대로 기구가 증설되었다.

2) 정보수사과 신설(1969)

1969년 9월 20일에 본부에 정보수사과를 신설하여 종전 경비과에 속해 있던 정보수사 기능을 강화하여 늘어나는 해상범죄의 수사와 해상관계 정보 활동을 보강하게 되었다.

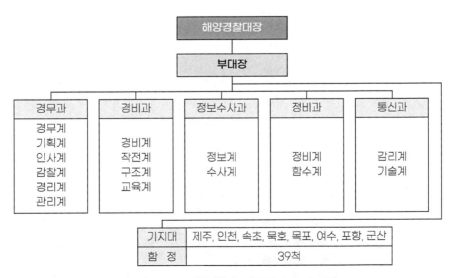

| 그림 7-3 | 해양경찰대 기구표(1969. 9. 20)

5. 「해양경찰대 직제」의 개정과 경비활동

1) 직제

1961년 7월의 「내무부 직제」에서는 치안국 경비과의 사무 중 "해양경찰에 관한 사항"이 없었다가 1961년 10월 "해양경찰에 관한 사항"이 등장한다. 이는 공식 직제상 상공부 해무청 해양경비대에서 내무부 해양경찰대로 변경되는 과정을 「내무부 직제」에서 확인할 수 있다.

아래 〈표 7-8〉의 1961년 10월 시행 「내무부 직제(각령)」에 따르면 치안국 경비과에서 "해양경찰에 관한 사항을 분장한다"고 규정하고 있고, 내무부 직제가 각령으로 된 이유는 그 당시 의회가 해산되고 국가재건최고회의(1961년 6월 6일부터 1963년 12월 17일까지 존속한 기구)에서 의결한 법령이기 때문이다.

1963년 10월 15일 실시된 대통령 선거에서 박정희가 당선되었고, 제3공화국이 탄생하였다. 그 이후 내무부직제와 해양경찰대직제는 대통령으로 형식이 바뀐다. 1964년 5월 시행의 직제(대통령령)에서는 더 구체적으로 경비과에 "해경계"를 두고 계장은 총경으로 보한다고 규정하고 있다. 1960년대 치안국의 경비과 사무 중 "해양경찰에 대한 사항"이라는 규정을 두었고, 관련 부서

표 7-8 ┃ 「내무부 직제」의 주요 개정

연도	개정 내용
1961. 7. 22.	치안국에 경무과, 보안과, 경비과, 수사지도과, 정보과와 통신과를 둔다. 경비과는 경비, 경호, 경찰전투, 경찰무기탄약, 차량, 자재의 보급 기타 장비와 방공, 소방 및 수방에 관한 사항을 분장한다.
1961. 10. 2.	치안국에 경무과, 기획심사과, 보안과, 경비과, 소방과, 수사지도과, 정보과와 통신과를 둔다. 경비과는 경비, 경호, 무기, 탄약 및 **해양경찰에 관한 사항**을 분장한다.
1964. 5. 27.	⑨ 경비과는 다음의 사무를 분장한다. 　1. 경비 및 경호에 관한 사항. 　**2. 차량 및 무기탄약에 관한 사항.** 　3. **해양경찰에 관한 사항.** ⑩ 전항의 사무를 분담하게 하기 위하여 경비과에 경비계·장비계·**해경계** 및 항공계를 두며, 계장은 총경으로 보한다.

로 해경계(계장: 총경)를 두고 해양경찰을 지도·감독하였다.

1969년 9월 「해양경찰대직제」에 따르면 해양경찰 정원은 824명에 불과하여 치안국의 경비과의 "해경계"에서 관리하고 치안국장의 지도·감독을 받았다. 그 당시 해양경찰 조직은 「해양경찰대 직제(대통령령)」 제3조에서 "해양경찰대에 경무과·경비과·정보수사과·정비과·통신과 및 기지대를 둔다. 과장과 기지대장은 총경 또는 경정으로 보한다"로 되어 있었다.[25]

표 7-9 | 「해양경찰대 직제」의 주요 개정

연도	개정 내용
1963. 2. 5	해양경찰대 항공대를 치안국 항공대로 병합
1969. 11. 1.	속초 기지대 설치
1969. 9. 20.	정보수사과를 신설하고, 정보수사과의 업무는 대공정보·범죄수사 및 기타 사법경찰에 관한 사항을 분장한다. 이때의 해양경찰대 공무원 정원은 824명이고, 경찰관은 808명으로 치안감(1명), 경무관(1명), 총경(6명), 경정(14명), 경감(31명), 경위(66명), 경사(197명), 경장(101명), 순경(391명)이고, 기능직 15명, 고용원 1명이었다.

2) 경비 활동

이 시기에 조직적인 일본 어선과 무장한 중공 어선의 불법조업 행위를 단속하는 것은 해양주권 수호를 위한 해양경찰대의 핵심적인 임무이었고, 내국인과 일본인이 의해 연안 곳곳에서 이루어지는 밀수 등 범죄행위를 단속하는 것도 해양경찰이 수행해야 할 주요 임무 중의 하나였다.[26]

1962년 이후 해양경찰대는 7개 기지대를 중심으로 관할수역 내의 해상치안 임무를 수행하였으며, 통상 기지대는 첩보선 1-2척을 가지고 본대의 지시에 따라 극히 제한된 임무 수행을 하였을 뿐이었고, 기지대장은 독자적으로 지휘권이 없었다.

1953년 6척의 경비정으로 시작하여 해군으로부터 9척, 미국 원조기관으

---

25 해양경찰대직제[시행 1969. 9. 20.] [대통령령 제4065호, 1969. 9. 20., 전부개정].
26 해양경찰청(2013). 전게서, p. 71.

로부터 9척을 인수받아 경비정으로 운영하였으며, 평화선 침범으로 포획된 일본어선 중 18척을 경비정으로 변경하는 등 잡다한 소형 노후선박을 경비정으로 운영하다가 다수의 경비정을 반환하거나 폐선시킴으로써 1963년에 이르러서 21척의 경비정만 보유하게 되었다.[27]

1963년에 이르러 21척의 경비정으로 해상치안 업무를 수행하였으나 이러한 경비정은 대부분 연안항·포구의 해상경비에 운용되었으며, 평화선 경비에 임할 수 있는 경비정은 70톤 이상 100톤 미만의 보조 경비정을 포함하여 겨우 10척 정도의 경비정뿐이었다.

1964년과 1965년에 미국 대외원조기관(USOM)은 함정을 지원하여 해양경찰대가 기동력을 가지고 해양 경비 임무를 수행할 수 있도록 장비확충에 큰 도움을 제공하였다. 그리고 한국해군과 미군으로부터도 많은 장비를 인수하였으며, 나포하거나 귀순한 어선을 경비정으로 편입하여 운영하기도 했다.[28]

국무회의는 1968년 11월 22일 북괴의 어부납북과 해상을 통한 공비남침에 대한 저지책으로 동해의 어로저지선을 5마일씩 남하시키기로 의결했다. 이 회의는 어로 저지선을 넘나드는 어부들에게는 「반공법」등을 적용, 간첩죄·이적행위죄 등으로 엄중 처벌키로 했고, 11월 22일 전 1주일 동안에 정부는 월선 어부 3백 90여 명과 어선 72척을 검거했다.[29] 그 당시 신용관 해양경찰대장(1966. 10. 13 – 1971. 6. 20.)에 따르면 어로 저지선을 넘어가 고기잡이를 하다가, 북괴무장 경비정에 납치된 어부들은 사실상 「간접적인 간첩행위」를 한 것으로 보아야 하기 때문에 정부 당국은 이들에게 「반공법」을 적용, 모두 구속·입건하는 강력한 조치를 취하지 않을 수 없다고 했다.[30]

6. 인력 증원

1960 – 1961년 사이에 61명을 병역미필을 이유로 감원하였고, 1962년에

---

27 박범래(1988). 전게서. p. 340.
28 해양경찰청(2013). 전게서. pp. 61–63.
29 중앙일보. 1968. 11. 23.
30 상게신문.

43명을 신규 채용하였다.

　　해양경찰대는 지난 2－3년 사이에 감축한 인원을 충원하기 위해 1962년 6월과 7월 채용시험을 실시하여 43명을 신규 채용하였고, 1963년에 84명, 1966년 7월 176명을 신규 채용하여 충원하였다. 이에 따라 해양경찰대의 총 정원은 1963년 537명, 1967년 5월 730명으로 늘어나게 되었다.[31]

　　1969년에 경정과 경장 계급이 신설되었다.

표 7-10 ｜ 1960년대의 해양경찰 인력 증원　　　　　　　　　　　　　　(단위: 명)

연도	총정원	경찰 공무원										기능직	고용직
		소계	치안감	경무관	총경	경정	경감	경위	경사	경장	순경		
1966. 7.	713	697	1	1	6	-	32	58	181	-	418	15	1
1969. 9.	823	807	1	1	5	14	31	66	197	101	391	15	1

자료: 해양경찰청(2003). 해양경찰 오십년사.

7. 1960년대의 사건·사고

　　1960년대의 치안수요의 특징은 「한·일 어업협정」에 따른 전관수역 경비와 북한에 의한 안보위협이 증대되었다.[32]

　　1965년 12월 「한·일 어업협정」이 체결됨에 따라 평화선 경비는 어업전관수역 경비에 중점을 두게 되었다. 통상 또는 직선기선으로부터 12마일 이내는 한국 전관수역, 전관수역선에서 평화선까지는 우리어선과 일본어선의 공동규제수역과 공동 어자원조사 수역으로 나누어 규제하였다.

　　1965년 중반부터 북한은 우리 어선을 납치하여 어선과 어부들을 억류하거나 어부들에게 세뇌교육을 시켜 귀환시킴으로서 국가안보에 크게 위협을 끼치고 있었고, 간첩선의 침투도 자주 발생하였다. 이는 휴전선으로 대치하고 있는 육지로의 침투보다는 해상침투가 더 용이하다는 점 때문이었다.

31　해양경찰청(2013). 상게서, p. 59.
32　海洋警察廳(2003). 전게서, p. 25.

표 7-11 | 1960년대의 사건과 사고

일시	내용
1963. 1.	1963년 1월 18일 전라남도 목포 허사도 앞바다에서 해남 → 목포 간 여객선이 침몰한 사건, 허사도에 표착한 한 명을 제외한 140명 전원이 사망하였다. 정원보다 무려 86명이 초과한 141명이 승선하고 있었으며, 150여 가마의 곡물까지 실은 과적 상태였다.
1964. 7.	서해 어선단 실종 사고: 1964년 7월 29일에서 30일 사이에 서해에 불어닥친 태풍으로 연평도 부근에서 조업하던 새우잡이 어선단이 실종된 사고이다. 실종된 어선단의 대부분은 북한에 표류·억류되었다가 귀환하였고, 2명이 귀환하지 못했다. 이 사고로 모두 95명이 사망 또는 행방불명된 것으로 추정되었다. 9월 11일, 판문점에서 열린 군사정전위원회에서 북한 대표는 한국정부의 관계기관 대표가 15일 해주에 와서 어부들을 인수해 가라고 통고하였다. 9월 15일 해주를 떠난 어선 33척과 어부 219명이 북한과 한국 함정의 연계 인도로 연평도에 도착하였다. 실종된 58척 313명 중 33척 219명이 귀환하였다.
1967. 1.	여객선 한일호와 해군 구축함 충남호의 충돌사고: 1967년 여객선 한일호와 해군 구축함 충남호가 충돌하여 한일호가 침몰한 사고이다. 1967년 1월 14일 부산과 여수를 오가는 정기 여객선 한일호(140t)는 승객 108명과 선원 13명을 태우고 여수를 출발하였고 부산 가덕도 서북방 해상에서 해군 구축함 충남73호(1,900t)와 충돌했다. 이 충돌로 목선인 한일호는 크게 파손돼 10분 후 침몰했고 승객 90여 명이 사망하였다.
1967. 6.	밀수선 검거: 남해에서 1척 검거하여 밀수범 3명을 구속송치하였다.
1968. 5.	천지호 침몰 사고: 천지호는 5,243톤급의 대형 유조선으로 사건 당일 15시에 울산에서 벙커C유 7천 톤을 싣고 인천으로 항해 중, 21시에 목포항 동남방, 병풍도 부근 해상에서 짙은 안개와 폭풍으로 좌초·침몰되었다. 천지호의 침몰로 바다 위로 벙커C유가 유출되어 흑산도와 고군산열도에까지 확산되면서 어장에 피해를 주었으며, 피해액은 6억원에 가까운 것으로 추정되었다. 구조 선박들은 짙은 안개 속에서 승선자 48명 중에서 31명을 구조하였다.
1969. 7.	밀항 사범 9명 검거: 일본으로 밀항하려던 9명을 부산 서구에서 구속하여 송치하였다.
1969. 9.	북한 간첩선 나포: 군산 옥구군 오식도 앞 해상에서 어로작업으로 위장한 간첩선 나포, 간첩 4명을 사살하였다.
1969. 11.	금괴밀수범 12명 검거: 대만에서 금괴를 밀수해온 관련자 12명 검거하여 부산 세관에 이첩하였다.

III. 1970년대의 해양경찰

1. 개설

1) 정치 상황

1972년 「유신헌법」의 선포로 전국에 비상계엄이 선포되었다. 1972년 11월 21일 국민투표로 「유신헌법」이 통과되었고, 「유신헌법」에 따라 「통일주체국민회의」에서 박정희가 대통령으로 선출되었다. 그 후 대한민국은 반민주주의 국가체제를 유지하려는 정치권과 인권 존중과 민주화를 요구하는 국민 간의 사회적 갈등의 급류 속에 휘말리게 되었다.

1974년 8월 15일 광복절 기념식장에서 문세광의 저격으로 대통령 영부인 육영수 여사가 사망하자 정부는 경찰업무 중 경호의 중요성을 인식하게 되었다.

1975년에는 「긴급조치 제9호」[33]로 민주주의적 절차가 대부분 무시되어 학원의 자유·언론의 자유·어용교수의 퇴진 등 민주주의적 질서를 회복하려는 움직임이 강력하게 밀어닥치고 있었다.

1979년 10월 26일 박정희 대통령이 피살되자 정치적 공백 상태에서 극도

---

[33] 긴급조치 제9호: 유신헌법 철폐와 정권퇴진을 요구하는 민주화운동이 거세게 일어나자 이를 탄압하기 위해 1975년 5월 13일 선포된 긴급조치. 그 내용은 다음과 같다(네이버 지식백과, 한국근현대사사전, 2005. 9. 10, 한국사 사전편찬회).
   ① 유언비어의 날조·유포 및 사실의 왜곡·전파행위 금지
   ② 집회·시위 또는 신문·방송 기타 통신에 의해 헌법을 부정하거나 폐지를 청원·선포하는 행위 금지
   ③ 수업·연구 또는 사전에 허가받은 것을 제외한 일체의 집회·시위·정치 관여행위 금지
   ④ 이 조치에 대한 비방 행위 금지
   ⑤ 금지 위반내용을 방송·보도·기타의 방법으로 전파하거나 그 내용의 표현물을 제작·소지하는 행위 금지
   ⑥ 주무장관에게 이 조치의 위반 당사자와 소속 학교·단체·사업체 등에 대해 제적·해임·휴교·폐간·면허취소 등의 조치를 취할 수 있는 권한 부여
   ⑦ 이런 명령이나 조치는 사법적 심사의 대상이 되지 않으며 위반자는 영장 없이 체포할 수 있다는 것 등.
   1979년 12월 7일 긴급조치 9호가 해제될 때까지 4년여 동안 지속된 긴급조치 9호 시대는 민주주의의 암흑기로서 8백여 명의 구속자를 낳아 〈전국토의 감옥화〉, 〈전국민의 죄수화〉라는 유행어를 만들어내기도 했다.

의 사회적 혼란이 야기되었다. 1979년 10·26 이후 신군부가 등장하여 정권을 장악하였다.

1979년 11월 13일에는 해양경찰대 신축 청사 준공식에 내무부장관이 참석하였고, 1979년 12월 6일에는 통일주체국민회의에서 제10대 대통령으로 최규하를 선출하였다.

1979년 12월 12일에는 정승화 계엄사령관이 박정희 대통령 살해사건 관련 혐의로 연행되었다.

1979년 12월 28일에는 「경찰대학설치법」의 제정·공포로 경찰대학장의 직급을 치안정감으로 하였다.

2) 경찰제도

1972년 10월 유신 이후 한국 경찰은 치안수요의 증가와 국가안보의 중대성을 뒷받침하기 위하여 안보치안에 역점을 두는 조직개편이 자주 있었다. 예를 들면 일선 경찰서의 정보과를 치안업무를 담당하는 정보1과와 대공업무를 담당하는 정보2과를 설치하는 등 정보·대공 업무의 전문화와 기능을 강화하였다.[34]

1960년대에 이어서 1970년대에도 해상을 통한 간첩 침투가 늘어남에 따라 해양경찰이 임무는 해상 대간첩침투 봉쇄에 큰 비중을 두게 되었고, 북한과의 접경 해역에서 어선들이 피랍되는 사례가 발생하여 어로보호 경비의 중요성이 재인식되었다.[35] 이에 따라 인력의 증원과 함정의 건조가 증가되었다.

첫째, 1973년 2월 「경찰공무원법」상의 정년연장 규정 개정되어 시행되었다.

개정된 경찰관의 정년은 다음과 같다.[36] 연령 정년은 경정 이상 61세, 경위·경감 51세, 경사 이하 50세이었고, 계급정년은 치안감 7년, 경무관 10년, 총경 10년, 경정 14년, 경감 16년이었다.

또한 내무부장관은 경사 이하의 경찰관으로서 통신·감식 기타 대통령령

---

34 한국경찰사편찬위원회(1985). 한국경찰사. 치안본부. p. 703.

35 한국경찰사편찬위원회(1985). 상게서. p. 1043.

36 경찰공무원법 제51조[시행 1973. 2. 8.] [법률 제2501호, 1973. 2. 8., 일부개정].

으로 정하는 특수기술 부문에 15년 이상 근무한 후 연령 정년에 도달한 자가 근무성적이 우수하고 계속 복무할 능력이 있다고 인정될 때에는 5년을 초과하지 않는 범위 안에서 이를 연장할 수 있다.

둘째, 1979년 12월 「경찰공무원법」이 개정되었다.[37] 「경찰대학설치법」에 따라 신설되는 4년제 경찰대학의 대학장의 보직을 위하여 경찰공무원의 계급에 "치안정감"을 신설하고 4년제 경찰대학졸업자의 경위 임용 근거를 마련하며 경무관의 계급정년을 조정하였다.

① 경찰관의 계급에 치안정감을 신설함.
② 「경찰대학설치법」에 따른 4년제 대학졸업자는 조건부 기간없이 경위로 임용함.
③ 치안정감 이상의 경찰공무원에 대하여는 그 의사에 반하여 휴직 또는 면직할 수 있도록 함.
④ 경무관의 계급정년을 10년에서 8년으로 단축함.

2. 해양경찰 교육대 발족(1971)과 「선박안전조업규칙」의 제정(1972)

첫째로, 해상직무교육의 충실을 기하기 위하여 1971년 7월 해양경찰대 교육대가 신설되었다. 교육대의 대장은 해양경찰대장이 겸하고, 부대장은 총경 또는 경정으로 보하였다. 1977년에는 해양경찰 교육대가 폐지되고 해군에 위탁하여 교육하다가 경찰종합학교 직무 과정으로 흡수되었다.

표 7-12 ː 「해양경찰대직제」에서의 교육대 신설(시행 1971. 7. 14)

제11조(교육대) ① 교육대는 해양경찰 요원의 직무수행에 필요한 보수교육과 순경(전투경찰 순경을 포함한다)으로 임용될 자의 교육에 관한 사항을 분장한다.
② 교육대는 대장과 부대장 각 1인을 둔다.
③ 대장은 해양경찰대장이 겸하고, 부대장은 총경 또는 경정으로 보한다.
④ 교육대의 운영에 관하여 필요한 사항은 내무부장관이 정한다.
[본조신설 1971. 7. 14]

---

37 경찰공무원법[시행 1979. 12. 28.] [법률 제3189호, 1979. 12. 28., 일부개정].

둘째로 1972년에 「선박안전조업규칙」이 제정되었다.

동·서해 어로보호본부는 1972년에 이르기까지 서해의 조기 성어기와 동해의 명태 성어기에 한하여 해경, 해군, 수산청의 파견 요원으로 구성·운영되어 오다가 1972년 4월 17일 합동부령으로 「선박안전조업규정」이 제정되면서 속초 및 인천지구대에 어로보호본부를 상설하고 지구해양경찰대장이 어로보호본부장을 겸하게 되었다. 1976년에 「선박안전조업규정」이 「선박안전조업규칙」으로 변경된다.

표 7-13 | 「선박안전조업규정」의 주요 내용(시행 1972. 4. 17)

제1조(목적) 이 영은 수산업법 제20조와 선박관리법 제8조의 규정에 의하여 선박에 대하여 어업 및 항해의 제한 기타 필요한 규제를 함으로써 어업자의 조업과 선박의 항해의 안전을 기함을 목적으로 한다.

제2조 (적용범위) 이 영은 어선(어획물 운반선을 포함한다) 및 여객선과 기타의 선박으로서 총톤수 100톤미만의 선박에 적용한다. 다만, 정부 또는 지방자치단체가 소유하는 선박과 원양어업에 종사하는 어선은 이를 제외한다.

제3조 (선박의 표지) 선박소유자는 조타실 또는 마스트에, 조타실 또는 마스트가 없는 선박에 있어서는 선수양현의 적당한 위치에 별표의 표지를 설치하여야 한다.

제4조(출입항신고) ① 어선의 선장은 개항 또는 지정항에 출입하는 때에는 별지 제1호서식의 출입항신고서를 경찰지서, 경찰관파출소, 경찰관출장소, 초소 기타 필요한 장소에 관할경찰서장이 설치한 신고소(이하 "출입항신고소"라 한다)에 제출하여야 한다.

② 전항의 신고서가 제출된 때에 지방해운국에 있어서는 이를 접수하여 선원의 자격을 검토하고 안전설비를 확인하며 경찰관서에 있어서는 선원의 신원을 확인하고 임검 및 보안점검을 하여야 한다.

제5조(식별신호) ① 선박은 수산청장이 내무부, 국방부, 교통부 및 대간첩대책본부와 협의하여 정하는 호기, 신호등 기타의 필요한 장구를 비치하고 항해 또는 조업중 규정된 식별신호를 이행하여야 한다.

② 수산청장은 전항의 식별신호요령을 동항의 각 기관과 협의하여 제정 또는 변경하고 그때마다 선박에 시달하여야 한다. (이하 생략)

3. 지구대 중심체제

1972년 5월에는 「해양경찰대직제」를 개정·시행하여 부산지구 해양경찰대를 신설하는 한편 기지대를 지구 해양경찰대로 개칭함으로써 경찰기관으로서의 지위를 확고히 하였다. 하부조직으로 본대에 5개과와 9개 지구 해양경찰대를 두게 되었으며, 지구대에 함정을 배치하여 경비함정 운용체제를 종전의 본대 중심체제에서 지구대 중심체제로 전환하여 관할구역 내에서 독자적인 지휘권을 가지고 책임 경비를 하게 되었다.

이러한 지구대 중심체제는 조난사고에 대한 현장 대응능력을 높이는 변화가 있었고, 각 지구해양경찰대는 독자적인 지휘권을 가지고 관할수역에서 각종 조난 사고에 보다 신속하게 대응할 수 있게 되었다.[38]

표 7-14 ┃ 「해양경찰대직제」 개정(시행 1972. 5. 6)

제3조(하부조직) ① 해양경찰대에 경무과·경비과·정보수사과·정비과·통신과·<u>지구해양경찰대</u> 및 교육대를 둔다.〈개정 1971. 7. 14, 1972. 5. 6〉
  ② <u>과장과 지구해양경찰대장은 총경 또는 경정으로 보한다.</u>〈개정 1972. 5. 6〉
제9조(<u>지구해양경찰대</u>) ① 지구해양경찰대는 관할구역내에서의 해상경비·작전·해난구조·범죄 수사 기타 해상에 있어서의 경찰에 관한 사항을 분장한다.
  ② 해양경찰대장은 지구해양경찰대의 사무의 일부를 처리하게 하기 위하여 내무부장관의 승인을 얻어 전진기지를 둘 수 있다.
  ③ 지구해양경찰대의 하부조직은 내무부령으로 정한다. [전문개정 1972. 5. 6]
제10조(지구해양경찰대의 명칭등) 지구해양경찰대의 명칭·위치와 관할구역은 내무부령으로 정한다. [전문개정 1972. 5. 6]

4. 치안본부 체제와 해양경찰대 직제의 전면 개정

1) 내무부 치안국이 치안본부로 격상(1974)

1974년 8월 15일 광복절 기념행사에서 대통령 영부인 육영수 여사에 대한 저격 사건이 있었고, 이에 따라 경찰력을 강화할 필요성이 있었다. 정부는 8·15 사건을 계기로 치안국장에는 박현식 육군 중장을 예편과 동시에 임명하고, 1974년 12월 「정부조직법」을 개정하여 치안본부로 격상하고 초대 치안본부장(차관급)에는 치안국장이던 박현식이 임명되었다.[39] 치안본부에 제1부·제2부 및 제3부를 두고 치안본부장은 치안총감으로, 각 부장은 치안감으로 보하

---

38 해양경찰청(2013). 전게서, p. 113.
39 경찰대학(2005). 한국경찰사, p. 255.

였다. 그리고 각 지방경찰국장도 치안감으로 격상하는 등 경찰조직을 전반적으로 확대 강화하였다.

그 당시 「정부조직법」제31조에 따라 내무부장관은 지방행정·선거·국민투표·치안 및 해양경찰에 관한 사무를 장리하고 지방자치단체의 사무를 감독하였다.

치안본부는 치안 행정, 경찰 인력·장비 관리, 방범 및 풍속사범에 관한 지도 단속, 교통사범 규제 및 교통안전 지도, 대공정보 수집 및 분석, 외사경찰 업무 등에 관한 사무를 관장하는 중앙행정기관으로서의 지위를 갖게 되었고, 해양경찰대는 치안본부의 지도·감독을 받게 되었다.[40]

치안본부 제2부에 보안과·교통과·경비과·방위과 및 소방과를 두고, 각 과장은 경무관으로 하였고, 경비과는 "해양경찰의 지도·감독" 사무를 담당하였다는 점에서 1960년대와 동일하였다.

그러나 1974년 863정 피격 사건이 발생한 이후 「해양경찰대 전력화 계획」에 따라 업무체제의 보강을 위해서 1976년에도 치안본부 경비과에 해경계를 두고 있었다.

2) 「해양경찰대설치법」의 폐지와 해양경찰대 직제 전면 개정(1974. 8. 22)

종전에는 대장과 부대장에 대해서는 「해양경찰대설치법」에서 규정하고 그 이하의 하부조직에 대해서는 직제에서 규정하여 왔으나 11년 동안 운영해 오던 「해양경찰대설치법」이 1973년 1월에 폐지되어 해양경찰대 조직 전반에 대하여 「해양경찰대직제」에서 규정하는 형태로 변경되었다. 1974년 8월 「해양경찰대직제(대통령령)」를 전면 개정하여 법령체계를 일제 정비하였다.

표 7-15 | 「해양경찰대직제(대통령령)」 전면 개정(1974. 8.)

제1조(설치) 정부조직법 제3조 제1항의 규정에 의하여 내무부장관의 명을 받아 해상에 있어서의 경찰에 관한 업무를 관장하게 하기 위하여 내무부장관 소속하에 해양경찰대를 둔다. 제3조 (대장 및 부대장) ① 해양경찰대에 대장과 부대장 각 1인을 둔다.

---

40 해양경찰청(2013). 전게서, p. 87.

② 대장은 치안감으로, 부대장은 경무관으로 보한다.

③ 대장은 내무부장관의 명을 받아 소관 업무를 장리하며 소속공무원을 지휘·감독한다.

④ 부대장은 대장을 보좌하며, 대장이 사고가 있을 때에는 그 직무를 대행한다.

제4조(하부조직) ① 해양경찰대에 경무과·경비과·정보수사과·정비과·통신과·지구해양경찰대 및 교육대를 둔다.

② 과장과 지구해양경찰대장은 총경 또는 경정으로 보한다.

③ 교육대에 대장과 부대장을 두되, 대장은 해양경찰대장이 겸임하고, 부대장은 총경 또는 경정으로 보한다.

제5조 (경무과), 제6조 (경비과), 제7조 (정보수사과), 제8조 (정비과), 제9조 (통신과)

제10조 (지구해양경찰대) ① 지구해양경찰대는 관할구역내에서의 해상경비, 작전, 해난구조, 범죄수사 기타 해상에 있어서의 경찰에 관한 사무를 분장한다.

② 해양경찰대장은 지구해양경찰대의 사무의 일부를 처리하게 하기 위하여 내무부장관의 승인을 얻어 전진기지를 둘 수 있다.

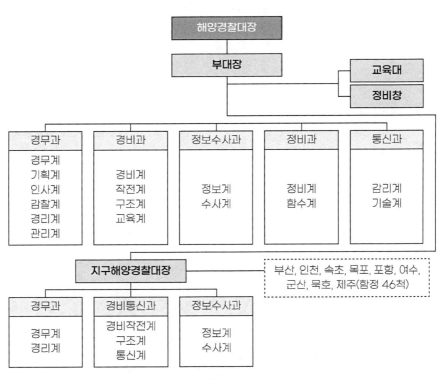

| 그림 7-4 | 해양경찰대 기구표(1974. 8. 22)

5. 863정 피격 사건과 해양경찰대 전력화계획(戰力化計劃)

1) 863정 피격 사건

1974년 6월 28일 해경 함정 863정이 북한 함정과 교전 중 피격되어 침몰하는 사건이 발생하였다. 이 사건으로 863정에 탑승하고 있던 승조원 28명 중 8명이 전사하고 18명이 실종됐으며 2명은 피랍됐다. 이 사건으로 인해 남북 간의 긴장이 고조되었다. 주요 내용은 아래와 같다.[41]

863정은 6월 26일 속초항을 출항하여 거진 앞바다에서 대간첩작전 및 우리 어선들의 피랍 방지와 어로보호 임무를 수행 중이었다. 이때 북한의 경비정 3척이 접근하여 863정을 포위한 후 포격을 가하며 북한으로 끌고 가려 하였다. 이에 863정의 해양경찰대 요원들은 전투를 개시하였고, 결국 1시간 30여 분에 걸쳐 치열한 교전이 벌어졌다. 수적인 열세에 밀려 선체가 침몰하고, 정장인 안정일 경감을 비롯하여 경찰관 14명, 전투경찰 순경 13명, 그리고 고용원 1명 등 28명이 승선하고 있었다. 863정 피격사건을 계기로 「해양경찰대 전력화계획」이 추진되었다.

1974년 7월 863정 피격사건에 대한 책임을 지고 박용전 치안감(재임기간: 1973. 12. 17-1974. 7. 11)이 사직하였다.[42]

이 사건은 해양경찰 창설 이래 가장 많은 희생자가 나온 사건이었다. 이에 따라 해양경찰은 1986년 12월 30일에 이 사건에서 순직·전사한 호국영령들의 넋을 기리기 위해 강원도 속초시 장사동에 「해양경찰 충혼탑」을 건립했다. 국민의 정부 시기인 2002년 4월과 6월에 충혼탑이 세워진 일대를 성역화 작업을 했고, 참여정부 시기인 2003년 4월에 새로 조경공사를 하면서 현재의 해경 속초 충혼탑이 완성되었다. 이 시설은 국가보훈처가 지정한 현충시설이다.

2) 해양경찰대 전력 증강 계획

1974년 6월 28일 동해의 어로한계선 경비 임무를 수행 중이던 해경 863

---

41 海洋警察廳(2003). 전게서. pp. 80-81.
42 중앙일보, 1974. 7. 12.

| 그림 7-5 | 863정 피격 사건(1974. 6. 28)

함이 북한의 함정에 의해 피격된 충격적인 사건이 발생하였다. 이에 「군특명 검열단」이 해양경찰대 업무 전반에 대하여 취약점을 진단하고 운영체제 시설 장비 등 많은 문제점을 도출하였다.[43] 이를 전후로 해경 자체의 자강을 위한 노력과 「군특명 검열단」에 의해 지구대의 청사신축, 각종지침서의 작성, 100일 훈련의 실시 및 지속적인 교육훈련의 강화, 함정 건조로 경비 세력의 증강, 노후 장비 또는 미비한 장비의 개선 보완 등의 일대 변화를 가져왔다.

이후 검열단의 보고서를 검토한 박정희 대통령은 1977년 2월 「해양경찰대 전력화 계획」의 추진을 지시했고 이에 따라 1977년 3월 「해경전력화계획 기획단」이 구성하고 초안을 작성하여 해군과 협조 조정을 통한 최종안을 작성하여 1977년 7월 대통령의 재가를 받아 확정했다.

북한은 해상으로 간첩을 계속 침투시켜 남한의 후방을 교란하였다. 이에 따라 정부는 해상대간첩작전에 더 큰 비중을 두게 되었다. 60톤급 고속경비정을 확보하여 초계경비를 실시하고, 해양경찰대 전력화계획에 의하여 해상 대간첩작전 주력함정으로 선정된 250-500톤급의 신형 경비함정을 1977년부터

---

43 海洋警察廳(2003). 전게서, p. 54.

1981년까지 5개년계획으로 전력 증강을 실현하였다.

정부의 해양광물자원 개발계획에 따라 대륙붕 석유탐사 작업이 추진되면서 1,000톤급 대형함정을 보유하게 되었으며, 동해, 서해, 남해의 중요 항만 및 취약해역 경비를 실시하게 되었다.[44] 1981년 11월 500톤급 경비함 1척 취역, 동년 12월 250톤급 경비함 4척 취역, 1982년 2월 1,000톤급 신조 경비함「낙동강호」가 취역하였다. 이「낙동강호」는 그 당시 최초 최대의 경비함정이었다.[45]

1974년 8월 해양경찰대의 전체 정원은 1,013명으로 증원되었고, 전투경찰 순경도 753명으로 증원되었다.[46]

이러한 전력으로 임해 중요산업시설 보호경비, 취약해역 간첩선 침투 봉쇄경비, 동·서해 특정해역 어로보호 경비, 외국선박 출·입항 보호 감시경비 등의 해양경비활동이 전개되었다. 이때의 해양경찰활동은 한편으로는 안보, 다른 한편으로는 치안이라는 2중의 해양경찰 업무를 수행하였다.

표 7-16 | 해양경찰대 전력화 계획

계획 내용	목표	시행 기간(실시 시기)
경비정 연차 보강	28척(500톤 6척, 250톤 22척)	1977년~1981년
통신망 보강	해경 본대와 출동 함정간 직통 통신망 구성	1977년 8월~1978년 8월
교육제도 개선	해상전문교육을 해군전담 실시	해군교육단에 해경교육대 신설 (1978년 1월부터 실시)
함정 유지·수리 제도 개선	• 해경 함정 정기 및 중간 수리를 해군이 지원 • 진해 해군 군수지원부 내에 해경 파견대 설치 • 수리창 예산을 해군에 전환	• 수리지원: 1975년부터 실시 • 파견대 설치: 1978년 1월부터 • 기타: 1980년 1월부터
업무 체제 보강	치안본부 제2부 내 해경과 신설	1977년 6월 23일 3개 계 정원 33명으로 신설

자료: 해양경찰청(2013). 해양경찰 육십년사, p. 88.

---

44 한국경찰사 편찬위원회(1985). 전게서, p. 1042.
45 海洋警察廳(2003). 전게서, pp. 75-77.
46 해양경찰청(2013). 전게서, p. 86.

3) 치안본부 제2부에 해경과 신설(1977) 및 업무

1977년 4월 「해양경찰대 전력화 계획」을 실현하기 위하여 「내무부 직제」
를 개정하여 해경과를 신설하였다.[47] 치안본부 제2부(부장: 치안감)에 보안과·교
통과·경비과·해경과 및 작전과를 두며, 각 과장은 경무관으로 보하였다. 이
때 해경과(과장: 경무관)의 사무는 ① 해상경비 및 작전에 관한 계획·지도, ② 해
난구조지도, ③ 경비정 운영지도, ④ 해양경찰대의 운영 감독이었다.

이 해경과는 직제 개정에 따라 1977년 4월 정원 26명(경무관 1명, 총경 2명,
경정 2명, 경감 6명, 경위 12명, 경장 2명, 고용원 1명, 총 26명)으로 신설되었다.[48] 이러한
치안본부 해경과의 지도·운영에 따라 해양경찰대는 육상경찰의 영향이 증대
되는 계기가 되었을 것이다.

1977년도 해양경찰 정원은 1,110명으로 경찰관 1,094명, 기능·고용직 16명
으로 구성되어 있었다.[49] 치안본부 내에 해경과의 관리인력이 26명이었다는 것
은 해양경찰의 업무 전반에 대하여 지도와 감독이 이루어졌을 것으로 판단된다.

그리고 1978년 8월 '해경과'를 '해상보안과'로 개칭하여 해상공해업무도
담당하도록 하였다. 1979년 치안본부 제2부(부장: 치안감) 해상보안과(과장: 경무관)
는 해상보안계, 해상경비계, 해상구난계, 해상공해계로 구성되어 있었다.[50]

해상보안과는 ① 해상경비 및 작전에 관한 계획·지도, ② 해난구조지도,
③ 경비정 운영지도, ④ 해양오염감시 및 방제에 대한 지도, ⑤ 해양오염분쟁
조정위원회 및 해양오염방지자문위원회 운영, ⑥ 해양경찰대의 운영감독 등의
사항을 분장하였다.[51] 그 후 1984년 1월 21일 치안본부 제2부 소속의 해상보
안과를 폐지하였다.

1979년 2월 내무부 인사에 따르면 이광수 치안본부 해상보안과장(경무관)
이 치안감으로 승진하여 해양경찰대장이 되었다.[52]

---

47 내무부직제[시행 1977. 4. 9.] [대통령령 제8533호, 1977. 4. 9., 일부개정].
48 한국경찰사편찬위원회(1985). 전게서. p. 1395.
49 海洋警察廳(2003). 전게서. p. 575.
50 박범래(1988). 전게서. pp. 385–386.
51 내무부직제[시행 1978. 8. 9.] [대통령령 제9124호, 1978. 8. 9., 일부개정].
52 중앙일보, 1979. 2. 19.

1979년 9월 13일 중앙일보 기사에 따르면 해상보안과 해양경비·해양구난 담당에 대한 인사발령이 있었는데 총경 승진자이었다.[53]

1980년 6월 정용득 치안본부 인사교육과 보임계장은 경무관으로 승진하여 해양경찰대 관리부장으로 임명되었고, 전북경찰국 전종천 정보1과장이 경무관으로 승진하여 해양경찰대 경비부장이 되었다.[54]

1983년 12월 10일자로 정용득 경무관을 해상보안과장으로 임명하였고,[55] 그 후 1988년에 치안정감으로 승진하여 해양경찰대장(1988. 6. 1－1990. 6. 25)이 되었다.

이에 따라 치안본부장의 하부기구인 해상보안과에서 해양에서의 경찰 및 해양오염 방지와 방제에 관련된 업무를 지도·운영하였다고 볼 수 있다. 그리고 치안본부 해상보안과장이 해양경찰대장이 되는 경우가 여러 번 발견된다.

2022년 8월 행정안전부 내에 경찰국을 신설하였다.[56] 이를 두고 경찰국 신설이 수사기관 독립성 방향에 역행하는 것이라는 지적이 있고, 조직과 권한이 커지면 거기에 맞춰 더 많은 견제와 감독이 필요하다는 입장이 있다. 경찰국 신설에 대한 많은 논란이 있었고 결국 행정안전부 내에 경찰국이 신설되었다. 경찰국의 인원은 경찰국장(치안감) 1명과 총 16명으로 산하 과는 총괄지원

53 　중앙일보, 1979. 9. 13.

54 　중앙일보, 1980. 6. 3.

55 　중앙일보, 1983. 12. 12.

56 　행정안전부와 그 소속기관 직제[시행 2022. 8. 2.] [대통령령 제32836호, 2022. 8. 2., 일부개정]. 제13조의2(경찰국) ① 국장은 치안감으로 보한다. ② 국장은 다음 사항을 분장한다.

　　1. 「정부조직법」제7조제4항에 따른 행정안전부장관의 경찰청장에 대한 지휘·감독에 관한 사항

　　2. 「국가경찰과 자치경찰의 조직 및 운영에 관한 법률」제8조제1항에 따른 국가경찰위원회 위원의 임명 제청 및 같은 법 제14조제2항 전단에 따른 경찰청장의 임명 제청에 관한 사항

　　3. 「국가경찰과 자치경찰의 조직 및 운영에 관한 법률」제10조제1항제9호에 따른 국가경찰위원회 안건 부의(附議) 및 같은 조 제2항에 따른 국가경찰위원회의 심의·의결 사항에 대한 재의 요구

　　4. 「경찰공무원법」제7조제1항에 따른 총경 이상 경찰공무원의 임용 제청, 같은 법 제30조제4항 후단에 따른 계급정년 연장 승인을 위한 경유 및 같은 법 제33조 단서에 따른 징계를 위한 경유에 관한 사항

　　5. 「국가경찰과 자치경찰의 조직 및 운영에 관한 법률」제25조제4항에 따른 시·도자치경찰위원회의 의결에 대한 재의 요구 및 같은 법 제28조제2항에 따른 시·도경찰청장의 임용 제청에 관한 사항

　　6. 그 밖에 다른 법령에 따른 경찰행정 및 자치경찰사무 지원에 관한 사항[본조신설 2022. 8. 2.]

과·인사지원과·자치경찰지원과 등 3개과이다. 이에 비교하여 1977년 치안본부 해경과의 인력이 해경과장(경무관) 등 26명이었다는 것은 해양경찰 업무에 대한 전반적으로 통제하고 장악할 수 있는 큰 규모의 인력이었다.

4) 「영해법」 제정(1977) 및 외국선박 통항의 감시 업무 추가(1977)

1977년 12월 대한민국의 영해를 12해리로 규정하는 「영해법」이 국회를 통과하고 1978년 4월 시행되어 우리나라의 영해는 12해리로 확정되었고, 대한해협의 경우에는 3해리로 유지되었다. 영해란 연안국이 영토 관할권에 준하는 배타적 관할권을 행사하는 해양 영역으로서 영해 내에서는 어업 등 자원을 독점할 수 있는 권리를 갖는다.

과거에는 해양경찰이 「한·일 어업협정」에 따라 전관 수역을 침범하는 외국어선만 경계·감시하여 왔으나 12해리 영해가 선포되면서 영해를 침범하는 외국어선과 신고되지 않은 외국선박의 통항 등을 감시하는 임무를 담당하게 되었다.[57]

6. 해양오염의 발생과 해양오염관리관실 신설(1978), 본대 인천 이전(1979)

1) 「해양오염방지법」 제정(1977)

「해양오염방지법」의 제정 배경은 다음과 같다.[58] 1967년 울산 공업단지에서 흘러 나온 산업폐수가 연안어장에 큰 피해를 주어 어업권 배상 문제가 발생한 바 있고, 1977년 7월 프레지렌트호와 투르만호의 해상충돌 사고로 부산 해운대 해수욕장 및 남해 동부 해상을 오염시킨 대형사고 등 크고 작은 유류유출 사고로 연안 오염이 심각하여 대책이 절실히 요구되었다. 또한 한·일 대륙붕 개발에 따른 선박 및 오염시설로부터 기름 또는 폐기물 투기에 의한 해양오염사고 대책이 필요하여 법 제정이 불가피하게 되었다.

---

57 해양경찰청(2013). 전게서. p. 112.
58 경찰청 역사편찬위원회(1994). 한국경찰사. pp. 1291-1292.

1977년 9월 중앙청 행정조정실에서 각 부처별 소관 업무를 협의하여 내무부는 해양오염 감시 단속 및 방제업무 등을 전담하고, 전문기술요원, 항공기와 특수선박, 기자재 등을 확보하며, 시험분석 시설과 전담기구를 신설하기로 하였다. 1978년 8월 해양경찰대에 해양오염관리관실을 신설하고 전문인력을 확보했으며, 「해양경찰대 사무분장 규칙」을 개정하여 1979년 3월부터 해양오염방지 업무를 수행하게 되었다.

이러한 국내·외적 필요성에 따라 1977년 12월 「해양오염방지법」이 제정되고, 1978년 7월에 시행되었다. 동법은 해양환경 역사상 획기적인 사실로서 해양환경 보전에 대한 최초의 제도화라고 볼 수 있다.

2) 조직의 신설

해양경찰대 부대장제도를 폐지하고 본대에 관리부와 경비부, 해양오염관리관실을 신설하였다. 관리부에는 경무과, 기획감사과, 정비보급과를 두고 부장은 경무관으로, 과장은 총경으로 보하였다.

경비부에는 경비과, 통신과, 정보수사과를 두고 부장은 경무관, 과장은 총경으로 보하였고, 해양오염관리관은 물리 부기감으로 보하였다.

1970년대 말 경제개발 정책 추진에 따른 산업의 급속한 발달로 국제간의 교역이 활발하여 선박의 통항량이 급증함에 따라 해난사고가 증가하면서 해양오염에 대한 관심이 높아졌고, 국제적으로 1954년 5월 「기름에 의한 해수 오탁방지를 위한 국제협약」이 발효되었으며, 한·일 간에는 석유자원 개발을 위한 한·일 대륙붕 공동개발을 추진함에 따라 해양오염을 규제하고 적정한 처리를 함과 동시에 해양오염방지를 위한 각종 조치를 강구할 필요성이 있었다.[59]

1977년 12월 「해양오염방지법」이 제정[60]되었고, 해양경찰대에 해양오염

---

59 해양경찰청(2008). 해양오염관리업무 30년의 발자취. p. 4.

60 1977년 12월 31일 「해양오염방지법」이 제정되었다. 이 법은 해양으로 배출되는 기름·유해액체물질 등 과 폐기물을 규제하고 해양의 오염물질을 제거하여 해양환경을 보전함으로써 국민의 건강과 재산을 보호하는데 목적을 둔 특별법으로 해양의 환경보전에 필요한 사항을 폭넓게 규정하였다. 이 법에서 해양경찰대가 해양오염 감시·방제 업무를 담당한다는 점을 명문화하였다. 이에 따라 해양경찰대는 해양환경 보전을 위한 해양오염 예방, 해양오염 범죄 감시, 오염물질 방제 등에 관한 임무를 담당하게 되었다. 이는 해양경찰대의 임무가 해양환경 영역으로까지 확대된 것이다.

관리실이 신설되었다. 1978년 최초로 해양오염관리실이 신설되면서 당시 부산에 있던 해양경찰대 본관이 협소하여 부두에 있는 바지선에서 업무를 시작하였다. 경찰조직 내 일반직 신분으로 해양환경업무를 수행함에 따라 정부조직 개편 시마다 이관이 거론되기도 했으며, 신분 차이에 오는 소외감이 있었다.[61] 본부의 해양오염관리관실 밑에 감시과, 방제과, 시험연구과를 두었으며, 지방의 지구해양경찰대에 해상공해과를 둠으로써 본대에 2부 1실 9개과 지구대에 4개과를 두어 새로운 조직 면모를 갖추었다.

　　이때에 지구해양경찰대는 부산, 인천, 속초, 목포, 포항, 여수, 군산, 제주 8곳이었고, 지구해양경찰대에 두는 부서는 경무과, 경비통신과, 정보수사과, 해상공해과 4개과이었다. 특히 해양오염방제기능을 수행하는 해상공해과를 신설하여 현장의 해양오염방제 업무를 담당하게 되었다. 경무과장·경비통신과장·정보수사과장은 경감 또는 경위로, 해상공해과장은 화공기사 또는 물리기사로 보하였다.

　　해양환경 보전 임무를 맡게 된 해양경찰대는 1978년 8월 직제 개정에서

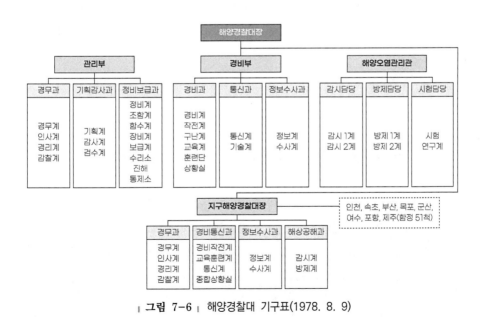

| 그림 7-6 | 해양경찰대 기구표(1978. 8. 9)

61　해양경찰청(2008). 해양오염관리업무 30년의 발자취. 상게서. 해양오염방제국장 이봉길(서문).

해양오염관리실을 신설하고 본대 26명, 지구대 63명 등 총 89명의 일반직 정원을 책정하여 해양오염 예방 및 방제 업무를 새로 담당하게 되었다.[62] 그리고 해양경찰대에 새로운 업무가 추가됨에 따라 해양경찰대의 운영 감독 부서인 치안본부의 경우 해경과를 해상보안과로 변경하였다.

3) 해양경찰대 본대 인천으로 이전(1979. 10. 12.)

해양경찰대의 운영체계가 본대 중심체제에서 지구 해양경찰대 중심체제로 전환함에 따라 해양경찰대 본대가 수도권이 아닌 부산에 있는 것이 비효율적이라는 지적이 있었다. 중앙정부 또는 내무부 치안본부와 행정적으로 소통하고, 해상에서 이루어지는 전관 수역의 어로 보호와 대간첩작전, 해양경비, 범죄수사, 조난구조, 그리고 해양오염 방제 등 각종 현안을 통합·조정을 용이하게 하기 위함이었다.

이에 따라 정부는 해양경찰대가 효율적으로 해상경찰 전반의 업무를 수행하고, 내무부·국방부·수산청 등 관련 중앙기관과 긴밀하고 원활하게 업무 협조체제를 구축할 수 있도록 본대 청사를 인천으로 이전하기로 확정하였다. 최초의 인천청사는 인천시 중구 북성동으로 결정되었다. 해양경찰대는 부산청사를 떠나 1979년 10월 12일 인천으로 이전하였다. 이에 따라 해양경찰대는 26년간의 부산청사 시대를 마감하고 마침내 새로운 「인천 청사시대」를 개막하였다.

7. 1970년대의 해양경찰 증원

1970년대의 해양경찰대의 정원은 매년 증가하고 있다. 1970년에 892명이었다가 1979년에는 2,380명으로 10년 사이에 2.7배 증가하였다. 1978년 12월에 일반직 95명을 충원한 이유는 해양오염방제업무가 해양경찰에 추가되면서 충원하였고, 전투경찰의 경우 1971년부터 만들어진 제도로 「전투경찰대설치법」[63]

---

62 해양경찰청(2013). 상게서, pp. 121–122.
63 「전투경찰대설치법」은 1970년 12월 31일에 시행되었다. 설치 및 임무는 간첩(무장공비 포함)의

에 의하여 군 복무 대신 해양경찰대에서 복무하여 국방의 의무를 마치는 제도
를 말한다.

1976년 3월에「해양경찰대직제」개정에 의하여 경찰직 56명을 증원하여
정원이 1,089명이 되고, 전경 806명을 포함하여 총정원이 1,895명으로 늘어
났다.

표 7-17 | 1970년대의 해양경찰 인력 증원   (단위: 명)

연도	총정원	공무원				전투경찰
		소계	경찰직	일반직	기능·고용직	
1970. 7.	892	892	876	–	16	–
1971. 2.	968	968	952	–	16	–
1971. 10.	1,212	968	952	–	16	244
1974. 8.	1,766	1,013	997	–	16	753
1976. 3.	1,895	1,089	1,073	–	16	806
1977. 11.	1,916	1,110	1,094	–	16	806
1978. 12.	2,089	1,263	1,150	95	18	826
1979. 10.	2,380	1,480	1,362	95	23	900

자료: 해양경찰청(2003). 해양경찰 오십년사.

8. 1970년대의 주요 사건·사고

1) 간첩선 사건

1971년 3월 1일 신용관 해양경찰대장은 "현재 북한이 남파하는 대부분의
무장간첩은 해상을 통해 침투하고 있다"고 하고, 모든 선박에게 간첩선 색출
에 적극 협조해 줄 것을 당부하고, 간첩선을 신고하면 100만 원의 포상금을

침투거부·포착·섬멸 기타의 대간첩작전을 수행하기 위하여 서울특별시장·부산시장·도지사 및
해양경찰대장 소속하에 전투경찰대를 두었다.

지급한다는 방침을 밝히기도 하였다.64

1979년 7월 21일 경남 충무경찰서는 삼천포 앞바다에서 무장간첩선을 격침시켰다. 한 어민의 신고에 따라 충무경찰서장은 연안정인 "무궁화호"와 "충무공 112호"를 출동시켜 해군함정과 합동작전으로 그 간첩선을 격침시켰다.65 이 사건에서 연안의 경찰서에서도 연안정을 보유하고 있었고 대간첩작전 및 해상치안활동을 수행했음을 알 수 있다.

표 7-18 | 간첩선 사건

일시	내용
1971. 2.	충남 서산 앞바다 105마일 해상에서 북한 무장선박 퇴치
1971. 5.	인천시 동구 송현동 앞바다 간첩선 1척 출현, 해양경찰대와 해군·공군과 합동작전으로 격퇴
1975. 2.	동해안 거진항으로 침투하는 간첩선 1척을 발견, 해양경찰대 함정과 육·해·공 군과 합동작전으로 격침
1976. 9.	일본 어선으로 위장한 간첩선이 거문도 서도리에 도착한 후 국내에서 암약하던 접선대상을 만나고 돌아가는 사건 발생
1977. 5.	경남 통영군 소속 어업지도선 통영호가 무장괴한 2명에 의하여 기관총 및 로켓트포 공격을 받음

2) 해양사고

(1) 남영호 침몰 사고(1970. 12. 15)와 제도 개선

1970년 12월 15일 326명의 인명피해를 야기한 초대형 사고가 발생하였다. 이 사고는 부산~제주를 오가는 정기여객선 남영호(362톤급)가 승객 338명과 감귤을 싣고 제주도 서귀포항을 출항하여 부산을 향해 가던 중 새벽 1시 27분경 전남 여천군 소리도 동남쪽 9마일 해상에서 갑자기 선체가 기울면서 전복해 침몰한 사고였다. 사망과 실종 등 인명피해가 326명, 재산피해도 선체와 화물 가격을 합쳐 1억 700만 원에 달하는 초대형 사고였다.

64　해양경찰청(2013). 전게서, p. 109.
65　치안본부(1984). 경찰정신, 제일가제법령출판사, pp. 148-149.

① 일본 측의 구조 및 무선 연락

8시 45분, 일본 해상보안청 순시선이 일본 어선으로부터 한국 선박이 침몰했고 4명을 구조했다는 무전을 받았다. 일본 순시선은 9시에 한국 해경대에 이를 무선으로 연락하였으나 응답이 없자 해상보안본부에 한국 해경대에 연락할 것을 요청하였고, 해상보안본부에서는 12시 30분까지 부산과 제주의 한국 해양경찰대에 무선으로 연락했으나 응답이 없었다. 14시에 일본 순시선은 한국 승객 8명을 구출했음을 해상보안본부에 연락하였고, 14시 15분에 한국 해양경찰대로부터 연락을 받았다.66

② 한국 측의 구조

한국 해양경찰대는 12시 일본 교도통신의 보도가 있었지만 한국 해양경찰대는 '연락을 받은 바 없다'는 입장을 되풀이했고, 일본 순시선 출동보다 네 시간 늦은 오후 1시에 출동했다.67

1시 50분경 항공기를 선두로 16시에 현장에 도착한 해안경찰대에서는 3명을 구조하였다. 일본 어선으로부터 인계된 8명과 한국 어선에 구조된 1명을 포함하여 생존자는 모두 12명이었다.

③ 제도 개선

화물의 과적과 항해 부주의가 불러온 엄청난 규모의 인명피해는 해상에서의 사고가 얼마나 큰 피해로 이어지는지를 재인식시켜 주었다. 남영호 침몰사고는 1972년 12월 시행의 「해상운송사업법」에서 「여객선 운항관리제도」68를 도입하는 계기가 되었다.

표 7-19 | 「해상운송사업법」에서 여객선 운항관리제도 신설(시행 1972. 12. 30)

제3조의2(운항관리의 규정) 여객정기항로사업의 면허를 받고자 하는 자는 교통부령으로 정하는 사항에 관하여 운항관리규정을 작성하고 이를 전조 제2항의 규정에 의한 면허신청서에 첨부하여야 한다. [본조신설 1972. 12. 30] 제3조의3(운항관리자) ① 여객정기항로사업자는 한국해운조합법에 따라 설립된 한국해운조합

---

66 동아일보. 1970. 12. 16, 남영號사건관계 韓日교신 메모.

67 동아일보. 1970. 12. 17. 海警, 15時間 뒤 事故海域에.

68 해상운송사업법[시행 1972. 12. 30.] [법률 제2412호, 1972. 12. 30., 일부개정].

이 선임한 선박운항관리자(이하 "운항관리자"라 한다)의 안전운항에 관한 지휘감독을 받아야 한다.
② 전항의 규정에 의한 운항관리자의 자격요건 임면방법 그 절차 및 직무범위에 관하여 필요한 사항은 교통부령으로 정한다.
③ 여객정기항로사업자는 교통부령이 정하는 바에 따라 제1항의 규정에 의한 운항관리자의 운용에 관한 비용을 부담하여야 한다. [본조신설 1972. 12. 30]

그리고 1971년 1월 23일 내무부·교통부·체신부 등 3개 부처 합동회의의 의결에 따라 1972년 7월 18일에 해양경찰대 본대에 구난통신실을 설치했다. 이에 따라 해양경찰대는 상선과 어선을 비롯한 각종 선박에서 발신하는 조난통신을 청취할 수 있게 되었고, 조난통신을 받게 되면 신속하게 출동하여 구조하는 구난 임무를 더욱 확대하여 수행하게 되었다.[69]

(2) 길자호 침몰사고(1971. 1. 17)와 어선 침몰(1976. 11. 29)

1971년 1월 17일 발생한 길자호 침몰사고는 여수항을 출항하던 중 여수항으로 입항하던 삼행호와 충돌하여 침몰하면서 30명이 사망하고 2명이 실종된 사고였다. 조난통보를 받은 여수기지대는 경비정 301정과 206정을 긴급출동시켜 생존자 50명을 구조하고, 침몰한 길자호 인양작업도 지원하였다.

1976년 11월 29일부터 며칠 사이에 20여 척의 어선이 침몰 또는 실종되는 사고가 발생했다. 울릉도 근해에서 오징어잡이를 하던 어선들이 초속 20−25m의 강풍과 높이 8−10m의 파도에 휩쓸려 사망 66명, 실종 259명 등 325명이 인명피해를 입는 초대형 해양사고가 발생하였다.

당시 사고해역에는 국내어선 100여 척이 일본 어선 500여 척과 같은 해역에서 조업을 하고 있었다. 일본 어선들은 본국에서 방송하는 기상예보를 청취하고 대피명령을 받아 모두 피항하여 단 1척도 피해를 당하지 않았다. 이에 비해 우리 어선들이 대형 조난을 당한 것은 소규모 혹은 낡은 어선에 원시적 항해 장비를 갖춘 상황이었고, 기상예보도 없는 상황에서 조업을 했기 때문이다.

---

[69] 海洋警察廳(2003). 전게서. p. 41.

(3) 561정 침몰사고(1976. 11. 14)

1976년 11월 14일 발생한 561정의 침몰사고는 해양경찰대원의 순직피해를 동반한 사고이다. 당시 561정은 경기도 옹진군 덕적면 해상에서 조업 중이던 어선들이 강풍과 높은 파도로 위험에 처하자 이들 어선을 대피시키는 어로보호 작전을 전개 중이었다.

561정은 어선들을 성공적으로 대피시킨 후 피항하던 중 삼각파도에 휩쓸려 침몰하였다. 561정의 정장 손진극 경감은 14명(4명 실종)의 부하들을 먼저 대피시킨 후 순직했다. "배가 침몰되고 있다. 대원들은 모두 구명동의를 입고 좌현 쪽으로 뛰어들라." 해양경찰 경비정 561정의 정장 손진극(孫晉克) 경감이 부하들에게 내린 마지막 지시사항이다. 이 지시를 마지막으로 1976년 11월 14일 손진극 경감은 선체와 함께 순직하였다.

1965년 12월 해양경찰에 투신한 손진극 경감은 1974년 겨울 동해에서 명태잡이를 하던 17척의 어선이 돌풍을 만나 침몰하였을 때 상대방의 구명동의를 서로 잡도록 하는 기지를 발휘하여 40여 명의 선원들을 모두 구조하기도 했으며, 1975년 봄에는 허○○ 일파의 밀수단이 남해안에서 쾌속정으로 활개를 칠 때 12노트 속도의 경비정으로 끈기 있게 추적하여 2척을 검거하는 공훈을 세우기도 하였다.

Ⅳ. 1980년대·1990년대 초반의 해양경찰

1. 개설

1) 정치 상황

1980년 5월 18일 전국에 비상계엄이 선포된 후 광주에서 민주화 운동이 일어났다. 10·26 이후 신군부가 등장하여 정권을 장악하였다.

1979년 10·26사건으로 인한 사회적 혼란을 수습하기 위하여 1980년 5월 31일 전국비상계엄하에서 국가보위비상대책위원회(1980. 5. 31. 설치, 약칭 국보위)를 설치하였다. 상임위원장은 전두환(全斗煥: 당시 보안사령관 겸 중앙정보부장 서리)을 중심으로 하는 신군부 세력으로 구성되었으며, 「최고군사회의」의 성격을 띠었다.

1980년 8월 16일 대통령 최규하가 하야함으로써 국보위의 정치적 조정작업이 마무리되었다. 8월 27일 통일주체국민회의에서 전두환은 제11대 대통령으로 선출되었다.

개정 「헌법」이 10월 23일 확정되자 국회, 정당, 통일주체국민회의가 해산되고 국보위는 국가보위입법회의로 개편하였다. 국가보위입법회의는 제반 법과 제도를 정비하며, 신군부의 제5공화국 출범을 위한 기반을 마련한 후 11대 국회(1981. 4. 11~1985. 5. 12)의 개원과 더불어 국보위는 해산되었다. 새로운 「헌법」에 따라 1981년 3월 3일 전두환이 제12대 대통령에 취임함으로써 제5공화국이 정식 출범하였다.

1986년에는 아시안게임이 있었고, 1988년에는 서울올림픽이 개최되었다.

1987년 6월 4·13 호헌조치에 반대하는 6·10 대회가 있었고, 노태우 대선후보의 6·29 선언으로 다시 헌법 개정을 위한 절차에 들어갔다. 「헌법」이 개정됨에 따라 1987년 12월 16일 대통령 선거가 실시되어 1988년 2월 25일 노태우가 대통령에 취임하면서 제6공화국(1988~1993)이 탄생하였다.[70]

1988년 4월에 실시된 국회의원 총선거에서 역사상 처음으로 여소야대 국회가 구성되었다. 국민들의 민주화요구가 분출되었다.

1990년 1월 민정당·민주당·공화당 3당이 합당하여 민자당 창당이라는 대변혁이 있어났고, 여소야대 구도가 단숨에 바뀌었다.

2) 경찰제도 변화

1982년 「전투경찰대설치법」이 개정되어 의무경찰제도가 실시되었다.[71]

「전투경찰대설치법」을 개정하여 대간첩작전을 임무로 하는 작전전투경찰순경은 내무부장관이 국방부장관에게 요청한 자 중에서 임용하고, 치안업무의

---

70 정관용(1994). "1960·70년대 정치구조와 유신체제," 「한국사 19: 자주·민주·통일을 향하여 1」, 한길사, p. 327.

71 警察廳(1995). 警察五十年史, p. 342.

보조를 임무로 하는 의무전투경찰 순경은 내무부장관이 국방부장관에게 추천한 자 중에서 임용하도록 하였다. 이러한 의무경찰제도는 예산을 절감하고 치안수요가 폭증하는 시기에 신설되어 순찰, 입초, 교통보조. 시위진압 등의 분야에서 그 기능을 발휘하였지만 경찰실무 및 사회경험 부족으로 대민 친절 봉사라는 점에서 미흡하다는 단점도 노출되었다.

1985년 12월 「경찰공무원법」이 개정되어 연령 정년이 경감·경위는 55세에서 58세로, 경사 이하는 50세에서 55세로, 계급정년이 경감은 12년에서 15년으로, 경위는 15년에서 18년으로 연장되었다.

1980년대에도 해양경찰대는 차관급 대우를 받는 내무부 치안본부장의 지도·감독하에 있었고, 1984년 1월 21일 치안본부 제2부 소속의 해상보안과를 폐지하였다.[72]

1986년 1월 28일 치안본부 경찰직제 개편에서는 경찰조직의 직급이 상향 조정되고 직제도 확대되어 인원이 크게 증가하였다. 주요 내용은 다음과 같다.[73] 치안본부 계장인 총경을 과장으로, 과장인 경무관을 부장으로, 부장인 치안감을 조정관으로 하고 당시 치안감이 맡고 있던 서울시경국장 및 해양경찰대장을 치안정감으로 격상하였다.

1988년 12월 31일 「경찰관직무집행법」을 개정하여 동행을 한 경우 경찰관은 당해인을 3시간을 초과하여 경찰관서에 머물게 할 수 없고, 흉기·무기 등의 가영치 기간을 30일에서 10일로 단축하였다.

1990년 2월 21일 특별경비부서에서 공이 있고, 상위직의 직무수행 능력이 있는 자에 대하여 경위까지 승진이 가능하도록 「경찰공무원 승진임용 규정」을 개정하였다.

---

72 경찰청 역사편찬위원회(1994). 전게서, pp. 59–60.
73 경찰청 역사편찬위원회(1994). 상게서, p. 60.

2. 해양경찰의 제도 변화

1) 지구대장의 관공선 통제(1982), 3마일 이내 연안 경비 관할 및 기상예 보실 신설 (1983)

첫째, 1982년 지구대장이 관공선을 통제하는 새로운 권한을 부여하였다. 해상경비를 강화한다는 취지에서 기존에 국가나 지방관청에서 운영하던 관공선에 대한 평상시 작전통제권이 5월 1일자로 해당지역 지구대로 이관하게 되었다. 이때부터 각 지구대장이 관공선74 통제소장을 겸임하게 되었다.75

둘째, 해양경찰대가 3마일 이내에서 연안 경비를 관할하고, 본대의 기상예보실을 신설하였다.

1983년 해양경찰대는 육상경찰이 관할하던 연안 3마일 이내의 해역도 해양경찰에서 관할하기로 함에 따라 동년 4월 육상경찰이 연안경비로 위해 운영하던 연안정 30척을 이관받았고, 동년 9월에도 40척을 이관받아 총 70척의 연안경비정을 보유하게 되었다.76

연안경비정 인수의 경우 1983년 2월 「관공선운영 개선방안」의 일환으로 "연안경찰서 소속의 경비정은 원칙적으로 해양경찰대가 총괄하고 그 운영, 수리 등도 해경이 통괄하라"는 대통령 지시에 따라 동년 4월 1차인수 연안정 30척을, 9월에는 2차인수로 40척을 인수하였다. 1차 인수 때에 인력 252명(경찰관 133명, 전경 119명), 2차 인수 때 301명(경찰관 116명, 전경 135명)을 인수하였다.

1983년 6월 출동 함정에 기상예보를 조기 전달하여 기상변화에 대한 사전 대비태세를 갖추도록 하기 위해 본대 상황실에 「기상예보실」을 신설하였다. 해상에서 작전을 수행하는 해양경찰대원에게 보다 정확한 기상정보를 제공함으로써 업무수행의 안정성과 효율성을 높이기 위한 조치이다.77

---

74 관공선이란 국가나 지방기관 등에서 소유·운영하는 공무용 선박, 해양구조선, 경비정, 소방구조선, 예인선, 유류운반선, 행정선, 청소선, 어업지도선, 선착장 바지선, 병원선 등을 말한다.
75 해양경찰청(2013). 전게서, p. 90.
76 해양경찰청(2013). 상게서, pp. 100-101.
77 해양경찰청(2013). 상게서, p. 91.

2) 치안본부 해상보안과 폐지(1984)

1979년 2월 20일부터 1980년 7월 8일까지 재임한 이광수 해양경찰대장은 치안본부 해상보안과장(경무관)을 재임하다가 치안감으로 승진하여 해양경찰대장이 되기도 하였다.

내무부 치안본부 제2부(부장: 치안감) 해상보안과(과장: 경무관)는 1978년 8월 9일에 설치되어 1984년 1월 20일 경기도 경찰국장(경무관)을 역임하고 해양경찰대장으로 임명된 최영덕 치안감(재임 기간: 1983. 12. 13-1985. 1. 17) 때에 폐지되었다. 그 당시는 전두환 대통령 정부 시기 이었고, 치안본부장은 제8대 이해구(재임 기간: 1983. 4. 7-1984. 10. 10) 치안총감이었다.

1984년 1월 21일 치안본부 제2부(부장: 치안감) 소속의 해상보안과를 폐지하고 그 업무를 제2부 작전과에서 수행하도록 조정하였다. 해상보안과 폐지에 따라 1984년 2월 9일 치안본부 작전과에 해경계를 신설하였다.[78] 1991년 경찰청이 발족되기 전까지 작전과에 해경계를 유지하고 있었다.

그 당시 작전과의 사무는 ① 경찰작전과 경찰 전시 훈련에 관한 계획의 수립, ② 전투경찰대의 운영지도, ③ 경찰 임전 태세 검열, ④ 향토예비군의 동원 및 방위소집자의 운영, ⑤ 향토예비군의 무기·탄약 관리, ⑥ 경찰 항공기의 운용·정비, ⑦ 해상경비·해난구조 및 경비함정의 운영 지도, ⑧ 해상오염의 감시 및 방제에 대한 지도, ⑨ 해양경찰대의 운영·감독 등이었다.[79]

1986년 1월의 「내무부 직제」에서 경비부(경비부장: 경무관) 작전과(작전과장: 총경)의 사무는 ① 경찰작전과 경찰전시훈련에 관한 계획의 수립, ② 전투경찰대의 운영·지도, ③ 중요시설의 방호지도, ④ 향토예비군의 동원 및 방위소집자의 운영, ⑤ 향토예비군의 무기·탄약 관리의 지도, ⑥ 해양경찰대의 운영·감독으로 변경되었다.

1986년 1월 작전과의 사무에서 1984년 직제의 해상경비·해난구조 및 경비함정의 운영 지도, 해상오염의 감시 및 방제에 대한 지도가 삭제되어 치안본부의 해양경찰대에 대한 지도·감독 범위가 줄어든 것으로 판단된다. 치안

---

78 경찰청 역사편찬위원회(1994). 전게서, p. 60.
79 내무부직제[시행 1984. 1. 21.] [대통령령 제11329호, 1984. 1. 21., 일부개정].

본부의 "해양경찰대에 대한 운영·감독"이라는 사무는 1991년 7월 경찰청이 중앙행정관청이 된 이후까지 지속된다.

3) 「해양경찰대훈」과 「해양경찰대가」제정, 최초의 여경 임용과 잠수사 임용

첫째, 1985년 5월 13일 해양경찰대훈은 해양경찰 구성원 모두가 공유해야 할 공유가치를 담고 있었다. 그 통일된 가치관은 "굳센 체력과 강인한 정신력으로 조국 수호에 신명을 다하는 역사적인 해양경찰이 되자"이었다. 그리고 서정주 작사, 김동진 작곡의 "해양경찰대가"를 제정하였다.

둘째, 1986년 5월 1일 여성에게도 해양경찰로서의 직무를 수행할 수 있도록 문호를 개방하여 박경순, 조숙영 등 2명을 해양경찰대 창설 이래 최초의 여순경으로 임용하였다.

셋째, 1986년에 항해 직별(잠수)로 이철수 순경을 해양경찰 잠수사 1호로 해양경찰에 입직하였다.

1990년 12월 해양경찰 잠수 분야 특별채용으로 임근조 등 5명을 경사로 임용하였고, 1991년 4월에는 잠수분야 특별채용으로 김윤철 등 17명을 경장으로 임용하였다.

4) 출입항 신고기관 인수(1986-1989)

출입항 신고기관 인수 이전에는 육상경찰의 경비과에서 대남간첩 검거작전을 수행하였다. 육상경찰의 연안경찰서는 해안도서 및 항·포구로의 간첩 침투를 봉쇄하기 위하여 경찰초소를 증설하고 경비통신망을 갖추었으며, 순찰 경비선을 보수하여 해안선 경비작전을 강화하였다. 해안선 담당구역을 설정하여 구역 주민과의 방첩망(신고망)을 구성하였으며, 출입항 선박에 대한 검문을 강화하고 외지인의 숙박에 대해 신고를 의무화했다.[80]

선박에 대한 안전조업·운항지도와 월선, 피랍방지 등 해양경찰 업무를

---

80   전북지방경찰청(2005). 전게서. p. 148.

효율적으로 수행하기 위하여 1986년부터 1989년까지 3차례에 걸쳐 선박출입항 신고기관 368개소를 연안경찰서로부터 인수하였다.[81] 선박출입항통제업무 인수는 3차례에 걸쳐 있었다. 이는 선박의 출입항 통제와 해상조업 통제에 관한 업무를 일원화하고 해양경찰대의 기능 강화 및 대원의 사기진작이 목적이었다.

1차는 1986년 1월 1일 연안경찰서 관장 선박통제업무 해경이관 지시(치안본부 작전 02643-12371호)에 의거 인천, 화수, 동해, 속초 통제소 4개소, 부산, 다대포, 중동, 해망, 동명, 서산, 중앙, 봉산, 포항, 충무, 제주 합동신고소 11개소, 부산 남항, 전북 군산시 해상검문소 2개소, 여객선 안전승무원 12개 노선 12척 등을 인수하였고, 1986년 3월 1일 부산 북항 검문소를 인수하였다.

2차는 치안본부 작전 02643-5926(87. 4. 17)호 "선박통제업무 이관지시"에 의거 연안경찰서에서 관장하고 있는 출입항신고기관 중 소재지 행정구역내에 위치하고 지·파출소에서 겸하지 않는 통제소 8개소, 합동신고소 12개소, 신고소 48개소 등 선박출입항 신고기관 68개소를 1987년 5월 4일 인수하였다.

3차는 1989년 1월 21일 치안본부 작전 02643-19862(88. 12. 31)호 "선박통제업무 이관지시"에 의거 연안경찰서에서 관장하고 있는 출입항신고기관 중 울릉도를 제외한 통제업무를 기본임무로 하는 제주한림합동신고소와 신고

표 7-20 | 출입항 신고기관 인수

일시	내용
1986. 1. 1.	신고기관 1차 인수: 통제소 4개소, 합동신고소 11개소
1987. 4. 17.	치안본부 작전 02643-5926(선박통제업무 이관 지시) 하달
1987. 5. 1.	신고기관 2차 인수: 통제소 8개소, 합동신고소 11소, 신고소 48개소
1988. 7. 1.	인천 대청통제소 인수
1988. 12. 31.	치안본부 작전 02643-19862(선박통제업무 이관 지시) 하달
1989. 1. 12.	신고기관 3차 인수: 합동신고소 1개소, 신고소 87개소

자료: 경찰청 역사편찬위원회(1994). 해양경찰사.

---

[81] 海洋警察廳(2003). 전게서, p. 104.

소 289개소를 인수하였고, 경찰관 289명을 인수받았다.

1987년 11월에는 신고기관 설치·운영권을 지구해양경찰대장에게 부여하였다. 내무부·국방부·수산청·해운항만청 합동훈령인 「선박통제규정」을 개정하여 관할 경찰서에서만 신고기관을 설치·운영했던 것을 지구해양경찰대에서도 설치·운영할 수 있도록 했다.

5) 해양오염 규제 대상 확대

1984년 7월 우리나라가 「MARPOL 73/78」에 가입하고, 국제협약 기준에 부합하기 위하여 1987년 7월 「해양오염방지법」에 수용하여 기름의 범위를 원유, 중유, 윤활유 등 중질류로 국한하던 것을 휘발유, 경유, 등유 등 경질유를 추가하여 규제대상을 확대하였으며, 선박으로부터의 기름 배출규제를 강화하였다.[82]

표 7-21 | 해양오염방지법 개정(시행 1987. 7. 1)

1984년 7월 23일 우리나라가 1973년 선박으로부터의 오염방지를 위한 국제협약 및 1973년 선박으로부터 오염방지를 위한 국제협약에 관한 1978년 의정서에 가입함에 따라 이를 국내법에 수용하여 우리나라 선박이 해양오염방지기준을 준수하게 하려는 것임.
① 선박의 기름 배출규제를 강화하기 위하여 기름의 범위를 종래의 원유, 중유, 윤활유등 중질유로 국한하던 것을 앞으로는 휘발유, 경유, 등유 등 경질유를 추가하여 규제대상 기름의 범위를 확대함.
② 선박의 기름 배출을 방지하기 위하여 종래에는 선박내에 선저폐수배출방지장치만을 설치하도록 하던 것을 앞으로는 물밸러스트배출방지장치, 분리밸러스트탱크, 화물창원유세정설비 등을 추가하여 설치하도록 함.
③ 선박소유자는 선박내에 설치한 해양오염방지장치에 대하여 정기검사, 중간검사, 임시검사, 임시항행검사를 각각 받도록 하고 그 검사에 합격한 선박에 대하여는 해양오염방지증서를 교부하도록 하며 동증서를 교부받지 아니한 선박은 항행을 못하도록 함.
④ 기름기록부·폐기물처리기록부의 비치의무위반등 경미한 사항에 대한 벌금형을 과태료로 전환함.

---

[82] 해양경찰청(2008). 해양오염관리업무 30년의 발자취. 전게서. p. 5.

1991년 9월에는 국제해양오염방지협약을 수용하여 「해양오염방지법」을 개정하고 시행하였다. 유해액체물질의 해양배출을 금지하고, 이를 운반하는 일정한 선박에는 유해액체물질 오염방지설비의 설치를 의무화하는 등 업무영역이 확대되었다.[83]

표 7-22 | 해양오염방지법 개정(시행 1991. 9. 9)

> 최근 대량유류오염사고가 빈발함에 따라 이에 효과적으로 대처하기 위하여 기름 유출사고의 예방 및 방제조치에 관한 규정을 보강하는 한편, 주요국가에서 수락·채택하고 있는 국제해양 오염방지협약상의 유해액체물질에 관한 각종 규제조치를 이 법에 수용하려는 것임.
> ① 선박의 안전 또는 인명구조를 위한 유해액체물질의 배출등 부득이한 경우를 제외하고는 유해액체물질의 해양배출을 금지하고, 이를 운반하는 일정한 선박에는 유해액체물질오염방지 설비의 설치를 의무화함.
> ② 일정한 선박에는 분뇨등 폐기물을 저장 또는 처리할 수 있는 폐기물오염방지설비의 설치를 의무화함.
> ③ 대량기름유출사고시 연안해역의 오염에 신속히 대처하고 관계기관간의 업무협조를 원활히 하기 위하여 내무부장관 소속하에 해양오염방제대책위원회를, 해양경찰대장소속하에 지역 해양오염방제대책협의회를 두도록 함.
> ④ 선박의 무리한 운항과 부주의 등으로 인한 대량기름유출사고로 해양환경 및 수산업 등에 미치는 피해가 가중되는 점을 감안하여 기름을 배출한 자에 대한 벌칙을 3년 이하의 징역 또는 2천만원 이하의 벌금에서 5년 이하의 징역 또는 5천만원 이하의 벌금으로 강화하는 등 벌칙을 현실에 맞게 조정함.

3. 직제 개정

1) 해양경찰대장 직급 치안정감으로 격상

1982년 4월 신조함정의 배정에 따라 173명을 증원하였고, 1984년 1월에는 부산·인천·속초·목포 지구대에 정비보급과를 신설하고, 시·도 경찰국의 연안정 30척(인원 480명 포함)을 육경에서 해경으로 이채되었다.

1984년 9월에는 연안경찰서 연안정을 해경으로 이관(1983년 10월 이관 40척, 신조 4척)에 따른 정원 251명을 해경으로 이체하였다.

---

83   해양경찰청(2008). 동게서.

1985년 11월 「해양경찰대직제」를 개정하여 동해·군산·포항·충무 지구 해양경찰대장의 직급을 경정에서 총경으로 상향 조정하였다.

1986년 1월 해양경찰대장의 직급을 치안감에서 치안정감으로 격상하였다. 그 적용대상은 1986년 부임한 김상조 대장부터 치안정감 직급으로 상향되었다.

1986년 6월 신조 경비함정을 취역시키고, 선박출입항 통제업무 인수에 따른 인력 47명을 확보하였다.

1988년에는 충남 태안에 안흥지구대를 신설하여 지구해양경찰대가 총 11개가 되었다.

1989년 1월 연안경찰서가 관장하던 선박출입항 통제신고기관 289개소를 해양경찰에 이관됨에 따라 경찰관 289명이 해양경찰에 이채되었다.

1989년 8월에는 해양경찰에 항공대가 신설되었다.

1990년 7월 해양경찰관 204명을 증원하였다. 그 주요 내용은 다음과 같다.[84] 본대와 부산지구대에 수사과 신설, 정비창·포항 후포지대·해안구조대 신설, 신조함정요원 배정(77명)에 소요되는 인력이었다.

표 7-23 | 주요 직제 개정

일시	근거 법령	개편 내용
1982. 5.	지구해양경찰대의 명칭·위치및관할구역에 관한 규칙	• 충무 지구해양경찰대를 신설하면서 부산 지구해양경찰대의 관할구역을 조정
1984. 1.	해양경찰대직제	• 부산, 인천, 속초 목포지구대에 정비보급과를 설치하고 연안정 30척(인원 480명 포함)을 해양경찰대로 이체
1985. 11.	해양경찰대직제	• 동해·군산·포항·충무 지구해양경찰대장의 직급을 경정에서 총경으로 상향 조정
1986. 1.	해양경찰대직제	• 해양경찰대장의 직급을 치안감에서 치안정감으로 조정
1986. 6.	해양경찰대직제	• 선박출입항 통제업무 이관

---

84 경찰청 역사편찬위원회(1994). 상게서. pp. 67-68.

일시	근거 법령	개편 내용
1988. 12.	해양경찰대직제	• 안흥지구대 신설(충남 태안군)를 시설하고 4개 지구대에만 두었던 정비보급과를 전지구대에 설치 (158명 증원)

1989. 9.	해양경찰대사무분장 규정 개정	• 본대
		  - 경무과에 전경관리계·공보계 신설
		  - 경비과에 구난계·보안계 신설 및 작전계를 경비과로 통합
		  - 정보수사과에 대공계·형사계 신설
		• 지구대
		  - 5개지구대 정비보급과 신설
		  - 지구대에 보안계·기술계·대공계·형사계 신설
		  - 지대업무를 지구대장 소속으로 신설

1990. 7.	해양경찰대직제	• 본대와 부산지구대에 수사과 신설 • 정비창, 포항후포지대, 해난구조대, 전산실 신설 • 해양오염관리관(감시담당, 방제담당, 시험연구담당)을 해양오염관리부(감시과, 방제과, 시험연구과)로 변경
1991. 2.	내무부와 그 소속기관직제	• 기존 「해양경찰대직제」 폐지 → 「내무부와 그 소속기관직제」에서 해양경찰대 조직을 규정함(제80조-제88조) • 내무부는 지방행정·지방재정·지방세·선거·국민투표·지방자치단체의 감독·치안·**해양경비**·소방 및 민방위에 관한 사무를 관장한다(제3조).

2) 1990년대 직제 개정

1990년 7월 19일의 조직도(〈그림 7-7〉)는 과거의 조직과 다른 모습을 보이고 있다. 「해양경찰대직제」 개정에 따라 해양경찰대 본부 조직이 격상되어 관리부, 경비부, 해양오염관리부와 같이 부체제로 변화되었다. 경비부 내에는 통신과, 수사과, 정보과, 해난구조대로 구성되어 있었다. 이때에 경비부 정보수사과를 수사과와 정보과로 분과하고 해난구조대를 신설하였으며, 해양오염관리부에 감시과, 방제과, 시험연구과를 신설하였다. 또한 동년 10월 29일에는 부산지구해양경찰대에 정보과와 수사과를 신설하였다.

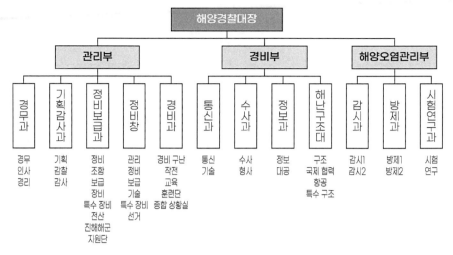

해양경찰대장

관리부 · 경비부 · 해양오염관리부

| 경무과 | 기획감사과 | 정비보급과 | 정비창 | 경비과 | 통신과 | 수사과 | 정보과 | 해난구조대 | 감시과 | 방제과 | 시험연구과 |

경무
인사
경리

기획
감찰
감사

정비
조함
보급
장비
특수 장비
전산
진해해군
지원단

관리
정비
보급
기술
특수 장비
선거

경비 구난
작전
교육
훈련단
종합 상황실

통신
기술

수사
형사

정보
대공

구조
국제 협력
항공
특수 구조

감시1
감시2

방제1
방제2

시험
연구

| **그림 7-7** | 해양경찰대 기구표(1990. 7. 19.)

〈그림 7-7〉에서 알 수 있듯이 관리부 내에 정비창을 신설하였다. 정비창은 경비함정의 정비, 장비기술교육 등 정비·수리와 관련된 업무를 수행하는 조직이었고, 정비창장은 총경으로 임명하였다. 정비창은 해양경찰 창설 당시 정비참모 아래에 영선반으로 출발하여 1975년 5월 정비보급과 소속의 수리소로, 1984년 수리창으로 명칭을 변경하기도 하였다.[85]

1990년 7월 본대 경비부에 신설된 해난구조대는 다음 사항을 분장한다.[86] 그 분장업무는 ① 해난구조업무에 관한 계획 및 지도, ② 해난구조, ③ 해난구조용 항공기의 관리 및 운용이었다.

1991년 2월 1일 「내무부와 그 소속기관 직제(대통령령)」가 제정됨에 따라 기존의 「해양경찰대직제(대통령령)」는 1962년 5월 5일 제정되어 약 30년간 해양경찰 단독의 대통령령으로 제정되어 오다가 「내무부 직제(대통령령)」가 「내무부와 그 소속기관 직제(대통령령)」로 변경되었고, 이 변경된 직제에는 "내무부장관의 관장사무를 지원하게 하기 위하여 내무부장관 소속하에 지방행정연수원·경찰대학·경찰종합학교·중앙경찰학교·경찰병원·국립과학수사연구소·**해양경찰대**·중앙민방위학교 및 소방학교를 둔다(제2조)"라고 규정하여 해양경

---

85 해양경찰청(2013). 전게서, p. 134.
86 해양경찰대직제[시행 1990. 7. 19.] [대통령령 제13061호, 1990. 7. 19., 일부개정].

찰은 내무부의 소속기관으로 규정하였다. 그리고 「내무부와 그 소속기관 직제」
에서 육경, 해경, 소방을 망라하여 규정하였다.

1991년 6월에는 특수해난구조단(총원 32명 중 잠수직별 22명)을 창설하고, 부
산 다대포 청사에서 특수해난구조단의 발대식을 했다.

4. 1980년대의 해양경찰 증원

해양경찰대의 인력은 매년 증가하고 있고, 일반직보다는 경찰직의 인력
이 크게 증가하고 있다. 경찰직의 인력이 1980년에는 1,558명이었으나 1990년
에는 3,485명으로 2.2배 증가하였다.

해양경찰대는 해상치안을 책임진 해상수호자로서의 임무를 완수하기 위
해 1980년대 중반 이후 조직·인력·장비 등을 대폭 강화하고 조직 운영체제
를 고도화하는 노력을 집중적으로 전개하였다.

표 7-24 | 1980년대의 해양경찰 인력 증원   (단위: 명)

연도	총정원	공무원				전투경찰
		소계	경찰직	일반직	기능·고용직	
1980. 11.	2,629	1,685	1,558	95	32	944
1982. 4.	3,052	1,918	1,731	95	92	1,134
1984. 1.	2,424	2,424	2,211	101	142	-
1984. 9.	2,705	2,705	2,462	101	142	-
1985. 11.	2,886	2,886	2,628	101	142	-
1986. 6.	2,955	2,955	2,697	101	157	-
1987. 12.	3,090	3,090	2,832	101	142	-
1988. 12.	3,248	3,248	2,966	111	171	-
1989. 8.	3,574	3,574	3,290	111	173	-
1990. 7.	3,796	3,796	3,485	120	191	-

자료: 해양경찰청(2003). 해양경찰 오십년사.

1990년 7월에 해경본대의 인력이 469명이고, 지구해양경찰대의 인력이 3,327명이었으며, 88%가 지구대에 배치되어 있었다.

1986년 5월 1일 2명의 여성경찰관을 채용하였다. 그 주인공은 박경순·조숙영 순경이고, 한 동안 여성경찰관을 채용하지 않다가 13년이 지난 1999년에 여경 30명을 채용되면서 금녀의 벽은 허물어졌다. 2020년대에는 채용에서 여성 경찰을 20% 할당하여 채용하는 것을 목표로 하고 있다.

5. 1980년대의 주요 사건·사고

1) 주요 사건과 사고

상대적으로 근로조건이 열악한 선원직을 기피하는 현상이 심해지면서 선원 인신매매, 선상폭력 등 해상강력범죄가 사회문제로 대두될 만큼 크게 늘어났다. 또한 어업종사자들에 의해 치어(稚魚) 남획 등 불법어업이 횡행하고, 연안 양식장을 대상으로 고속선박을 이용한 절도사건도 발생하기도 하였다. 과거의 해상범죄가 주로 밀수나 밀항의 비중이 컸던 데 비하면 새로운 변화였다. 연안 간척·매립사업으로 연안 어장이 축소되고 산란장 및 서식장이 파괴되었고, 산업발달에 수반되는 각종 산업폐수와 생활오수 등이 증가하여 주요 어장의 조업환경이 악화되었다.

해양범죄는 1979년 814건에서 1991년 4,704건이 발생하는 등 매년 증가하는 추세를 보이고 있다. 이러한 증가 주요 요인은 해양경찰의 조직과 인력의 증가 및 함정 등 장비보강으로 그 동안 드러나지 않았던 암수 범죄를 검거하였기 때문에 발생률이 대폭 증가한 것으로 판단할 수 있다.

1981년에서 1990년 사이의 해양사고는 운항 부주의, 기관 정비 불량 등 대부분 인적 요인에 의하여 발생하였다. 해양사고 다발 선박은 어선으로 전체의 86.5%를 차지하였다. 1980년대 초반까지는 어선들이 구조하는 경우가 많았으나 점차 선박 상호간에 구조를 기피하는 현상이 대두되면서 해양경찰의 구조 비율이 높아졌다.[87]

---

87 경찰청 역사편찬위원회(1994). 전게서, p. 1281.

표 7-25 | 해양 범죄의 추세

구분	계	형법범							특별법범							
		소계	살인	강·절도	폭력	업무상 과실 선박파 괴매몰	업무상 과실 치사상	기타	소계	선박 직원법	선박 안전법	해양 오염 방지법	밀항 단속법	수산업 법	관세법	기타
1979	814	260	-	11	-	112	53	84	554	49	52	92	25	187	-	149
1991	4,704	1,154	8	46	226	264	216	394	3,550	840	329	256	4	521	14	1,586

자료: 경찰청 역사편찬위원회(1994). 한국경찰사.

표 7-26 | 해양경찰의 해상사고 구조 비율 변화　　　　　　　　　　(단위: %)

구분	해경	어선	일반선박	관공선	해군	일본	기타
1981	38.5	42.0	8.3	4.6	0.8	3.0	0.5
1990	66.0	19.5	3.0	1.8	0.6	1.2	8.0

자료: 경찰청 역사편찬위원회(1994). 한국경찰사.

　　1980년대 중반까지도 간첩선의 침투가 자주 발생하였고, 해양경찰이 대간첩작전에 참여하여 국가안보에 기여하였다. 해양경찰의 주요 대간첩작전은 1980년에 발생한 격렬비열도 작전과 횡간도 작전, 1983년에 발생한 월성 근해 간첩선 침투(73정 피침 사건), 1985년에 발생한 부산 간첩선 침투 등이 있다.

표 7-27 | 1980년대의 주요 사건과 사고

경비정 침몰 (1980. 1. 23)	속초지구대 소속 72정이 같은 소속 207함과 충돌하여 72정은 침몰하고 17명 전원 실종
격렬비열도간첩선 격침 (1980. 6. 20)	보령군 대천면 해상에 나타난 간첩선이 도주하여 격렬비열도 북쪽해상에서 해군과 공군과 합동작전으로 간첩 1명 생포, 8명 사살
횡간도 대간첩작전 (1980. 11. 3.)	해양경찰대와 군·경·예비군 합동작전으로 간첩 3명 사살
간첩선에 의한 73정 피침사건(1983. 8. 5.)	포항지구대 소속 73정이 괴선박을 검문검색하기 위하여 추적하다가 괴선박으로부터 로케트포의 선제공격을 받아 침몰

침수선 점보 페리호 구조(1984. 5. 18)	승객 215명을 태우고 제주에서 부산으로 항해하던 점보카페리호가 침수하면서 기관고장을 일으켜 표류, 구명보트로 탈출하던 승객 12명 익사함, 9명의 사체를 인양함. 선박은 완도 근해로 예인
유람선 신안호 침몰사고 (1985. 7. 27)	표류하다가 좌초하고 침몰함, 37명 중 19명 구조, 13명 사망, 5명 실종
중공 어뢰정 구조예인 및 송환 (1985. 3. 22~3. 28)	• 중공 어뢰정 승조원 2명이 선상반란을 일으켜 5명을 살해 후 표류, 어선의 신고에 따라 군산지구해경대에 출동하여 어뢰정을 예인하여 군산외항에 정박시키고, 부상자 2명·사체 6구·생존자 11명을 보호조치 한 후 중공정부에 송환 • 이 사건은 한국과 중공이 국교가 없는 상태에서 양국간의 공식적 협의절차를 통하여 해결됨으로써 국교정상화로 가는 길목에서 중요한 의미를 부여할 수 있는 사건
부산 간첩선 침투 (1985. 10. 20)	부산 영도 해상에서 반잠수식 선박을 발견하고 해군·해경 함정이 도주로 차단, 정선명령을 하였으나 응사하자 격파사격을 실시하여 격침
월남 보트피플 구조 (1987. 7. 1)	월남난민 21명을 태운 선박이 표류중인 것을 목포지구해양경찰대에서 구조
인천코리아호프호 오염사고(1990. 7. 15)	선박간의 충돌로 적재유 1,500㎘ 유출, 하루 동원인력 1,800명, 선박도 89척 동원하여 방제

2) 밀항 사범의 급증

밀항 사범은 1960년대 후반부터 1980년대 초반에 이르기까지 집중적으로 발생하였다. 1972년의 경우 해상범죄 전체 건수 687건 중 밀항 사건은 362건으로 해상범죄 건수 대비 52.7%를 차지하였다. 밀항 사범은 주로 부산, 마산, 울산 등 남해안 일대의 항구를 거점으로 일본으로 밀항하는 경우가 대부분이었고, 그 수법은 지능화되어, 낚시를 하다가 일본어선에 옮겨타기도 하고, 어부로 가장하여 선박의 취사장 또는 창고, 배안 물탱크 속에 숨는 등 그 방법도 다양하였다.[88]

---

88 해양경찰청(2013). 전게서, p. 118.

표 7-28 | 연도별 밀항 사범 현황

연도	70	71	72	73	74	75	76	77	78	79	80	81	82	83
총범죄 건수	274	389	687	1,154	739	999	910	1,226	1,151	814	1,262	2,722	2,086	2,844
밀항 사건	3	164	362	597	258	396	276	452	311	187	236	709	586	6
비율 (%)	1.1	42	52.7	51.7	52.7	51.7	34.9	36.9	27	23	18.7	26	28.1	0.02

자료: 해양경찰청(2013). 해양경찰 육십년사.

3) 해양오염 사건

1979년에서 1992년 사이 해양오염은 산업 규모가 확대됨에 따라 지속적인 증가추세를 보이고 있다. 1979년 해양오염 발생건수는 128건이었고, 1992년에는 328건으로 256%가 증가하였으며, 유출량은 6배 정도 늘어났다. 주요 발생지역은 선박 출입항이 많은 부산과 인천연안이고, 폐유로 인한 오염발생 빈도는 높지만, 유출량의 대부분은 선박 유류 유출사고로 인한 방카유의 유출이었다.[89]

표 7-29 | 해양오염 사건 발생 추세(발생 건수)

구분	계	동해				서해				남해			
		속초	동해	포항	울산	인천	태안	군산	목포	부산	충무	여수	제주
'79	128	11	1	2	–	32	–	4	7	71	–	7	3
'92	328	203	8	11	10	80	5	14	32	61	33	23	28

자료: 경찰청 역사편찬위원회(1994). 한국경찰사.

---

[89] 경찰청 역사편찬위원회(1994). 전게서, pp. 1291-1292.

V. 교육 훈련(1962-1991)

1. 경남 경찰학교 교육 시기

　　해무청 시기(1955-1962)에는 "해양경비과는 「어업자원보호법」에 관련되는 해양경비와 해로표식보호에 관한 사항을 분장한다. 해양경비과장은 해양경비원을 지휘·감독한다"라는 규정을 두고 있었고 해양경비대원 교육에 대한 부서 설치나 규정은 발견되지 않는다.

　　지방의 교육기관(경찰학교)을 폐지한 후 여러 가지 문제가 발생하자 1959년에는 경찰전문학교 서울분교가 설치되고 1961년에는 지방경찰학교가 부활되었다.**90**

　　1961년 5·16 군사정변 이후 경찰전문학교 직제가 개정되었고, 1962년 2월 경찰전문학교장이 경무관으로 임명되었고, 지방경찰학교 직제가 개정되었다. 서울경찰국을 비롯하여 지방경찰국에 지방경찰학교가 개설되어 서무과, 교육과, 교수과가 설치되었다.**91**

　　1962년 3월 각 시·도 지방경찰학교를 부활시켜 각 시·도 신규채용 신임과정 교육과 순경, 경사급의 보수교육을 담당하였다. 동년 7월 5일에는 경찰전문학교 부설 형사학교를 설치하여 수사요원을 교육하게 하였다.**92**

　　1962년 5월 「해양경찰대설치법」이 제정되고, 「해양경찰대직제」에 의해 본대의 경비과에 교육계를 두었다.

　　1963년 12월 84명(경위 4명, 순경 80명)의 해양경찰을 모집하여 경남 경찰학교에서 6주간의 경찰기본교육을 이수한 후 조건부로 임용하였다.**93**

　　1964년 10월 7일 치안국에서는 경찰인사의 합리화를 위하여 「경찰인사운영요강(내무부 훈령 제36호)」을 제정하여 실시하였다. 이 중 교관요원 전보 특례로서 경찰교육기관의 교관 요원 배치기준을 설정하였다. 그 내용은 외국에서

90　경찰대학(2005). 한국경찰사. p. 232.
91　이윤정(2021). 한국경찰사. 소명출판. p. 538.
92　경찰대학(2005). 전게서. p. 255.
93　海洋警察廳(2003). 전게서. p. 19.

경찰에 관한 교육을 이수한 자와 경찰전문학교 간부후보생 과정 졸업자 및 대학교육 과정 이수자 등을 교관 요원으로 선발하여 의무복무기간(2년) 동안 근무하도록 하였다.[94]

2. 해양경찰 교육대 시기

1970년 12월 「전투경찰대설치법」이 시행됨에 따라 1971년도에 전투경찰 순경 244명을 배정받아 모집하고, 3개월간의 해군 신병훈련과 자체 직무 교육을 실시한 후 1971년 10월 전투경찰 244명을 현장에 투입하였다.[95]

1971년 7월 해양경찰대 교육대를 부산에 설치하였다. 교육대장은 해양경찰대장이 겸임하였다. 전투경찰 순경에 대한 교육이 교육대에서 실시하도록 「해양경찰대직제」에 반영되었다. 그 동안 신임교육을 경남경찰학교에서 시행했던 것을 해양경찰대 소속부서인 교육대에서 교육을 시행하는 것으로 변경된 것이다.

교육대에서는 주로 해양경찰요원의 직무수행에 필요한 전문교육과 보수교육, 그리고 신규 채용하는 전투경찰순경을 포함한 순경들의 직무교육을 담당하였다. 교육을 위해 본대 전용부두에 450톤급 부선 2척을 개조하여 교육시설로 활용하였다. 교육시설로는 매우 열악한 환경이었지만 처음으로 자체 교육제도를 마련했다는 점에서 중요한 의미가 있었다.[96]

사실 업무 영역이 확장되었는 데도 불구하고 대원들에 대한 체계적인 교육환경을 갖추지 못해 주로 해군이나 육상경찰의 교육프로그램을 이용하여 교육을 해왔다. 그동안 부분적으로 자체교육을 실시하기도 하였으나, 제도적인 장치를 갖추고 자체 교육을 실시한 것은 이때 신설된 교육대가 처음이었다.[97]

1974년 7월 「군특명검열수검」의 결과 함정운영 기술교육을 해군교육단 종합기술학교에서 시행하였고, 동년 11월 해양경찰대 교육대 내에 훈련단을

---

94 경우장학회(1995). 국립경찰 오십년사. p. 470.
95 한국경찰사 편찬위원회(1985). 전게서. p. 1042.
96 해양경찰청(2013). 전게서. p. 91.
97 해양경찰청(2013). 동게서.

신설하였다.

3. 해군 위탁교육 시기

1977년 지구해양경찰대 경비통신과에 훈련계가 있었다.

1977년 2월 대통령 지시에 따라 해양경찰대 요원에 대한 해상 기술교육을 해군이 담당하게 되었다. 이에 따라 교육대의 기능이 사실상 폐지되고, 신규 채용 순경 또는 전투경찰 순경에 대한 해상직무교육과 기존 대원들에 대한 직무 보습교육은 해군에 위탁하게 되었다.

1977년 2월 대통령 지시에 따라 해양경찰대 요원에 대한 해상 기술교육을 해군이 담당하게 되었고, 동년 7월 해상전문교육은 해군이 전담하여 실시하기로 결정하고 1978년 1월부터 해군교육단에 해경교육대를 신설하였다.

1978년 8월 해양경찰대 교육대를 폐지하였다. 교육은 해군에 위탁하여 실시하고, 훈련단은 경비과에 편입하여 운영하였다. 이 당시 해양경찰대는 관리부, 경비부, 해양오염관리관으로 구성되어 있었다. 경비부 경비과에는 경비계, 작전계, 구난계, 교육계, 훈련단, 상황실이 있었고, 이 경비과 내에 교육훈련 기능은 교육계와 훈련단으로 분화되었다.

1979년 10월 해양경찰대 청사가 인천으로 이전함에 따라 훈련단을 인천으로 이전하였고, 1980년 8월 훈련단을 부산지구 해양경찰대로 이전하였다. 이 훈련단은 1982년에 경비과 훈련단으로 소속되었다.

1980년대에 와서 치안본부 경찰 위탁 교육의 특징으로는 1978년 해양경찰교육대를 폐지하면서 해양경찰 교육의 경우 해군에 위탁교육을 확대하는 등의 이유로 국내 위탁교육인원이 매년 증가하였다.

1982년 3월 수사상 도움이 될 수 있는 사건 수사 사례를 선정하여 「수사사례연구집」을 발간하였다. 이는 수사요원들에게 추리·분석·정리해 가는 사고력을 증진에 기여하였다.

1983년 1월(2주) 인천지구해양경찰대 복지관을 활용하여 합숙하면서 57명을 대상으로 집체교육을 하여 「수사요원정예화교육」을 실시하였다.

4. 경찰종합학교 위탁 시기

이 시기는 해양경찰대가 치안본부 소속이었던 시기이고, 경찰종합학교 위탁은 1987년부터 시작되었다.

1987년 10월 경찰청 소속의 경찰종합학교에 교관 요원 17명(경정 1명, 경감 3명, 경위 10명, 경사 2명, 기능직 1명)을 파견하였고, 해양경찰에 관한 교육은 경찰종합학교에서 시행하게 된다. 직무교육의 경우 해군 위탁교육에서 경찰 자체 교육으로 전환하여 실시하였다.

1987년에 중앙경찰학교가 신설되었고, 해경 신임순경과정(12주: 1987. 8. 3-10. 24)이 중앙경찰학교에서 교육을 받았다. 해경(5기) 126명이 입교하여 126명이 졸업하였다. 그 이후 경찰종합학교에서 신임순경 교육을 실시한 것으로 판단된다.

1988년 1월 경찰종합학교에 해경학과를 설치하였고, 이 해경학과 교수요원들이 1988년 5월 최초의 해양경찰 교과서인「항해교범」,「기관교범」,「통신교범」 등을 발간하였다.

1988년에는 해상활동의 특수성에 맞는 고급 해경인력을 자체 양성하기 위하여 해군 위탁교육을 폐지하고 경찰종합학교에 해경직무교육과정을 신설하였다. 그 내용은 다음의 〈표 7-30〉과 같다.[98]

표 7-30 ¦ 1988년 경찰종합학교 해경 직무교육 과정

구분	내용
고급반	경감·경위를 대상으로 4주간 50명(1회 25명씩, 연 2회) 교육
초급반	경사·경장을 대상으로 8주간 240명(1회 60명씩, 년 4회) 교육
해상범죄수사반	경사이하의 해경경비함정요원 및 수사요원을 대상으로 4주간 30명(1회) 교육
신임순경반	신임교육 수료 즉시 4주간 교육 실시, 함정운영지식·기법 및 적응력배양
전경반	해경신임전경을 대상으로 군 신병훈련 수료 즉시 4주간 교육 실시

자료: 경찰청 역사편찬위원회(1994). 한국경찰사(1979-1993)

---

[98] 경찰청 역사편찬위원회(1994). 전게서, pp. 169-170.

1987년 6월 이후 해양경찰 의무경찰반은 중앙경찰학교에서 교육(2주)을 실시하고, 해양경찰 전투경찰반은 경찰종합학교에서 교육하였다.

5. 그 외의 위탁 교육

1980년대 경찰교육기관에서 실시할 수 없는 교육 분야와 고급인력 양성을 위하여 국내의 다른 기관 교육기관에 위탁을 실시하였다. 국내 위탁교육은 국방대학원(경무관), 이념(정신)교육과정(경무관 이상), 기관장 양성과정, 국내대학원 석사과정, 외국어대학원 어학교육, 중앙공무원교육원 교육과정이 있으며, 기타의 교육기관으로는 안전기획부 정보학교, 해군(해경요원 기술교육), 대한항공(경찰항공 운용기술) 등이 있었고, 국외 위탁교육은 외국대학원 학위교육과정, FBI 범죄수사과정, 일본 경찰대학 본과과정, 캐나다 경찰대학 간부발전과정 등이 있었다.

경찰청 소속 해양경찰청 시기와 중앙행정관청의 탄생

Part 8.

Ⅰ. 경찰청 소속 해양경찰청 시기(1991. 7-1996. 8)

1. 개설

1) 노태우 정부(1988. 2-1993. 2)와 김영삼 정부(1993. 2-1998. 2)에 걸친 시기

경찰청 소속 해양경찰청 시기(1991-1996)는 노태우 정부와 김영삼 정부에 걸쳐 있는 시기이다.

1987년 6월 민주 항쟁의 결과로 성립된 제6공화국의 첫 번째 정부다. 노태우 정부는 1980년대에서 1990년대로 넘어가는 과도기를 대표하는 정권이며, 국내에서는 군사정권에서 민주정부로의 정치세력 교체와 세계적으로는 냉전 종식과 소련의 해체 등 여러 역사적 변화와 시대상이 뚜렷이 반영되었던 시대로 평가되고 있다.

노태우는 5년 단임의 대통령 직선제를 골자로 하는 87년 헌법에 의하여 선출된 대통령이다. 소련, 중국 등 공산주의 국가들과 외교 관계를 수립하는, 이른바 북방 정책을 추진하여 큰 성과를 올렸다.

1990년 여소야대 정국을 타개하기 위하여 3당 합당1을 통해 민주자유당

---

1 제6공화국 민주정의당(집권 여당)은 1988년 4·26 총선거로 조성된 여소야대 정국에서 큰 정치적 어려움을 겪었다. 민주정의당은 여소야대 구조를 근본적으로 변화시키고 보수 연합 구도를 만들려는 목적에서 정계 개편을 추진하게 되었다. 1990년 1월 22일 민정당의 노태우 총재, 민주당의 김영삼 총재, 공화당의 김종필 총재가 3당 합당에 합의하여 민주자유당(민자당)이 탄생했다. 3당 합

을 창당했다.

1991년 유엔에 대한민국과 조선민주주의인민공화국이 함께 가입하였으며, 남북 고위급 회담이 열리고, 문화·체육의 교류가 이루어지는 등 적극적인 대북 외교를 펼쳤다. 1992년 8월 중화인민공화국과도 국교가 수립되었다.

김영삼 정부는 군인 출신이 아닌 일반 국민이 수립한 정부라는 뜻으로 이전의 군사 출신 정권과의 차별성이 있다. 김영삼 정부는 1990년대의 시대상을 대표하는 정권으로, 국내에서는 군사정권의 완전한 종식과 역사적 심판이 이루어졌으며 세계적으로는 소련의 해체 이후 미국에게 모든 세계 권력이 집중되어 있던 시기였다.

1990년 3당 합당의 결과로 대통령 선거에서 승리한 김영삼 대통령은 집권 초기 개혁과 공직자들의 재산 등록과 금융 실명제 등을 법제화하여 부패 일신 정책을 펼쳤고, 5·16 군사정변 이후 중단되었던 지방 자치제를 전면적으로 실시하였다. 1994년 남북 정상 회담을 위한 예비 접촉이 이루어져 남북 관계가 진전될 기미를 보였지만 김일성의 사망으로 남북 정상 회담이 무산되었다. 임기 말, 아들 김○○ 비리와 IMF 구제 금융 사건 등으로 어려움을 겪었다.

대외적으로는 1991년 9월 남·북한 유엔 동시가입 및 1992년 '남북 사이의 화해와 불가침 및 교류 협력에 관한 합의서'와 '한반도 비핵화공동선언' 합의 및 한·러, 한·중 국교 정상화를 연달아 이루어 냄으로써 한반도에서도 평화체제가 서서히 터전을 굳히게 되었다. 이렇듯 육지에서는 평화와 번영의 목소리가 들려오고 있는 가운데 해양은 1994년 「바다의 마그나카르타」인 "유엔 해양법협약"의 발효와 함께 연안국들은 200해리 배타적경제수역(EEZ)을 설정하고, 자국 EEZ 내에서 외국어선에 대한 조업규제를 강화하는 등 해양은 국경없는 바다에서 국경있는 바다로 변화되었다.

당으로 노태우 정권은 여소야대에서 벗어나 의회 내에서 안정적 지지기반을 구축할 수 있었다. 그러나 3당 합당은 여소야대하에서 개혁의 종식을 가져왔고 지역주의를 더욱 심화시켰다.

2) 「경찰법」의 제정(1991)과 해양경찰청 감독

(1) 「경찰법」의 제정

1991년 5월 「경찰법」이 국회를 통과하고 동년 8월에 시행되어 14만 경찰의 숙원이었던 경찰청이 정식으로 발족되었다. 이때 비로소 경찰청이 내무부장관의 외청인 중앙행정관청이 된 것이다. 초대 경찰청장에는 김원환 치안총감이 임명되었다.[2]

「경찰법」의 제정에 따라 내무부장관의 소속기관이었던 해양경찰대(경찰청의 소속기관으로 된 이후 해양경찰청으로 변경됨), 경찰병원, 경찰종합학교, 중앙경찰학교는 경찰청의 소속기관으로 변경되었다. 국립수사연구소는 경찰청의 소속기관이 되지 못하고 내무부장관의 직속기관으로 남아있게 되었다.

「경찰법」은 전문 제6장 제24조와 부칙으로 구성되어 있었다. 그 특징과 주요 내용을 살펴보면 다음과 같다.[3]

경찰의 민주적인 관리·운영과 효율적인 임무수행을 위하여 필요한 경찰의 기본조직과 직무범위를 정하려는 것으로, 분단국가로서 우리나라의 특수한 안보상황과 치안여건에 효율적으로 대처하기 위하여 국가경찰체제를 유지하면서 경찰의 기본조직을 중앙은 현재 보조기관으로 되어 있는 치안본부를 내무부장관 소속하의 경찰청으로, 지방은 시·도지사 보조기관인 경찰국을 시·도지사 소속기관인 지방경찰청으로 개편함으로써 경찰행정의 책임성과 독자성을 보장함과 동시에 내무부에 각계의 덕망있는 인사로 구성되는 경찰위원회를 두어 경찰행정에 관한 주요제도 및 인권보호에 관한 사항을 심의·의결하게 하였다.

① 중앙경찰기관으로 내무부장관 소속하에 경찰청을 설치하고, 지방경찰기관으로는 지방경찰청과 경찰서를 두며, 해양경찰청과 해양경찰서를 두도록 함.

② 경찰의 임무를 명확히 하고 그 직무수행에 있어서는 헌법과 법률에 따라 국민의 자유와 권리를 존중하고 국민전체에 대한 봉사자로서 공

---

2 警察廳(1995). 警察五十年史. pp. 466-467.
3 경찰법 [시행 1991. 7. 31.] [법률 제4369호, 1991. 5. 31., 제정].

정중립을 지키도록 함과 동시에 권한의 남용을 금지함.

③ 경찰의 인사·예산·장비등에 관한 주요정책과 경찰행정에 관한 업무 발전 및 인권보호에 관한 사항등을 심의·의결하기 위하여 내무부에 위원 7인(任期 3年)으로 구성되는 경찰위원회를 두도록 함.

④ 경찰위원회 위원은 내무부장관의 제청으로 국무총리를 거쳐 대통령이 임명하도록 함.

⑤ 경찰위원회 위원은 「국가공무원법」의 공무원의 신분상 규정을 준용하여 정치운동을 할 수 없게 하고 직무상 비밀을 엄수하도록 함.

⑥ 경찰청에 경찰청장 및 차장을 두고, 각각 치안총감 및 치안정감으로 보하도록 함.

⑦ 지방경찰청장 및 해양경찰청장은 경찰청장의 지휘·감독을 받아 소관 사무를 관장하도록 함.

⑧ 경찰공무원의 임용 등 인사에 관한 사항과 직무수행에 필요한 사항등은 따로 법률로 정하도록 함.

(2) 순경(1991)·경장(1994)의 근속승진제도 도입

1991년 「경찰공무원법」을 개정하여 순경이 8년 동안 결격사유 없이 근무한 경우 근무성적을 평가하여 경장으로 승진시키는 근속승진제도를 실시하였다. 이러한 근속승진제도를 자동승진제도라고도 한다.

1994년 경장이 9년 동안 결격 사유 없이 근무한 경우 근무성적을 평가하여 경사로 승진시켰다.

(3) 경찰청의 해양경찰에 대한 운영 감독

1991년 7월 「경찰법」이 시행되어 치안본부는 중앙행정관청인 경찰청이 되었고, 해양경찰대는 경찰청의 부속기관인 해양경찰청이 되었다. 이때에 경찰청의 해양경찰청에 대한 운영 감독은 경비국 작전과에서 담당하였다.

1994년 5월에는 경찰청의 경리과·강력과·교통관리과·작전과 및 보안5과와 경기도지방경찰청의 작전과를 폐지하였다. 경비국 작전과가 폐지에 따라 경비국의 경비과에서 "해양경찰청의 업무 중 해상경비·해난구조 및 해양오염방지의 지도·감독"사무를 수행하였다.

1996년 8월에는 해양경찰청이 중앙행정관청이 됨에 따라 "해양경찰청의 업무 중 해상경비·해난구조 및 해양오염 방지의 지도·감독"이라는 경비과의 사무가 「경찰청과 그 소속기관 직제」에서 사라졌다.

육지경찰 조직인 치안국과 치안본부의 조직은 중앙행정관청이 되기 전인 1950년부터 1991년 7월까지 「내무부 직제(대통령령)」, 「내무부와 그 소속기관 직제(대통령령)」에서 규정하였다.

해양경찰 조직은 「해양경찰대 편성령(대통령령)」, 「해무청직제(대통령령)」, 「해양경찰대설치법(법률)」, 「해양경찰대 직제(대통령령)」, 「해양경찰대 사무분장규칙(내무부령)」, 「해양경찰대의 기지대와 항공대의 명칭·위치 및 관할구역에 관한 건(내무부령)」, 「지구해양경찰대의 조직·명칭·위치 및 관할구역에 관한 규칙(내무부령)」에서 규정하여 육경의 조직과는 별도로 운영되었고 치안국·치안본부의 소속기관이 아니었다. 그리고 해양경찰의 조직규모는 작았지만 육지경찰과 마찬가지로 대통령령으로 직제를 규정하였던 것이다.

그러나 1991년 7월 이후 「경찰법」에서 "치안 및 해양경찰에 관한 사무를 관장하게 하기 위하여 내무부장관 소속하에 경찰청을 둔다"라고 규정하여 소속기관으로 규정하고, 1991년 7월 이전에는 대체로 「내무부 직제」 또는 「경찰청과 그 소속기관 직제」에서 경찰청이 "해양경찰대(청)에 대한 운영·감독"을 한다는 규정을 두고 있었다.

3) 「경찰법」 제정 이후 1996년 7월까지의 경찰청장

제1대 김원환과 제2대 이인섭은 노태우 정부 때에 임명된 경찰청장이고, 제3대 김효은·제4대 김화남·제5대 박일룡은 김영삼 정부 때 임명된 경찰청장이다.

이 시기에 경찰청에 경찰청장(치안총감) 및 차장(치안정감)을 두고, 지방경찰청장 및 해양경찰청장은 경찰청장의 지휘·감독을 받아 소관 사무를 담당하였다. 1991년 8월 경찰청의 부속기관으로는 해양경찰청(치안정감), 경찰대학, 경찰종합학교, 중앙경찰학교, 경찰병원이 있었다.

표 8-1 | 경찰청 소속 해양경찰청 시기의 경찰청장(1991. 8-1996. 7)

성명	직위	기간	비고
제1대 김원환	치안총감	1991. 7. 31-1992. 7. 15	안동농고, 동아대, 학사 경사
제2대 이인섭	〃	1992. 7. 15-1993. 3. 4	영남고, 대구대, 간부후보 13기
제3대 김효은	〃	1993. 3. 4-1993. 9. 20	진해고, 중앙대, 간부후보 14기
제4대 김화남	〃	1993. 9. 20-1994. 12. 26	안동고, 고려대, 행정고시 12회
제5대 박일룡	〃	1994.12. 26-1996. 12. 20	경남고, 서울대, 행정고시 10회

2. 이 시기의 해양경찰청장

「경찰법」에 따라 경찰청의 부속기관인 해양경찰청으로 개청하고 이강년 치안정감이 초대 해양경찰청장으로 취임하였다. 이강년 청장은 노태우 정부에서 임명한 청장이었고, 이어서 최재삼·박일용·정진규·유상식 치안정감이 취임하였고, 이들 4명은 모두 김영삼 정부에서 임명한 해양경찰청장들이다. 박일룡 해양경찰청장은 치안총감으로 승진하여 5대 경찰청장이 되었다.

표 8-2 | 경찰청 소속 해양경찰청 시기의 해양경찰청장들

성명	기간	출신
이강년 치안정감	1991. 7. 31-1993. 3. 3	경찰청 출신
최재삼 치안정감	1993. 3. 15-1993. 9. 22	대구시 지방경찰청장
박일용 치안정감	1993. 9. 23-1994. 7. 18	중앙경찰학교장
정진규 치안정감	1994. 7. 19-1994. 12. 26	청와대 치안비서관
유상식 치안정감	1994. 12. 27-1996. 8. 12	중앙경찰학교장

3. 조직과 제도 변화

1993년 10월경 여수 금동호 해양오염 사고 및 서해 훼리호 침몰사고를 계기로 민생업무에 대한 중요성이 부각되어 기존 대간첩작전 위주의 경비함

정 운용을 개선하여 해난구조, 해양오염방제, 해상 범죄 등 민생치안체제로 전환하기로 하였다. 해양오염방제 분야의 경우 경비함정에 방제장비를 적재하여 해양오염으로 인한 재난대비 태세를 개선하였다.[4]

표 8-3 | 주요 직제 개정

연월일	근거 법령	개편 내용
1991. 5. 31.	경찰법 제정	• 경찰청장 소속하에 해양경찰청으로 승격 • 해양경찰청장 소속하에 해양경찰서로 승격
1991. 7. 23.	해양경찰청과 그 소속기관 직제	• 해상범죄 수사기능을 강화하기 위해 해양경찰청에 정보수사부(경무관)를 신설하고, 정보수사부 아래에 수사과 및 정보과 신설 • 관리부를 경무부로 개편 • 해양경찰청장 소속하에 11개 해양경찰서를 둠 • 안흥지구해양경찰서를 태안해양경찰서로 개칭
1992. 10. 17.	해양경찰청과 그 소속기관 직제	• 울산해양경찰서와 2개 지서 신설(거문도, 삼천포)
1992. 12. 24.	해양경찰청과 해양경찰서의 조직 및 사무분장규정	• 경무부 경부과에 후생계를, 태안해양경찰서에 대천지서 신설 • 부산해양경찰서 울산지서를 울산해양경찰서로 이관

1) 해양경찰청과 해양경찰서로 승격(1991)

1991년 5월 「경찰법」 제정에 따라 경찰청 소속의 해양경찰청시기를 말한다. 이 시기는 경찰청 산하 해양경찰청 체제를 유지하면서 경찰기관으로서 지속적인 발전을 도모하였던 시기이다. 인력, 장비 면에서 보강이 계속되었고 조직편제도 지방청 단위로서 필요한 조직들을 갖추기 시작하였다. 1996년 해양수산부가 발족되기까지 안정된 토대 위에 발전을 도모하였고 해상에서 경찰기능, 안전관리, 그리고 해양오염관리를 수행하는 중앙행정기관으로 인프라를 형성하는 시기였다.[5]

---

4 海洋警察廳(2003). 海洋警察五十年史. p. 182.
5 김현(2005. 2). 한국해양경찰 기능의 재정립에 관한 연구. 전남대학교 대학원 박사학위논문. p. 41.

이 시기의 해양경찰 조직의 변화는 다음과 같다.[6]

1991년 5월 「경찰법」이 제정되어 경찰청장 소속하에 해양경찰청으로 승격하여 1953년 창설 이후 37년 만에 최초로 청(廳) 체제로 전환되고, 지구해양경찰대가 해양경찰서로 승격하게 된다. 즉, 이때의 해양경찰 조직체계는 기존의 해양경찰대, 지구해양경찰대, 지대의 3단계 조직구조에서 해양경찰청, 해양경찰서, 해양경찰지서의 3단계로 변경되었다.

1991년 7월 23일 「경찰청과 그 소속기관 등 직제」가 제정되어 본청은 4부 11과 1창 1담당관과 11개 해양경찰서로 편제된다. 해양경찰청 본청의 하부조직으로 경무부(경무과, 기획감사과, 정비보급과, 전산담당관), 경비부(경비과, 구난과, 통신과), 정보수사부(수사과, 정보과) 및 해양오염관리부(감시과, 방제과, 시험연구과)를 두고, 정비창을 청장 보좌기관으로 소속을 변경하였으며, 해난구조대를 경비부의 구난과로 변경하였다.

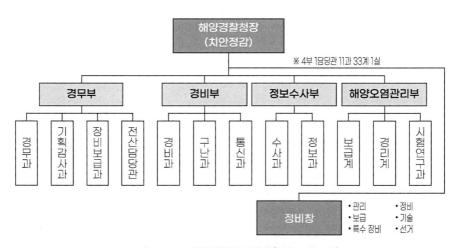

| 그림 8-1 | 해양경찰청 기구표(1991. 7. 23)

해양경찰서에 경무과, 경비통신과, 장비보급과, 정보수사과, 해양오염관리과를 두며, 부산·목포·제주해경서는 경비과와 통신과를, 부산해경서는 수사과와 정보과(과장은 경정 또는 경감)를 설치하고, 해상공해과를 해양오염관리과로 명

---

6 海洋警察廳(2003). 전게서. pp. 160-184.

칭을 변경하는 동시에 안흥지구 해양경찰대를 태안해양경찰서로 개칭하였다. 이때의 현장 조직은 5과 16계 1실 1단7을 기본구성으로 하는 11개 해양경찰서, 368개의 출입항신고기관, 1개의 해상검문소, 6개의 지서, 159척의 함정으로 구성되었다.8

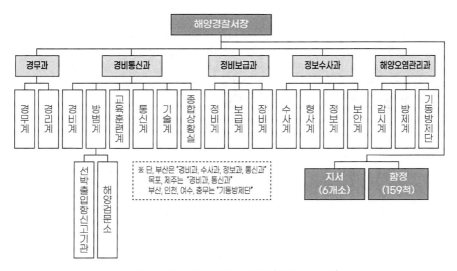

| 그림 8-2 | 해양경찰서 기구표(1991. 7. 23)

2) 해양경찰서장의 즉결심판 청구권 행사(1991)

1991년에는 개정된 「즉결심판에 관한 절차법」이 시행되어 해양경찰서장이 해상관련 경미한 사범에 대하여 관할법원에 「경범죄처벌법」에 의한 즉결심판을 청구할 수 있게 되었다.

「즉결심판에 관한 절차법」의 목적은 범증이 명백하고 죄질이 경미한 범죄사건을 신속·적정한 절차로 심판하기 위하여 즉결심판에 관한 절차를 정하기 위한 것이다. 동법 제2조의 즉결심판의 대상은 "지방법원, 지원 또는 시·군법원의 판사는 즉결심판절차에 의하여 피고인에게 20만원 이하의 벌금, 구류 또는 과료에 처할 수 있다"라고 규정하고 있고, 동법 제3조는 "즉결심판은 관

---

7 부산, 인천, 충무, 여수 등 4개 해양경찰서에 해양오염방제를 위한 '기동방제단'을 신설하였다.
8 해양경찰청(2013). 해양경찰육십년사, pp. 140-141.

할경찰서장 또는 **관할 해양경찰서장**이 관할법원에 이를 청구한다. 〈개정 1991. 11. 22〉"로 개정되었다.

표 8-4 | 「즉결심판에 관한 절차법」의 개정(시행 1991. 11. 22)

「경찰법」의 제정으로 해양경찰서장과 일반경찰서장의 조직법상 지위가 동일하게 됨에 따라 해양경찰서장에게 즉결심판청구권을 부여하고, 죄질이 경미하고 죄증이 명백한 범죄사건을 간단한 절차로 심판하는 즉결심판제도의 취지에 따라 피고인등에게 불출석심판청구권을 인정하여 심판기일에 출석함으로 인한 불편을 해소하며, 참고인등의 진술서에도 원진술자의 진술없이 증거능력을 부여함으로써 즉결심판절차의 간이·신속한 진행을 도모하는 한편 정식재판청구기간을 7일로 연장하여 피고인의 권리보호를 보다 강화하고자 하려는 것임.
① **해양경찰서장에게 즉결심판청구권을 부여함.**
② 벌금 또는 과료에 처할 사건에 대하여는 피고인등이 법원에 불출석심판을 청구할 수 있는 규정을 신설함.
③ 즉결심판절차에서는 형사소송법의 증거능력에 관한 규정중 진술서등의 증거능력인정절차에 관한 동법 제313조의 적용을 배제하여 참고인등의 진술서에도 별도의 증거인부절차없이 증거능력을 인정하도록 함.

3) 울산해양경찰서와 지서의 신설

1992년 10월에는 직제를 개정하여 부산해양경찰서가 관할하던 구역을 분할하여 울산해양경찰서를 신설하였다. 이에 따라 해양경찰서는 12개로 증가하였다.

1991년에 2개의 지서를 신설하였고, 1992년에 9개의 지서를 신설하였으며, 1995년 1월 출입항 신고기관 중 해당지역의 치안수요를 고려하여 32개소를 해양경찰지서로 일괄적으로 승격하였다.

1996년에는 11개소의 해양경찰 지서를 추가로 신설하였다.

4) 서해훼리호 사고 이후의 제도 변화

(1) 서해훼리호 침몰사고(1993. 10. 10)

1993년 10월 10일 09:40경 전북 부안군 위도면 파장금항을 출항하여 격포항으로 항해 중이던 여객선 서해훼리호(110톤, 정원 221명)가 10월 10일 10:00

경 위도 동방 4.6km해상 임수도 근해에서 심한 풍파로 인하여 항해가 불가능해지자 위도로 회항하려고 선수를 돌리는 순간 선체가 파도에 기울여짐에 따라 과승, 과적된 승객과 화물이 한쪽으로 쏠리면서 선박의 복원력을 상실 전복침몰하여 승선한 362명(승객 355, 선원 7) 중 79명이 생존구조되고 나머지 292명이 사망하였다.

이 사고는 해양경찰에도 큰 변화를 가져오는 촉매가 되었다. 그전까지 일관된 지휘체제를 갖지 못했던 해상구난체계를 정립하는 계기가 되어 1994년 「수난구호법」을 개정하고, 해양경찰청장을 중앙구조조정본부장으로 하는 구조·구난 체제로 일원화하고, 신속한 사고 접수 및 전파를 위해 5개 구난무선국과 위성 조기경보 수신체제를 구축 운영하게 되었다. 특히, 대형 인명사고 예방을 위하여 1996년도에 내무부로부터 여객선 및 유도선 안전관리 업무를 인수받았다.[9]

(2) 수난구조 체계의 개선 및·수색구조(SAR) 협약 가입(1995)

① 「수난구호법」개정(1995)

해양경찰은 시대적 과제에 적극적으로 대응하기 위해 1993년 서해훼리호 사고 이후 1994년부터 해수면 유·도선의 안전관리 업무를 시·도지사로부터 이관받고 범국가적인 수난구호체제를 구축하고, 「SAR 협약」을 수용하기 위한 국내 입법으로 「수난구호법」을 개정하였다.

1994년에 「수난구호법」이 개정되기 이전에는 수난구호 업무는 다음과 같았다.[10] 수난구호 업무는 해상과 하천으로 구분하여 행하되, 해상에서의 조난선박 및 인명의 구호업무는 최초에 사건을 인지한 해양경찰대장 또는 해양경찰대 기지대장이 행하고, 하천에서의 조난선박 및 인명의 구호업무는 최초에 사건을 인지한 경찰서장이 행한다. 다만, 해상에서의 수난구호에 있어서 해양경찰대장이나 해양경찰대 기지대장 또는 그 소속원이 현장에 도착할 때까지는 가장 가까운 곳에 위치하는 경찰서장이 그 업무를 대행하였다.

---

9 해양경찰청(2003). 전게서, p. 194.
10 수난구호법[시행 1966. 2. 23.] [법률 제1742호, 1966. 2. 23., 일부개정].

표 8-5 | 「수난구호법」의 개정(시행 1995. 6. 23)

경제 규모의 확대와 국제화로 해상교통량이 급격히 증가하고 있고 이에 따라 해난사고가 빈발하고 대형화하는 추세에 있으므로, 이에 적극 대처하기 위하여 범국가적인 수난구호체제를 구축함으로써 조난된 사람과 선박등을 신속히 구조하여 인명과 재산의 보호에 기여하도록 하고, 해운선진국으로서 우리나라의 국제적 위상에 상응하는 국제적 역할을 수행하고 범세계적인 수난구호체제에 동참하기 위하여 1979년 국제해사기구에서 채택한 「해상에서의 수색 및 구조에 관한 국제협약(SAR協約)」가입에 필요한 사항을 이 법에 수용하려는 것임.
① 1979년에 채택된 해상에서의 수색 및 구조에 관한 국제협약의 내용을 이 법에 수용함.
② 수난대비계획을 「민방위기본법」에 의한 민방위계획에 포함하여 수립·시행하도록 함.
③ 수난구호업무의 소관기관을 **해상은 해양경찰서장, 하천·호소는 관할 경찰서장**으로 함.
④ 해상에서의 수색 및 구조업무를 신속하고 효율적으로 수행하기 위하여 해양경찰청에 중앙구조조정본부를, 해양경찰서에는 구조조정본부 및 구조지부를 두도록 하고 구조대를 편성·운영하도록 함.
⑤ 신속한 구조활동을 위하여 외국의 구조대가 우리나라 영해·영토 및 영공에 진입을 요청하는 경우에는 양국간 조약이 정하는 바에 의하여 중앙구조조정본부장(海洋警察廳長)이 지체 없이 이를 허가하도록 함.
⑥ 구난통신망 확충과 선위통보제도에 관한 사항을 정함.
⑦ 조난사고를 발견한 자가 신고 의무를 이행하지 아니한 때, 구조업무의 지원을 기피한 자등에 대한 벌금 등 벌칙을 현실화하고 경미한 의무위반사항에 대한 과태료 처벌규정을 신설함.

② 구조본부 및 구조대 운영

해상에서의 수난구호 업무의 효율적인 수행과 수난구호 활동의 국제적인 협력을 위하여 해양경찰청에 중앙구조본부를, 해양경찰서에 구조본부 또는 구조지부를 두었다.[11]

구조본부는 인천·목포·부산·동해·제주 해양경찰서(1군 해양경찰서)에 두고, 구조지부는 구조본부를 두지 아니하는 해양경찰서에 두었다. 구조본부장 또는 구조지부장은 해양경찰서의 서장이 되고, 구조본부장은 구조본부 관할 해역안의 수난구호 업무의 총괄·조정 및 관계기관·외국기관과의 협력에 관한 사항, 관할해역 안의 수난구호 업무의 수행에 관한 사항, 소속 구조대의 편성·운영 및 구조활동에 관한 사항, 선위통보제도의 시행에 관한 사항, 해상 수난구호 업무를 위한 지역 통신망의 관리·운용에 관한 사항, 기타 중앙구조본부로부터 위임받거나 지시받은 사항 등을 관장하였다.[12]

---

11 수난구호법[시행 1995. 6. 23.] [법률 제4793호, 1994. 12. 22., 전부개정].
12 수난구호법시행령[시행 1995. 6. 23.] [대통령령 제14664호, 1995. 6. 16., 전부개정].

(3) 해양경찰의 유·도선 통제업무 관장(1994)

1994년에는 「유선 및 도선사업법」이 개정되어 해수면의 유·도선 통제업무를 관장하게 되었다. 유선은 주로 낚시, 관광 등에 사용되는 선박을 의미하고, 도선은 주로 사람과 물건을 운송하기 위해 사용하는 선박을 말한다. 1993년 발생한 서해훼리호 사건 이후 시장·군수가 관리업무를 하던 것을 해양경찰청이 맡도록 개선되었다. 이에 따라 해양경찰청은 시·도로부터 유선 1,144척, 도선 141척 등 1,285척의 관리업무를 인수하여 관련 업무를 시작하였다.[13]

표 8-6 ㅣ 「유선 및 도선사업법」 개정(시행 1994. 1. 1)

유선 및 도선이 대형화·다양화되고 그 이용객이 지속적으로 증가되는 추세에 맞추어 유·도선 관리체계를 합리적으로 조정하여 전문화를 도모하고, 유선 및 도선의 안전운항의 확보에 필요한 검사제도 등을 보다 강화·보완하여 선박안전사고를 예방하고, 공공의 안전과 복리의 증진에 기여하게 하는 한편, 법률명을 「유선및도선업법」에서 「유선및도선사업법」으로 변경하였다.
① 현재 해상이나 내수면에 관계없이 모든 유·도선을 그에 관한 전문관리기구와 인력이 없는 시장·군수가 관리함에 따른 안전운항상의 취약점을 해소하기 위하여 **해상운항 유·도선은 해양경찰청장**이, **내수면운항 유·도선은 시·도지사**가 각각 관리하도록 관리체계를 2원화하고, 유·도선 사업은 대통령령이 정하는 유·도선의 규모 등에 따라 면허제 또는 신고제로 운영하도록 함.
② 유·도선사업자는 사업의 종류별로 대통령령이 정하는 기준에 적합한 시설과 인력등을 갖추도록 함.
③ 유·도선사업의 면허 또는 신고의 유효기간은 유·도선의 규모와 영업구역에 따라 대통령령으로 정하도록 함.
④ 유·도선의 영업구역은 선박의 톤수 및 성능에 따라 대통령령으로 정하도록하고, 유·도선의 영업시간은 일출시부터 일몰시까지로 하는 것을 원칙으로 함.
⑤ 유·도선사업자 및 선원 기타 종사자가 선박의 안전운항과 승객 등의 위해방지를 위하여 준수하여야 할 사항을 강화하여 구체적으로 정함.
⑥ 유·도선사업자는 유·도선의 사고 시에 대비할 수 있는 인명구조 장비를 갖추지 아니하거나 인명 구조요원을 배치하지 아니하고는 영업을 할 수 없도록 함.
⑦ 유·도선의 보험 또는 공제 가입과 운항약관 제정을 의무화하여 안전사고 발생 시 승객등의 피해보상을 위한 제도적 장치를 마련함.
⑧ 유·도선사업의 정지등 행정처분의 세부기준을 내무부령으로 정하도록 하고, 불이익처분시의 청문제도를 신설함.

---

13 해양경찰청(2013). 전게서, p. 142.

(4) 수색구조(SAR) 협약 가입(1995)

1995년 10월에는 「SAR협약」14에 가입하여 국제적 구난협력체제에 동참하는 등 국제적인 해양경찰로 도약하는 계기가 되었고, 동협약 이행기관으로서 역할을 담당하게 되었다. 또한 SAR(Search and Rescue)통신망 구축사업은 해난사고 발생시 신속하고 체계적인 조난신호 처리를 위하여 국제해사기구(IMO)에서 채택하여 시행하는 「세계 해상조난 및 안전제도(GMDSS: Global Maritime Distress And Safety System)」에 규정한 선박조난신호 청취를 위한 '통신장치 설치' 및 해양경찰청과 소속 해양경찰서에 '수색구조용 전산망 구축'사업으로 1995년 12월부터 1998년 3월까지 3단계로 나누어 해양경찰청을 '중앙구조본부'로, 부산·인천·동해·목포·제주해양경찰서를 5개 '구조조정본부'로 선정하여 추진하였다.

5) 「낚시어선업법」의 시행(1996)

1995년 12월 낚시어선을 이용하는 승객의 안전을 도모하고 낚시어선업의 건전한 발전과 어가(漁家)의 소득증대를 위해 법률 「낚시어선업법」을 제정하였다. 낚시어선업은 「어선법」에 의하여 등록된 어선에 수산동식물을 포획하거나 채취하고자 하는 자를 승선시켜 하천·호소(湖沼) 또는 바다의 낚시장소에 안내하거나 당해 어선의 선상(船上)에서 수산동식물을 포획·채취토록 하는 것을 영업으로 하는 사업을 지칭하며 일반 국민의 레저욕구를 만족시키고 어가(漁家)의 소득증대를 도모하기 위해 고안된 제도로서 일정한 내수면을 구획하여 시설을 갖춘 낚시터를 경영하는 「내수면어업법」에 따른 낚시업과는 구별되며, 「유선및도선사업법」의 적용이 배제되는 것이 특징이다.

---

14 SAR협약: IMO(국제해사기구)의 SAR협약(International Convention on Maritime Search and Rescue, 1979): 해양경찰청은 SAR협약의 국내이행기관으로서 해상에서의 조난선박 및 인명에 대한 수색구조 업무를 수행하고 있다. SAR협약은 1979년 4월 27일 독일 함부르크에서 체결되어 1985년 6월 22일 발효되었으며, 우리나라에서는 1995년 10월 4일 발효되었다. SAR협약은 해상에서 조난자를 신속하고 효과적으로 구조하기 위해 연안국이 자국 주변의 일정 해역에 대해 수색구조의 책임을 분담하고 적절한 수색구조업무를 수행하기 위해 국내제도를 확립함과 동시에 관계국간의 수색구조 활동의 조정 등의 협력을 행할 수 있도록 세계적인 수색구조 협력체제를 창설하는 것을 목표로 제정되었다[해양경찰청(2009). 해양경찰백서. p. 96].

표 8-7 │ 「낚시어선업법」의 제정(시행 1996. 6. 30)

> 휴가철이나 주말에 어선을 이용하는 낚시객이 증가하고 있으나 어선의 이용 및 안전등에 관한 법적 장치가 마련되지 아니하여 낚시객의 안전관리 등에 미흡한 점이 있으므로 낚시객의 어선 이용 및 안전에 관하여 필요한 사항을 규정함으로써 낚시객의 안전을 도모하고 어촌관광의 활성화 및 어가소득의 증대를 도모하려는 것임.
> ① 낚시객을 어선에 승선시켜 하천·호소 또는 바다의 낚시장소에 안내하는 등의 낚시어선업을 하고자 하는 자는 당해 어선의 **선적항을 관할하는 특별시장·광역시장 또는 도지사에게 신고**하도록 함.
> ② 낚시어선업자는 낚시어선의 안전한 운항을 위하여 대통령령이 정하는 바에 의하여 인명의 안전에 관한 설비를 비치하여야 하며, 「어선법」에 의한 어선검사를 면제받는 낚시어선을 이용하여 영업을 하는 경우에는 「어선법」에 의한 정기검사에 준하는 검사를 받도록 함.
> ③ 낚시어선의 사고시 승객 및 선원의 피해보전을 원활히 하도록 하기 위하여 낚시어선업자에 대하여 보험 또는 공제가입을 의무화함.
> ④ 신고를 하지 아니하고 낚시어선업을 한 자에 대하여는 100만원이하의 벌금에 처하도록 하는 등 안전운항에 관련된 사항의 위반에 대한 벌칙을 정함.

4. 인력과 장비의 변화

1) 인력

1992년 10월 304명을 증원하였다. 그 구체적인 증원내용은 해양경찰청 훈련단 보강(4인), 울산해경서 신설(100인), 삼천포·거문도 지서 신설(14인), 인천·목포 해양경찰서 정보수사과 신설(10인), 신조함정요원(176인)이었다.[15]

1993년 「경찰청과 그 소속기관 등 직제」를 개정하여 일반직공무원 직급별 명칭을 변경하였다. 이때의 정원은 경찰공무원 3,815명, 일반직 156명, 기능직 207명 등 총 4,178명으로 1982년에 비하면 2.2배, 1971년에 비하면 4.3배가 증가하였다.

1995년 1월에는 경찰관 29명을 일반직 15명, 기능직 14명으로 대체했다.

1995년 9월 유·도선 업무와 신조함정 5척, 헬기 3대 도입, 울릉도 선박 출입항신고소 9개소 이관, 정비창 기능인력 등의 수요에 의하여 정원이 103명 증원되어 총 4,305명(경찰공무원 3,865명, 일반직 176명, 기능직 264명)이 되었다. 1996년 6월에는 133명을 증원하여 총정원이 4,438명이 되었다.

---

15 경찰청 역사편찬위원회(1994). 한국경찰사(1979–1993), p. 125.

표 8-8 | 경찰청 소속 해양경찰청 시기 인력변화(1991-1996)

연도	총정원	경찰공무원											일반직	기능직
		소계	치안정감	치안감	경무관	총경	경정	경감	경위	경사	경장	순경		
91. 7.	3,874	3,535	1	-	3	20	44	107	316	678	890	1,476	148	191
92. 10.	4,178	3,815	1	-	3	21	49	116	353	726	967	1,579	156	207
94. 1.	4,202	3,825	1	-	3	21	49	116	355	730	968	1,582	161	216
95. 1.	4,305	3,865	1	-	3	21	49	116	365	730	970	1,610	176	264
96. 6.	4,438	3,962	1	-	3	21	50	124	378	755	996	1,634	176	300

자료: 해양경찰청(2003). 해양경찰 오십년사.

2) 장비

1979년 55척에 총톤수가 8,571톤에 불과하였으나 1992년에는 187척에 총 톤수가 28,935톤으로 증가하여 보유 척수 및 총톤수 등에서 3배 이상의 양적 증가가 있었고, 1,000톤급 4척, 1,500톤급 1척, 3,000톤급 1척 등 대형 경비함과 구난함도 보유하게 되었다.[16] 이는 1983년 「해상경비 작전체계일원화 개선책」에 의해 연안경찰서에서 보유 중인 연안정 70척(경찰인력 포함)과 관련 예산을 완전히 해양경찰에 이관하면서 해양경찰 경비함정이 1982년 80척에서 1983년 155척으로 대폭 증가하게 되었다.

표 8-9 | 해양경찰 경비함정 증감 현황

구분	79	80	81	82	83	84	85	86	87	88	89	90	91	92
증가	9	15	10	8	78	1	2	1	5	10	8	9	3	4
감소	3	6	2	-	3	1	-	-	1	3	2	4	-	-
보유	55	64	72	80	155	155	157	158	162	169	175	180	183	187

자료: 경찰청 역사편찬위원회(1994). 한국경찰사(1979. 10-1993. 2).

---

16 경찰청 역사편찬위원회(1994). 상게서, p. 210.

5. 사건과 사고

국내적으로는 선복량17의 증가와 안전불감증으로 인해 292명이 희생된 서해훼리호 침몰사고, 씨프린스 좌초사고 등의 대형 해양사고는 우리나라가 국내·외적으로 해양사고 다발국으로 인식되는 불명예를 가져왔고, 우리 사회에서 안전에 대한 각성이 시작되었으며, 한·중 수교로 인한 중국과의 관계 개선에 따라 중국어선의 우리수역 침범 불법조업과 해상 밀입국사건이 일간지 사회면의 중요기사로 다루어질 정도로 심각한 사회문제로 대두되어 우리나라 해역을 실질적으로 확보하고 지킬 수 있는 해양경찰의 역할이 그 어느 때보다 요구되는 중요한 시기였다.

1) 밀입국·밀수 사건 증가

밀수사건이 다수 발생하였다. 1991년에 발생한 중국산 녹용 10억대 밀수사범 검거와 중국산 어획물·녹용 밀수, 1992년 3월 일본산 참깨 32톤 밀수사범 검거, 1992년 7월 어류와 녹용 11억 7만원 상당 밀수사범 검거, 1992년 12월 중국산 홍어·참깨 밀수사범 검거, 1994년 10월 중국산 뱀 밀수사건, 1995년 1월 중국산 조기 해상밀수 사건 등 주로 한국에서 보양으로 복용하는 녹용이나 참깨, 수산물 등이 밀수의 대상이었다.

2) 씨프린스호 오염사고와 제도 변화

씨프린스호 좌초·오염사건이 1995년 7월 23일에 발생하였다. 씨프린스호

---

17 선복량(船腹量): 선박의 크기를 나타내는 단위로는 톤수가 사용되고 있는데 다음과 같은 종류가 있다. 가장 표준적인 것이 총톤수(gross tonnage)로 선박의 갑판 아래의 적재량과 갑판위의 객실, 선원용 시설 등을 추가한 용적을 100입방피트=1톤으로 해서 계산한다. 이는 조선량과 함께 각종 선박의 합계량을 나타내는 데 이용된다. 또한 화물선과 탱커 등의 선복량을 나타내는 데 이용되는 것이 중량톤수(dead weight)로, 적재할 수 있는 총중량을 나타낸다. 일반 화물선과 탱커의 경우 총톤수의 1.5배 정도가 중량톤수이다. 이밖에 총톤수에서 기관실, 선박조종실, 선원실 등 운항에 필요한 용적을 뺀 순톤수(net tonnage), 선체의 무게에 의해 배출되는 무게를 계산해서 산정한 배수톤수 (displacement tonnage) 등이 있다.

(140,587톤, 승선원 20명, 선종: 원유 운반선)는 기관 연료유(방카C유) 1,400톤 중 약 700톤 정도 유출한 것으로 추정(700톤은 화재로 손실)되었다. 이 사고는 외국의 사례로만 생각하였던 대규모 기름유출사고가 우리나라에서도 발생할 수 있음을 보여준 사고였으며 온 국민에게 기름오염의 심각성을 일깨워 준 계기가 되었다.

이에 따라 정부에서는 방제 정책의 중요성을 인식하고, 방제업무를 해양경찰청으로 일원화, 국가·지역 방제실행계획 수립, 과학지원단 제도 도입, 해양경찰 방제능력 확충 및 방제조합 설립, 민간방제능력 확충, 국제협력 체제 구축 등의 전환점이 되었다.[18]

신속하고 체계적인 방제를 위하여 종전에는 내무부(해양경찰청)·수산청·해운항만청 및 시·도에서 방제업무를 각각 분담하던 것을 1995년 12월 「해양오염방지법」을 개정하여 해양오염 방제업무 책임기관을 해양경찰청으로 일원화하였다.[19]

표 8-10 ┃ 해양오염방지법의 개정(시행 1996. 6. 30)

최근 크고 작은 해양오염사고가 빈발하고 연안적조현상으로 해양오염이 확산됨에 따라 신속하고 체계적인 방제를 위하여 방제업무를 내무부로 일원화하고 민간분야의 폐유수거 및 방제를 활성화하는 한편, 연안특별관리해역의 지정·운영제도를 개선하는 등 현행규정의 시행상 나타난 일부 미비점을 개선·보완하려는 것임.
① 환경부장관은 특별관리해역의 환경보전을 위한 특별대책을 수립·시행하고, 당해 해역안의 해역이용 및 시설설치의 제한과 오염물질의 배출을 총량으로 규제할 수 있도록 함.
② 선박소유자는 농림수산부령 등이 정하는 바에 따라 선박에 기름 오염방지설비를 설치하거나 폐유저장용기를 비치하도록 함.
③ 유창청소업의 허가제를 등록제로 완화하고, 방제업 등록제도를 신설함.
④ 항만관리청과 유류공급시설을 해안에 설치한 정유회사 등은 선박과 해양시설에서 발생하는 기름·폐기물 등을 저장할 수 있는 시설을 설치하도록 함.
⑤ 대형유조선 또는 대량기름저장시설의 소유자는 기름유출사고에 대비하여 방제선 또는 방제장비를 가까운 해역에 배치하도록 함.
⑥ 해양오염이 발생한 경우 종전에는 유출된 기름의 양에 따라 내무부·수산청·해운항만청 및 시·도에서 그 방제업무를 각각 분담하던 것을 내무부로 일원화하여 신속하고 체계적인 방제가 이루어질 수 있도록 함.

---

18 海洋警察廳(2003). 전게서. p. 208.
19 해양경찰청(2008). 해양오염관리업무 30년의 발자취. p. 5.

※ 해양오염방지법 시행령 제38조 (방제대책본부)
① 방제대책본부의 장(본부장)은 해양경찰청장이 되고, 해양경찰청 소속공무원 및 관계기관의 장이 파견한 공무원으로 구성한다.
② 본부장은 관계기관의 장에 대하여 방제대책본부에 근무할 공무원의 파견과 방제작업에 필요한 인력 및 장비등의 지원을 요청할 수 있으며, 요청을 받은 관계기관의 장은 특별한 사유가 없는 한 이에 응하여야 한다.

II. 중앙행정관청 시기(1996. 8-2014. 11)

1. 개설

1) 정부의 변화

국내상황으로 1997년에는 경제상황이 악화되어 IMF에 구제금융을 신청하는 어려운 상황이 있었으나 1999년 IMF 상황을 극복하고 2002년 한·일 월드컵과 아시안 게임이 개최되었다.

남북관계는 1998년 북한 잠수정 침투사건, 1999년 연평해전 등으로 인하여 긴장이 고조되었다. 그 후 남북교류를 지속적으로 추진하여 분단 이후 처음으로 2000년 6월 15일 남북정상회담이 개최되고, 이산가족 만남이 성사되었다.

국제정세는 2001년 9·11 테러 사건[20]이 발생하여 테러와의 전쟁이 지속되었고, 2003년 3월 이라크전쟁이 발생하였다.

해양경찰의 중앙행정관청 시기(1996-2014)는 김영삼 정부(1993. 2-1998. 2), 김대중 정부(1998. 2-2003. 2), 노무현 정부(2003. 2-2008. 2), 이명박 정부(2008. 2-2013. 2), 박근혜 정부(2013. 2-2017. 3)가 순서대로 집권한 시기이다.

김영삼 정부 시기인 1996년 8월 해양정책을 효율적으로 수립하고 추진하

---

20 9·11 테러는 2001년 9월 11일 화요일 아침 미국에 대항하는 이슬람 과격 테러단체인 알카에다가 일으킨 네 차례의 연쇄 테러 공격을 의미한다. 9·11 테러로 2,977명이 사망하고 25,000명 이상이 부상을 입었으며, 인프라 파괴로 최소 100억 달러의 재산 피해가 발생하였다. 또한 이 테러는 역사상 가장 사망자가 많은 테러이자 미국의 역사상 단일 사건으로는 가장 많은 소방관과 법 집행관이 사망한 사건으로 소방관 340명과 법 집행관 72명이 순직하였다.

기 위해 13개 부처에 흩어져 있던 해양행정기능을 통합하여 해양수산부를 신설하였다. 정부의 해양수산부 신설의 이유는 다음과 같다.21

📖 국제해양질서의 급격한 변화와 21세기 해양경쟁시대에 적극적으로 대비함으로써 우리의 무한한 해양잠재력을 개발하여 해양선진대국으로 도약하기 위한 기반을 조성하기 위하여, 여러 행정기관에 분산되어 있는 수산·해운·항만·해양환경보전·해양조사·해양자원개발·해양과학기술 등 해양관련 행정기능을 통합하여 종합적인 해양개발과 이용·보전 기능 등을 전담할 해양수산부를 신설하고, 해양수산부장관소속하에 해양에서의 경찰 및 오염방제업무를 담당할 해양경찰청을 신설하였다.

이때 해양경찰은 해양수산부의 외청으로 독립하여 중앙행정관청이 되었다. 그리고 해양경찰은 김대중 정부와 노무현 정부 때에도 해양수산부의 외청이었다. 노무현 대통령은 2000년 8월부터 2001년 4월까지 김대중 정부에서 해양수산부 장관을 역임하기도 했다.

노무현 정부 시기인 2005년 8월 10일 남북해운합의서가 채택되었다. 이것은 남북한이 항구를 개방하고 특히 남한은 제주해협을 북한 상선에게 개방하며, 이에 따른 여러 가지 지켜야 할 규정들을 묶어 놓은 합의서다. 이 합의서는 상대방 영해에서 군사활동, 잠수항행, 정보수집, 무기수송, 어로 등을 금지하고 있으며, 이를 어겼을 때는 정선 및 검색을 하고 영해 밖으로 쫓아낼 수 있도록 규정하고 있었다.

이명박 정부 때에는 2008년 2월 정부 조직 개편에 따라 기존 건설교통부의 업무와 폐지된 해양수산부의 해양정책·항만·해운물류 업무를 통합하여 국토해양부가 신설되었다. 이에 따라 해양경찰청도 국토해양부 소속기관이 되었다.22

---

21 정부조직법[시행 1996. 8. 8.] [법률 제5153호, 1996. 8. 8., 일부개정].
22 정부조직법[시행 2008. 2. 29.] [법률 제8867호, 2008. 2. 29., 타법개정].
   제37조 (국토해양부) ① 국토해양부장관은 국토종합계획의 수립·조정, 국토 및 수자원의 보전·이용 및 개발, 도시·도로 및 주택의 건설, 해안·하천·항만 및 간척, 육운·해운·철도 및 항공, 해양환경, 해양조사, 해양자원개발, 해양과학기술연구·개발 및 해양안전심판에 관한 사무를 관장한다.
   ② 국토해양부에 차관보 1명을 둘 수 있다.
   ③ 해양에서의 경찰 및 오염방제에 관한 사무를 관장하기 위하여 국토해양부장관소속으로 해양경

2010년 5월 이명박 정부는 천안함 사태의 대응조치를 발표하면서, 남북 해운합의서에 의해 허용된 우리 해역의 어떤 해상교통로도 이용할 수 없도록 통항을 제한하였다.[23]

박근혜 정부 때에는 2013년 3월 정부 조직 개편에 따라 국토해양부는 국토교통부가 신설되면서 폐지되었고, 해양 관련 업무는 다시 부활한 해양수산부로 이관되었다. 이때 해양경찰청은 해양수산부의 외청이 되었다. 2014년 11월 세월호 사건 이후 해양경찰은 국민안전처가 신설되면서 국민안전처의 해양경비안전본부로 격하되었다. 지방경찰청은 지방해양경비안전본부로 해양경찰서는 해양경비안전서로 명칭이 변경되었다.

2) 해양 정세

「유엔해양법협약」이 1994년 11월 16일 발효하였으나 우리나라는 1995년 12월 국회의 비준을 거쳐 1996년 1월 29일 유엔에 비준서를 기탁하여 1996년 2월 28일 발효하게 되었다. 「유엔해양법협약」이 국내적으로 발효하게 됨에 따라 김영삼 정부는 우리나라의 권리를 확보하고 국제 해양질서에 동참하기 위해 「배타적 경제수역법」[24] 등 9가지 국내 법령을 제정 또는 개정하여 1996년 8월 8일부터 시행하게 됨에 따라 해양경찰청은 관할해역을 어업자원 보호선 내측 해역으로 한정되어 있던 것을 관할해역 외측 범위를 두지 않도록 개정하였다. 그 결과 해양경찰의 관할해역은 영해에서 배타적 경제수역으로 약 5.2배 넓어짐에 따라 광역해역의 경비 및 해양자원 확보가 최우선 과제로 대두되었다.[25]

이러한 배타적 경제수역 선포에 따라 수역의 범위는 확대되었으나, 우리

찰청을 둔다.

④ 해양경찰청에 청장 1명과 차장 1명을 두되, 청장 및 차장은 경찰공무원으로 보한다.

23 제주해경에 따르면 제주해협을 통항한 북측 선박은 2005년 41척, 2006년 128척, 2007년 174척, 2008년 188척 등으로 매년 증가하고 있다(연합뉴스, 2010. 5. 24). 이에 따라 해양경찰의 해양경비 업무가 북한선박 의 통항에 의해 증가된 것이다.

24 우리나라가 1996년 1월 29일 「유엔해양법협약」을 비준(1996년 2월 28일 발효)함에 따라 동 협약에서 인정하고 있는 배타적 경제수역의 범위를 설정하고, 배타적 경제수역 안에서 우리나라의 권리와 외국인에게 허용되는 해양이용에 관한 자유 등을 정함으로써 국제적으로 중요성이 증대되고 있는 새로운 국제 해양질서에 적극적으로 동참하기 위해 「배타적 경제수역법」이 제정되었다.

25 해양경찰청(2009). 해양경찰백서, 전게서, pp. 217-218.

나라 「배타적 경제수역에서의 외국인어업 등에 대한 주권적 권리의 행사에 관한 법률(EEZ어업법)」은 외국과의 협정에서 따라 정하는 경우에는 그 협정을 따르도록 되어 있어 외국어선의 불법조업 방지와 단속을 위해서는 어업협정을 체결할 필요가 있었다. 이에 따라 1999년 1월 22일 「한·일 어업협정」이 시행되고, 2001년 6월 30일 「한·중 어업협정」이 시행되어 어업협정선을 침범하는 외국어선의 불법조업 단속 등 해상 치안 수요가 급증하였다.

2. 이 시기의 해양경찰청장

1996년 해양수산부의 외청인 중앙행정관청으로 독립하였다. 1996년에서 2014년까지의 해양경찰청장은 총 14명이다. 해양경찰청장의 출신은 경찰청 출신이 대부분이고 자체 청장이라고 볼 수 있는 경우는 권동욱 청장과 김석균 청장 2명뿐이었다.

해양경찰이 1953년에 창설되어 2006년에는 53년이 지났다. 그동안 해양경찰은 해양경찰 내부가 아니라 외부에서 청장을 맞이하는 형태로 존재해 왔다. 그리고 2006년 8월 9일 마침내 최초의 해양경찰 내부에서 자체 승진한 청장이 탄생했다. 자체 승진한 권동욱 청장은 해양경찰 역사에서 처음으로 해양경찰 내부에서 해양경찰청장이 탄생한 것이었다. 이는 해양경찰의 전문성을 강조하는 측면에서 보면 당연한 일이었으나, 해양경찰 역사에서는 처음 있는 일이었다.

해경이 1996년 경찰청에서 독립한 후 바다 경험이 없는 경찰청 소속 고위공무원, 타 부처 행정직 공무원 등을 간부로 대거 채용하여 해경의 전문성이 크게 저하됐다는 지적이 끊이지 않고 있었다.

1996년 이후 역대 해경청장 14명 가운데 해경에서 공직 생활을 시작했고 경비함 근무 경력이 있는 인사는 8대 권동욱 해경청장 한 명뿐이다. 김석균 청장도 행정고시 37회 출신으로 법제처에서 3년간 사무관으로 근무하다 1997년 해경에 특채되었으며 나머지 12명의 청장은 경찰청 출신이었다.[26]

---

[26] 문화일보, 2014. 5. 14.

해경청장 자리를 경찰청 출신이 거의 독식하다시피 한 이유는 그 당시의 법령상 해양경찰청장을 해양경찰관 중에서 임명해야 한다는 규정이 없고, 그 당시의 정부가 관행처럼 경찰청 내부에서 경찰청장 자리를 놓고 경쟁을 하다가 낙오한 치안정감을 해경청장으로 임명해 왔기 때문이다.

강희락 치안총감은 해양경찰청장을 거쳐 경찰청장이 되었다. 이승재 청장은 치안정감 계급으로 해양경찰청장을 하고, 이어서 차관급인 치안총감 격상된 후에도 해양경찰청장에 임명되어 2년 8개월 동안 재임하였다. 2014년 4월 세월호 사건이 발생하여 동년 11월 해양경찰청이 해체되고 국민안전처 소속의 해양경비안전본부로 변경된다.

조성빈 청장은 김영삼 정부에서 임명하였고, 김대원·김종우·이규식·박봉태 4명의 청장은 김대중 정부에서 임명하였다. 노무현 정부에서 임명한 해

표 8-11 | 역대 해양경찰 총수들(1996-2014)

성명	기간	출신
조성빈 치안정감	1996. 8. 13-1998. 3. 13	경찰청
김대원 치안정감	1998. 3. 14-1999. 12. 2	경찰청
김종우 치안정감	1999. 12. 3-2000. 12. 6	경찰청
이규식 치안정감	2000. 12. 7-2001. 11. 11	경찰청
박봉태 치안정감	2001. 11. 12-2003. 3. 28	경찰청
서재관 치안정감	2003. 3. 29-2004. 1. 11	경찰청
이승재 치안정감	2004. 1. 12-2005. 7. 27	경찰청
이승재 치안총감	2005. 7. 28-2006. 8. 8	경찰청
권동욱 치안총감	2006. 8. 9-2008. 3. 7	자체 청장
강희락 치안총감	2008. 3. 8-2009. 3. 9	경찰청
이길범 치안총감	2009. 3. 9-2010. 9. 8	경찰청
모강인 치안총감	2010. 9. 8-2012. 5. 5	경찰청
이강덕 치안총감	2012. 5. 5-2013. 3. 18	경찰청
김석균 치안총감	2013. 3. 18-2014. 11. 18	행정고시, 자체 청장

양경찰청장으로는 서재관·이승재·권동욱이 있었고, 이명박 정부에서 임명한 해양경찰청장은 강희락·이길범·모강인·이강덕 등이었다. 박근혜 정부에서 임명한 해양경찰청장은 김석균 청장이었다.

3. 조직의 변화

1) 해양수산부 소속의 중앙행정관청으로 승격(1996. 8. 8.)

첫째, 격변하는 국내외 정세와 해양 환경의 소용돌이 속에서 해양경찰은 1953년의 12월 23일 창설 이래 43년 만에 해양경찰 고유의 위상을 확보하지 못하다가 1994년 「유엔해양법협약」 발효 등 국제적으로 해양에 대한 중요성이 부각되었고, 해상교역량의 99.7%를 해상수송에 의존하고 있는 우리나라의 경제적 입지를 고려하여 김영삼 정부의 해양정책 강화 방침에 따라 1996년 8월 8일 「정부조직법」 개정으로 경찰청 소속기관에서 해양수산부의 외청으로 독립함으로써 「중앙행정 관청 시대」를 열었다. 중앙행정관청의 의의에 대하여 살펴보면 다음과 같다.

행정관청은 국가 또는 다른 행정주체의 기관이라 할 수 있다. 행정관청은 스스로 법인격을 갖는 것이 아니고, 행정주체를 위해 자기의 책임과 이름으로 부여된 권한을 행사하는 지위에 있게 된다. 통상적으로 학설에 따르면 국가의 의사를 결정하여 외부에 표시할 수 있는 권한을 갖는 행정기관을 행정관청이라고 한다.[27] 「정부조직법」에서는 중앙행정관청을 중앙행정기관의 장으로 표현하기도 한다.

따라서 1996년 중앙행정기관이 된 해양경찰청은 해양에서 경찰 및 오염방제에 관한 국가의사를 결정하고 외부에 표시할 수 있는 권한을 가진 기관이 되었고, 독자적인 예산과 인사제도를 운영할 수 있게 되었다. 그 당시 해양경찰 조직에서 관청의 지위를 갖는 기관에는 해양경찰청장, 지방해양경찰청장, 해양경찰서장으로 구성되었다.

그때 「정부조직법」 제41조 제3항에 의거 해양에서의 경찰 및 오염방제에

---

27 류지태·박종수(2009). 행정법신론 제13판. 박영사. p. 717.

관한 사무가 신설되었으며, 해양경찰청은 종전 4부 1창 1담당관 11과에서 4국
1관 3담당관 12과로 확대 개편하고 해양경찰서는 6−8과(1대) 17계 1실, 정비
창은 7과 1단 8계로 개편되는 등 조직규모가 확대되었다.

　　해양경찰 본청의 조직은 경무부가 경무국으로, 경비부가 경비구난국으로,
정보수사부가 정보수사국으로, 해양오염관리부가 해양오염관리국으로 승격·
변경되었다. 또한 정비보급과가 정비관리과로, 시험연구과가 분석과로, 경비과
와 구난과가 통합되어 경비구난과로, 기획감사과가 기획과로 변경되었으며,
기동방제관·감사담당관·해상안전과·외사과가 신설되었다.

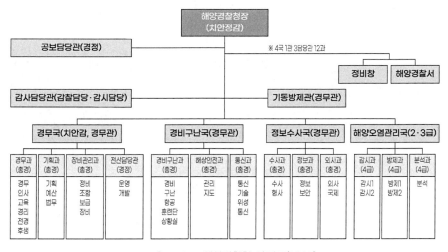

| 그림 8-3 | 해양경찰청 조직도(1996)

　　둘째, 1996년 8월 8일 「해양경찰서 사무분장규칙」을 제정하여 12개 해양
경찰서의 외사계를 신설하여 정보수사과의 정보계와 보안계 직원 중 24명을
외사기능 인력으로 이체하였으며, 경무과 교육계를 폐지하고, 전경관리 업무
를 경비계에서 경무과로 이관하였다. 1,000톤급 이상 대형함정에서 1−5명씩
을 감원하여 경감급 지서장 5명을 경위로 조정하고, 100톤급 경비정장을 경위
에서 경감으로 상향하였다. 또한 구조기지대를 구조대로 명칭 변경하였다. 정
보수사과의 세부적인 부서는 수사, 형사, 정보, 보안, 외사로 구성되었다.

　　지방의 해양경찰관서는 12개 해양경찰서, 52개 지서 및 375개의 선박출

입항 신고기관, 180척의 함정을 갖춘 조직으로 변화되었다. 이 당시 해양경찰서의 조직은 경무과, 경비통신과, 해상안전과, 장비관리과, 정보수사과, 해양오염관리과, 구조대로 구성되었다.

셋째, 1999년 2월부터 국제해사기구(IMO)의 권고에 따라 세계 해상조난 및 안전제도(GMDSS)의 시행으로 국제항로에 취항하는 모든 선박과 일정 규모 이상의 선박(어선 포함)은 조난 및 안전통신장비를 갖추도록 하였고, 해상에서의 선박 조난사실을 청취하기 위해 중앙구조본부인 해양경찰청은 「위성조난통신소(Cospas–Sarsat System)」를 설치를 운용하고, 부산·인천·동해·목포·제주해양경찰서를 '구조조정본부'로 하고 「구난무선국」을 운영하였다.

넷째, 1999년 11월 OPRC(International Convention on Oil Pollution Preparedness, Response and Co–operation, 1990)협약에 가입했다. 국가 방제 능력을 초과하는 재난적인 대형 유류오염사고를 대비하여 각 국가별로 대응태세를 구축하기에는 경제적인 부담이 크고 유출된 기름이 인접국까지 확산되어 해양환경의 피해를 가중시키는 등 국제적인 협력의 필요성이 대두되어 1990년 11월 유류오염

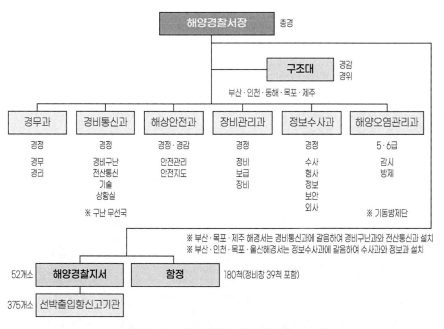

| 그림 8-4 | 해양경찰서 기구표(1996. 8. 8)

대비·대응 및 협력에 관한 국제협약(OPRC 협약)을 채택하여 1995년 5월 13일 발표되었다. 우리나라도 1999년 11월에 이 협약에 가입하여 2000년 2월 9일 국내에서 시행함에 따라 국제협력체제 구축을 위한 기반을 갖추게 되었다.

다섯째, 테러 위험으로부터 안전을 확보하기 위하여 관련 조직을 신설하였다.

1998년 10월 「국가대테러지침」에 따라 특수구조단을 해상특수기동대로 확대 개편하였고, 2002년 1월에는 해양경찰특공대를 신설하였다. 이에 따라 본청에는 해양경찰 특공대가, 각 해양경찰서에는 특수기동대가 운영되었다.

여섯째, 2002년 7월 「해양경찰청사무분장규칙」을 개정하여 감사1계를 감사기획계로, 감사2계를 감사지도계로 변경하며, 폐기물관리계를 신설하고, 항공기 운영인력 7인을 정원으로 책정하였으며, 조함기술계장을 일반직에서 경찰직으로 변경하였다. 이때의 해양경찰청 정보수사국의 조직편제는 수사과(수사, 형사), 정보과(정보, 보안), 국제과(외사, 국제협력)로 구성되었다.

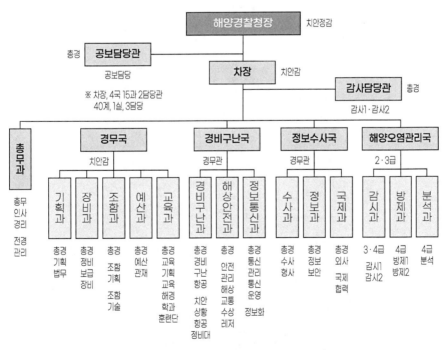

| 그림 8-5 | 해양경찰 기구표(2002. 7. 9)

일곱째, 2002년 7월 속초·여수·통영 해양경찰서에 특수기동대를 신설하고, 목포·여수·제주 해양경찰서에 수상레저계를 신설하며, 포항·울산 해양경찰서에 외사계를 신설하였다. 따라서 2002년 7월 이후 일선 해양경찰서의 정보과는 정보계, 보안계, 외사계로 구성되었다. 2002년 7월 지서를 파출소로 변경하고, 출장소의 설치 근거를 마련하였다. 2002년 7월 당시의 해양경찰서 소속의 파출소 69개소·출장소 293개소이었고, 함정 248척, 항공기 10대를 보유하였다.

여덟째, 2002년 3월 5,000톤급 경비함정이 동해해양경찰서에 배치되었고, 동년 4월에 「5001함(삼봉호)」로 명명되었고, 독도 순찰을 비롯한 경비업무를 시작하였다. 5001함은 200해리 배타적 경제수역 경비는 물론 독도 근해 순찰, 수색 및 구조, 조난선박 예인, 해상보급, 화재선박 소화 등 다양한 치안활동을

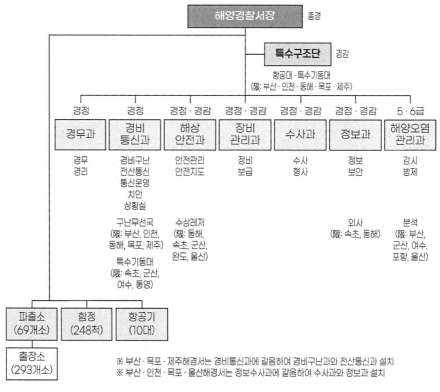

| 그림 8-6 | 해양경찰서 기구표(2002. 7. 9)

담당하게 되었다.²⁸

2) 해양경찰청의 직급 격상과 경찰청 소속 출입항 신고기관 인수

(1) 해양경찰청 차장 신설(1999. 5. 24)

김대중 정부시기인 1999년 5월에는 21세기 신지식·정보화 시대에 대비하여 정부 기능을 핵심역량 위주로 재편하고 일부부처간 기능을 재조정을 통하여 효율적인 국정운영체제를 구축하기 위하여 「정부조직법」이 개정되고, 「해양경찰청과 그 소속기관직제」를 개정하여 청장의 업무대행체제 확립을 위해 차장을 신설하고, 경무과를 독립시켜 총무과로 신설하며, 기동방제관을 폐지하고 그 사무를 경비구난국과 해양오염관리국으로 분장 이관시키고, 수상레저업무 해상교통 문자방송 업무를 신설하며, 정원 31인(본청 12인, 소속기관 19인)을 감축하였다.

(2) 경찰청 출입항 신고기관 인수(2001. 9~2002. 9)

출입항신고기관이 해양경찰청과 경찰청으로 이원화되어 운영되어 오다가 경찰청으로부터 해양과 선박에 대한 전문성을 가지고 있는 해양경찰청에서 전면 인수해 줄 것을 요청받고 국방부, 해양수산부 등 관계기관과 협의를 거친 후에 2001년 4월부터 2002년 12월까지 3차(1차: 2001년 9월 399개소, 제2차: 2002년 4월 346개소, 제3차: 2002년 11월 147개소)에 걸쳐 경찰청 소속 신고기관 892개소를 인수하여 신고기관 일원화를 완료하였다.

3) 해양경찰청장의 직급이 차관급인 치안총감으로 격상(2005. 7. 22)

2005년 7월 해양경찰청장의 직급을 치안정감에서 치안총감으로, 차장의 직급을 치안감에서 치안정감으로 상향조정하고, 정책홍보관리관 및 국제협력관을 신설하며, 경무기획국을 장비기술국으로 개편하여 본청은 차장, 6국(관), 16과, 3담당관, 1단으로 구성되었다.

---

²⁸ 해양경찰청(2013), 전게서, p. 196.

이때에 해양경찰청에 총무과·정책홍보관리관·장비기술국·경비구난국·정보수사국 및 해양오염관리국을 두고, 차장 밑에 국제협력관·감사담당관 및 정보화담당관 각 1인을 두었다.

4) 지방해양경찰청의 신설(2006. 11)

첫째, 2006년 2월에 인천·목포·부산·동해에 4개의 지방 해양경찰본부를 설치하였고, 이 지방해양경찰본부는 다음과 같은 사무를 담당하였다.

① 관할구역 안의 해양재난 및 경비 업무에 대한 총괄·조정·지휘에 관한 사항

② 관할구역 안의 해양재난에 대한 대비·대응 및 관계기관·외국기관 등과의 협력에 관한 사항

③ 해양오염에 대한 광역 기동방제 및 단속에 관한 사항

④ 그 밖에 관할구역 안의 해상치안에 관하여 해양경찰청장으로부터 위임받은 사항

지방해양경찰본부에 본부장 1인을 두되, 본부장은 지방해양경찰본부 소재지의 해양경찰서장이 겸하였다. 지방해양경찰본부장은 해양경찰청장의 명을 받아 소관 사무를 통할하고, 소속공무원을 지휘·감독한다. 지방해양경찰본부에 혁신경무과·경비안전과 및 정보수사과를 두고, 각 과장은 경정으로 보하며, 지방해양경찰본부장 밑에 항공단·특공대 및 기동방제단을 두고, 지방해양경찰본부장은 해양경찰청장의 승인을 얻어 광역경비단을 둘 수 있었다.

항공단장·특공대장 및 광역경비단장은 경정 또는 경감으로 보하고, 기동방제단장은 화공사무관·보건사무관·환경사무관 또는 선박사무관으로 보하였다.

해양에서의 경찰 및 오염방제에 관한 사무를 관장하기 위하여 지방해양경찰본부장 소속하에 해양경찰서를 두되, 해양경찰서장은 총경으로 보하였다. 이 당시의 해양경찰서는 13개이었다. 해양경찰서장은 지방해양경찰본부장의 명을 받아 소관 사무를 통할하고, 소속공무원을 지휘·감독하였다.

둘째, 2006년 11월에는 동해·목포·부산지방해양경찰본부를 각각 동해·서해·남해지방해양경찰청으로 확대 개편하고, 인천지방해양경찰본부를 폐지

하며, 인천해양경찰서를 본청 직할 해양경찰서로 개편하였다.

지방청 신설에 필요한 소요인력 확보를 위해 본청 인력 25인(총경 2, 경정 4, 경감 6, 경위 4, 경장 5, 순경 4)을 소속기관으로 이체하였고, 지방청 신설 및 연안인 명구조장비 도입 등에 따른 운용인력 71인(경무관 3, 총경 7, 경정 4, 경감 19, 경사 4, 순경 3, 4급 2, 5급 1)을 증원하였다.

2008년 2월 29일 이명박 정부의 정부조직 개편에 따라 해양경찰청의 소속이 해양수산부에서 국토해양부의 외청으로 개편되었다.

2012년 6월에는 제주지방해양경찰청이 신설되고, 동년 6월에는 서해지방 해양경찰청장의 직급이 경무관에서 치안감으로 격상되었으며, 2012년 12월에는 창원해양경찰서가 신설되었다.

2013년 11월에는 「해양경찰청과 그 소속기관 직제」의 개정에 따라 남해 지방해양경찰청장의 직급이 치안감으로 격상되었고, 서해지방해양경찰청에 안전총괄부가 신설되었다. 안전총괄부 부장은 경무관으로 보하고 관장업무로는 ① 해상경비에 관한 계획의 수립 및 지도, ② 해양에서의 수색·구조업무에 관한 사항, ③ 파출소·출장소 운영 및 외근업무의 기획·지도, ④ 수상레저의 안전관리, ⑤ 수사업무와 그 지도 및 조정, ⑥ 정보업무에 관한 지도 및 조정, ⑦ 국제적 범죄 또는 외국인 관련 범죄의 수사지도, ⑧ 해양오염 방제조치에 관한 사항, ⑨ 해양오염예방을 위한 지도·점검 및 감시·단속에 관한 사항, ⑩ 오염물질의 감식 및 분석에 관한 사항 등이었다.

5) 완도 해양경찰서 신설과 파출소로 명칭 변경(2002. 7. 12)

2002년 7월 완도 해양경찰서가 신설되었고, 해양경찰 지서의 명칭을 파출소로 명칭을 변경하였다. 1996년 8월 중앙행정관청으로 변경된 이후 1998년 2월 지서가 10개 신설되었고, 2001년 6월 6개의 지서 신설, 2003년 7월 2개 파출소가 신설되었다. 이에 따라 2004년 말 71개의 파출소로 변경되었다.

6) 국토해양부의 외청으로 해양경찰청 소속 변경(2008. 2. 29)

이명박 정부(2008. 2 – 2013. 2)가 출범하여 해양경찰청이 해양수산부의 외청에서 국토해양부의 외청으로 변경되었다.

이명박 정부의 「정보조직법」 개정 이유는 다음과 같다.29 국경 없는 무한경쟁 시대에 국민에게 희망을 주는 일류 정부를 건설하기 위하여, 우리의 미래에 관한 전략기획기능을 강화하고, 정부의 간섭과 개입을 최소화하는 작은 정부 구축을 통하여 민간과 지방의 창의와 활력을 북돋우는 한편, 꼭 해야 할 일은 확실히 하되 나라 살림을 알뜰하게 운영하여 국민부담을 줄이며 칸막이 없이 유연하고 창의적으로 일하는 정부를 구축할 수 있도록 정부 기능을 효율적으로 재배치하려는 것이라고 하였다.

그 당시의 「정부조직법」 제37조에 따르면 "해양에서의 경찰 및 오염방제에 관한 사무를 관장하기 위하여 국토해양부장관 소속으로 해양경찰청을 두고, 해양경찰청에 청장 1명과 차장 1명을 두며, 청장 및 차장은 경찰공무원으로 보한다"로 규정하였다.

7) 해양수산부 외청으로 해양경찰청 소속 변경(2013. 3. 23)

박근혜 정부(2013. 2－2017. 3)가 출범한 후 2013년 3월에 해양경찰청이 국토해양부 소속에서 해양수산부 외청으로 변경되었다. 해양수산부가 부활한 것이다.

박근혜 정부의 「정부조직법」 개정 이유는30 "국가 성장동력의 양대 핵심축인 과학기술과 정보통신기술을 창조경제의 원천으로 활용하여 경제부흥을 뒷받침할 수 있도록 정부 조직체계를 재설계하고, 국민생활 전반에 영향을 미치는 안전 관련 업무 기능을 강화하여 국민의 안전을 최우선으로 하는 정부를 구현하는 한편, 각 행정기관 고유의 전문성을 강화하여 행정환경의 변화에 능동적으로 대처할 수 있도록 하는 등 창조적이고 유능한 정부를 구현할 수 있도록 정부기능을 재배치하려는 것임"이라고 하였다.

---

29   정부조직법[시행 2008. 2. 29.] [법률 제8852호, 2008. 2. 29., 전부개정].
30   정부조직법[시행 2013. 3. 23.] [법률 제11690호, 2013. 3. 23., 전부개정].

4. 법령과 제도의 시행

1) 「해양경찰 헌장」 제정 시행(1998. 7)

1998년 7월 1일 해양경찰청은 미래지향적인 해양경찰 문화의 정립 및 확산을 위한 노력의 일환으로 「해양경찰헌장」을 제정하였다.

"우리는 해양 민족의 기상과 전통을 계승하여 우리의 바다를 지키는 자랑스러운 대한민국 해양경찰이다. 우리는 국민의 자유와 권익을 보호하고 국가의 안정과 번영을 추구하며 나아가 인류평화에 이바지하는 역사적 사명을 지니고 있다. 이에 우리는 맡은 바 책임을 완수할 것을 다짐하며 우리의 나아갈 길을 밝히고자 한다"로 되어 있었다.

2) 신한·일 어업협정(1999. 1. 22)과 한·중 어업협정(2001. 6. 30)의 발효

1999년 1월 22일 「한·일 어업협정」과 2001년 6월 30일 체결한 「한·중 어업협정」으로 해양경찰은 영해구역 경비체제에서 배타적 경제수역 경비체제로 전환하였다.

(1) 「신한·일 어업협정」

1965년 6월에 체결하여 동년 12월부터 발효된 「한·일어업협정」을 파기하고 1998년 11월 28일에 다시 체결하여 1999년 1월 22일부터 발효된 「신한·일 어업협정」을 말한다.

「신한·일 어업협정」은 전문 17조와 부속 문서로 이루어져 있는데, 주요 내용은 ① EEZ 설정, ② 동해 중간수역 설정, ③ 제주도 남부수역 설정, ④ 전통적 어업 실적 보장 및 불법 조업 단속, ⑤ 어업공동위원회 설치 등이다. 신 협정에서 한국 정부는 독도를 EEZ의 기점으로 삼는다고 명시하지 않았고, 이로 인해 독도 해역이 '중간지역'으로 포함되면서 일본이 독도 영유권을 주장하는 빌미를 제공하게 되었다. 한편, 「신한·일 어업협정」의 만료일은 2002년 1월 22일로 설정했으며, 이후 양국 어느 한쪽에서라도 파기를 선언하면 6개월 내에 다시 협상을 하도록 명시하였다.

(2) 「한·중 어업협정」

한국 정부는 2001년 2월 국회에 협정 비준 동의안을 제출하였고, 동년 2월 본회의에서 가결되었다. 2001년 6월 30일부터 공식 발효되어 현재까지 이어지고 있다.

이 협정의 체결로 한중 양국은 배타적 경제수역을 선포한 상황에서 일방적으로 관할권을 행사할 경우 예상되는 충돌을 방지하고 해양생물자원을 합리적으로 보존하고 이용할 수 있게 되었다. 총 16개의 조항과 두 개의 부속서로 구성된 「한·중 어업협정」의 주요 내용은 ① 어업수역의 구분(배타적 경제수역, 잠정조치수역, 과도수역, 현행조업 유지수역), ② 허용 어선 수의 제한 및 허용 어획량의 설정, ③ 연안국의 법령 준수 의무 및 관련 법령의 투명성 명시, ④ 어업자원보존 협력, ⑤ 조업질서유지 및 해양사고 처리, ⑥ 어업공동위원회 설치 등이다.

서해 중간선을 기준으로 하여 양측의 면적이 비슷한 수준에서 양국어선의 공동조업이 가능한 약 8만 3천 평방 킬로미터에 달하는 '잠정조치수역'을 설정하였다. 잠정조치수역은 200해리가 겹치는 수역으로 그 북방한계선은 서해 특정금지구역과 접하는 북위 37도로, 남방한계선은 북위 32도 11분으로 하고 있다.

과도수역은 잠정조치수역 좌우 20해리의 폭에 해당하며, 그 북방한계선은 북위 35도 30분으로, 남방한계선은 우리 측 북위 32도 11분이다. 공동조업이 가능하지만 발효일부터 4년 후인 2005년 6월 30일부터 연차적으로 감축하여 양국의 배타적 경제수역으로 편입되는 수역이다.

현행조업 유지수역은 동중국해 일부수역으로 별도의 협의가 없는 한 당분간 현행대로 조업하는 수역이다. 위의 수역 외에 배타적 경제수역 협정수역 내에서 조업을 하고자 하는 외국 어선은 상대 당국의 허가를 받아야 한다. 즉, 배타적 경제수역 협정수역은 연안국이, 잠정조치수역과 과도수역은 어업공동위원회가, 현행조업 유지수역은 양국 정부 간 별도의 합의로 관리되는 질서가 구축되었다.

3) 해양오염 관련 업무 영역 확대

그 당시의 김대원 해양경찰청장(재임기간: 1998. 3. 14-1999. 12. 2)에 따르면 해양경찰청의 해양수산부의 독립 외청으로 승격하였으나 해양오염방제 기능은 전혀 보강되지 않았다. 효율적인 업무수행을 위해서는 해양오염방제 공무원의 경찰관 신분으로 전환, 새로운 방제기법의 개발 연구 및 방재자재·약제의 개발 등을 위한 연구소의 설립, 해양인터폴의 설립 등을 제시하였다.[31]

　　종전에는 선박 또는 해양시설에서 해양에 배출되는 오염물질만을 규제하던 것을 1999년 2월「해양오염방지법」을 개정하여 발생원에 관계없이 해양에 배출되는 모든 오염물질이 규제대상이 되었다.

　　「선박으로부터의 오염방지를 위한 1973년 국제협약 부속서 Ⅳ」를 수용하기 위하여 2005년 12월「해양오염방지법」을 개정하여 선박소유자에게 대기오염물질의 배출을 방지하거나 감축하기 위한 설비를 선박에 설치하도록 하고, 선박으로부터의 오존층파괴물질의 배출을 금지하며, 선박의 디젤기관으로부터 배출되는 질소산화물이 일정 배출기준을 초과하지 아니하도록 하는 등 대기오염물질 관리까지 업무영역이 확대되었다.[32]

　　2007년 1월「해양환경관리법」이 제정됨에 따라「해양오염방지법」이 폐지되었다.

　　제정이유는 환경친화적 해양자원의 지속가능한 이용·개발을 도모하고 해양환경의 효과적인 보전·관리를 위하여 국가 차원의 해양환경종합계획을 수립·시행하고, 해양에 유입되거나 해양에서 발생되는 각종 오염원을 통합관리하게 하는 등 해양 분야에서의 환경정책을 종합적·체계적으로 추진할 수 있는 법적근거를 마련하며, 종전의 한국해양오염방제조합을 해양환경관리공단으로 확대·개편하여 기름방제사업 및 해양환경사업을 효과적으로 수행할 수 있도록 하는 등 해양환경의 훼손 또는 해양오염을 방지하고, 깨끗하고 안전한 해양환경을 조성하는 데 기여할 수 있도록 해양환경관리체계를 전면 개편하려는 것이었다.[33]

31　김대원(1998). "해양오염 방제체제의 선진화방안," 해양21세기, 김진현·홍승용 공편. 나남출판, p. 506.
32　해양경찰청(2008). 전게서, pp. 6-7.
33　해양환경관리법[시행 2008. 1. 20.] [법률 제8260호, 2007. 1. 19., 제정].

표 8-12 | 「해양환경관리법」의 주요 내용(시행 2008. 1. 20)

가. 해양환경의 종합관리를 위한 기본체계 마련(법 제1조 및 제14조)
나. 해양환경 측정·분석기관에 대한 관리 강화(법 제12조 및 제13조)
다. 해양환경관리위원회의 신설(법 제17조)
라. 잔류성 유기오염물질에 대한 조치(법 제39조)
마. 유해한 방오도료(防汚塗料) 등에 대한 규제(법 제40조)
바. 국가긴급방제계획의 수립·시행 등(법 제61조 및 제62조)
　　해양경찰청장은 오염방제 또는 긴급방제를 효과적으로 추진할 수 있도록 국가긴급방제계획
　　을 수립·시행하도록 하며, 해양오염사고로 인하여 긴급방제 등 필요한 조치를 체계적으로
　　수행할 수 있도록 해양경찰청과 해양경찰서에 방제대책본부 및 지방방제대책본부를 각각
　　설치할 수 있도록 함.
사. 해역이용을 위한 허가시의 해역이용협의(법 제84조)
아. 해양환경관리공단의 설립 등(법 제96조 내지 제109조)
　　해양에 유입되는 각종 오염물질을 체계적으로 수거·처리하고 기름유출 등 각종 해양오염
　　사고에 대비한 방제기술의 개발 등 해양환경의 보전·관리에 필요한 사업을 효과적으로 수
　　행할 수 있도록 종전의 한국해양오염방제조합을 해양환경관리공단으로 확대·개편함.
자. 출입검사권의 일원화(법 제115조)
　　종전 이원화되어 있던 선박에 대한 출입검사권을 해양수산부로 일원화하고, 해양경찰청은
　　대통령령이 정하는 긴급한 상황이 발생한 경우 선박에 대한 출입검사권을 인정함.

4) 「수상레저안전법」 시행(2000)

1999년 2월에는 「수상레저안전법」[34]이 공포되었다. 국민 소득의 향상과 수상레저활동의 다양화로 수상레저 인구가 급속히 증대됨에 따라 수상레저기구 조종자에 대한 면허제도, 수상레저활동자의 안전 준수의무, 수상레저기구 사업자의 등록제도 등을 도입함으로써 수상레저활동의 안전과 질서를 확보하고 수상레저사업의 건전한 발전을 도모하기 위한 것이었다.

주요 내용은 다음과 같다.[35]

첫째, 모터보트, 수상오토바이, 요트 등을 조종하고자 하는 자는 해양경찰청장으로부터 조종면허를 받도록 하였다.

둘째, 수상레저활동의 안전을 위하여 수상레저활동 금지구역을 지정할

---

34 「수상레저안전법」의 제정은 해양경찰청의 기능이 육상의 내수면까지 확장될 수 있는 계기가 되어 수상레저활동의 안전관리에 대하여 총체적 책임기관으로 확대되었다.
35 수상레저안전법[시행 2000. 2. 9.] [법률 제5910호, 1999. 2. 8., 제정].

수 있도록 하였다.

셋째, 수상레저기구를 대여하는 등 수상레저사업을 하고자 하는 자는 영업구역이 해수면인 경우에는 해양경찰서장에게, 영업 구역이 내수면인 경우에는 시장·군수·구청장에게 각각 등록하도록 하였다.

5) 해양경찰 로고·캐릭터 개발·영문 명칭 변경 그리고 국제협력

2003년 1월에는 해양경찰에 대한 국민들의 인지도와 친근감을 제고하고자 해양경찰을 상징하는 로고 마크와 캐릭터를 처음으로 개발하여 선포하였다. 캐릭터에 해당하는 마스코트는 해우리와 해누리였다. 해우리와 해누리는 해양경찰 창설 60주년을 맞아 2013년에 1차 개선되었고, 2021년에 2차로 개선되었다.

| 그림 8-7 | 2021년에 개선된 해우리와 해누리

해양경찰에 대한 영문 명칭은 1953년 12월 창설 당시 Republic of Korea Coast Guard이었다. 이러한 영어명칭은 미국의 영향을 받은 것이다. 그리고 1962년 내무무 소속으로 변경되면서 'Korea National Maritime Police Agency'로 변경된 것으로 추정된다.

이어서 2004년 11월 해양경찰의 영문표기를 'Korea National Maritime Police Agency'에서 'Korea Coast Guard'로 변경되었다.[36] 이는 Maritime Police 라는 표현이 독자적인 행정기관을 나타내기 보다는 해양을 담당하는 경찰청 소속기관이라는 이미지가 강해 중앙행정기관으로서의 위상에 맞지 않고, 미국 등 세계적으로 유사한 해상치안기관의 명칭이 Coast Guard이었다. 우리나라

---

[36] 노호래외 14인(2016). 해양경찰학개론. 문두사. p. 118.

의 해양경찰청의 영문 명칭이 달라 이들 해외기관과 국제협력을 확대하는 데에도 어려움이 있었다. 이에 따라 일선 해양경찰서의 영문 표기도 ○○ Coast Guard로 바뀌었다.

국제화 시대에 맞추어 주변국 해상치안기관과의 정보교류 및 공조체제를 위한 국제협력을 강화하였다.37 1998년 9월 이후 매년 「한·러 치안기관장 정례회의」와 「한·중 치안기관장 정례회의」를 개최하고 있고, 1999년부터 「한·일 치안기관장 정례회의」 매년 개최하고 있다.

2000년 12월에 구성된 한국, 일본, 러시아, 미국의 4개국 해상치안기관장들의 협의체인 「북태평양지역 해상치안기관장회의(NPHCCA: North Pacific Heads of Coast Guard Agencies)」를 매년 회원국에서 교대로 개최하다가 캐나다, 중국도 참여하여 6개국이 참여하게 되었다. 또한 우리나라 상선에 대한 해적행위 방지와 해상테러 대응 역량을 강화하기 위하여 싱가폴, 말레이시아, 인도네시아 등 동남아 해상치안기관과 협력체제를 구축하였다.

6) 「해양경비법」의 제정·시행(2012)과 해양경찰의 날을 법정기념일 지정 (2013)

첫째, 「해양경비법」은 2012년에 시행되었다. 해양경찰의 활동 범위를 명확하게 하고, 해양경찰 활동의 수행을 위한 해상검문검색, 선박 등의 추적·나포, 해상항행 보호조치 등의 대상 및 발동요건을 구체화하며, 해양경찰관이 사용 가능한 장비와 장구 등을 명시하여 해양경찰활동이 엄격한 법적 절차에 따라 진행되도록 하는 등 육상에서의 공공질서 및 치안의 확보 등을 주된 목적으로 하는 일반경찰활동과는 다른 특성을 가진 해양경비 업무수행에 관한 법적인 근거를 마련하였다.

「해양경비법」의 주요 내용은 다음과 같다.38 ① 해양경비 활동의 범위, ② 해상검문검색의 대상, 요건 및 절차, ③ 선박 등에 대한 추적 및 나포, ④ 해상항행 보호조치에 대한 대상 및 절차 등, ⑤ 무기 사용에 대한 요건,

---

37 경찰청 역사편찬위원회(2006). 한국경찰사 Ⅴ. 경찰청. p. 194.
38 해양경비법[시행 2012. 8. 23.] [법률 제11372호, 2012. 2. 22., 제정].

⑥ 해양경찰장비 및 장구의 종류와 그 사용기준 등이었다.

둘째, 해양경찰의 날은 다음과 같이 변경되었다.

그동안 해양경찰청은 매년 10월 21일인 경찰의 날에 경찰청과 함께 기념식을 하다가 해양경찰청이 독립 외청으로 승격한 것을 계기로 1998년에 해양가치에 대한 국민의 인식을 제고하면서 해양경찰의 독자적인 위상을 확립할 필요성이 커짐에 따라 해양경찰 역량 강화 방안의 하나로 해양경찰 창립기념일인 12월 23일을 해양경찰의 날로 정하였다.

1998년 12월 23일 '해양경찰의 날'이 제정되어 첫 기념식을 거행하였고, 2011년부터 배타적 경제수역 발효일인 9월 10일로 변경하였다. 변경이유는 해양경찰의 기념일로 끝내지 않고 다양하고 급변하는 국제적 해양 문제와 해양의 중요성을 국민들에게 알리고 국민과 함께 하는 기념일로 발전시킨다는 취지였다. 2012년 11월에는 9월 10일을 해양경찰의 날로 지정하는 내용의 「해양경비법」 개정안이 2013년 4월 국회를 통과하였고, 5월 22일 공포되어 2013년부터 법정기념일로 격상되어 「해양경비법」에 의한 법정기념일이 되었다.[39] 2019년 「해양경찰법」이 제정됨에 따라 해양경찰의 날 규정이 「해양경비법」에서 「해양경찰법」으로 이동하였다.

7) 특공대·해상특수기동대·구조대의 창설

2001년 9·11 테러의 영향으로 2002년 1월 해양경찰특공대를 인천, 동해, 서해, 남해, 제주에 창설하였다.

2005년 7월 잠수직별 잠수 65명과 1급 응급구조사 13명으로 구성된 「122 해양경찰구조대」를 공식 출범하였다.

2008년 10월에는 중국어선에 대한 단속과정에서 해양경찰관이 순직하는 사건(박경조 경위)이 발생하여 해상특수기동대를 창설하였다.

2009년 6월에는 「해양경찰청 인사운영규칙」을 전면 개정하여 특공대와 구조대의 보직기준을 설정하였다.[40] 특공대 및 122해양경찰구조대는 잠수특채

---

39 노호래외 14인(2016). 전게서, pp. 118-119.
40 해양경찰청 인사운영 규칙[시행 2009. 6. 17.] [해양경찰청훈령 제720호, 2009. 6. 17., 전부개정].

자를 우선 보직하고, 정원에 비해 현원이 부족한 경우 체력측정, 잠수능력 및 면접 등의 선발 절차를 거쳐 보직할 수 있도록 했다.

2012년 11월에 해양경찰청 훈령인 「해상특수기동대 운영 규칙」이 제정되어 시행되었다. 해상특수기동대의 임무는 ① 불법외국어선 나포 및 검거, ② 해상 범죄 단속 및 진압, ③ 해상 대테러 임무 수행, ④ 기타 함정의 임무 수행을 위해 실시하는 검문검색 등 필요한 사항 등이었다.[41]

표 8-13 | 해상특수기동대 운영규칙(해양경찰청 훈령, 2012. 11. 22. 제정)

제1조(목적) 이 규칙은 해상특수기동대의 편성·운영, 복무·인사, 교육·훈련, 장비운용 등 해상특수기동대 운영에 필요한 사항에 대하여 규정함을 목적으로 한다.
제2조(적용) 해상특수기동대의 운영에 관하여 다른 규정에 있는 것을 제외하고는 이 규칙을 적용한다.
제3조(정의) 이 규칙에서 사용하는 용어의 뜻은 다음 각 호와 같다.
　1. 「해상특수기동대(이하 "특수기동대"라 한다)」란 인천·태안·군산·목포·제주·서귀포해양경찰서 대형 경비함(인천해양경찰서 중형 경비함을 포함한다. 이하 같다)에 특수임무 수행을 위해 편성·운영되는 기능을 말한다.
　2. 「특수임무」란 불법외국어선 단속, 해상 대테러 및 해상 범죄 진압 임무를 말한다.
　3. 「구조팀」이란 인천·태안·군산·목포·제주·서귀포해양경찰서 대형 경비함과 인천해양경찰서 중형 경비함에서 다음 각 호의 사무를 담당하는 팀 단위 조직을 말한다.
　　가. 특수기동대의 교육·훈련에 관한 사항
　　나. 소병기(소총 및 권총) 및 경찰장구의 관리운용에 관한 사항
　　다. 수색구조에 관한 사항
　　라. 고속단정의 관리·운영에 관한 사항
　　마. 불법외국어선 단속, 해상 대테러 및 범죄 진압 임무에 관한 사항
　　바. 기타 함정 내 사무분장에 의한 사항

2011년 12월 12일에 발생한 해상특수기동대원인 이청호 경사의 순직 사건을 계기로 2012년 1월 해양경찰 잠수직별 순경 101명을 특별 채용하였다.

2011년 12월 12일 순직한 고 이청호 경사를 기념하여 5,000톤급 삼봉호[42]

---

[41] 해상특수기동대 운영 규칙[시행 2012. 11. 22.] [해양경찰청훈령 제948호, 2012. 11. 22., 제정].
[42] 해양경찰에서 가장 큰 함정은 5,000톤이고, 2척을 보유하고 있다. 5,000톤급 한 척은 5001호함으로 삼봉호이고, 다른 한 척인 5002함은 이청호함이다. 삼봉은 독도의 옛 지명이고 독도를 지켜야 하다는 의미이다. 그리고 조선경국전을 저술하고 조선 건국의 1등공신인 정도전의 호도 삼봉이다.

와 같은 급인 경비함인 5002호의 함정명을 이청호함으로 명명하였다.

| 그림 8-8 | 故박경조 경위 영결식(2008. 9)과 故이청호 경사 흉상(2012. 12)

5. 인력증원

해양경찰청이 중앙행정관청으로 승격된 1996년에는 전반기 133명, 후반기 33명을 증원하였다.

1997년에는 기능직 공무원 감축방침에 따라 6인을 감축하고, 1998년에는 전반기 122인, 후반기 152명을 증원하였다.

2000년에는 92명을 증원하고, 2002년에는 180명 증원, 2003년에는 88명 증원, 2004년 439명 증원, 2005년 653명 증원, 2006년 494명 증원하였고, 2010년에는 전년도보다 350명을 증원하였다.

특히 노무현 정부(2003-2008) 시기인 2003년에서 2008년 사이에 가장 많은 2,120명을 증원하였다. 이명박 정부(2008-2013)에는 432명이 증원되었다.

1986년 여성 경찰관 2명을 채용한 이후 10년이 넘도록 여성경찰관을 채용하지 못하고 있었는데, 1999년부터 매년 10-30명 정도를 채용하였고, 2004년에는 61명을 채용하였다. 2004년 6월에는 여성사무관 1명을 특별 채용하였다. 2003년 3월에는 해양경찰 역사상 최초로 여경 6명이 경비함정에 승선하여 레이더를 통한 전탐 감시활동, 견시, 검문검색 등 작전 임무에 투입되어 남자 경

찰관들과 똑같은 임무를 수행하였다.[43]

표 8-14 | 해양경찰 인력증원(1996-2012)

연도	총정원	경찰공무원													일반직	기능직
		소계	치안총감	치안정감	치안감	경무관	총경	경정	경감	경위	경사	경장	순경		
96. 8.	4,471	3,988	-	1	1	3	24	65	131	394	759	998	1,612	181	302
97. 3.	4,465	3,988	-	1	1	3	24	65	131	394	759	998	1,612	181	296
97. 8.	4,665	4,149	-	1	1	3	28	94	150	431	737	1,048	1,652	210	306
98. 2.	4,787	4,244	-	1	1	3	28	94	158	444	766	1,070	1,679	210	333
98. 12.	4,912	4,362	-	1	1	3	27	95	168	461	805	1,097	1,704	210	340
99. 5.	4,881	4,331	-	1	1	3	27	94	168	458	800	1,087	1,692	210	340
99. 12.	4,917	4,366	-	1	1	3	26	95	170	461	807	1,098	1,704	210	341
00. 6.	5,009	4,458	-	1	1	3	26	96	174	468	835	1,129	1,725	210	341
01. 7.	5,082	4,531	-	1	1	3	26	97	180	478	851	1,150	1,744	210	341
02. 7.	5,262	4,704	-	1	1	3	27	106	188	504	894	1,196	1,784	211	341
03. 6.	5,350	4,787	-	1	1	3	27	107	190	509	923	1,218	1,808	211	352
04. 12.	5,789	5,201	-	1	2	3	27	113	201	576	1,036	1,415	1,827	231	357
05. 8.	6,442	5,830	1	1	3	3	30	124	215	654	1,177	1,677	1,945	250	362
06. 11.	6,936	6,271	1	1	3	6	38	134	259	716	1,323	1,857	1,933	288	377
07. 9.	7,168	6,498	1	1	3	6	38	137	269	737	1,388	1,925	1,993	293	377
08. 12.	7,385	6,716	1	1	3	6	39	149	281	762	1,445	1,999	2,030	293	376
09. 12.	7,697	7,027	1	1	3	6	39	151	290	781	1,486	2,015	2,254	303	367
10. 9.	8,047	7,377	1	1	3	6	39	161	309	814	1,514	2,083	2,446	329	341
11. 12.	8,367	7,720	1	1	3	6	40	171	336	859	1,609	2,107	2,587	335	312
12. 12.	8,469	7,817	1	1	4	5	47	179	396	840	1,666	2,127	2,550	353	299

자료: 해양경찰청(2003·2013). 해양경찰오십년사·육십년사(※ 1999년 이후 계약직 1명은 기능직에 포함시킴).

6. 사건과 사고

1) 페스카마15호 살인사건(1996. 8)

페스카마호 사건은 1996년 8월 3일경 남태평양에서 조업중이던 파나마
국적의 참치잡이 원양어선 페스카마호에서 선상 반란이 일어나 한국인 선원

---

43 해양경찰청(2013). 전게서, p. 189.

7명을 포함한 11명의 선원이 살해된 사건이다.

1996년 8월 24일 18시 30분경, 일본 해상보안청 경비정이 동경만 남쪽 해상에서 표류 중인 페스카마호를 발견하였다. 해상보안청은 선원들을 조사하고 그 결과를 부산해운청에 알렸다. 사건이 한국, 중국, 인도네시아, 온두라스와 관련되어 있었고, 사고 선박이 일본 내에서 발견되었으므로 국제 관례에 따라 일본에서 1차로 조사를 하게 되었고, 한국 정부에서는 사망자 중에 한국인 수가 가장 많으므로 한국에서 이후의 조사를 해야 한다는 주장에 따라 페스카마호는 부산 해경의 구난함이 페스카마호와 선원들을 인도받았고, 8월 31일에 부산에 입항하였다.

해양경찰청은 중국인 6명을 해상강도 살인 및 사체유기, 「폭력행위등처벌에관한법률」위반 혐의로 구속 기소하고 동조자 인도네시아인 3명은 강요에 의한 행위로 불기소했다. 이 사건은 해양경찰 함정이 처음으로 일본 영해를 통과하여 북태평양에 진출하여 페스카마15호를 예인해 왔다는 점에서 수사권을 비롯한 해양주권의 행사를 해외까지 확대했다는 전례를 남겼다.[44]

2) 중국어선의 불법조업과 밀입국사건의 증가

첫째, 중국 연안의 어족자원이 고갈되어 중국 어선들이 대거 우리 수역으로 넘어와 조업하는 경우가 많아졌다. 중국어선이 우리나라의 배타적 경제수역 또는 영해에 침범하여 불법조업을 하다 나포된 선박의 수[45]는 2001년 174척, 2002년 175척, 2003년 240척, 2004년 656척으로 한·중 어업협정 이후 급격히 증가하였다.

2002년 5월 18일 대청도 서남쪽 해상에서 서해 특정금지해역을 침범한 중국어선 4척은 손도끼, 쇠파이프, 식칼 등의 흉기를 휘둘러 해양경찰관 6명이 부상을 입기도 하였다.[46]

---

44 海洋警察廳(2003). 전게서. p. 296.
45 해양경찰청(2013). 전게서. p. 216.
46 해양경찰청(2013). 동게서.

표 8-15 | 중국어선 나포 현황(2002-2006)(영해, EEZ로 구별)

구분	나포 현황(척)			처 리 결 과				
	계	영해	EEZ	구 속		담보금 징수		불기소
				영해	EEZ	영해	EEZ	
계	1,681	168	1,513	257명 (126척)	472명 (280척)	11억 6천 5백만 원 (41척)	146억 6천 6백만 원 (1,230척)	4척
2002년	175	30	145	16명 (16척)	51명 (51척)	3억 9천만 원 (14척)	20억 7천 9백만 원 (94척)	-
2003년	240	32	208	39명 (30척)	112명 (112척)	6천만 원 (2척)	18억 2천 6백만 원 (96척)	-
2004년	437	47	390	87명 (35척)	103명 (40척)	4억 원 (12척)	36억 4백만 원 (350척)	-
2005년	584	41	543	76명 (30척)	91명 (34척)	2억 4천 5백만 원 (10척)	47억 4천 6백만 원 (508척)	2척
2006. 8. 31.	245	18	227	39명 (15척)	115명 (43척)	7천만 원 (3척)	24억 1천 1백만 원 (182척)	2척

자료: 2006년 국정감사자료.

2008년 9월 25일에 불법조업 행위에 대한 단속과정에서 해양경찰관이 순
직한 사례가 있고,**47** 2011년 12월 12일에도 해양경찰관 순직 사건이 발생했다.

---

47 중국어선 흉기저항 단속하던 해경 1명 사망사건[http://www.hani.co.kr(한겨레, 2008. 9. 26)].
2008년 9월 25일 저녁 7시 40분께 한국 쪽 배타적 경제수역(EEZ) 인근 전남 신안군 흑산면 가
거도 서쪽 70여km 해상에서 불법조업 단속에 나선 목포해경 소속 3천급 경비함 3003함은 정체
불명의 중국어선 2척을 발견했다. 중국어선 500여m 거리에 함정을 세우고 고속단정(리브 보트)
2척에 내려 경찰관 17명이 나누어 타고 중국어선에 근접했다. 박○○(48)경사는 2명의 동료와 선
봉에 섰다. 하지만 이들은 쇠파이프와, 몽둥이 등을 휘두르는 중국 선원들의 극렬한 저항에 부닥
쳤다. 이 과정에서 박 경사는 바다에 추락해 실종되었고, 이순경 등 2명은 해경 보트 안으로 떨어
져 목숨을 건졌다. 박경사의 주검은 26일 오후 1시 10분에 사고 해역에서 6km 정도 떨어진 바다
에서 해경에 의해 발견되었다.

이는 중국어선들이 불법조업 단속에 대하여 얼마나 강력하게 저항하고 있는가를 알 수 있는 단적인 사례가 된다. 서해상 NLL, EEZ를 침범하여 불법 조업을 일삼는 중국어선들이 해양경찰 경비함정의 단속에 쇠파이프 등 흉기로 격렬한 저항을 하는 사례가 늘어나면서 해양경찰의 피해도 컸다. 일부 중국어선들은 서해 EEZ 또는 NLL 접경해역에서 해양경찰 함정이 추격해 오더라도 NLL 이북으로 도주하면 해경이 추격할 수 없다는 점을 알고 이를 악용할 뿐만 아니라 일부 중국어선들이 출항시 쇠파이프, 몽둥이, 심지어는 삼지창, 도끼 등을 준비하여 나포 작전시 소형보트로 접근하는 해경에게 저항하여 해양경찰의 부상도 늘어났다.[48]

불법조업을 단속하는 해양경찰관들의 사기를 진작하기 위하여 해양경찰청은 표창을 수여하거나 검거포상금을 지급하기도 했다.

둘째, 중국 사회에서 한국으로 밀입국하여 성공하면 큰 돈을 벌 수 있다는 코리안 드림 현상이 있었고, 국내 취업을 목적으로 밀입국자가 급증하여 사회문제가 되었다.

1997년 7월 국무총리 주재의 「해상밀입국대책회의」에서 원해는 해군, 근해는 해양경찰, 해안선은 육군이 담당하기로 했다. 해양경찰청은 2001년 10월 17일에 최정예요원 8명으로 구성된 「밀입국사범 추적수사반」을 신설하였다.

해양경찰청의 밀입국 사범 검거현황에 의하면, 2001년부터 2005년 7월 말까지 총 58건 1,430명의 밀입국자를 검거하였다. 연도별로는 2001년에 16건에 859명의 검거를 정점으로, 2002년에 17건 243명, 2003년에 11건 257명, 2004년 6건 30명, 2005년 7월 현재 8건 41명을 검거하였다.[49] 이 통계에 의하면 밀입국의 발생 건수나 밀입국자 수는 점차로 줄어들고 있다.

동해안이나 남해안으로 들어오는 밀입국선보다는 서해안으로 들어오는 밀입국선이 더 많고 밀입국 1회 당 승선하는 밀입국자 수도 서해안으로 들어오는 배가 훨씬 많았다. 이는 지역적으로 중국과 가까운 서해안이 밀입국하기에 더 유리하기 때문이다.[50]

---

48 노호래(2010). "불법조업 중국어선에 대한 해양경찰의 대응방안." 한국경찰연구 제9권 제2호, p. 44.
49 해양경찰청(2005). 한·중 국제성 범죄 실무협의회 자료.
50 장준호(2005). 밀입국의 실태와 대책: 한국과 중국. 형사정책연구원 연구보고서, pp. 60-61.

표 8-16 | 밀입국자 검거현황(2004. 9 현재)

연도	2001	2002	2003	2004	합계	평균
명(건수)	859(16)	243(17)	257(11)	41(8)	1,400(52)	350(13)

자료: 해양경찰청

3) 허베이스피리트호 원유 유출 오염사고 방제(2007. 12. 7)

2007년 12월 7일 오전 7시경 충청남도 태안군 만리포 해수욕장 북서방 8km 해상에서 예인 중이던 크레인선 삼성1호가 지나가던 유조선 허베이 스피릿호와 충돌하여 원유 12,547kℓ가 유출된 사건이다. 이는 한국에서 1997－2007년에 발생한 3,915건의 유출 사고를 합하고도 남는다.

기름유출의 피해는 상상을 초월했다. 풍랑주의보 때문에 초기방재에도 실패하여, 원유는 직접적으로 피해를 입은 만리포 및 태안군 바다 전체가 기름으로 뒤덮였고, 충남 서해안을 넘어서 군산, 목포 그리고 제주도 근처까지 남쪽으로 퍼져나갔고, 피해는 눈덩이처럼 부풀려졌다.

이 사고 후 해양경찰청은 방제대책본부 운영방법을 개선하였고,[51] 2008년에는 해양경찰학교에 해양오염방제 지휘자 및 실무자 과정을 신설 운영하고 실무자들로 하여금 국내외이 전문기관 위탁과정을 수료하게 하였다. 그리고 1만kℓ 이상의 대형 해양오염사고 발생 시 초기 대응에 필요한 방제물자를 비축할 필요성이 있어서 2008년에서 2011년 사이에 광양·대산·울산 방제 비축기지를 준공하였다.[52]

---

[51] 방제대책본부 운영규칙[시행 2008. 12. 18.] [해양경찰청 훈령 제694호, 2008. 12. 18., 전부개정]. 제4조(설치) ① 다음 각호의 어느 하나에 해당하는 해양오염사고가 발생한 경우 해양경찰청 또는 당해 해역을 관할하는 지방해양경찰청 또는 해양경찰서에 방제대책본부를 설치한다.
   1. 지속성기름 100kℓ이상이 유출되거나 유출될 우려가 있는 해양오염사고
   2. 비지속성기름 300kℓ이상이 유출되거나 유출될 우려가 있는 해양오염사고
   3. 제1호 및 제2호에서 규정한 사고 이외의 경우라도 국민의 재산이나 해양환경에 현저한 피해를 미치거나 미칠 우려가 있어 해양경찰청장 또는 지방해양경찰청장이 방제대책본부의 설치가 필요하다고 인정하는 해양오염사고
[52] 해양경찰청(2013). 전게서, pp. 288-291.

4) 천안함 장병 구조 작전(2010. 3. 26)

2010년 3월 26일 밤 21시 32분, 인천해양경찰서 상황실은 해군 2함대사령부 지휘통제실로부터 천안함이 백령도 근해에서 침몰 중이니 인근에서 경비 중인 해양경찰 501함과 1002함을 급히 보내달라는 요청을 받았다.

해양경찰은 즉시 두 함정을 현장에 급파했다. 22시 6분경 침몰상황을 청와대 위기상황센터에 보고하고, 해양경찰청장은 해양경찰청 상황실에서 광역위성 통신망을 통해 구조작업을 지휘했다. 밤 22시 15분경 501함이 먼저 현장에 도착했다. 사고현장은 야간이고, 파고까지 높아 501함이 접근하기가 쉽지 않았다.

해경 고속단정은 천안함 승조원들과 육성으로 위치를 확인하며 현장에 접근했다. 그때 이미 천안함은 우측으로 90도 정도 기울어진 채 3분의 2가량 잠긴 상태였다. 22시 30분 해양경찰 고속단정이 천안함에 계류하면서 본격적인 구조작업이 시작되었다. 천안함 장교의 통제 속에 고속단정은 장병들을 501함으로 신속히 이동시켰다. 그 사이에 천안함의 침몰 속도는 더욱 빨라져 23시 50분에는 함정번호만 보일 정도가 되었다.

해양경찰은 1시간 20분 동안 구조작업을 진행하여 승조원 55명을 구조했다. 함께 구조작업을 진행한 해군 고속정과 백령도 어업지도선도 각각 1명과 2명을 구조하여 구조된 인원은 총 58명에 이르렀다. 그러나 안타깝게도 46명의 장병들은 바다에 묻히고 말았다.

5) 연평도 포격 사건(2010. 11. 23)

2010년 11월 23일 한국과 미국의 육·해·공 연합훈련을 마칠 무렵 북한이 인천 대연평도를 향해 포탄 170여 발을 발사했다. 이른바 연평도 포격 사건이다. 이에 우리 군도 대응 사격으로 80여 발을 발사했다.

이에 따라 해양경찰청은 즉시 전해양경찰관에게 비상대기를 지시하고 해상교통문자방송(NAVTEX)으로 항행경보를 발송하고, 섬 주변에서 경비 중이던 함정 9척으로 하여금 인근 어선들을 대피시키고 섬에서 인천으로 운항하던 여객선 2척도 호송하게 했다. 인천해양경찰서 소속 연평출장소 해양경찰관들은 극도로 불안해하는 섬 주민들을 대피소로 대피시키고 피격으로 발생한 화재 현장의 진화에 나섰다. 이와 함께 해양경찰 함정들은 해군과 함께 섬을 탈출하여 육지로 향하는 어선들을 호위하며 안전하게 대피하도록 했다.

다음날 새벽 3시, 해양경찰 503함은 현장대응반 65명과 유관기관 관계자 10명, 구호품 500상자를 싣고 연평도에 도착했다. 섬에 도착한 그들은 혼란스러운 섬의 치안질서를 유지하며 어선 통제, 사상자 긴급구호, 화재진압, 피해상황 파악 및 긴급복구에 착수했다. 해양경찰특공대는 이날 민간인 시신 2구를 발견해 수습하기도 했다.

해양경찰은 함정 3척을 추가 투입하여 구호품 2583상자를 섬으로 수송하고, 육지로 대피하고자 하는 주민 363명을 인천으로 안전하게 이동시켰다. 그리고 사건 발생 5일 만에 실시된 한·미 연합훈련 기간에는 만일의 사태에 대비하여 대연평도를 비롯한 서해5도 주민들을 수송하기 위해 함정들을 대기시키고 사고 해안 일대에 해양경찰특공대를 배치했다.

북한의 무차별 포격으로 연평도에서는 군인과 민간인 각각 2명 총 4명이 사망하고, 다수의 부상자가 발생했다. 주택 30여 채와 차량, 무선통신기지국도 파괴됐다. 사건 후 해양경찰청은 서해5도 경비를 강화했다. 연평·백령출장소를 파출소로 승격하고, 대청파출소를 신설하는 등 서해5도에 대한 경비체제를 더욱 견고히 하였다.

6) 삼호주얼리호 사건(2011. 1. 15)

삼호주얼리호 사건은 2011년 1월 15일 일어났다. 로켓포와 소총 등으로 무장한 소말리아 해적 13명이, 인도양 북부 아라비아해 공해상을 항해 중이던 1만 1,500톤 화물선 삼호주얼리호의 승선원들을 제압하고 선박을 납치했다.

우리 정부는 17일 해군 UDT 대원들을 투입해 인질구출작전을 시도했지만 실패했다. 그로부터 4일 후인 21일 새벽에는 '아덴만의 여명 작전'을 펼쳐 해적 13명 중 8명을 사살하고 5명을 생포하며 삼호주얼리호를 구출했다. 진압과정에서 석해균 선장이 총탄 6발을 맞았지만 몇 차례의 수술을 받고 점차 회복되었다.

정부는 생포한 범인들을 국내로 압송해 국내법으로 처벌하기로 했다. 「형법」상 해상강도죄, 「선박 및 해상구조물 위해행위 처벌법」상 선박납치죄 등을 적용할 수 있고, 「UN해양법협약」도 모든 국가가 공해상의 해적행위를 처벌할 수 있도록 규정하고 있어 우리나라가 생포한 해적들을 국내로 이송해 처벌하는 것은 문제가 없었다.

상황은 종료되고 범인들은 붙잡혔지만, 해적을 생포하여 법정에 세운다는 것 때문에 세계의 이목이 집중됐다. 해양경찰청은 삼호주얼리호의 소속사가 부산에 있다는 점을 감안하여 부산을 관할하는 남해지방 해양경찰청에 특별수사본부를 설치했다. 그리고 남해지방해양경찰청장이 본부장이 되어 생포한 해적들에 대한 수사를 지휘했다. 해양경찰은 과거 페스카마15호 살인사건 등을 수사한 경험은 있지만, 한국 선박을 납치한 외국인 해적을 국내에서 수사하는 것은 처음이었다. 이 때문에 수사가 어려울 것이라고 우려하는 시각도 있었다. 실제로 수사는 난관에 부딪혔다. 가장 큰 어려움은 석해균 선장을 쏜 용의자가 자신의 총격을 부인한 점이었다. 용의자의 총격 사실을 증명하기란 쉬운 일이 아니었다.

특별수사본부는 즉각 오만으로 수사팀을 파견해 해적들이 사용한 총기류에서 지문, 혈흔, DNA를 채취해 분석했다. 그 결과 용의자의 진술이 거짓임을 입증해 냈다. 뿐만 아니라 해적들이 보름 전부터 합숙을 하며 범행을 모의한 점, 범인들이 스리랑카로 향하던 항로를 자신들의 본거지인 소말리아로 돌리도록 한 사실, 납치 후 선장으로 하여금 소속사인 삼호해운에 두 차례 전화를 걸도록 해서 인질로 잡혀 있는 선원들의 몸값을 요구한 사실 등 범행 전모를 밝혀냈다.[53]

7) 태안 사설 해병대 캠프 사고와 「연안사고 예방에 관한 법률」의 제정

(1) 태안 사설 해병대 캠프 사고(2013. 7)

태안 사설 해병대 캠프 실종 사고는 2013년 7월 18일에 충청남도 태안군

---

53 남해지방해양경찰청(2011). 삼호주얼리호 해적사건 수사백서, pp. 209-226.

안면도에서 사설 해병대 캠프에 참가했던 공주대학교 사범대학 부설고등학교 학생들이 구명조끼를 벗고 바다로 들어가라는 교관의 지시를 따르다가 깊은 갯골에 빠진 뒤 그 중 5명의 학생들이 파도에 휩쓸려가 실종하거나 사망한 사건이다.

해양경찰은 수사 결과 당시 사고 현장에 있던 교관들이 모두 해병대 출신들이었고, 경기도 성남시 분당의 소규모 여행사가 해병대 전역자들을 교관으로 채용하여 캠프를 운영했던 것이다. 문제는 해병대 예비역들일 뿐이지, 인명구조사 자격증 등 정작 캠프 교관으로서 필요한 자격증은 갖추지 않은 무자격 교관들이었다는 점이다. 학생들이 갯골에 빠져서 생명이 위급한 상황인데도 교관들은 적절한 조치를 취하지 못했다.

연안 체험캠프 활동에 대한 현장 안전관리 부재와 갯골 등 연안 위험요소에 대한 체계적 관리가 이루어지지 않아 사고 예방을 위한 법률적 기반이 미흡한 실정이었다. 이에 따라 「연안사고 예방에 관한 법률」이 제정되었다.

(2) 「연안사고 예방에 관한 법률」의 제정(2014. 5)

국민소득 증가와 주 5일 근무제의 정착 등 사회적 여건 변화에 따라 연안을 중심으로 한 체험캠프 활동, 관광, 해양스포츠 등 국민들의 관심이 높아지고 있으며, 크고 작은 연안사고가 매년 증가하고 있었다.

그러나 연안 체험캠프 활동에 대한 현장 안전관리 부재와 갯골 등 연안 위험요소에 대한 체계적 관리가 이루어지지 않아 태안 사설 해병대캠프 사고와 같은 다수의 인명사고가 발생하고 있고, 새로운 해양관광산업으로 자리 잡고 있는 스킨 스쿠버 체험활동 중에도 인명피해가 빈번히 발생하고 있으나 이에 대한 안전규정 등 사고 예방을 위한 법률적 기반이 미흡한 실정이었다. 이에 따라 연안에서 발생하는 인명사고를 사전에 예방하여 국민의 생명과 재산을 보호하고 공공의 안전을 확보하기 위해 2014년 5월에 「연안사고 예방에 관한 법률」을 제정하였다.[54]

---

[54] 연안사고 예방에 관한 법률[시행 2014. 8. 22.] [법률 제12657호, 2014. 5. 21., 제정].

III. 교육훈련

1. 경찰종합학교 · 직무교육장 시기

1) 경찰종합학교 해양경찰학과 교육

1994년 2월 해양경찰청 훈령을 개정하여 교육업무를 경무과에서 시행하도록 했다.

1996년 8월 중앙행정관청이 된 때의 본청 교육훈련 업무의 경우 교육은 경무국(경무국장: 경무관) 경무과(교육계), 훈련단은 경비구난국(경비구난국장: 경무관) 경비구난과(훈련단)에서 담당하였다. 해양경찰서의 경우 경무과의 교육계를 폐지하였다.

1997년 6월에는 총경 계급의 교육담당관을 두었다. 이 교육담당관 밑에는 교육기획계, 교육계, 해양경찰학과(경찰종합학교), 훈련단을 두었고, 1999년 5월에는 교육담당관에서 교육과로 개칭하고, 교육과장 아래에 교육기획계, 교육계, 해양경찰학과로 사무 분장하였고, 훈련단을 폐지하였다. 2000년 2월에는 교육과장 아래에 교육기획계, 교육계, 해양경찰학과, 훈련단으로 사무분장하여 훈련단이 다시 신설하였다.

이때 경찰종합학교(해양경찰학과)의 해양경찰을 대상으로 한 교육은 경찰간부후보생과정(해경), 수탁교육과정이 있었다. 수탁교육과정에는 해양경찰의 위탁에 의한 것으로 해양경찰 신임순경과정(12주), 해양경찰 기본교육 경위과정(4주), 해양경찰 기본교육 경사과정(3주)이 있었다.[55] 그리고 전투경찰 순경에 대한 기초교육도 시행하였다.

간부후보생과 순경의 응시 현황은 다음과 같다.[56] 경찰종합학교에서 1년간 교육을 받은 후 경위로 임용되는 경찰간부후보생은 공무원 학력 철폐 이후한때 합격자의 학력이 크게 저하되었지만 1986년 이후부터는 합격자의 대부

---

[55] 장영길(2004). 경찰교육훈련의 문제점 및 개선방안에 관한 연구—경찰종합학교를 중심으로—. 원광대학교 행정대학원. pp. 50-52.

[56] 경찰청 역사편찬위원회(1994). 전게서. p. 135.

분이 대졸 이상의 학력을 소지하였고, 1993년 모집에서는 응시자의 90% 이상이 전문대졸 이상이 응시하는 등 경찰간부의 엘리트화에 기여하였다. 순경급의 응시율을 보면 1989–1991년 사이 5:1 미만이었던 것이 1992년 7.5:1의 응시율을 보였고, 1993년 1차 모집에서 12:1로 크게 높아졌으며, 여경의 경우 1992년에 92:1의 응시율을 보이는 등 경찰직 선호도가 높아지는 경향을 보이고 있다.

2) 직무교육장 · 훈련단

1997년 3월 인천해양경찰서 전용부두에 해양경찰청 직무교육장을 신설하였다. 다른 교육기관에 위탁교육이 불가능한 해상경비, 수상레저관리, 해양오염방제 등 해양경찰 전문화교육과정을 개설하였다.

2000년 2월 10일 체계적인 함정 훈련을 실시하기 위하여 「해양경찰청 사무분장 규칙」을 개정하여 본청 교육과에 '훈련단'을 신설하였다. 이 훈련단은 함정훈련계획의 수립 및 집행, 훈련성과 측정 및 평가, 함정훈련 업무 개선, 함정훈련 교재 연구 및 발간 등 함정훈련에 관한 사무를 담당하였다.

2. 해양경찰학교 · 해양경찰 교육원 시기

2004년 1월에 「해양경찰학교직제」가 공포되었고, 동년 2월 본청 교육과를 인사교육과로 개칭하였다. 인사교육과장 아래에 인사계, 교육계, 교육기획계, 해경학과, 훈련단으로 사무를 분장하였으며, 동년 2월에 초대 해양경찰학교장으로 최광현 치안감이 취임하였다.

2004년 5월 인천 중구 운북동 정부기관 단지 내의 해양경찰특공대 건물을 개조하여 교무과, 총무과, 훈련단 등 2과 1단 2개학과(해경학과, 실무학과)으로 해양경찰학교가 개교하였다.

2006년 2월에 인천 중구 운서동(영종도)에 소재한 재단법인 지도자육성기관 인천연수원을 임차하여 해양경찰학교 제2캠퍼스를 개관하였다. 2007년 12월 해양경찰학교 한나라당 연수원 부지였던 천안 캠퍼스로 이전하였다. 이 해양경찰학교는 연간 3,000여 명의 교육생을 수용하여 경찰관 직무과정, 전투경찰순경 기본교육 등 교육과정을 운영하여 이론과 실습을 겸한 교육과정을 운영하였다.

2008년 8월 해양경찰학교 교무과 내에 해양환경학과를 신설하였고, 동년 10월 해양경찰학교를 여수로 이전하려는 계획이 국토해양부로부터 승인되었으며, 2009년 2월 교무과 내에 체육학과를 신설하였으며, 2011년 4월 교무과 내에 장비관리학과를 신설하였고, 동년 6월 여수 해양경찰학교 신축 기공식이 있었고, 20013년에 교명을 해양경찰교육원으로 변경하고 여수로 이전하였다.

표 8-17 | 해양경찰 교육의 연혁

연도	내용
1953. 12. 23	해양경찰대 창설(부산), 신임교육: 경남경찰학교 위탁실시, 직무교육: 해양경찰대 자체실시
1971. 7. 14	해양경찰대 교육대 설치(부산), 대통령령 제5759호
1974. 11. 14	교육대내에 훈련단 신설
1978. 8. 9	교육대 폐지: 대통령령 제9126호/교육: 해군에 위탁실시/훈련단: 경비과에 편입
1979. 10. 12	훈련단 인천으로 이전(해양경찰대 청사 인천 이전)
1980. 8. 14	훈련단 부산지구해양경찰대로 이전
1987. 10. 15	경찰종합학교에 교관요원 17명 파견(경정1, 경감3, 경위 10, 경사2, 기능직1), 직무교육실시(해군위탁교육을 경찰자체교육으로 전환)
1988. 1. 1	경찰종합학교에 해양경찰학과 설치
1998. 3. 5	해양경찰청 사무분장규칙 개정으로 교육기획담당, 훈련담당 분장사무 처리(해경학과 담당은 경무과로, 해양경찰청 훈령 제95호)
1998. 5. 29	해양경찰청 사무분장규칙 개정으로 교육기획담당, 훈련담당, 교육담당, 해경학과담당 분장사무처리, 해양경찰청 훈령 제97호)
1999. 5. 24	해양경찰청과그소속기관직제시행규칙 개정으로 교육담당관에서 교육과로 개청(해양수산부령 제121호) 및 해양경찰청 사무분장규칙 개정으로 교육과장 아래 교육기획계, 교육계, 해경학과로 사무분장(훈련담당 폐지, 해양경찰청 훈령 제128호)

연도	내용
2000. 2. 10	해양경찰청 훈령 개정으로 교육기획계, 교육계, 해경학과, 훈련단으로 사무분장 (훈련단 신설, 해양경찰청 훈령 제191호)
2004. 1. 29	해양경찰학교 직제 공포(대통령령 제18260호)
2004. 2. 3	해양경찰청과그소속기관직제시행규칙 개정으로 교육과에서 인사교육과로 개칭 (해양수산부령 제268호) 및 해양경찰청 사무분장규칙 개정으로 인사교육과장 아래 인사계, 교육계, 교육기획계, 해경학과, 훈련단으로 사무분장(해양경찰청 훈령 제318호: 2004. 2. 11.)
2004. 2. 16	해양경찰학교 신설준비단 발족(11명)
2004. 5. 6	해양경찰학교 개교(인천 중구 운북동 정부기관단지 내 해양경찰특공대 건물 개조) 교무과, 총무과, 훈련단 등 2과 1단 2개학과(해경학과, 실무학과): 해양경찰청 훈령 제328호(2004. 4. 22).
2006. 2. 23	해양경찰학교 제2캠퍼스 개관(인천 중구 운서동: 영종도)
2007. 12. 28	해양경찰학교 천안캠퍼스로 이전
2008. 8. 7	교무과내에 해양환경학과 신설
2008.10. 23	해양경찰학교 여수이전 계획 승인(국토해양부)
2009. 2. 9	교무과내에 체육학과 신설
2011. 4. 22	교무과내에 장비관리학과 신설
2011. 6. 15	여수에 해양경찰학교 신축 기공식
2012. 7. 3	해양경찰청 첫 전용 훈련함인 바다로호(4천200t급). 인천 해경부두에서 취역식

세월호 이후의 해양경찰

Part 9.

I. 세월호 참사의 발생과 제도 개선

1. 세월호 참사(2014. 4. 16)

1) 개요

2014년 4월 15일 인천 연안여객터미널을 출발하여 제주로 향하던 여객선 세월호가 4월 16일 전남 진도군 병풍도 앞 인근 해상에서 침몰했다. 이 사고로 탑승객 476명 가운데 172명이 구조되었으나 304명이 사망하거나 실종된 참사였다.

사고 당시 승객을 남겨두고 먼저 탈출했던 선장은 무기징역을 선고받고, 나머지 선원 14명은 징역 1년 6월에서 12년을 선고받았다. 세월호 사고는 1970년 남영호, 1993년 서해훼리호에 사고에 이어 20여 년 만에 대규모 인명 피해를 발생시켰고, 해양경찰 역사에서 매우 큰 상처로 남았다.

또한 사고 현장에 가장 먼저 도착했으나 퇴선 유도를 하지 않은 김○○ 해경 123정 정장은 2015년 11월 업무상 과실치사 혐의로 징역 3년형이 확정되었다. 이는 현장 구조 지휘관에게 과실치사 혐의가 인정된 첫 사례였다. 이 사고는 해양경찰의 구조와 안전 분야에서 전문성을 강화하는 계기가 되었다.

| 그림 9-1 | 여객선 세월호 침몰사고 (2014. 4. 16)

2) 세월호 사고에서 드러난 문제점들

(1) 무리한 화물 적재와 증축

세월호의 출항 예정시각은 2014년 4월 15일 저녁 6시 30분이었으나 인천항에 짙은 안개 때문에 많은 선박들이 출항을 포기했으나 세월호만 2시간 30분 늦게 출항했다. 세월호는 안전점검표에 차량 150대·화물 657톤을 실었다고 기재했지만, 실제로 실린 화물은 차량 180대·화물 1,157톤으로 무리한 화물을 적재했다. 이 과적 화물은 세월호가 급격한 변침으로 복원력을 잃은 핵심 원인 중 하나로 추정되기도 했다.

(2) 진도 해상교통관제센터(VTS)의 초기 대응 실패

세월호는 급선회로 배에 이상이 생긴 이후 사고 수역 관할인 진도 해상교통관제센터(VTS)가 아닌 제주 VTS에서 최초 신고를 받아서 초기 대응시간을 허비했고, 세월호가 진도 VTS 관할 수역에 4월 16일 오전 7시 7분에 이미 진입해 있었으나 진도 VTS는 세월호의 관할 해역 진입 사실도 파악하지 못하고 있었다. 신고를 받고 사고 해역으로 출동한 해경은 여객선 안에 300명 이상의 승객이 남아있음에도 배 밖으로 탈출했거나 눈에 보이는 승객들만 구조했을 뿐 세월호 내부로는 진입하지 못했다.

(3) 선장 및 선박직원의 무책임

세월호「운항관리규정」에서는 인명구조 등 비상상황이 발생한 경우 선장은 선내에서 총지휘를 맡아야 하고, 승무원은 각자 역할을 맡아 탑승객 구조를 도와야 한다고 명시되어 있다. 그러나 선장을 비롯한 선원 대부분은 침몰 직전까지 탑승객에게 객실에 그대로 있으라는 안내방송을 하고, 자신들은 배 밖으로 나와 해경 경비정에 의해 제일 먼저 구조되었다. 특히 세월호가 침몰한 곳은 우리나라에서 두 번째로 조류가 빠른 해역이었지만, 이 해역에서 운항을 지휘한 사람은 입사 4개월 째인 3등 항해사였고, 이곳을 통과할 때 선장은 조타실을 비운 것으로 드러났다.

(4) 정부의 초동 대응 실패

해양수산부는 사고 발생 후 즉시 중앙사고수습본부를 설치하고 총괄 업무를 시작하다가 관련 업무를 안전행정부의 중앙재난대책본부에 넘겼다. 중앙재난대책본부는 사고 현장 정보를 제대로 파악하지 못하고 수차례에 걸쳐 잘못된 정보를 발표했으며, 경기도교육청도 세월호 침몰사고 직후 학생들이 전원 구조됐다는 잘못된 공지를 하기도 했다.

해양수산부·교육부·해양경찰청 등이 별도의 사고대책본부를 꾸리면서 사고 관련 대책본부만 10여 개에 달했다. 총리실은 이러한 대책본부를 통합해 정홍원 전 총리를 본부장으로 하는 범정부사고대책본부를 설치하여 관련 업무를 총괄하겠다고 발표했다가 하루 만에 철회했고, 결국 해양수산부장관이 다시 범부처 사고대책본부의 장을 맡게 되었다. 세월호 침몰사고 발생 직후 초동 대처부터 허둥댔던 정부의 무능과 혼선 등 허술한 재난대응시스템이 노출되면서 정부 책임론에 제기되었다.

2. 「정부조직법」의 개정과 국민안전처 출범

조직개편의 배경은 2014년 4월 16일 세월호 사건이 발생하여 무고한 생명 304명이 사망하거나 실종되었다. 이 사건에 대한 대응에서 2014년 5월 19일 박근혜 대통령은 해양수산부, 안전행정부, 해양경찰청의 대응이 부실하였다고 지적하고, 이러한 희생이 헛되지 않도록 대한민국이 다시 태어나는 계기를 반드시 만들겠다고 담화문을 발표하면서 조직 개편안을 제시하였다.

1) 정부안과 야당안

(1) 정부안

박근혜 정부의 조직개편 이유는 각 부처에 분산되어 있는 재난관리 기능을 통합하여 관리함으로써 강력한 재난안전 컨트롤타워를 구축하고, 재난현장의 대응성과 전문성을 강화하기 위하여 국무총리 소속으로 국가안전처를 설치한다. 해양경찰청은 수사·정보 기능을 경찰청으로 이관하고, 해양에서의 경비·안전 및 오염방제 기능을 국가안전처로 이관하고 폐지한다는 것이다. 2014년 조직개편안의 주요 내용은 다음과 같다.

첫째, 안전행정부의 재난 안전 총괄·조정 기능 등과 소방방제청의 기능, 해양경찰청의 해양경비·안전 및 오염방제 기능을 통합하여 국무총리 소속으로 국가안전처를 설치한다. 국가안전처장관은 국무위원으로 보하고, 차관은 정무직으로 보한다. 국가안전처장관은 안전 및 재난에 관하여 국무총리의 명을 받아 관계 중앙행정기관을 총괄·조정한다.

둘째, 해양경찰청은 수사·정보 기능을 경찰청으로 이관하고, 해양에서의 경비·안전 및 오염방제 기능을 국가안전처로 이관하고 폐지한다. 국가안전처는 야당의 의견을 받아들여 국민안전처로 변경되었다.

(2) 야당안

새정치연합안은 2014년 8월 1일에 발의되었다. 제안이유는 세월호 참사를 겪으면서 재난 총괄기관인 안전행정부는 재난을 예방하고 신속·적절하게 대응하는데 한계를 노출하였다. 이러한 문제의 원인으로 안전행정부의 재난 및 안전관리 업무에 관한 전문성 부족과 총괄·조정 역할을 위한 리더십이 부재하고, 관련 조직 간의 업무협조가 미비하므로 전반적인 재난관리체계를 개편하여 안전관리 및 재난대응 체계를 강화할 필요가 있다. 이에 따라 소방방재청과 해경의 기능을 조정·강화해 전문성과 안정성을 갖추게 하고, 소방청과 해경을 국민안전부의 외청으로 설치해 육상은 소방청이 맡고, 해상은 해경이 맡도록 한다.

　　야당의 「정부조직법」개정안의 주요 내용은 다음과 같다.[1]

　　첫째, 안전 및 재난에 관한 정책의 수립·운영 및 총괄·조정, 비상대비, 민방위, 방재에 관한 사무를 관장하기 위하여 국민안전부를 둔다.

　　둘째, 소방방재청 업무 중에서 민방위, 방재 업무는 국민안전부로 이관한 후 기관 명칭을 소방청으로 변경하여 국민안전부장관 소속으로 둔다.

　　셋째, 해양경찰청의 명칭을 해양안전청으로 변경하여 국민안전부장관 소속으로 두고, 소관 업무 중 수사 및 정보 업무를 해상에서의 수사 및 정보업무로 한정하기 위하여 육상에서의 수사 및 정보업무는 경찰청으로 이관한다.

　　국민안전을 국정과제의 핵심으로 삼으려면 "독자성과 행정력을 충분히 갖추지 못한 '처'가 아니라 '부' 단위의 조직으로 해야 한다"며 정부의 국가안전처 설치 방침에 반대하였고, 국무총리가 실질적 권한을 행사하지 못하는 구조에선 총리실 소속 '처'의 설치는 부적절하다.

　　또한, 새정치연합은 청와대 국가안전보장회의(NSC)가 안보 및 재난에 대한 종합적인 상황관리를 맡아야 하고, 대통령에게 최종 지휘 책임이 있으므로 국가안전보장회의에 포괄적 위기관리를 위한 컨트롤 타워의 역할이 부여되어야 한다고 주장했다.

2) 국민안전처의 조직

　　2014년 11월 7일 국회를 통과한 「정부조직법」개정안이 18일 국무회의 의결을 거쳐 19일 공포·시행되어 11월 19일 1차관·2본부(해양경비안전본부, 중앙소방본부)·4실·19국(관)·76과(담당관)·12개 소속기관과 총 10,045명(본부 1,035명, 소속 9,010명)의 인원으로 구성된 국민안전처가 공식적으로 출범하였다.[2]

　　국민안전처는 안전 및 재난에 관한 국가정책을 총괄·조정하는 역할 외에 비상대비와 민방위, 소방, 방재, 해양경비와 안전, 오염방제, 해상사건 수사 등

1　의안정보시스템(2014). 정부조직법안.
2　국민안전처(2016). 국민안전백서. p. 55.

다양한 재난안전관리 업무를 관장하게 되었다. 소방, 해경, 일반직, 기술직 등 이질적인 조직이 통합된 하나의 국민안전처에서 상호 유기적인 결합이 필요하였다. 국민안전처는 행정안전부의 사회재난 기능, 소방본부의 육상재난, 해양경비안전본부의 해양재난을 통합한 조직으로 한 지붕 3가족이라고 표현하기도 하였다.

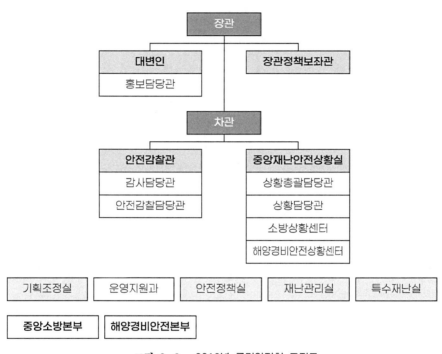

| 그림 9-2 | 2016년 국민안전처 조직도

(1) 국민안전처 장관

국민안전처는 세월호 사고 이후 각 부처에 분산된 재난·안전 기능을 통합하고, 육상과 해상에서 발생하는 모든 유형의 재난을 총괄하여 조정하기 위하여 안전행정부 안전관리본부와 소방방재청, 해양경찰청을 하나로 합한 조직이다.

국민안전처의 '장'은 처장이 아니라 장관이었다. 산하 기관인 해양경비안전본부장과 중앙소방본부장이 모두 차관급이기 때문에 장관급으로 하였다.

2017년 7월 26일에 새로 공포된 「정부조직법」에 의하여 해양경찰청과 소방방제청이라는 명칭은 사라졌다.

표 9-1 | 국민안전처 장관의 성명과 재임기간

정부	대수	성명	임기	출신
박근혜 정부	초대	박인용(朴仁鎔)	2014. 11. 19-2017. 7. 25	해군 대장

(2) 국민안전처의 소속기관

2014년 11월 19일 「정부조직법」이 시행되어 국민안전처가 설치되었다.[3]

국무총리 소속의 국민안전처는 안전 및 재난에 관한 정책의 수립·운영 및 총괄·조정, 비상대비, 민방위, 방재, 소방, 해양에서의 경비·안전·오염방제 및 해상에서 발생한 사건의 수사에 관한 사무를 관장하기 위하여 국무총리 소속으로 국민안전처를 두었다. 국민안전처에 장관 1명과 차관 1명을 두되, 장관은 국무위원으로 보하고, 차관은 정무직으로 한다.

중앙소방본부는 소방정책국과 119구조구급국 등 2개국 아래 총 8개과가 편성되어 소방관련 정책과 제도, 방호조사, 소방산업, 구조 및 구급, 생활안전, 소방장비 등의 고유 업무를 수행한다.

해양경비안전본부는 해양경비안전국, 해양오염방제국, 해양장비기술국 등 3개국 아래 14개과에서 해양경비와 해상안전, 수색, 수상레저, 해상수사, 방제기획, 해양오염예방, 해양장비, 통신, 해상교통관제 등의 업무를 수행한다.

국민안전처의 소속기관은 국가민방위재난안전교육원, 중앙소방학교, 해양경비안전교육원, 국립재난안전연구원, 해양경비안전정비창, 중앙119구조본부, 특수해양구조단, 지방해양경비안전본부, 해양경비안전연구센터, 수도권119특수구조대 등 총 12개 기관이었다.

---

3 정부조직법[시행 2014. 11. 19.] [법률 제12844호, 2014. 11. 19., 일부개정].

3. 세월호 이후의 해양안전 제도 개선

1) 「재난 및 안전관리 기본법」의 개정

2014년 12월 「재난 및 안전관리 기본법」을 개정하였다. 개정내용은 다음과 같다.[4] 재난안전 컨트롤타워의 구축을 위하여 안전행정부, 소방방재청 및 해양경찰청 등에 분산되어 있는 재난안전 기능이 국민안전처로 통합·개편됨에 따라 이에 맞추어 재난대응 체계를 정비하고, 대규모 재난 발생 시 효과적인 재난수습을 위하여 필요한 경우에는 국무총리가 중앙대책본부장의 권한을 행사할 수 있도록 했다. 신속한 긴급구조를 위하여 재난현장에 특수구조대의 투입과 긴급구조기관의 통합지휘권 행사 등에 관한 사항을 정하고, 국민안전처장관이 재난 및 안전관리 사업 예산의 사전협의를 하도록 하는 등 재난 및 안전 관리체계를 강화하였다.

첫째, 국민안전처장관 등 훈련주관기관의 장은 매년 정기적으로 또는 수시로 재난대비훈련을 실시하도록 의무화하고, 훈련 항목에 위기관리 매뉴얼의 숙달훈련을 포함하도록 하며, 훈련과정에서 나타난 미비사항, 위기관리 매뉴얼의 미비사항 등을 개선·보완하도록 하였다.

둘째, 재난현장에서 긴급구조 활동을 위하여 참여하는 긴급구조기관의 인력이나 장비 등의 운용에 관하여 해양에서 발생한 재난의 경우에는 지역구조본부장인 해양경비안전관서장의 지휘를 따르도록 재난현장의 지휘권을 명확히 규정하였다.

셋째, 세월호 침몰사고를 추모하고, 국민의 안전의식을 제고하며, 안전문화를 확산하기 위하여 매년 4월 16일을 국민안전의 날로 정하고, 청소년의 안전문화 의식을 높이기 위하여 교육부장관은 학생에 대한 안전교육을 실시하도록 했다.

넷째, 세월호 사고 당시 신고자 대부분은 112와 119를 통해 신고함으로써 해양경찰 긴급신고 전화번호의 효용성에 의문이 제기되어 2016년 10월 28일부

4　재난 및 안전관리 기본법[시행 2014. 12. 30.] [법률 제12943호, 2014. 12. 30., 일부개정].

터 해양경찰 긴급신고 122가 112, 119로 통합되었다.[5] 긴급구조 전화 서비스란 「전기통신사업법」에 따른 전기통신번호자원 관리계획에 따라 부여하는 다음의 특수번호 전화서비스를 말한다.[6]

① 화재·구조·구급 등에 관한 긴급구조 특수번호 전화서비스: 119
② 범죄 피해 등으로부터의 구조 등에 관한 긴급구조 특수번호 전화서비스: 112

2) 「선원법」의 개정

2015년 1월 「선원법」을 개정하였고 개정내용은 다음과 같다.[7]

지난 4월 16일 발생한 세월호 사고는 내항 여객운송사업자의 안전관리 소홀, 내항여객선의 안전관리시스템 문제와 함께 선원의 의무불이행, 책임의식 부족 등이 혼재되어 발생하였다. 이러한 참사가 다시는 발생하지 아니하도록 하기 위해서는 권한과 책임을 명확히 하고, 선원의 자질과 능력 검증을 강화하였으며, 선원의 처우를 개선하는 등 체계적이고 종합적인 대책을 마련하였다.

첫째, 선장은 출항 전의 검사 또는 점검의 결과를 선박소유자에게 보고하도록 하고, 검사 또는 점검 결과에 문제가 있으면 선박소유자에게 적절한 조치를 요청하며, 요청을 받은 선박소유자는 필요한 조치를 하도록 개정하였다.

둘째, 선장의 직접 조종 지휘 구간을 확대하기 위하여 직접 지휘하여야 하는 사유에 "그 밖에 선박에 위험이 생길 우려가 있어 해양수산부령으로 정하는 때"를 추가하고, 선박이 항구를 출입할 때나 좁은 수로를 지나갈 때 등에는 선장이 예외 없이 직접 조종을 지휘하도록 강화하였다. 그리고 선장은 인명구조 조치를 다하기 전에는 선박을 떠나서는 아니 되도록 하고, 해원에게도 이를 준용하도록 하였다.

셋째, 비상배치표 게시 등 의무, 선장의 여객에 대한 비상시 피난요령 및

---

5 김종선(2021). 해양경찰학Ⅱ. 문운당. p. 310.
6 재난 및 안전관리 기본법 시행령 제64조의2(긴급구조 관련 특수번호 전화서비스의 통합·연계).
7 선원법[시행 2015. 7. 7.] [법률 제13000호, 2015. 1. 6., 일부개정].

주지사항 안내 의무, 선박소유자의 선상 비상훈련의 실시의무 등을 법률에 규정하고, 위반 시 과태료를 상향 조정하였고, 여객선 소유자는 여객의 안전 확보에 필요한 선원을 승무시키도록 개정하였다.

넷째, 여객선 선장의 적성심사기준을 강화할 수 있는 근거를 마련하고, 적성심사기준을 충족하지 못한 사람을 여객선선장으로 승무시킨 자에 대한 벌칙을 정하였고, 선박 위험시나 충돌 시 등에 인명구조 조치를 다하지 아니한 선장 등에 대한 벌칙을 대폭 강화하였다.

3) 「수난구호법」을 「수상에서의 수색·구조 등에 관한 법률」로 변경

세월호 사고 이후 2015년 7월 「수난구호법」을 「수상에서의 수색·구조 등에 관한 법률」로 명칭을 변경하고 개정하였다. 주요 개정내용은 다음과 같다.[8]

첫째, 중앙구조본부의 주관으로 수난구호협력기관 및 수난구호민간단체 등과 공동으로 매년 수난대비기본훈련을 실시하도록 하고, 그 결과를 국회 상임위원회에 보고하도록 했다.

둘째, 비상 시 여객선의 효율적인 수색구조를 위하여 여객선비상수색구조계획서에 구명설비배치도를 포함하도록 했고, 외국선박에 대해서는 영해 내에서만 이동 및 대피명령을 할 수 있도록 했으며, 이동 및 대피명령 사유로 "태풍" 이외의 예시로 "풍랑"을 추가하며, 이동 및 대피명령 대상을 어선에서 선박으로 확대하였다.

셋째, 현장지휘 사항에 "수난구호요원의 안전확보를 위한 조치"와 "조난현장의 질서유지를 위하여 필요한 사항"를 추가하고, 수난구호요원뿐만 아니라 조난된 선박의 선원 및 승객도 현장지휘관의 지휘·통제에 따르도록 명시하고, 조난사고의 원인을 제공한 선박의 선장 및 승무원뿐만 아니라 조난된 선박의 선장 및 승무원도 조난된 사람을 구조하는 데 필요한 조치를 하도록 명시하였다.

넷째, 지방자치단체의 장은 필요한 경우 관할 구역에서 수난구호활동에

---

8 수상에서의 수색·구조 등에 관한 법률[시행 2016. 1. 25.] [법률 제13440호, 2015. 7. 24., 일부 개정].

참여하는 민간해양구조대원에게 필요한 경비를 지원 할 수 있도록 하고, 국민 안전처장관이 수상구조사 자격을 부여할 수 있도록 하였다.

　　다섯째, 심해에서의 잠수 및 수난구호를 전문으로 하는 심해잠수사의 양성 및 관리를 위하여 심해잠수구조훈련센터를 설치할 수 있도록 했다.

　　여섯째, 조난사실을 신고하지 아니하거나 구조에 필요한 조치를 하지 아니하여 피해자를 죽게 한 경우에는 무기 또는 3년 이상의 징역에, 상해에 이르게 한 경우에는 10년 이하의 징역 또는 1억원 이하의 벌금에 처하도록 하였다.

4) 「해사안전법」의 개정

　　항만 선박교통관제는 각 지방해양항만청에서, 연안 선박교통관제는 해양경찰청에서 수행하던 이원화 체제의 선박교통관제체제가 국민안전처 소관으로 개편되었다. 여객선 세월호 침몰사고 초기관제 실패의 한 요인으로 관제구역 출입 시 선박의 진입신고가 이루어지지 않은 것이 지적되면서 관제구역 출입 선박의 출입신고 및 현재 국민안전처장관의 재량사항으로 되어 있는 선박교통관제 시행을 의무화하여 해상에서의 안전운항에 필요한 조치를 강화하였다. 2015년 6월 주요 개정내용은 다음과 같다.9

　　첫째, 총리령으로 정하는 구역에 대하여 선박교통관제를 시행하도록 하고, 관제구역을 출입·통항하는 선박의 선장은 선박교통관제에 따라야 하며, 총리령으로 정하는 무선설비를 갖추고 선박교통관제사와 호출응답용 관제통신을 항상 청취·응답하도록 하며, 선박교통관제를 시행한 기관과 총리령으로 정하는 선박은 관제통신을 녹음하여 보존하도록 하였다.

　　둘째, 술에 취한 상태의 기준을 혈중알코올농도 0.03퍼센트 이상으로 법률에 명시하고, 해양사고 발생 시 운항자 또는 도선사에 대한 음주 측정을 의무화하였고, 해양사고 발생 시 해양경비안전서장은 선장 등이 신고한 조치 사실을 적절한 수단을 사용하여 확인하도록 하고, 선장 등이 조치를 취하지 아니하였거나 조치가 적절하지 않다고 인정하는 경우에는 선장 등에게 필요한 조치를 취할 것을 명하도록 개정하였다.

9　해사안전법[시행 2015. 12. 23.] [법률 제13386호, 2015. 6. 22., 일부개정].

셋째, 술에 취한 상태에서 항해하는 경우에 대한 벌칙을 3년 이하의 징역 또는 3천만원 이하의 벌금으로 강화하고, 선박교통관제사의 명령에 따라야 할 의무 위반, 관제통신의 녹음·보존 의무 위반 및 해사안전감독관의 검사를 거부·방해하거나 기피한 자 등에 대한 벌칙 및 과태료 규정을 정비하였다.

II. 국민안전처 해양경비안전본부 시기(2014. 11~2017. 7)

2014년 11월 19일 「정부조직법」이 시행되어 해양경찰조직은 국민안전처 해양경비안전본부로 격하되고, 기존의 6국제제에서 3국체제로 변화되었다. 그 3국은 해양경비안전국, 해양장비기술국, 해양오염방제국으로 변화되었다. 그 사무 범위는 해양에서의 경비안전·오염방제 및 해상 발생사건의 수사로 다소 축소되었으며, 조직 개편에 의하여 정보수사국, 기획조정관, 국제협력관 등의 직제가 폐지되고, 그 업무는 해양경비안전국으로 통합되었다.10

이러한 조직 개편안은 세월호 사고 이후 약 한 달 만에 청와대를 중심으로 만들어졌으며 정확하고 체계적인 조직진단이 시행되지 않았고, 사회적 공감대 결여로 정부조직 개편과정 중 부처 이기주의와 정치적 타협에 의해 변형되었으며, 조직의 이름까지도 변경하는 결과를 가져왔다.11

1. 해양경찰 총수

2014년 세월호 사건이 발생하여 책임 소재는 묻는 과정에서 징벌적 조직 개편이 이루어져 해양경찰청이 해체되어 국무총리 소속의 국민안전처를 신설하고, 국민안전처 소속으로 해양경비안전본부가 설치되었다. 해양경비안전본

---

10 기존 해양경찰청은 2관 4국 22과를 두고 소속기관인 4개 지방청, 17개 해양경찰서, 해양경찰교육원, 해양경찰연구소, 해양경찰정비창이었으나 2014. 11. 19. 국민안전처 해양경비안전본부는 3국 14과로 변경·축소되었고, 지방은 5개 지방해양경비안전본부(중부해양경비안전본부 신설), 17개 해양경비안전서, 국민안전처의 소속기관으로 해양경비안전교육원(해양경비안전연구센터는 교육원의 부속기관으로 개편), 중앙해양특수구조단을 신설하였다.
11 윤성현·박주상·김경락(2018). 해양경찰학개론, 박영사, p. 58.

부는 중앙행정관청은 아닌 국민안전처의 하부 조직이었다. 그러나 해양경비안전본부장의 직급이 그 전의 차관급인 치안총감이 그대로 유지되었다. 홍익태 치안총감은 경찰청 차장에서 승진하여 해양경비안전본부장이 되었다.

표 9-2 | 이 시기의 치안 총수

성명	기간	출신
홍익태 치안총감	2014. 11. 19-2017. 7. 25	경찰청 차장

2. 2014년 11월 19일 이후의 해양경찰 조직

1) 조직 변화

2014년 11월 19일 이전의 해양경찰청의 조직 구성은 다음과 같이 본청에 1차장, 6국(2관, 4국), 22과(16과, 5담당관, 1인)을 두고, 소속기관 중 부속기관으로 해양경찰교육원와 해양경찰연구소, 해양경찰정비창, 지방행정기관으로 전국에 4개 지방청, 1개 직할서, 16개 해양경찰서를 두고 있었으며, 해양경찰서 예하에 87개 파출소, 240개 출장소 및 경비 구난 함정, 형사기동정, 방제정, 구난 헬기 등을 보유하고 있었다.

2014년 11월 19일 이전에는 본청에 정보수사국이 있었고, 국장 밑에 수

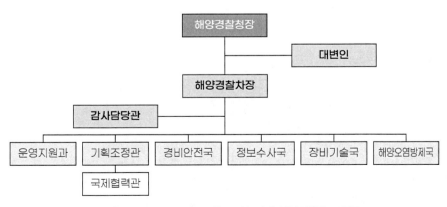

| 그림 9-3 | 2014년 11월 19일 이전 해양경찰의 조직도

사·정보기능을 수행하는 수사과장, 정보과장과 외사과장이 두었고, 지방해양경찰청에는 정보수사과를 설치하고 있었으며, 현장의 해양경찰서에는 수사과와 정보과를 설치하여 운영하였다.

「정부조직법」에서 "국민안전처에 해양에서의 경비·안전·오염방제 및 해상에서 발생한 사건의 수사에 관한 사무를 담당하는 본부장을 두되 치안총감인 경찰공무원으로 보한다"로 규정하여 독립관청이었던 해양경찰청이 해체되고 국민안전처의 보조기관인 해양경비안전본부로 전환되었다.

기존의 6국 체제에서 3국 체제로 변화되었다. 수사와 정보 업무의 소관부서는 해양경비안전국 해양수사정보과이었다. 정보·수사 업무의 사무범위도 축소되어 "해상에서 발생한 사건에 한정한다"로 변화되었다.

해양경비안전본부의 본부 정원을 258명으로 과거 해경 본청 정원 426명보다 39% 감소하였고, 소속 인원 200명을 정보수사권 일부 이관에 따라 경찰청 소속으로 변경시켰다. 이에 따라 해양경비안전본부-지방해양경비본부-해양경비안전서 등 본부 산하 총정원은 8,812명이 되었다.[12]

해양수산부 소속 항만교통관제사(VTS) 275명 이관 및 중부해양경비안전본부, 중앙해양특수구조단 신설 등 현장의 구조·안전 인력 보강으로 330명이 증원됨에 따라 개편 이후 해양경비안전본부는 총 100명이 증원된 8,884명으로 출범하였다.[13]

지방조직은 서해지방해양경찰청이 서해지방해양경비안전본부(여수서, 완도서, 목포서, 군산서)와 중부지방해양경비안전본부(보령서, 태안서, 평택서, 인천서)로 나뉘었고, 동해지방해양경비안전본부(속초서, 동해서, 포항서), 남해지방해양경비안전본부(울산서, 부산서, 창원서, 통영서), 제주지방해양경비안전본부(제주서, 서귀포서)로 되었다. 이에 따라 4개 지방해양경찰청(서해, 남해, 동해, 제주)에서 5개 지방해양경비안전본부로 개편되어 지방본부가 1개 늘어났다. 17개 해양경찰서는 명칭이 해양경비안전서로 변경되었다.

기존의 파출소는 예방·구조 중심의 해양경비안전센터로 전환되었다. 해양경비안전센터 근무직원들에 대하여 체력단련과 연안 3대 안전사고 대응훈

---

12 이윤정(2021). 한국경찰사, 소명출판, p. 540.
13 해양경찰청(2020). 해양경찰 64년의 기록, Chapter 2: 지난 4년간의 기록 부록, p. 3.

련, 단계별 인명구조 교육 등 교육훈련을 강화하고, 구조장비를 보강하여 현장대응능력을 강화하였다.

아래의 〈그림 9-4〉에서 알 수 있듯이 2016년 3월의 국민안전처 해양경비안전본부의 조직은 본부의 경우 3국 14과이었고, 소속기관은 소속기관은 25개이었다. 그 25개 기관에는 지방해양경비안전본부 5개, 해양경비안전서 17개, 해양경비안전교육원, 정비창, 중앙해양특수구조단으로 구성되어 있었다. 중앙해양특수구조단 소속 동해·서해 특수구조대는 2015년 11월에 신설되었고, 부안해양경비안전서는 2016년 4월에 신설되었다.

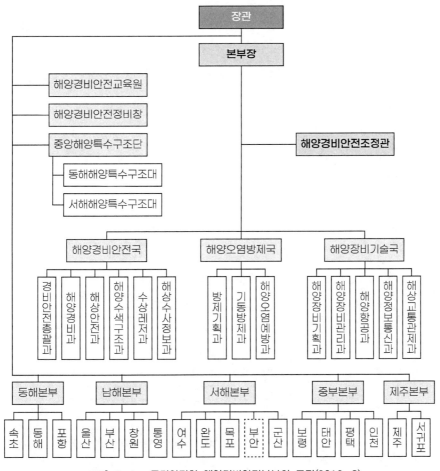

| 그림 9-4 | 국민안전처 해양경비안전본부의 조직(2016. 3)

2) 해양경비안전본부의 수사·정보 기능의 축소와 경찰청 이관

(1) 해양경비안전본부 수사·정보 기능 축소

수사·정보 기능을 수행하는 해양경찰의 조직 연혁을 검토하면 다음과 같다. 정보기능의 명칭은 해양경찰대 창설할 당시에 작전참모실 정보계로 시작하였고, 1969년 해양경찰대에 정보수사과와 지구해양경찰대에 정보수사과를 신설하였다. 1990년 이후 본부와 부산 해양경찰대에 한하여 정보수사과를 분과하여 정보과와 수사과로 확대 개편되었고, 순차적으로 대부분의 해양경찰서에 정보수사과가 분과하여 정보과와 수사과에서 각각 전문적인 업무를 수행하게 되었다.

1996년에는 해양경찰청 정보수사국이 신설되고 수사과, 정보과, 외사과가 설치되었으며, 1996년 이후 대부분의 해양경찰서가 정보과와 수사과로 나누어 업무를 수행하였다. 2014년 11월 19일에는 정보와 수사기능이 축소되어 중앙 해양경비안전본부의 경우 수사, 형사, 정보보안, 외사 등 4개과가 통합되어 해양수사정보과로 변경되었고, 지방해양경비안전본부의 경우 경비안전과 내에 수사·형사계와 정보보안외사계로 편성되었고, 해양경비안전서의 경우 해양수사정보과로 편성되었다.

표 9-3 | 해양경찰 수사·정보부서의 신설과 명칭 변화

연도	정보부서 조직명
'53. 12. 23	본부: 해양경찰대 작전참모실(정보계), 지방: 7개 기지대
'55. 9. 29	본부: 해양경비대 경비참모실, 지방: 7개 기지대
'62. 5. 5	본부: 해양경찰대 경비과(정보계), 지방: 7개 기지대
'69. 9. 20	본부: 해양경찰대 정보수사과(정보계, 수사계), 지방: 8개 기지대
'72. 5. 6	본부: 해양경찰대 정보수사과(정보계, 수사계) 지방: 지구해양경찰대 정보수사과(정보계, 수사계)
'78. 8. 9	본부: 해양경찰대 경비부 정보수사과(정보계, 수사계) 지방: 지구해양경찰대 정보수사과(정보계, 수사계)
'90. 7. 19	본부: 해양경찰대 경비부 정보과(정보, 보안), 정보수사과를 정보과와 수사과로 분과 지방: 지구해양경찰대 정보수사과, 다만 부산은 정보과로 분과

연도	정보부서 조직명
'91. 7. 23	본부: 해양경찰청 정보수사부 수사과, 정보과(1992. 10. 17. 경비부 구난과에 국제협력계 신설) 지방: 해양경찰서 정보수사과(단, 부산해양경찰서는 정보과 분과)
'96. 8. 8	본부: 해양경찰청 정보수사국(수사과: 수사·형사, 정보과: 정보·보안, 외사과: 외사·국제) 지방: 해양경찰서 정보수사과(부산·인천 정보과 분과설치)
'98. 12. 31	본부: 해양경찰청 정보수사국(수사과: 수사·형사, 정보과: 정보·보안, 외사과: 외사·국제) 지방: 해양경찰서 수사과, 정보과(동해·태안·포항은 정보수사과)
'99. 5. 24	본부: 해양경찰청 정보수사국(국제과: 외사·국제협력) 지방: 상동
'01. 7. 7	상동, 다만, 속초·동해·태안·포항 해경서에는 정보수사과 설치 8개 해경서 정보과에 외사계 신설
'02. 7. 9	속초·동해 해경서를 제외하고 정보과에 외사계 신설
'03. 7. 25	전 해경서에 외사계 신설
'05. 7. 22	국제협력관 신설('05. 8. 16. 국제과 폐지)
'06. 6. 30	3개 지방해양경찰본부 신설 및 지방본부에 정보수사과 신설
'06. 11. 9	3개 지방경찰청으로 확대 개편(지방청 정보수사과)
'08. 3. 10	본청 외사과 신설
'09. 2. 9	본청: 국제협력담당관실 국제협력1·2·3팀을 국제기획·국제협력·국제정보팀으로 명칭변경, 외사과 외사1·2계를 외사기획·외사수사계로 명칭변경
'14. 11. 19	중앙본부: 해양경비안전본부 해양수사정보과(수사, 형사, 정보보안, 외사) 지방본부: 경비안전과 수사형사계, 정보보안외사계 해경서: 해양수사정보과 수사형사계, 정보보안외사계

2014년 11월 정보·수사 기능의 경찰청 이관으로 정보수사국이 과단위로 축소되어 인력감소를 가져왔다. 2014년 11월 조직개편 이후 해양경비안전본부의 정보업무는 1－2개의 계 단위에서 수행하고, 지방해양경비안전본부는 불과 1－2명이 정보업무를 담당하며, 일선 해양경비안전관서의 경우에는 1명 정도가 정보·보안·외사의 정보업무를 수행했다.

표 9-4 | 2014년 11월 19일 전후의 해양경찰 정보조직

해양경찰청		지방해양경찰청	해양경찰서
정보수사국		안전총괄부(서해, 남해)	
정보과	외사과	정보수사과	정보과
정보1계 정보2계 정보3계 보안계	외사1계(기획) 외사2계(수사)	정보계 보안계 외사계	정보계 보안계 외사계
2014. 11. 19. 이후 조직			
해양경비안전본부		지방해양경비안전본부	해양경비안전서
해양수사정보과		경비안전과	해양수사정보과
정보보안계, 외사계		정보보안외사계	정보보안외사계

(2) 수사·정보업무 일부 경찰청으로 이관

경찰청은 해양경찰의 수사·정보·보안·외사 기능을 넘겨받아 경찰청 본부에 지능범죄수사 2과를, 인천, 부산, 전남, 강원, 제주 등 5개 지방경찰청과 16개 경찰서에 수사2과를 신설했다. 신설된 부서들은 해양경찰이 담당해 온 수사 중 선용금(선원이 미리 받는 보수) 편취, 밀수, 불량 수산물 유통, 어촌계금 횡령 및 국고보조금 편취, 수협직원의 비리, 면세유 부정 수급 등 육상 사건을 담당하게 되었다. 또한 2014년 12월 20일 해양경찰에서 넘어온 200명의 인력을 경찰청과 지방경찰청, 일선 경찰서에 배치했다.

3) 신설 조직

(1) VTS 업무 총괄·중부해양경비안전본부·중앙해양특수구조단 신설(2014)

2014년 11월 해양수산부와 해양경찰청으로 이원화하여 운영하던 해상교통관제센터(VTS: Vessel Traffic Service)가 국민안전처 해양경비안전본부로 이관되었고, 15개 항만 VTS와 3개 연안 VTS 총 18개의 VTS를 관할하게 되었다. 이에 따라 해경본부에 전담부서로 해상교통관제과를 신설하였다.

관제사의 인력을 증원하고, 전문교육을 4주에서 10주로 강화하였다. 항만구역을 대폭 확대하고 다중 이용선박 통항량이 많은 해역(경인, 태안)에 연안 해상교통관제센터를 추가로 구축하였다.

2014년 11월 기능별 훈련 집행으로 분산된 훈련을 통합하기 위하여 해양경비안전교육원에 종합훈련지원단을 신설하였다.

2014년 11월 중부해양경비안전본부가 신설되어 서해 중부권 해역인 인천, 평택, 태안, 보령까지 4개 지역 해양경비안전서를 관할하였다. 산하에는 해양경비안전센터 24개, 출장소 46개를 운영하며, 경찰관 1,717명, 일반직 153명, 의경 501명 등 2,371명이 배치되었다. 보유 장비로는 1,000톤급 이상 경비함 4척 등 함정 68척, 항공기 6대 등이 있었다.

세월호 참사 이후 2014년 12월에는 구조·방재 전문 인력 62명을 선발하여 중앙해양특수구조단을 신설하였다. 주요 임무로는 대형·특수 해양사고의 구조 및 수중수색과 현장지휘, 중·대형 해양오염사고 발생 시 응급방제조치 등이었다. 특수구조단에 단장 1명을 두며, 단장은 총경으로 보하고, 단장은 국민안전처장관의 명을 받아 소관사무를 총괄하고, 소속 공무원을 지휘·감독한다.

(2) 서해·동해 특수구조대 신설(2015. 11. 30)과 의무경찰

전국 단위의 사고에 대한 현장 대응 역량을 강화하기 위하여 중앙해양특수구조단에 서해해양특수구조대 및 동해해양특수구조대를 각각 신설하고, 이에 필요한 인력 37명(경정 1명, 경감 3명, 경위 3명, 경사 5명, 경장 9명, 순경 7명, 7급 3명, 8급 3명, 9급 3명)을 증원하였다.

해양특수구조대장은 다음 사항을 분장한다.14

① 관할구역 내 대형·특수 해양사고의 구조·수중수색 및 현장지휘에 관한 사항

② 소속 인력·특수구조장비의 운용·관리 및 유지에 관한 사항

③ 인명구조 등 관련 관할구역 내 기관과의 교류 협력에 관한 사항

④ 중·대형 해양오염사고 발생 시 현장출동·상황파악 및 응급방제조치

---

14 국민안전처와 그소속기관직제시행규칙[시행 2015. 11. 30.] [총리령 제1213호, 2015. 11. 30., 일부개정].

에 관한 사항

⑤ 오염물질에 대한 방제기술 습득 및 훈련에 관한 사항

2016년 1월 25일 「전투경찰대 설치법」이 「의무경찰대 설치 및 운영에 관한 법률」로 개정됨에 따라 「국민안전처와 그 소속기관직제」 중 전투경찰 순경을 의무경찰로 개정하였다.

(3) 복수 치안정감 체제(2016)와 세종특별자치시로 본부 이전(2016)

2016년 1월에는 신속한 현장 대응을 위해 해양경찰의 긴급 신고번호 122를 119로 통합하였다.

해양경비안전본부에서는 해양경비안전조정관 1명만이 치안정감 계급을 보유하고 있었으나, 2016년 4월 중부해양경비안전본부장의 계급이 치안감에서 치안정감을 격상됨에 따라 해양경찰은 창설 63년 만에 복수 치안정감 시대를 열게 되었고, 해양경찰에서 복수치안정감 체제의 의미는 치안정감 계급이 2명으로 늘어나 복수 경쟁체제가 구축되면서 해양경찰 내부에서 해양경찰의 수장을 배출할 가능성이 높아지게 되었다.

2016년 3월 「국민보호와 공공안전을 위한 테러방지법」15이 시행됨에 따라 국무총리 산하 대테러센터가 컨트롤타워가 되어 새로운 신종테러 위협에 효과적으로 대처하기 체제를 갖추게 되었다. 이에 따라 해양경찰청은 해양테러 예방대책 수립·시행 및 임해 중요시설 인근 해역 예방 순찰과 보호 활동을 실시하고 있다. 2019년에는 해양경찰 특공대는 동해·서해·남해·중부·제주 지방해양경찰청 소속으로 105명이 근무하고 있다.16

2016년 4월 서해해양경비안전본부 소속으로 부안해양경비안전서를 신설

---

15 「국민보호와 공공안전을 위한 테러방지법」(시행 2016. 3. 3)의 제정이유는 2001년 9·11테러 이후 국제사회가 지속적으로 테러와의 전쟁을 치르고 있으며, 유엔은 9·11테러 이후 테러근절을 위해 국제공조를 결의하고 테러방지를 위한 국제협약 가입과 법령 제정 등을 권고해 OECD 34개 국가 대부분이 테러방지를 위한 법률을 제정하였음에도 불구하고 아직 우리나라에서는 국가 대테러활동 수행에 기본이 되는 법적 근거조차 마련하지 못하고 있는 실정이므로 테러방지를 위한 국가 등의 책무와 필요한 사항을 명확히 규정하여 국가의 안보 및 공공의 안전은 물론 국민의 생명과 신체 및 재산을 보호하려는 것이었다.

16 박경순(2019. 8). 한국해양경찰청의 조직과 기능에 관한 연구—일본 해상보안청과의 비교를 중심으로—, 인하대학교 대학원 박사학위논문, p. 65.

하고. 이에 필요한 정원 2명 및 한시정원 4명을 증원하였다.

2016년 8월 29일 해양경비안전본부가 인천에서 세종특별자치시로 이전하였다. 2016년 4월 22−24일 1단계 이전 때 송도청사 근무 인원 271명 중 102명(38%)이 근무지를 세종으로 옮겼으며, 나머지 인원 169명(62%)이 세종으로 이동하면서 해양경찰은 37년간 본부 소재지였던 인천을 떠나게 되었다.

2017년 2월에는 해양에서의 구조·안전 기능을 강화하기 위하여 해양경비안전본부에 구조안전국을 신설하였다.

3. 새로운 제도의 시행

1)「수상에서의 수색·구조 등에 관한 법률」개정과 수상구조사 제도 도입

「수난구호법」은 1961년 11월 제정하였고, 1994년 12월 전문이 개정되었다. 그 후 2014년 세월호 참사 이후「수난구호법」에서「수상에서의 수색·구조 등에 관한 법률」로 변경되었다.

2015년 7월「수상에서의 수색·구조 등에 관한 법률」을 개정하여 구조본부장의 현장 지휘권을 강화하였다. 구조본부장의 현장 지휘 사항은 다음과 같다.[17]
  ① 조난현장에서의 수난구호활동
  ② 수난구호협력기관, 수난구호민간단체, 자원봉사자 등의 임무 부여와 인력 및 장비의 배치와 운용
  ③ 추가 조난의 방지를 위한 응급조치
  ④ 사상자의 응급처치 및 의료기관으로의 이송
  ⑤ 수난구호에 필요한 물자 및 장비의 관리
  ⑥ 수난구호요원의 안전확보를 위한 조치
  ⑦ 현장접근 통제, 조난현장의 질서유지 등 효율적인 수난구호활동을 위하여 필요한 사항

---

17 수상에서의 수색구조 등에 관한 법률 제17조.

2015년 7월 세월호 사고 이후 해상 안전관리를 강화하고, 국가자격증의 필요성이 제기되어 「수상에서의 수색구조 등에 관한 법률」을 개정하여 수상구조사 제도를 신설하였다.

수상구조사는 선박·수상레저·해수욕장 등 수상에서 발생하는 인명사고까지 포함하는 종합적 자격제도로서 시스템 구축 및 교육기관 지정 등 준비기간을 거쳐 2017년 5월 27일 제1회 시험을 시행하였다.[18]

2) 지방자치단체에 대한 해수욕장 안전관리 지원

2014년 12월 「해수욕장 이용 및 관리에 관한 법률」이 시행됨에 따라 해수욕장의 안전관리 주체가 해양경찰청에서 지방자치단체로 변경되었다. 이에 따라 해양경찰청은 해상구조대와 안전지원반을 구성하여 해수욕장 안전관리를 수행할 수 있도록 교육훈련과 안전관리 컨설팅을 지원했다.

「해수욕장 이용 및 관리에 관한 법률」에서 "관리청은 안전관리지침의 범위에서 관할 해수욕장의 안전관리에 필요한 조치를 시행하여야 하고, 해수욕장시설에 대하여 주기적으로 안전점검을 하여야 한다. 해수욕장시설 중 해수면에 설치된 안전시설에 대하여는 관할 해양경비안전서장이 안전점검을 할 수 있다"[19]라고 규정하였다.

4. 불법조업 중국어선에 대한 대응

1) 중국어선의 불법조업 실태

그동안 중국어선의 불법조업은 주로 EEZ와 NLL 인근 수역에서 이루어졌다. 불법조업 유형은 「배타적 경제수역에서의 외국인어업 등에 대한 주권적 권리의 행사에 관한 법률」을 위반한 사항으로 무허가 조업, 제한조건위반, 특정금지구역 위반이 있고, 「영해 및 접속수역법」 위반사항인 영해 침범, 「형법」

---

18 해양경찰청(2020). 해양경찰 64년의 기록 부록. 전게서, p. 4.
19 해수욕장의 이용 및 관리에 관한 법률[시행 2014. 12. 4.] [법률 제12741호, 2014. 6. 3., 제정].

위반사항인 특수공무집행방해 등이 있다.

NLL인근 수역 불법조업 중국어선은 다른 해역에 비해 상대적으로 폭력·
집단성이 강하여 해양경찰의 단속이 훨씬 위험하고, 불법조업 문제가 남북한
의 안보 문제로 확대될 가능성이 있어서 큰 문제가 아닐 수 없다.[20]

표 9-5 | 불법 중국어선 및 단속 현황

연도	EEZ 침범		영해침범	NLL 특정해역 침범
	무허가	제한조건 위반 등		
2011	170	332	32	30
2012	106	330	31	42
2013	149	304	34	40
2014	85	232	24	25
2015	109	448	11	25
2016	86	296	23	50
2017	39	230	9	17
2018	21	171	7	15

자료: 해양경찰청(2018).

2) 기동 전단 운영과 해양경찰 고속 단정 침몰

중국어선의 불법조업 형태가 점차 폭력화·집단화되었다. 이에 따라 2014
년 11월 해양경비안전본부는 총경급을 전단장으로 임명하고, 대형함정 8척으
로 구성된 기동전단을 처음으로 운영하였고, 중국어선이 집중되는 성어기 기
간에 전국 관할해역을 돌며 불법 중국어선을 나포하고 차단·퇴거하는 등 큰
성과를 거두었다.

2016년 10월 소청도 남서방 42해리 해상에서 집단적으로 침범하는 중국

---

[20] 고명석(2016). "불법조업 중국어선 단속에 대한 고찰: NLL 인근 수역과 한강하구를 중심으로," 한
국해양경찰학회보 제6권 제3호, p. 3.

어선 40척을 발견하고 3005함과 1002함이 합동으로 나포 작전을 실시하던 중 선명 미상의 중국어선이 3005함 「NO. 1. 단정」을 고의로 충돌하여 단정이 침몰하는 사건이 발생하였다. 이 사건은 「해양경비법」을 개정하고 「서해5도 특별경비단」을 창단하는 계기가 되었다.

3) 서해5도 특별경비단 신설과 「해양경비법」 개정(2017)

2016년 10월 7일 인천 소청도 남서 42해리에서 경비함정이 중국어선을 나포하던 중 주변 중국어선이 고속 단정을 추돌하여 해양경찰 경비함정이 전복·침몰하였다. 경비함정 단정의 침몰사건이 발생한 이후 국무조정실의 주관하고 외교부, 해수부 등 7개 부처 합동으로 「정부합동 불법 중국어선 단속강화 대책회의」가 개최되어 불법 중국어선의 단속강화 대책이 수립되었다.21

해양경찰청은 서해 NLL해역에서 「서해5도 특별경비단」을 창단(2017. 4. 4) 시켜 특수진압대를 연평·대청도에 상시 배치하였고, 경비함정을 증가 배치하여 해군과 합동으로 불법조업 차단·단속 활동에 주력하였으며, EEZ해역에는 지방청 중심으로 외국어선 조업 동향을 분석하여 기동전단 운영, 유관기관 간 합동 특별단속 등 선제적이고, 강력한 단속활동을 전개하였다.

단속 현장에서 신속한 무기사용 판단이 가능하도록 선(先)조치 후(後)보고 형태로 무기사용 관련 법규를 개정하였고, 단속역량 향상을 위하여 단속 경연 대회 개최 및 단속요원에 대한 교육·훈련 등을 지속적으로 실시하였다.

서해5도 특별경비단장은 다음 사항에 관하여 중부해양경비안전본부장을 보좌한다.22

① 불법 외국어선 단속, 수사 및 사후 처리에 관한 사항
② 서해5도 해역에서의 경비 및 작전 업무에 관한 사항
③ 서해5도 해역에서의 경비·작전 관련 위기관리 업무에 관한 사항
④ 서해5도 해역에서의 수색 및 구조 업무에 관한 사항

---

21 해양경찰청 정책 설명자료(2019. 1. 3).
22 국민안전처와 그 소속기관 직제 시행규칙[시행 2017. 4. 4.] [총리령 제1385호, 2017. 4. 4., 일부 개정].

「해양경비법」은 2012년 8월에 제정되었고, 해양경찰 고속 단정의 침몰 이후 공용화기 사용요건이 강화되고, 해상검문검색 불응에 대하여 과태료에서 징역 및 벌금으로 상향되었으며, 외국선박 나포에 공로가 있는 자에 대하여 포상을 실시하였다.

표 9-6 | 2017년 「해양경비법」 개정

구분	개정 전	개정 후
공용화기 사용 요건	① 선박등과 범인이 선체나 무기·흉기 등 위험한 물건을 사용하여 경비세력을 공격한 때 ② 대간첩·대테러 작전 등 국가안보와 관련되는 작전을 수행하는 때	① 대간첩·대테러 작전 등 국가안보와 관련되는 작전을 수행하는 경우 ② 선박 등과 범인이 선체나 무기·흉기 등 위험한 물건을 사용하여 경비세력을 공격하거나 공격하려는 경우 ③ 선박등이 3회 이상 정선 또는 이동 명령에 따르지 아니하고 경비세력에게 집단으로 위해를 끼치거나 끼치려는 경우
해상검문불응	과태료	1년 이하 징역, 1천 만원 이하 벌금
포상	-	외국선박 나포에 공로가 있는 자에 대한 포상 신설

5. 해양경찰 인력과 장비

2016년 해양경찰의 예산은 1조 2,687억원 이었고, 2014년 11월 해양경찰 조직개편을 한 후 1년 5개월이 지난 2016년 3월 해양경비안전본부의 정원은 경찰공무원 8,077명, 일반직 974명, 의무경찰 2,514명이었다.

표 9-7 | 경찰공무원 현황(2016년 3월 현재)

치안총감	치안정감	치안감	경무관	총경	경정	경감	경위	경사	경장	순경
1	1	5	5	43	192	463	891	1,667	2,216	2,593

자료: 국민안전처 해양경비안전본부

2016년 3월 함정과 항공기의 보유 현황은 다음과 같다.[23]

함정은 총 307척을 보유하고 있었는데, 그중 경비함정이 203척, 특수함정이 104척이었다. 규모별로 보면 경비함정이 대형 34척(1,000톤 이상), 중형 39척(200~500톤), 소형 130척(200톤 미만)이고, 특수함정은 방제정 37척 (중형 20척, 소형 17척), 67척(훈련함 1, 순찰정 50, 공기부양정 8, 소방정 1, 예인정 7)이었다.

항공기는 비행기 6대, 헬기 17대로 총 23대를 보유하고 있었다. 헬기는 다목적 대형헬기 1대, 탑재·수색헬기 16대이고, 비행기는 광역초계기 1대, 수색구조기 5대이었다.

6. 해양오염 사고

2014년 1월 우이산호 충돌사고가 발생했다. 이 사고는 2014년 1월 31일 전남 여수시 낙포동 원유 2부두에서 싱가포르 국적의 유조선 우이산호가 접안 중속도를 줄이지 못하고 GS칼텍스 소유 송유관을 들이받는 사고가 발생했다. 이 사고로 길이 200m 상당의 송유관 파이프 3개가 두 쪽으로 나뉘면서 내부에 남아있던 원유와 나프타, 유성혼합물 등 800~890㎘가 바다로 유출되었다.

1993년부터 2014년까지 발생한 오염사고 중 유출량을 기준으로 했을 경우 10대 오염사고는 다음 〈표 9-8〉과 같다. 2007년 허베이스피리트호 사고에서 가장 많은 원유 12,547㎘가 유출되었고, 2003년 정양호 사고에서 가장 적은 벙커C 623㎘가 유출되었다.

해양오염방제 분야 인력구성은 1978년 본부에 해양오염방제관리실이 신설되고 최초로 일반적 95명과 고용직 2명 등 97명으로 시작하여 1981년 95명이 충원되었으며, 2004년 204명으로 증가하였고, 2017년 말 해양오염방지를 위하여 선박과 해양시설에 대한 점검, 해양오염물질 불법배출 행위를 지속적으로 단속하고 있는 본청의 해양오염방제국과 지방관서에 근무하는 직원은 445명이었다.[24]

---

23 해양경비안전본부 실무자료(2016).
24 박경순(2019. 8). 전게논문. pp. 65, 107.

표 9-8 | 우리나라 10대 해양오염사고

순위	사고명	발생년도	사고해역	유출량	사고유형
1	허베이스피리트호 사고	2007년	태안	원유 12,547㎘	충돌
2	씨프린스호 사고	1995년	여수	원유 등 5,034㎘	좌초
3	제1유일호	1995년	부산	벙커C 2,392㎘	충돌·침몰
4	제3오성호	1997년	통영	벙커C 1,699㎘	침몰
5	코리아호프호	1990년	인천	벙커C 1,500㎘	충돌
6	호남사파이어호	1995년	여수	원유 1,402㎘	충돌
7	제5금동호	1993년	여수	벙커C 1,228㎘	충돌
8	알렉산드리아호	1995년	부산	벙커C 등 916㎘	침몰
9	우이산호 충돌 사고	2014년	여수	벙커C 등 899㎘	파손
10	정양호	2003년	여수	벙커C 623㎘	침몰

자료: 해양경비안전본부(2016).

표 9-9 | 전국 해양오염방제과 인원(2017)

구분	계	본청	동해청	서해청	남해청	중부청	제주청	중앙특수단	연구센터	교육원
계	445	41	42	103	103	78	30	24	18	5

자료: 해양경찰청 내부자료

Ⅲ. 환원 해양경찰청 시기(2017. 7. 26 이후)

환원 해양경찰청 시기는 문재인 정부(2017. 5. 10-2022. 5. 9)와 윤석열 정부 (2022. 5. 10-2027. 5. 9)에서의 해양경찰 조직을 말한다.

1. 정치 상황

1) 박근혜 대통령에 대한 탄핵 인용

박근혜 대통령 탄핵은 「헌법」에 위배되는 범죄 의혹(박근혜·최순실 게이트, 비선 실세 의혹, 대기업 뇌물 의혹 등)을 사유로 국회에서 야당(더불어민주당, 국민의당, 정의당) 의원들이 대통령에 대한 대통령 탄핵 소추를 발의해 헌법재판소에서 탄핵을 인용한 일을 말한다. 2016년 12월 9일 오후 4시 10분에 탄핵소추안이 국회에서 가결되었다. 그리고 같은 날 오후 7시 3분에 대통령(당시 박근혜)은 국회로부터 탄핵 소추 의결서를 받는 동시에 「헌법」상 대통령 권한 행사가 정지되고, 황교안 국무총리가 대통령 권한대행을 맡게 되었다.

2017년 3월 10일, 헌법재판소는 재판관 전원일치로 대통령 박근혜 탄핵 소추안을 인용하여 박근혜 대통령은 대통령직에서 파면되었다. 이에 따라 대통령 선거가 실시되었다. 대통령 선거 당시 각 당은 해양경찰청의 부활을 약속하였고 대통령에 당선된 문재인 정부는 「정부조직법」을 개정하여 2017년 7월 26일자로 국민안전처를 해체하여 해양경비안전본부를 해양경찰청으로 환원시켰다.

2) 문재인 정부 시기 안보 환경과 권력기관 개혁

2019년 2월 베트남 하노이에서 열린 북·미 정상회담은 아무런 성과없이 끝나고, 동년 6월 30일 판문점 남·북·미 정상회동, 스톡홀름 실무회담 등 협상을 이어갔으나 실질적인 성과는 없었다. 남·북 관계는 북·미간 직접 협상이 진행됨에 따라 북한의 관심이 미국과의 양자관계에 집중되고, 남한의 중재자·촉진자 역할 및 남·북합의 이행에 대한 북한의 불만이 원인이 되어 장기간 경색되었다.

북한은 단거리 미사일·초대형 방사포 시험발사에 이어 접경해역에서 해안포 사격훈련을 함으로써 「9·19 남북군사합의」를 위반하는 등 대미·대남 압박을 위해 군사적 긴장감을 지속적으로 조성하였다.

문재인은 18대 대선에 출사표를 던졌을 때도 고위공직자비리수사처의 설치를 공약했을 만큼 검찰 개혁에 의지를 보였다. 19대 대선에서도 문재인을 비롯한 주요 후보들이 권력기관 개혁 대상 1순위로 검찰을 꼽았으며, 문재인은 검경 수사권의 조정과 공수처 신설을 골자로 한 검찰 개혁 방안을 제시했다. 검찰 외에도 국가정보원과 경찰청 등 권력기관에 대한 개혁도 취임사를 통해 예고했다.

2017년 6월에는 경찰개혁위원회를 구성하였다. 이 위원회는 총경 이상이 기관장을 맡는 소속기관에 경감 이하 경찰관으로 구성된 직장협의회를 설치해야 한다는 의견을 냈다. 경찰에 대한 외풍을 차단하기 위한 목적으로 경찰위원회를 총리 소속 중앙행정기관으로 두고, 경찰청장 임명제청권과 총경 이상 승진인사에 대한 심의·의결권을 행사토록 하는 방안도 권고했고, 수사권 독립과 관련해서 외부 민간인이 기관장을 맡는 국가수사본부를 두어 독립적으로 수사를 진행하는 방안을 제안했으며, 경찰청장이나 일선 경찰서장은 일반적 지휘만 하고, 구체적 지휘는 수사본부장이 담당하며 경찰청에는 직접 수사부서를 폐지해 수사 권력을 분산시키겠다는 것이다. 경찰이 수사를 전담하고 검찰은 경찰이 송치한 수사 결과를 바탕으로 공소권을 행사하도록 하는 수사구조개혁 방안을 발표했다. 검찰의 수사지휘권과 직접 수사권은 폐지하고 검사만이 영장을 청구할 수 있도록 한 「헌법」조항도 개헌 과정에서 삭제할 것도 제안했다. 이에 따라 수사와 관련하여 「형사소송법」 등 관련 법률이 개정되었다.

3) 해양경찰청 환원과 윤석열 정부의 출범

(1) 해양경찰청 환원(2017. 7)

대통령에 당선된 문재인 정부는 「정부조직법」을 개정하여 2017년 7월 26일자로 국민안전처를 해체하여 해양경비안전본부를 예전의 해양경찰청으로 환원시켰다. 2017년 7월 '해양경비안전본부'는 다시 '해양경찰청'으로 명칭이 변경되었고, 다시 해양수산부 소속으로 환원되었다. 조직은 본청이 청장, 차장, 2관 5국, 25과(담당관, 센터 포함)로 구성되고, 중부지방해양경찰청 등 5개 지방해양경찰청, 군산해양경찰서 등 18개 해양경찰서, 해양경찰교육원, 중앙해양특수구조단, 해양경찰정비창으로 구성되었다.

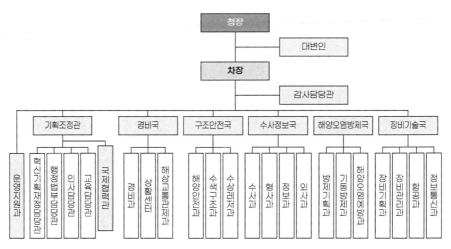

| 그림 9-5 | 2017년 정부 조직 개편 후 해양경찰 조직도

(2) 윤석열 정부의 출범(2022. 5)

윤석열 정부(2022. 5. 10 – 2027. 5. 9)는 대통령을 수반으로 하는 대한민국 정부로서 2022년 5월 10일 대통령 임기 5년의 여정이 시작되었다. 윤석열 대통령은 2022년 3월 9일에 실시된 제20대 대선에서 당선되었다.

정부 출범 시점인 2022년 5월 10일 기준 제21대 국회 구성이 집권 여당인 국민의힘(109석)보다 더불어민주당(168석)의 의석수가 59석이 더 많은 여소야대이다.

5월 10일부터 5월 17일까지 18개 부처중 교육부와 보건복지부를 제외한 16개 부처 장관이 임명되었다. 5월 17일, 여·야는 오는 5월 20일 본회의 개최와 지연되던 한덕수 국무총리 후보자 인준안 표결에 합의하였다. 2022년 5월 20일 국회 본회의에서 국무총리 임명동의안이 가결되었으며, 5월 21일 윤석열 대통령이 한덕수 국무총리를 임명하였다. 2022년 7월 4일까지 박순애 부총리 겸 교육부장관이 임명 강행되면서, 보건복지부를 제외한 17개 부처 장관 임명이 완료되었다.

2022년 10월 29일 22시 15분경 이태원 압사 사고가 발생하였다. 이 사건은 서울특별시 용산구 이태원동에서 발생한 대형 압사 사고이다. 당시 이태원에는 할로윈을 앞두고 많은 사람들이 몰려 있었으며, 해밀톤호텔 앞 좁은 골

목길로 인파가 밀리면서 사상자가 다수 발생했다. 이 사고는 304명이 사망한 2014년 세월호 사고 이후 한국에서 발생한 최대 인명 사고이며, 특히 서울 도심에서 벌어진 대형 참사로는 502명이 사망한 1995년 삼풍백화점 붕괴 사고 이후 처음으로 기록되었고, 이 사고에 대한 진상조사를 위하여 국회에서 국정조사가 이루어졌다. 경찰과 용산구청, 용산소방서 등의 부실 대응에 대하여 경찰청 특별수사본부는 용산경찰서장, 용산구청장 등 관련 책임자를 구속하여 수사하였다.

윤석열 대통령이 공약과 국정과제로 국민과 경찰공무원에게 공표한 약속을 지키고, 이태원 참사에 대한 뼈아픈 성찰과 경찰이 보다 책임감 있게 국민의 안전에 헌신하는 조직으로 거듭나도록 하기 위해 경찰인사제도 개선방안을 마련했다.[25]

개선방안은 ① 복수직급제 도입, ② 미래치안에 대비한 과학기술 중심의 치안시스템 전환, ③ 승진소요 최저근무연수 단축, ④ 경찰공무원 기본급 조정 등 경찰 조직 및 인사제도 개선이 주요 내용이었다. 경찰청 직제, 공무원보수규정 등 관련 규정은 2022년에 개정하여 2023년부터 본격 시행하기로 했다.

첫째, 경찰 복수직급제는 총경급이 대상이며, 정책역량 향상을 위한 본청과 시·도경찰청 주요부서, 본청과 서울·부산·경기남부청을 총경급 전담 상황관리 체계로 개선하기 위한 상황팀장 직위, 그리고 유능한 경찰 인재 양성을 위하여 경찰대학 등 4개 소속기관의 주요 직위에 도입할 계획이다.

둘째, 승진소요 최저근무연수 단축 등 인사제도 개선하기로 했다. 순경에서 경무관까지의 승진소요 최저근무연수는 16년이었으나, 전체 계급의 최저연수를 최대한 줄여 총 5년을 단축해 최저근무연수가 11년이 되도록 개선한다. 특히, 계·팀장을 맡을 수 있는 실제 간부 직급(경감)이 되기까지 최저연수를 통일성 있게 1년으로 설정하여 일반 순경 출신도 간부로 승진할 수 있는 길을 만들기로 했다.

셋째, 경찰공무원 기본급을 조정하기로 했다. 경찰이 보다 책임감을 갖고 국민 안전 수호라는 경찰의 기본 사명에 더욱 헌신할 수 있도록 2023년 1월 1일부터 단계별로 기본급을 공안직 수준으로 조정한다. 이번 기본급 조정이 해

---

25 행정안전부 보도자료, 2022. 12. 19.

경과 소방에도 동시에 적용된다.

2023년 1월 윤석열 정부에서는 총경승진인사에서 총 8명 중 5명을 순경 또는 경장 입직자를 총경으로 승진시켰다. 이는 비간부출신자 우대정책이라고 볼 수 있다.

2. 이 시기의 해양경찰청장

대선 공약으로 해양경찰청의 환원을 약속한 문재인 정부는 해양경찰청을 해양수산부 소속으로 환원하였다. 이 시기에 박경민·조현배 청장이 부임하였다. 둘 다 경찰청 출신으로 해양경찰청장이 된 경우이다. 이어서 해양경찰청장으로 임명된 김홍희 치안총감은 남해지방해양경찰청장을 재임하다가 치안감에서 2계급을 승진하여 해양경찰 자체에서 성장하여 해양경찰청장이 되었다.

2020년 2월에 「해양경찰법」이 시행되어 해양경찰청장의 자격요건이 해양경찰에서 15년 이상 근무하고 치안감 이상의 계급으로 재직하였던 경력이 있어야 했다.[26] 정봉훈 치안총감도 해양경찰청 차장을 거쳐 해양경찰청장이 된 경우로 자체 배출 청장에 해당한다. 2023년 1월에는 김종욱 서해지방해양경찰청장(치안감)이 2계급을 승진하여 해양경찰청장으로 임명되었다. 경남 거제 출신인 김 청장은 1989년 순경으로 임용돼 치안감까지 오른 입지전적 인물이다. 해양경찰의 염원이었던 자체 청장 배출이 본격적으로 시행되고 있는 것이다.

과거 경찰청 출신을 청장으로 임명한 것에 대해 전문성을 의심하는 비판의 목소리도 있다.[27] 1953년 12월 23일 해양경찰은 나무로 건조된 소해정 6척을 인수해 해양경찰대로 출발했다. 그 후 해양경찰은 장비 증강 등 지속적인 발전을 통해 현재는 함정 350여 척, 항공기 25대로 하드웨어적인 면에서 눈부시게 성장했지만, 창설 69주년(2022년)을 맞은 지금까지도 세월호 사고, 영흥도

---

[26] 치안감이 2계급 승진하여 치안총감 직위인 해양경찰청장이 임명될 수 있도록 「경찰공무원법」이 개정되었다. 「경찰공무원법」 제11조(승진) ① 경찰공무원은 바로 아래 하위계급에 있는 경찰공무원 중에서 근무성적평정, 경력평정, 그 밖의 능력을 실증(實證)하여 승진임용한다. 다만, 해양경찰청장을 보하는 경우 치안감을 치안총감으로 승진임용할 수 있다. 〈개정 2011. 5. 30., 2019. 8. 20.〉

[27] 부산일보, 2022. 12. 22(윤병두 남해지방해양경찰청장 직무대리 기고).

표 9-10 | 역대 해양경찰청장(2017. 7-2023. 1)

성명	기간	출신
박경민 치안총감	2017. 7. 26-2018. 6. 24	인천지방해양경찰청장
조현배 치안총감	2018. 6. 25-2020. 3. 5	부산지방경찰청장
김홍희 치안총감	2020. 3. 5-2021. 12. 5	남해지방해양경찰청장
정봉훈 치안총감	2021. 12. 6-2023. 1. 3	해양경찰청 차장
김종욱 치안총감	2023. 1. 4-2025. 1. 3	서해지방해양경찰청장

낚시어선 사고 등 큰 사고가 있을 때마다 전문성을 의심받았다. 해양경찰 창설 이래 해양경찰 출신 청장이 불과 소수에 그치는 등 현장 전문형 조직보다는 행정 관리형 조직으로 성장했기 때문이다.

3. 조직의 변화와 활동

윤석열 정부는 해양영토 수호와 관련하여 디지털·위성 정보를 활용한 해상경비활동 강화와 빅데이터 기반 과학적 해양종합 안전망 구축을 위한 방안을 해양경찰청과 논의하였고, 특히 어업지도선과 해경함정을 증강 배치하여 주변국 도발에 대처해야 한다는 데 공감하였다. 해양수산 분야에서는 세계 선도교통물류체계 구축, 해양영토 수호 및 지속 가능한 해양관리, 어촌·해양 활력 제고를 국정과제로 설정하였다.

1) 수사제도의 개선

(1) 수사·정보 기능 회복과 수사경과제 시행

첫째, 수사·정보 기능이 회복되었다. 해양경찰청 조직 해체 이후 정보수사국은 해양경비안전국 내 해양수사정보과로 축소되었다가 2017년 7월 26일 해양경찰청이 환원되면서 수사정보국으로 개편되었다. 이 과정에서 경찰청으로 이관되었던 수사·정보 담당 해양경찰공무원 200명을 다시 이관받았다. 수사·정보가 국(局)단위에서 과(課) 단위로 축소된 박근혜 정부의 국민안전처 해양경비안전본부 시기인 2년 8개월 동안 해양 범죄의 검거실적은 크게 감소하였다.

수사·정보 기능을 정상화하기 위해 부족한 인력을 단계적으로 충원하였고, 해양범죄에 대한 수사관할을 명확히 하기 위하여 2017년 9월 경찰청과 업무 협약을 체결하였다.[28]

문제는 육지와 해양이 중첩되는 경우이다. 범죄의 경우 이동성이 있으므로 실행의 착수가 육지나 바다에서 시작되어도 결과가 육지에서 발생하거나 해상에서 발생할 수도 있어서 관할을 해상과 육상으로 일률적으로 나누어 규정하기에는 현실적으로 곤란한 점이 있다는 것이다.[29] 이러한 점을 고려하여 해양경찰청과 경찰청은 「해양경찰청과 경찰청의 수사관할 양해각서」[30]를 통하여 해양관련 범죄는 해양경찰청에서 우선적으로 관할하도록 합의하고, 양기관에서 중복수사가 진행되고 있는 경우 먼저 착수한 기관이 수사함을 원칙으로 한다고 정했다.

둘째, 해양경찰에서 수사경과제를 2019년 2월부터 시행하였다.

해양경찰청은 수사권 조정을 앞두고 있는 시점에서 해양경찰 조직에 수사경과제의 성공적 정착 여부는 매우 중요한 의미를 갖는다. 독자적 수사권의 행사를 전제로 범죄에 대한 완전한 수사의 책임과 이를 위한 수사역량 강화는 국민적 요구이며, 해경의 의무라고 할 수 있다.[31] 해경의 수사경과제는 기본적

---

28 해양경찰청(2020). 해양경찰 64년의 기록 부록. 전게서. p. 7.
29 순길태(2017). 해양경찰학개론. 대영문화사. p. 414.
30 「해양경찰청과 경찰청의 수사관할 양해각서」(2017).
　　수사관할의 기본원칙은 동일한 피의자에 대해서는 같은 사유로 중복 조사 및 소환을 하지 않기로 하고, 필요시에 상대기관에 공조요청을 할 수 있도록 하였다. 범죄에 대한 수사관할은 범죄장소, 범죄의 성질, 관련법 등을 종합적으로 검토하여 결정하되 해양관련 범죄는 해양경찰청에서 우선적으로 관할하도록 합의하였다. 여기서의 해양관련 범죄란 ① 해양에서 발생한 범죄, ② 해양에서 발생하여 육상으로 이어지는 범죄, ③ 육상에서 발생하여 해양으로 이어지는 범죄 중 해양관련성이 높거나 해양에 중대한 영향을 미치는 범죄, ④ 어민 등 종사자의 해양관련 범죄, ⑤ 선박, 조선소, 해양플랜트, 물양장 등 해양과 관련된 장소에서 발생한 범죄를 말한다. 다만, 해양관련 범죄 중 육상에서 발생한 범죄, 해양에서 발생하여 육상으로 이어지는 범죄에 대해서는 경찰청에서도 수사할 수 있다. 양기관에서 중복수사가 진행되고 있는 경우에는 먼저 착수한 기관에서 수사함을 원칙으로 한다. 수사착수 시점 판단의 근거는 KICS(Korea Information System of Criminal-justice Service, 형사사법정보시스템)에 입력된 입건시점을 기준으로 하되, 최초 첩보의 내용 및 사건의 진행 정도 등을 종합적으로 판단하여 관할 기관을 판단한다.
31 이기수(2019). "해양경찰의 수사경과제 시행현황과 과제." 한국해양경찰학회보 제9권 제3호(통권

으로 2005년부터 실시된 경찰청의 제도를 모델로 하고 있다.

해양경찰이 수사역량 강화와 수사의 공정성·투명성 제고 등을 위해 경정 이하 경찰공무원을 대상으로 수사경과 선발을 위해 신청을 받아 선발심사위원회의 엄정한 심사를 통해 총 951명에 대해 수사경과를 부여하였고, 수사 과정에 있어 여성의 인권 침해 방지 등을 위해 여성 경찰관 80명(약 8.4%)을 선발했다. 이에 따라 「수사경찰 인사운영 규칙」을 제정하고, 수사·형사·외사·보안·형사기동정 등 수사관련 부서에 배치돼 업무를 맡게 되었다.[32]

(2) 수사제도의 개혁

수사와 정보기능을 분리하여 2021년 1월 수사국을 출범하여 총 3과 1팀 (수사기획과, 수사과, 형사과, 과학수사팀)이었다가 2022년 1월 기존 수사과를 수사심사과로 변경하고, 수사기획과에 수사운영계를 신설하고, 수사심사과에 범죄분석계를 신설하였다.

또한 2022년 1월에 수사심사제도를 시행하였다.[33] 수사심사제도는 개정 「형사소송법」의 시행에 따라 수사의 완경성 강화, 책임수사 구현, 객관성 확보를 위하여 변호사 자격자, 수사경력 5년 이상인 자로 하여금 송치, 불송치, 자체종결사건 등에 대하여 심사·자문하고, 검찰의 보완수사요구, 재수사요청 등을 분석하여 환류하는 등 수사의 완결성을 강화하려는 것이다.

(3) 「해양경찰 수사규칙」의 개정: 입건 전 조사(2022. 11. 15. 시행)

해양경찰청 소속 경찰공무원인 사법경찰관이 범죄를 의심할 만한 정황이 있어 수사 개시 여부의 결정 및 사실관계의 확인 등을 위하여 입건[34] 전에 착수하는 조사(調査)의 약칭을 "내사"에서 "입건 전 조사"로 변경하여 해당 조사의 의미가 잘 드러나도록 하고, 사법경찰관이 입건 전에 수사 개시 여부 등을 조사한 결과 입건하지 않기로 종결처리를 하는 경우 그 종결처리 사유를 수사사건의 불송치 결정 사유에 준하여 '혐의 없음, 죄가 안 됨 또는 공소권 없음'

제22호), p. 47.

32 해양경찰청 보도자료, 2019. 1. 31.

33 해양경찰청(2022). 해양경찰백서. p. 190.

34 범죄의 혐의가 있어 수사를 개시하는 경우를 말한다.

으로 구체화하여 처리하도록 하는 등 현행 제도의 운영상 나타난 일부 미비점을 개선·보완하였다.

표 9-11 | 해양경찰 수사규칙 제19조(입건 전 조사)

① 사법경찰관은 수사준칙 제16조제3항에 따른 입건 전에 범죄를 의심할 만한 정황이 있어 수사 개시 여부를 결정하기 위한 사실관계의 확인 등 필요한 조사(입건전조사)에 착수하기 위해서는 해당 사법경찰관이 소속된 해양경찰서의 수사 부서의 장(소속수사부서장)의 지휘를 받아야 한다.
② 사법경찰관은 입건전조사한 사건을 다음 각 호의 구분에 따라 처리해야 한다.
1. 입건: 범죄의 혐의가 있어 수사를 개시하는 경우
2. 입건전조사 종결: 다음 각 목의 구분에 따라 종결처리
    가. 혐의없음: 제110조제1항제1호에 따른 사유가 있는 경우
    나. 죄가안됨: 제110조제1항제2호에 따른 사유가 있는 경우
    다. 공소권없음: 제110조제1항제3호에 따른 사유가 있는 경우
3. 입건전조사 중지: 피혐의자 또는 참고인 등의 소재불명으로 입건전조사를 계속할 수 없는 경우
4. 이송: 관할이 없거나 범죄특성 및 병합처리 등을 고려하여 다른 해양경찰관서 또는 기관(해당 기관과 협의된 경우로 한정한다)에서 입건전조사를 할 필요가 있는 경우

2) 복수승조원제·울진 해양경찰서 신설(2017), 해양경찰청 본부를 인천으로 이전(2018)

첫째, 2017년부터 중·대형함 1척에 2팀을 운영하여 2척의 효과를 내는 복수승조원제[35]를 본격적으로 운영한 결과 함정 가동률이 40%대에서 70%대까지 상승하는 등 한정된 국가자원의 효율적 운영에 기여한 것으로 평가되었다.[36] 2019년에 이러한 복수승조원제도는 소형정에도 확대하였다.

둘째, 2017년 11월 28일에 울진해양경찰서를 신설하였다. 동해 해역의 해양치안역량을 강화하기 위해 동해지방해양경찰청 소속으로 울진해양경찰서를 신설하였다. 이에 따라 해양경찰청은 19개의 해양경찰서를 두게 되었다.

셋째, 해양경찰청 본부를 인천으로 이전(2018년)하였다.

---

[35] "복수승조원제"란 경비함정 출동률을 향상시키기 위해 2개 팀 이상의 승조원이 1척 이상의 함정에서 교대근무를 실시하는 인력 중심의 제도를 말한다.
[36] 해양경찰청(2020). 해양경찰백서. p. 118.

해양경찰청은 2018년 5월 21일 국무회의 의결에 따라 2018년 11월에 본부를 인천 송도청사로 이전하였다. 문재인 대통령 공약사항이었던 '해양경찰청 인천 환원'이 마무리되었다. 해경은 1953년 내무부 치안국 소속 해양경찰대로 출범 당시 부산에 있다가 1979년 인천으로 이전했다. 지난 2014년 세월호 사고 이후 국민안전처 소속 해양경비안전본부로 개편되면서 2016년 국민안전처와 함께 세종특별시로 이전했고, 2018년 11월 해양경찰청이 다시 인천으로 돌아왔다.[37]

3) 해양경찰의 외국인 동향 조사

2020년 8월에는 「출입국관리법」 제81조에 따라 관계공무원은 외국인이 적법하게 체류하고 있는지, 관계자를 방문하여 질문하가나 자료제출을 요구할 수 있는 동향조사를 할 있게 되었다. 2020년 8월 이전에는 동향조사를 할 수 있는 기관이 ① 고용노동부 소속 공무원 중에서 고용노동부장관이 지정하는 사람, ② 중소벤처기업부 소속 공무원 중에서 중소벤처기업부장관이 지정하는 사람, ③ 경찰청 소속 경찰공무원 중에서 경찰청장이 지정하는 사람, ④ 그밖에 기술연수생의 보호·관리와 관련하여 법무부장관이 필요하다고 인정하는 관계 중앙행정기관 소속 공무원이었다. 이 기관에 해양경찰청 소속 공무원은 빠져있었다.

그 후 2020년 8월 「출입국관리법 시행령」 제91조의 2가 개정되어 ① 해양경찰청 소속 경찰공무원 중에서 해양경찰청장이 지정하는 사람, ② 국가정보원 소속 공무원 중에서 국가정보원장이 지정하는 사람이 추가되었다. 이에 따라 해양경찰은 해양수산분야에서 종사하는 외국인, 노동자, 외국인을 고용한 사람 또는 회사 관계자에게 외국인에 대한 동향조사를 할 수 있는 법적 근거가 마련되었다.

---

[37] 노호래(2022). 해양경찰학개론, 박영사, p. 127.

4) 「코로나 19」와 해양경찰의 대응과 광역 해양정보 상황 인식체계

첫째, 2020년 1월 29일부터 해양경찰청 및 전국 28개 소속기관에 「코로나 19」대응 종합상황대책반을 설치하고, 24시간 상황실 근무체계를 통해 해수면·도서에서의 코로나 19 의심환자 발생 상황 및 해양경찰 직원 환자 발생 등 실시간 파악하였다.[38]

「코로나 19」와 관련하여 외국어선에 대해서 나포 대신 퇴거 작전을 실시하고, 외국어선 단속 및 나포 시 처리 매뉴얼을 수립하였으며, 마스크 등 방역물품 수입·수출에 대한 특별단속, 외국인 선원 자가격리 위반자 특별단속, 코로나19 의심환자 해상 및 도서 긴급이송 대책마련, 해양경찰청 주관 국가자격 시험 연기, 의무경찰 야외시험 실시, 외국인 및 외국적 선박 대상 특별 방역활동, 다중 이용선박·영세어민 대상 특별 방역활동 지원 등의 활동을 시행하였다.[39]

둘째, 광역 해양정보 상황 인식체계를 추진하였다.

해양경찰은 2020년 현재 경비함정, 항공기, 선박교통관제(VTS) 등의 감시 자산으로는 대한민국 관할 해역의 16% 정도의 바다만 실시간 모니터링이 가능하다. 특히 배타적 경제수역(EEZ) 등 먼 바다에서 경비함정이 직접 확인할 수 있는 반경은 44.4km에 불과하다. 전통적 감시 수단에서 더 나아가 인공위성, 드론, 인공지능 등 첨단장비를 활용하여 감시가 어려운 해역까지 관찰할 수 있는 체계를 구축하고 감시 자산을 통해 해양정보를 수집하여 유관기관의 각종 정보를 연계하고 융합·분석하여 한정된 경비세력을 효율적으로 운용할 수 있는 해양상황인식(MDA) 체제 구축을 추진하였다.[40]

「광역 해양정보 상황 인식체계」관련 조직으로 2020년 해양경비기획단을 신설하고, 정보융합분석계 소속의 해양정보 상황센터를 시범 운영하였고, 2021년에는 무인기 운용 관리를 위한 첨단 무인계를 신설하였으며, 위성 전문가 2명을 채용하여 상황 모니터링과 분석을 고도화하고 있다.[41]

---

38 해양경찰청(2020). 전게서, p. 40.
39 해양경찰청(2020). 상게서, pp. 40-46.
40 해양경찰청(2021). 해양경찰백서, pp. 32-33.
41 해양경찰청(2021). 상게서, p. 33.

2022년에는 해양경찰 위성센터를 추진하고 있다. 위성을 통해 수집되는 각종 정보를 종합하여 해양경찰 임무에 적시성 있게 활용할 수 있는 정보로 분석·가공·재생산·배포 등 구심점 역할을 수행하는 기관이 해양경찰 위성센터의 역할이다. 이 위성센터는 정원 24명으로 센터장은 총경으로 하고, 3계(위성기획, 위성운영, 위성활용)로 구성하며, 2023년부터 시작하여 2025년까지 설치할 예정이다.42

셋째, 해양경찰청(청장 정봉훈)은 2022년 11월 24일 호주 캔버라에서 남태평양 해역을 항해하는 우리나라 선박과 선원의 안전확보와 마약밀수 등 국제성 범죄에 대응하기 위해 호주 국경보호부(ABF)와 해양안보 협력 양해각서(MOU)를 체결했다.43 호주 국경보호부(ABF)는 해양경비를 비롯해 국경감시 및 위해요소 대응·차단 등 종합적인 업무를 담당하는 기관이다. 한국과 호주는 지난해 수교 60주년을 기점으로 양국 관계를 '포괄적 동반자 관계'로 한 단계 격상함에 따라, 양국 해양치안기관들도 비군사적 해양안보 분야 협력의 필요성을 공감하고, 지속적으로 협의를 계속해 왔다.

양 기관은 양해각서(MOU)를 통해 합동훈련·인적교류·정보교환 등을 실시하고 해양사고 및 해양안보상황 발생 시 상호지원 등 협력을 강화하기로 하였다.

호주의 해양안전청(AMSA)은 해양안전, 해역 관리, 해양환경, 선박 및 해기사 관련 등의 업무를 전담하는 기관이므로, 관련 법령 제·개정, 담당 업무의 정책 및 실행계획 수립에서부터 현장 집행까지 전 과정을 책임지는 기관이고, 호주 해상안전청(AMSA)은 선박에 대한 규제와 안전, 국제적인 해양 의무 관리를 담당하는 호주의 법정 기관이다. 이 해양안전청은 해양수산부와 교류하고 있다.

AMSA는 선박으로부터의 해양오염의 위협을 예방하고 대응하기 위한 프로그램을 관리함으로써 해양 환경을 보호하는 것을 목표로 한다. 호주 해양석유 유출 센터와 함께 석유 및 기타 유해하고 위험한 물질로부터 해양오염과 대응하기 위한 호주의 국가 계획을 관리한다.

해양오염을 최소화하기 위한 국제해양환경 협약인 「MARPOL 73/78」을 관

---

42 해양경찰청(2022). 전게서, pp. 48-49.
43 해양경찰청 보도자료, 2022. 11. 25.

리하는 책임을 맡고 있고, AMSA는 위반자에게 법적 처벌을 요구할 수 있지만 주로 선박검사와 같은 조사 및 집행 활동을 통하여 주(states) 및 지역(territories)과 협력한다. AMSA의 해양안전활동은 다음과 같다.**44**

① 등대와 같은 항해 보조 기구 네트워크의 제공, 운영 및 유지
② 호주 및 외국 선박의 안전 운항 관리
③ 선박직원의 증명서 관리
④ 해상 조난 및 안전 통신망의 제공
⑤ 호주 구조 조정 센터의 운영 및 민간 항공기 및 조난 선박에 대한 수색 및 구조(SAR) 운영 조정
⑥ 해상안전을 위한 상선 입법체계 및 운영 체제의 개발

4. 법령 제정과 개정

1) 「해양경찰법」 시행(2020. 2. 21)

해양경찰의 조직과 직무에 대한 독자적인 법률인 「해양경찰법」이 2019년 8월 2일에 국회를 통과하여 2020년 2월 21일 시행되었다. 「해양경찰법」에 근거한 초대 청장으로 2020년 3월 제17대 해양경찰청장으로 김홍희 치안총감이 취임하였다.

「해양경찰법」의 제정이유는 해양주권을 수호하고 해양 안전과 치안 확립에 필요한 책임을 다할 수 있도록 해양경찰의 특수하고 다양한 직무를 제도적으로 뒷받침할 필요가 있고, 국가 해양관리 정책 환경의 변화를 수용하고 미래의 직무수행에 대비할 수 있도록 해양경찰의 책무, 해양경찰위원회의 설치, 해양경찰청의 조직과 직무, 해양안전 확보를 위한 협력과 참여, 해양경찰 직무수행의 기반 조성 등에 관한 법제도적 기반을 마련하려는 것이었다.

주요 내용은 다음과 같다.**45**

해양경찰청 소관 법령의 제정·개정·폐지, 기본계획 등의 수립, 해양경찰

---

44 노호래(2022). 전게서, p. 476.
45 해양경찰법[시행 2020. 2. 21.] [법률 제16515호, 2019. 8. 20., 제정].

청 인사운영 기준 등에 관한 사항을 심의·의결하기 위하여 해양수산부에 해양경찰위원회를 두었다(제5조).

해양경찰청장은 치안총감으로 보하고, 해양경찰에서 15년 이상 국가경찰공무원으로 재직한 자로서 치안감 이상 국가경찰공무원으로 재직 중이거나 재직했던 사람 중에서 임명한다(제11조 및 제12조).

「해양경찰법」 시행에 따라 2020년 2월 해양경찰위원회가 출범하였다. 해양경찰위원회는 해양수산부 소속으로 7인의 위원으로 구성되고, 소관법령 또는 행정규칙의 제·개정, 인권보호와 부패방지 및 주요 정책사항에 대한 심의의결, 해양경찰청장 임명동의권을 행사한다.

2021년 1월 경·검 수사권 조정과 관련하여 「형사소송법」과 「검찰청법」 개정안이 국회 본회의를 통과함에 따라 수사 지휘·감독권을 명확히 하는 근거를 마련하기 위해 「해양경찰법」을 개정하였다.[46] 수사의 공정성과 독립성을 확보하게 위하여 해양경찰청장의 구체적 수사지휘·감독권을 제한하고, 수사부서의 장(수사국장)의 지휘·감독 권한을 명확히 명시하였다.

2) 「선박교통관제에 관한 법률」 시행(2020. 6. 4)

선박교통관제는 선박의 위치를 탐지하고 선박과 통신할 수 있는 장비를 설치·운영함으로써 선박에 대하여 안전에 관한 정보 및 항만운영정보를 제공하는 것으로서 선박교통의 안전과 항만운영의 효율성을 확보하기 위하여 필수적이고 중요한 요소이다. 그런데 현행법령은 선박교통관제에 관하여 「해사안전법」과 「선박의 입항 및 출항 등에 관한 법률」에서 최소 사항만을 규정하고 세부 운영규정은 하위법령에 위임되어 있으며, 그 업무도 해양수산부와 해양경찰청으로 이원화되어 있는바, 법체계를 간소화하고 업무를 담당하는 기관을 일원화할 필요성이 제기되고 있었다.[47]

---

46 해양경찰법 제15조의2(수사의 지휘·감독) ① 수사부서의 장은 「형사소송법」에 따른 해양경찰의 수사에 관하여 대통령령으로 정하는 바에 따라 해양경찰청 소속 공무원을 지휘·감독한다.
② 수사부서의 장은 「경찰공무원법」 제10조제3항에도 불구하고 해양경찰청 외부를 대상으로 모집하여 임용할 수 있다. 이 경우 다음 각 호의 자격을 갖춘 사람 중에서 임용한다.

47 선박교통관제에 관한 법률[시행 2020. 6. 4.] [법률 제16700호, 2019. 12. 3., 제정].

이에 따라 「해사안전법」과 「선박의 입항 및 출항 등에 관한 법률」로 분산되어 있는 선박교통관제 관련 사항을 통합하여 규정함으로써 선박교통의 안전 및 항만운영의 효율성을 높이고 해양환경을 보호하는 데 이바지하려는 것이었다.

2022년 말 전국 해상교통관제센터는 항만해상교통관제센터 15개소, 연안 해상교통관제센터 5개소 총 20개소를 운영하고 있고, 해양경찰청 경비국 소속으로 해상교통관제과를 두고 있다.

표 9-12 | 선박교통관제(VTS: Vessel Traffic Service)의 역사

① 1993년 포항항에서 VTS를 최초로 설치함.
② 그 동안 해양수산부에서 운영하다가 2004년 부산항에서 발생한 선박사고 이후 주요 항만 VTS에 해양경찰관이 파견되어 합동근무 시작.
③ 2007년 태안 오염사고가 발생하여 항만에서의 VTS는 해양수산부에서, 연안에서의 VTS는 해양경찰에서 관리하도록 분리됨.
④ 2006년부터 해양수산부에서 운영중이던 진도 연안 VTS가 2010년 해양경찰로 이관됨.
⑤ 2012년 여수 전남동부연안 VTS, 2014년 통영 연안 VTS 해양경찰이 직접 설치하여 운영.
⑥ 2014년 세월호 여객선 사고가 발생하여 국민안전처가 발족되면서 항만과 연안에서의 VTS를 국민안전처에서 통합관리하게 되었지만 해양수산부장관과 협의하여 운영하도록 되어 있어서 일원적인 관리가 이루어지지 아니함.
⑦ 2020년 6월 「선박교통관제에 관한 법률」이 시행되어 해양경찰청에서 일원적으로 관리하게 됨.

3) 「수상에서의 수색구조 등에 관한 법률」 개정(시행 2021. 10. 14)

2021년에 해양에서의 수색구조활동에 대한 지원, 수색구조 관련 정책조정과 유관기관 및 민간단체와의 협력체제의 구축, 수난구호 관련 수당·실비 지급 대상과 인적 피해 보상 대상 범위 등에 대하여 개정하였다.[48]

① 해양에서의 수색구조활동을 신속하고 효과적으로 지원하고, 수색구조 관련 정책조정과 유관기관 및 민간단체와의 협력체제를 구축하기 위해 '해상수난구호대책위원회'를 '해양수색구조기술위원회'로 개편하였다. 각급 구조본

---

48 수상에서의 수색·구조 등에 관한 법률[시행 2021. 10. 14.] [법률 제18060호, 2021. 4. 13., 일부개정].

부 소속 '해상수난구호대책위원회'를 '해양수색구조기술위원회'로 개편함.

② 해양사고 발생 시 민간부문의 참여와 실적이 확대되는 추세를 감안하여 수난구호 관련 수당·실비 지급 대상과 인적 피해 보상 대상 범위를 확대함. 수난구호 참여 민간인에 대한 경비지원에 관한 지자체 조례 위임규정을 신설하며, 민간해양구조대원 외의 수난구호 참여 민간인에 대한 사망·부상 등 인적 피해 보상 근거를 마련함.

③ 다른 사람에게 수상구조사의 명의를 사용하게 하는 행위, 수상구조사 자격을 취득하지 아니하고 그 명의를 사용하거나 자격증을 대여받는 행위 등을 금지하고 이에 대한 벌칙 규정을 마련하여 위법행위에 대한 제재를 강화하였음.

민간해양구조대는 자율적 또는 해양경찰의 주도로 1997년에 최초로 통영에서 설립되어 바다안전지킴이, 블루가드 봉사대 등으로 불리다가 2012년 「수난구호법」에서 민간해양구조대원이라는 명칭으로 성문화되었다.[49]

표 9-13 ┃ 민간해양구조대원의 처우개선관련 「수상에서의 수색구조 등에 관한 법률」 개정

구분	변경 전	변경 후
수당·실비 지급 대상확대	• 사람	• 사람+단체+법인 포괄
조례위임	• 지원대상: 민간해양구조대원 • 지원근거: 없음	• 지원대상: 민간해양구조대원+구조 참여자 • 지원근거: 조례위임 근거[50] 규정 신설
피해보상 지원대상	• 민간해양구조대원	• 민간해양구조대원+구조 참여자

---

[49] 해양경찰청(2021). 전게서, p. 142.
수난구호법[시행 2012. 8. 23.] [법률 제11368호, 2012. 2. 22., 전부개정].
제30조(민간해양구조대원의 처우 등) ① 민간해양구조대원은 해양경찰의 해상구조활동을 지원할 수 있다.
② 민간해양구조대원이 제1항에 따라 해상구조활동을 지원한 때에는 국토해양부령으로 정하는 바에 따라 수당을 지급할 수 있다.
[50] 수상에서의 수색구조등에 관한 법률 제30조(민간해양구조대원등의 처우) ③ 지방자치단체의 장은 필요한 경우 관할 구역에서 민간해양구조대원등이 수난구호활동에 참여하는 데 소요되는 경비의 일부를 지원할 수 있다. 이 경우 수난구호활동 참여 소요경비 지원에 필요한 사항은 지방자치단체의 조례로 정한다. 〈신설 2015. 7. 24., 2021. 4. 13.〉

4) 「해양경찰 장비 도입 및 관리에 관한 법률」 시행(2022. 4. 14)

해양경찰이 단독으로 소관하는 7번째 법률51로 「해양경찰 장비 도입 및 관리에 관한 법률」이 2021년 4월 공포되어 2022년 4월에 시행되었다. 그동안 해양경찰 장비의 도입과 관리는 「국유재산법」과 「물품관리법」 등 일반법과 「함정운영관리규칙(훈령)」 등 행정규칙에 따라 규율되어 왔다. 이에 따라 해양경찰 장비의 도입부터 폐기까지 전 주기를 종합적·체계적으로 관리할 수 있게 되었다.52

5) 「수상레저기구의 등록 및 검사에 관한 법률」 제정(시행 2023. 6. 11)

2022년 6월 「수상레저기구의 등록 및 검사에 관한 법률」이 제정되었다. 기술적·전문적인 동력수상레저기구의 등록 및 검사에 관한 사항을 「수상레저안전법」에서 분리하여 「수상레저기구의 등록 및 검사에 관한 법률」을 제정하였다. 이는 「수상레저안전법」의 등록과 검사에 관한 내용을 분리하여 제정한 법률로써 분법에 해당한다.

(1) 제정 이유

최근 일과 삶의 균형을 중시하는 사회 분위기 속에서 수상레저활동을 즐기는 인구가 급속히 증가하고 있고, 이에 따라 수상레저기구의 등록 대수 및 수상레저사업장이 증가하고 있으며, 새로운 수상레저기구의 등장 등으로 수상레저 기반이 확대되고 수상레저 환경이 급변하고 있으나 현행 「수상레저안전법」은 수상레저기구의 안전 기준, 안전 검사 등의 규정이 미비하여 변화되는 수상레저 환경에 대한 대응과 안전사고 예방에 한계가 있었다. 기존의 「수상레저안전법」은 1999년 제정된 이후 여러 차례 개정을 통하여 조문이 복잡해지고, 법률 체계의 일관성이 부족하여 국민이 쉽게 이해하기 어려운 측면이 있었다.

---

51 2022년 10월 현재 해양경찰의 단독 소관 법률은 「수상에서의 수색·구조 등에 관한 법률」, 「수상레저안전법」, 「해양경비법」, 「연안사고 예방에 관한 법률」, 「해양경찰법」, 「선박교통관제에 관한 법률」, 「해양경찰 장비도입 및 관리에 관한 법률」로 7개이다. 2023년 6월 11일부터 시행되는 「수상레저기구의 등록 및 검사에 관한 법률」을 포함하면 총 8개의 소관 법률이 존재하게 되었다.

52 해양경찰장비 도입 및 관리에 관한 법률[시행 2022. 4. 14.] [법률 제18064호, 2021. 4. 13., 제정].

(2) 주요 내용

주요 내용은 다음과 같다.[53]

① 해양경찰청장은 동력수상레저기구의 등록에 관한 적절하고 효율적인 제도를 확립하고, 관련 행정의 합리적인 발전을 도모하기 위하여 특별자치시장·특별자치도지사·시장·군수 및 구청장이 동력수상레저기구 등록에 관한 사무를 지도·감독할 수 있도록 함(제5조).

② 해양경찰청장 등이 안전 검사에 합격한 동력수상레저기구의 소유자에게 안전 검사증과 안전검사필증을 발급하도록 하고, 안전검사필증을 발급받은 자는 그 안전검사필증을 동력수상레저기구에 부착하도록 함(제16조 및 제17조).

③ 동력수상레저기구가 갖추어야 하는 구조·설비, 무선설비, 위치발신장치 등의 안전 기준을 규정함(제21조부터 제24조까지).

④ 법인의 대표자나 법인 또는 개인의 대리인, 사용인, 그 밖의 종업원이 법인 또는 개인의 업무에 관하여 위반행위를 한 경우 해당 법인 또는 개인에게도 해당 조문의 벌금형을 부과하는 양벌규정을 도입함(제31조).

6) 해양경찰 직제 개정과 조직

2017년부터 중·대형 함정 1척에 2팀을 운영하여 2척의 효과를 내는 「복수승조원제」를 본격적으로 운영한 결과 함정 가동율이 40%에서 70%대까지 상승하는 등 한정된 국가자원의 효율적 운영에 기여한 것으로 평가된다.[54] 그리고 2017년 11월에는 울진해양경찰서를 신설하고, 2022년 2월에는 사천해양경찰서를 신설하였다.

2018년 11월에는 세종시에서 인천 송도로 해양경찰청 본청을 이전하였고, 2019년 7월에는 해양범죄 전문수사역량 제고를 위한 교육훈련 강화와 관련하여 해양경찰교육원 산하에 수사연수소를 신설하였으며, 2021년 1월에는 수사권 조정과 관련하여 수사국과 국제정보국을 신설하였다.

---

53 법제처 법령정보센터.
54 해양경찰청(2020). 해양경찰백서. 전게서. p. 118.

수사부서의 장은 「형사소송법」에 따른 해양경찰의 수사에 관하여 대통령령으로 정하는 바에 따라 해양경찰청 소속 공무원을 지휘·감독한다. 수사부서의 장은 해양경찰청 외부를 대상으로 모집하여 임용할 수 있고, 자격을 갖춘 사람 중에서 임용한다. 수사부서의 장의 임기를 2년으로 했다.[55] 그리고 2021년 1월 시행의 「해양경찰청과 그 소속기관 직제」를 개정하여 수사국을 신설하였고, 해양경찰교육원장의 직급을 경무관으로 낮추었다.

표 9-14 | 해양경찰 직제 개정(2017. 7. 이후)

개정일	개정 내용
2017. 7. 26 (시행령)	• 해양경찰의 역할을 재정립하여 해양안전을 확보하고, 해양주권 수호 역량을 강화하기 위하여 해양수산부장관 소속으로 해양경찰청을 신설. • 해양경찰청은 해양에서의 경찰 및 오염방제에 관한 사무를 관장하도록 함. • 기획조정관, 국제협력관, 대변인, 행정법무담당관, 인사담당관, 교육담당관, 운영지원과·경비국·구조안전국·수사정보국·해양오염방제국 및 장비기술국 등을 둠. • 2관, 5국, 24과·담당관, 8소속, 18개 해양경찰서 ※ 8개의 해양경찰청 소속기관: 해양경찰교육원·중앙해양특수구조단·지방해양경찰청 (5개) 및 해양경찰정비창
2017. 11. 28 (시행규칙)	• 동해지방해양경찰청 소속으로 **울진해양경찰서** 신설(19번째 해양경찰서)
2018. 3. 30 (시행규칙)	• 경인·태안 연안교통관제센터 신설 • 복수승조원제, 파·출장소 등 현장인력 및 연안구조정 관련 449명 증원
2018. 11. 27	• 해양경찰청의 본청 청사가 2015년 세종으로 이전 확정된 후 3년 만에 다시 제자리로 돌아와 연수구 송도국제도시로 이전하여 송도청사 현판식을 가짐.
2019. 11. 26 (시행규칙)	• 본청 및 소속기관 상황기능 명칭을 **종합상황실**로 통일
2020. 6. 4	• 「선박교통관제에 관한 법률」제정에 따라 직제 시행규칙 개정 - 해양수산부와 해양경찰청으로 이원화되어 있는 선박교통관제 업무의 담당기관을 해양경찰청으로 일원화하는 등이 내용으로 「선박교통관제에 관한 법률」 제정

---

[55] 해양경찰법 제15조의2[시행 2021. 1. 14.] [법률 제17904호, 2021. 1. 13., 일부개정].

개정일	개정 내용
2020. 7.	• 24시간 해양감시망 구축을 위한 전담부서로 해양경비기획단과 해양정보상황센터를 신설
2021	• 2021년 1월 1일에 개정 「형사소송법」의 시행으로 인한 검·경 수사권 조정에 따라 수사전반에 대한 수사 완결성을 강화하고, 책임수사를 구현하기 위하여 「수사심사관제도」를 도입함. 수사심사관으로 변호사 자격자, 수사경력 5년 이상인 자를 수사부서에 배치(2021. 1). • 수사 역량 강화 및 수사부서와 비수사부서의 분리를 위하여 수사정보국을 **수사국**으로 개편하여 수사 업무를 전담하도록 하고, 기획조정관을 보좌하던 국제협력관을 **국제정보국**으로 개편하여 보안 및 국제사법공조 업무를 담당하도록 함(2021. 1). • 중부지방해양경찰청에 안전총괄부 신설(2021. 2) • 양성평등정책팀 신설(2021. 7) • 해양치안빅데이터팀 신설(2021. 12)
2022. 2. 22	• 동해지방해양경찰청장의 직급을 경무관에서 **치안감**으로 상향 조정, 경남 사천·하동·남해의 해양안전을 강화하기 위하여 남해지방해양경찰청에 **사천해양경찰서(20번째 해양경찰서)**를 신설

〈그림 9-6〉은 2022년 11월의 해양경찰 조직도이다.

첫째, 본청은 청장, 차장, 1관(기획조정관) 6국(경비국, 구조안전국, 수사국, 국제정보국, 해양오염방제국, 장비기술국), 33과(담당관, 단, 팀 포함)로 구성되어 있다. 소속기관은 총 28개이고, 지방해양경찰청이 5개로 중부지방해양경찰청, 서해지방해양경찰청, 남해지방해양경찰청, 동해지방해양경찰청, 제주지방해양경찰청이며, 해양경찰서는 20개이다. 부속기관으로는 해양경찰교육원, 중앙해양특수구조단, 해양경찰정비창이 있다.

둘째, 지방해양경찰청은 5개 지방청으로 중부, 서해, 남해, 동해, 제주이고, 중부 지방해양경찰청장의 직급은 치안정감이고, 남해·서해·동해 지방청의 직급은 치안감이며, 제주지방해양경찰청장의 직급은 경무관이다. 지방청에 경비과를 둔 곳은 중부, 서해, 남해이고, 경비안전과를 두고 있는 곳은 동해, 제주이다. 구조안전과를 두고 있는 곳은 중부, 서해, 남해이다. 서해5도특별경비단은 중부지방청의 하부 조직이다. 종합상황실의 경우 중부, 서해, 남해는 안전총괄부 하부조직이고, 항공단에는 회전익항공대 8개, 고정익항공대 2개가 있고, 각 지방해양경찰청장 소속이다. 항만 VTS는 15개이고, 연안 VTS는 5개이며, 지방해양경찰청장 소속기관이다.

셋째, 해양경찰서의 부서는 기획운영과, 경비구조과, 해양안전과, 수사과,

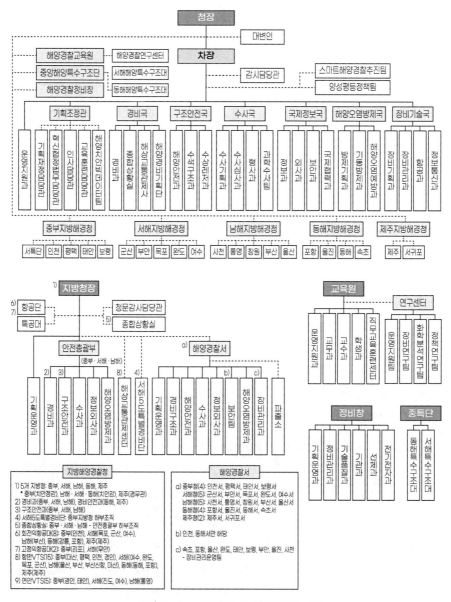

| 그림 9-6 | 해양경찰 조직도(2022. 11)

정보외사과, 해양오염방제과, 장비관리과를 두고 있고, 해양경찰서장 소속으로 파출소를 두고 있다. 보안팀의 경우 북한과 접경해역인 인천서과 동해서에만 있고, 장비관리의 경우 11개서는 장비관리과로 조직되어 있고, 속초, 포항, 울산, 완도, 태안, 보령, 부안, 울진, 사천은 장비관리운영팀으로 조직되어 있다.

5. 현장 구조 체계의 개선

1) 파출소와 출장소

파출소의 변천은 다음과 같다.[56] 1953년 12월 14일에 해양경찰이 창설될 당시 가장 상위에 기관은 해양경찰대(대장: 경무관)이었고 그 하부기관으로 해양경찰대의 임무를 분담하게 하기 위하여 "해양순찰반"(반장: 총경 또는 경감[57])을 전국의 6개 지역(인천, 군산, 목포, 포항, 강릉, 북제주)에 둔다고 「해양경찰대편성령」에 규정하였다가 동년 12월 23일 "해양순찰반"의 명칭이 "해양경찰대 기지대"로 변경되었다. 1955년에는 해무청 소속의 "해양경비대"였다가 다시 1962년에 치안국 소속의 "해양경찰대"로 복귀하게 된다.

1972년 5월 6일에는 "해양경찰대 기지대"를 "해양경찰지구대"로 변경하고, 해양경찰대장은 지구해양경찰대의 사무의 일부를 처리하게 하기 위하여 내무부장관의 승인을 얻어 "전진기지"를 둘 수 있었다. 1978년 8월 9일에는 해양경찰대장은 지구해양경찰대장의 사무의 일부를 처리하게 하기 위하여 내무부장관의 승인을 얻어 "지대"를 둘 수 있다고 「해양경찰대직제」에 규정하고 있다. 그동안 해양경찰대 기지대 또는 해양경찰지구대의 하부 기구가 없었으나 1972년부터 "전진기지"라는 하부기구를 둘 수 있었고, 1978년에는 그 하부기구가 "지대"로 명칭이 변경되어 내무부장관의 승인하에 설치할 수 있었다.

1991년 7월 23일에는 해양경찰대를 해양경찰청으로 개칭하고, 해양경찰지구대를 해양경찰서로, "지대"를 "지서"로 명칭을 변경하였다. 해양경찰의

---

56 노호래(2012). "Community Policing 관점에 따른 해양경찰 파·출장소의 발전방안," 한국공안행정학회보 제46호, pp. 84-86.
57 이때는 경정, 경장 계급이 없었을 때이다.

파·출장소는 연안경찰서로부터 선박출입항 통제업무를 인수하면서부터 증가하게 된다. 1991년 7월에 해양경찰 지서는 6개, 선박출입항 신고기관 368개소, 해양검문소 1개소가 설치되어 있었고, 1992년 10월 17일에는 지서가 9개로 증가하였다.

1996년에는 해양경찰지서가 52개소로 증가하고 선박출입항신고기관이 375개였다. 1998년 2월 20일에는 해양경찰지서 10개소를 신설하였다. 2001년 7월 7일 현재 해양경찰지서는 63개소, 선박출입항 신고기관은 785개소이었다. 2002년 7월 8일에는 지서의 명칭이 파출소로, 신고서가 출장소를 변경되어 파출소는 69개소, 출장소 293개소가 되었고, 2003년 7월 25일에는 파출소 71개소, 출장소 264개소로 변화되었다.

2011년 12월에는 전국의 해양경찰서 예하에 83개 파출소, 242개 출장소를 두고 있었다. 출장소를 줄이고 파출소로 신설하는 형태이므로 출장소의 수가 줄어드는 추세를 보이고 있다. 경인 운하의 개통으로 내수면에도 파출소가 신설되었는데, 한강파출소가 대표적이다. 2014년 세월호 사건 이후 파출소 명칭이 해양경비안전센터로 변경되었다가 2017년 원래의 파출소라는 명칭으로 환원되었다.

해양경찰서 소속의 파출소와 출장소는 출입항 신고기관의 역할을 수행하기도 한다. 해양경찰이 운영하는 출입항 신고기관[58]은 2020년 11월 기준 96개

표 9-15 | 해양경찰 파출소의 명칭 변경

구분	'72 이전	1972	1978	1991	2002	2014	2017
본부	해양경찰대	해양경찰대	해양경찰대	해양경찰청	해양경찰청	해양경비안전본부	해양경찰청
해양경찰서급	기지대	지구해양경찰대	지구해양경찰대	해양경찰서	해양경찰서	해양경비안전서	해양경찰서
파출소급	-	전진기지	지대	지서	파출소	해양경비안전센터	파출소

---

58 "신고기관"이란 어선의 출입항 신고업무를 담당하는 해양경찰서 소속 파출소, 출장소 및 해양경찰서장이 민간인으로 하여금 출입항 신고업무를 대행하게 하는 대행신고소를 말한다(어선안전조업법 제2조).

의 파출소와 234개의 출장소로서 총 330개이고 민간이 운영하는 대행신고소[59]
는 852개이다.[60] 2021년 말에는 파출소 94개, 출장소 235개, 대행신고소 244개
로 변경되었다. 파출소의 수는 2개 줄었고, 출장소는 1개 늘었으며, 대행신고
소는 2020년 852개에서 244개로 크게 줄었다.[61]

표 9-16 | 해양경찰서별 파·출장소·대행신고소 현황(2020. 11. 현재)

구분	계	중부청				서해청					남해청				동해청				제주청	
		보령	태안	평택	인천	여수	완도	목포	군산	부안	울산	부산	창원	통영	속초	동해	울진	포항	제주	서귀포
계	1,182	40	52	25	54	140	125	122	22	21	39	25	44	240	32	30	32	67	41	31
파출소	96	5	4	5	11	6	5	7	3	3	5	7	3	8	4	5	4	5	3	3
출장소	234	14	13	7	14	21	19	11	7	4	8	14	9	32	16	17	5	9	7	7
대행신고소	852	21	35	13	29	113	101	104	12	14	26	4	32	200	12	8	23	53	31	21

자료: 해양경찰청

2) 낚시어선 사고와 구조 거점 파출소의 신설

중앙해양특수구조단은 대형·특수 해양사고, 심해 해양사고 등을 전담하
고 있으며, 대응시간 단축을 위해 동·서해 지역 특수구조대가 배치되어 있다.
2020년 현재 항공대는 5개의 지방청별로 인명구조 및 환자후송을 위한 헬기
18대가 있다. 해양경찰구조대[62]는 전국 해양경찰서에 전문 잠수요원과 응급구
조요원 등 구조 전문인력을 배치하여 연안해역 사고에 대응하고 있다.

---

59 "대행신고소"란 민간인으로 하여금 출입항 신고의 접수업무를 대행하게 하는 신고기관을 말한다
(어선출입항신고관리규칙 제2조). 대행신고소의 근무방법은 대행신고소장이 상주하는 경우와 비상
주하는 형태로 운영된다. 대행신고소장이 상주하는 곳보다는 비상주하는 경우가 많았다. 근무장소
는 자택, 사무실, 컨테이너, 마을회관, 아파트, 어촌계, 조립식, 낚시점, 수협위판장, 여객선 매표소,
식당, 빈집 등 다양하다.
60 노호래(2021). "어선의 출·입항 제도 개선방안–간소화 방안을 중심으로–." 한국경찰학회보, 제23
권 제3호, pp. 23–48.
61 해양경찰청(2022). 전게서, p. 376.
62 해양경찰구조대는 각 해양경찰서에 2007년 7월 창설되었고, 2019년에는 구조인력 102명을 신규
채용하였다.

(1) 돌고래호 전복사고(2015. 9. 5)와 선창 1호 사고(2017. 12. 3)

돌고래호 전복 사고는 2015년 9월 5일 대한민국 제주특별자치도 추자도 부근에서 발생한 낚시어선 돌고래호 전복 사고이다. 15명이 사망하였으며, 3명이 실종되었다.

돌고래호 사건 이후 낚시어선을 여객선으로 보고 안전에 관한 기준을 엄격하게 적용하는 제도를 마련하였다.63 「낚시관리 및 육성법」을 개정하여 정확한 승선자 관리를 위해 출항 전 신분 확인 절차를 강화하였고, 구명조끼 착용을 의무화하였다.

인천 영흥도 선창 1호 전복 사고는 2017년 12월 3일 오전 6시 9분에 낚싯배 선창 1호와 급유선 명진 15호가 충돌하여 낚싯배가 전복되어 발생한 사고이다. 사망자는 15명이고 부상자는 7명이었다.

표 9-17 | 정부의 낚시어선 안전관리 강화방안

구분	돌고래호 전복사고('15. 9. 5)	선창1호 충돌사고('17. 12. 3)
법·제도	[낚시어선에 대한 안전기준 강화] • 승객 13인 이상 승선 시 여객선에 준하는 안전기준 적용 • 낚시어선 운항거리, 잡는 양 설정 및 위험해역 낚시통제구역 지정 • 사고대응을 위한 위성 조난신호기(EPIRB) 등의 안전설비 확충 • 낚시어선 최대승선 인원 산정방식 변경 검토	[낚시어선 안전관리 강화] • 여객선 수준의 보다 강화된 안전기준 적용 • 낚시용선 제도 도입 검토 • 승선경력 등 선장 자격요건 강화 및 안전요원 담당 선원 의무 배치 • 구명뗏목, 위치발신장치 등 안전장비장착 의무화 • 지방자치단체에서 정하고 있는 영업시간 및 영업구역과 관련하여 중앙정부 차원의 지침마련예정
	[낚시어선업자와 승객의 안전의무 강화] • 구명조끼 착용 의무화, 낚시어선업자의 출항승객 대상 안전교육 실시 • 낚시어선 안전교육 대상 확대(낚시어선업자 → 선원포함), 매년 교육이수 의무화 • 승선정원 초과 등 안전기준 위반사항 처벌기준을 과태료에서 벌금형으로 상향 조정	[좁은 연안수로에서의 선박통항 안전관리 강화] • 위험성이 높은 수로에 대한 선박통항 안전성 평가를 실시하고, 평가결과에 따라 속도제한 등 맞춤형 개선책 마련

---

63 국제신문, 2015. 9. 11.

구분	돌고래호 전복사고('15. 9. 5)	선창1호 충돌사고('17. 12. 3)
	[출입항 신고제도 개선] • 승객 본인이 승선자 명부 직접 작성 후 낚시어선업자는 승객신분 확인, 위반 시 승객에게는 과태료, 낚시어선업자에게는 벌금부과 및 영업정지처분	[안전인프라 개선] • 비상상황 시 신속히 탈출할 수 있는 비상구 추가설치 및 소형어선 맞춤형 구명안전장비 등 설비기준 개발
절차	[낚시어선 안전관리 및 사고대응체계 개편] • 영업구역, 시간, 낚시통제구역 설정 등과 관련하여 지방자치단체와 정부의 낚시어선안전관리 권한 합리적 재조정 • 관계기관 현장 합동점검 정례화, 사고매뉴얼 재정비 및 사고대응 가상훈련 등 유관기관 협력강화 • (가칭) 어선안전협의체 구성운영 및 낚시 명예감시원제도 활성화 등 • 낚시어선 보험(공제) 현실화	[구조역량 및 비상상황 관리체계 강화] • 예방순찰 강화 및 지형 숙달 훈련 실시 • 장기적으로 구조선 전용계류시설 확충 • 소형 경비함정과 파출소에 구조요원 및 기본 잠수장비 배치 • 중앙해양특수구조단 확대 설치
관리	[항·포구 관리 강화] • 낚시이용객이 많은 지역을 중점 관리항으로 지정하여 낚시어선 안전점검 및 안전캠페인 집중실시 • 어업감독공무원(중앙·지자체)에게 불시 점검권한을 부여하여 출입항 관리강화	[운항부주의로 인한 사고 예방활동 강화] • 항해 중 전방 경계 등 안전수칙 이행여부 현장불시 지도·감독 • 국민들이 직접 선박안전관리 상태를 확인하고 개선의견을 낼 수 있도록 '국민 참여형 선박옴브즈만제도' 도입
교육	–	[체험형 안전교육 확대] • 생활밀착형 해양안전 시연·체험교육 확대

자료: 손영태(2018). "낚시어선 운영의 법체계와 입법방향에 관한 연구", p. 26.

(2) 영흥도 선창 1호 전복사고와 구조 거점 파출소의 신설

영흥도 선창 1호 사고 후에 문재인 대통령은 2017년 12월 19일 국무회의에서 "해양경찰 전문구조팀의 비율을 높이고, 나머지 해양경찰요원들도 기초 스쿠버 역량을 갖출 것"을 지시하였다.[64]

영흥도 선창 1호 사건에서 최초로 현장에 도착한 인천해양경찰서 영흥파출소 고속단정은 전용 선착장이 없어 민간 어선과의 결박을 풀고 출동해야 했으며, 야간항법장비가 없어 현장 도착이 지연되었다. 평택해양경찰서 안산파출소의 순찰정은 조수간만의 차이 때문에 50m를 노를 저어 가야 하는 위치에

---

64 해양경찰청(2020). 전게서, p. 161.

정박시켜 놓은 데다 노후되어 출동이 지연되었다. 또한 인천해양경찰서 소속 구조대는 야간항해가 가능한 고속 단정은 고장나 육상으로 영흥파출소까지 이동한 후 어선을 타고 현장에 도착하였다.

인천 영흥도 선창1호 전복사고를 계기로 구조 거점 파출소를 신설하였다.

구조 거점 파출소는 해양경찰서 구조대와 원거리에 위치하고 해양사고빈발해역을 관할하는 파출소의 현장대응 역량 강화를 위하여 구조거점파출소를 운영할 수 있고, 구조거점파출소장은 경정 또는 경감으로 보하며, 구조거점파출소에는 잠수 구조요원을 배치·운영할 수 있다.[65]

2019년에는 19개 경찰서 구조대와의 이격거리 및 사고발생 빈도, 다중이용선박, 해상교통량 등 치안 여건을 종합적으로 고려하여 구조거점 파출소를 12개 지정하여 운영하였다. 이 구조거점 파출소에는 잠수·구조 전문인력을 배치하고, 신형 연안구조정 배치와 전용 계류시설을 확충하였으며, 잠수장비 등의 인프라를 확충해 나갔다.[66]

2020년에는 13개소를 더 지정하여 25개의 구조 거점파출소를 설치하고 운영하였다.[67]

표 9-18 | 구조 거점 파출소 현황(2020)

구분	중부청				서해청					남해청			동해청				제주청	
경찰서	인천	평택	태안	보령	군산	부안	목포	완도	여수	통영	창원	울산	포항	울진	동해	속초	제주	서귀포
파출소(25)	영흥	대산	모항	홍원	새만금	고창	진도 지도 흑산	노화 녹동	나루도	통영	사천 장승포	신항 기장	감포	강구	삼척	주문진	한림 추자	성산

자료: 2020년 해양경찰백서.

---

65 파출소 및 출장소 운영 규칙[시행 2021. 10. 12.] [해양경찰청훈령 제252호, 2021. 10. 12., 일부 개정].

66 해양경찰청(2019). 해양경찰백서. p. 156.

67 해양경찰청(2020). 전게서. p. 145.

3) 파출소에 연안 구조정 배치 및 전용 계류시설 설치

"연안구조정"이란 연안해역의 안전관리와 해상치안활동을 위해 파출소 및 출장소에 배치하여 운용하는 선박 등을 말하고, "연안구조장비"란 파출소 및 출장소에 배치하여 운용하는 연안구조정 및 수상오토바이 등을 말한다.[68]

2019년까지 총 56척의 신형 연안구조정이 건조되어 전국 파출소에 운용 중이며, 2020년에 8척이 추가배치된다. 앞으로 94개의 모든 파출소에서 신형 연안구조정을 운영할 수 있도록 할 예정이다.[69]

전용 계류시설은 2019년까지 연안구조정이 단독으로 정박할 수 있는 계류시설을 설치하여 94개의 파출소 중 전용계류시설 85개소를 확보하였으며, 항·포구가 협소하여 전용계류시설을 설치하지 못한 10개 파출소도 상시 출동이 가능하도록 정박선박 가장 외곽에 계류하여 긴급출동태세를 유지하고 있다.[70]

6. 해양경찰 인력과 장비

2019년에는 소형정장 10명의 직급을 경위에서 경감으로 상향 조정하였다.

해양경찰은 국가공무원으로서 특정직 공무원이고, 총 11개의 계급으로 구성되어 있다. 2019년 말 현재 경위 이하 경찰관이 90.39%를 차지하여 다른 기관에 비해 하위직 비율이 높은 첨탑형 구조를 가지고 있다.

2019년 말 해양경찰관 정원은 9,823명이고, 일반직(1,166명)을 포함하면 총 10,989명이 되었다.

2020년 말 해양경찰관 정원은 10,937명이고, 일반직(1,173명)을 포함하면 총 12,110명이 되었다.

2021년 말 해양경찰관 정원은 11,450명이고, 일반직(1,304명)을 포함하면 총 12,754명이 되었다.

2022년도 해양경찰청 정원 478명 증원안이 확정되어 2022년 말에는 총

---

68 파출소 및 출장소 운영 규칙[시행 2021. 10. 12.] [해양경찰청훈령 제252호, 2021. 10. 12., 일부 개정].
69 해양경찰청(2020). 전게서, p. 148.
70 해양경찰청(2020). 상게서, p. 149.

정원이 13,230명이 되었다. 1953년 658명으로 시작하여 2022년 13,230명으로 정원이 증가하여 20배 증가하였다. 이러한 조직규모 확대는 다른 기관에서 거의 찾아볼 수 없다.

2017년 8,893명에서 2020년에는 경찰관 정원이 10,937명이 되었고, 3년 동안 2,044명이 증가하였다. 이는 의무경찰 대체인력을 충원한 결과로 판단된다. 하위 경찰공무원을 대거 채용한 결과 하위직 비율이 더 높아진 첨탑형 구조가 되었다.

표 9-19 | 해양경찰 계급별 정원

연도	총계	치안 총감	치안 정감	치안감	경무관	총경	경정	경감	경위	경사	경장	순경
'17	8,893	1	2	5	7	61	221	545	939	1,872	2,486	2,754
'18	9,388	1	2	5	7	61	225	573	947	1,904	2,675	2,988
'19	9,823	1	2	5	7	61	225	593	972	1,989	2,795	3,173
'20	10,937	1	2	5	7	61	230	642	1,056	2,129	3,029	3,775
'21	11,450	1	2	5	9	69	234	701	1,096	2,226	3,140	3,967

자료: 2018·2019·2020·2021·2022 해양경찰백서.

2020년 말 해양경찰의 장비는 다음과 같다.[71] 함정은 총 352척으로 해상경비 등 해상에서 전반적인 업무를 수행하는 경비함정 186척과 항내 예인 및 오염사고 대응 등을 위한 특수함정 166척이 있다. 항공대는 총 26대의 항공기가 지방청별 배치·운영되고, 광역해역 초계를 위한 비행기 6대와 인명구조 및 환자후송을 위한 헬기 20대가 있었다.

2021년 말에는 함정은 353척으로 변경되었다.

2022년도 해양경찰청 장비는 연안구조정 5척, 중형헬기 1대, 3,000톤급 경비함정 1척 등이 확보되었다.[72]

---

[71] 해양경찰청(2021). 전게서, pp. 318, 319, 377.
[72] 해양경찰청(2021). 상게서, pp. 26.

7. 사건과 사고

1) 해양수산부 어업관리단 공무원 피살 사건(2020. 9. 22)

2020년 9월 22일 밤에 서해 소연평도 인근 해역에서 어업지도활동을 하던 해양수산부 어업관리단 소속 공무원인 이대준씨가 남측의 해역에서 실종되어, 실종 지점에서 38km 떨어진 북방한계선 이북의 북한측 해역에서 조선인민군의 총격에 숨진 사건이다.

2020년 당시 문재인 정부는 자진 월북으로 판단된다고 발표했지만 2022년 6월, 해경과 국방부는 월북 시도를 입증할 수 없다며 2년여 만에 결과를 번복했다.

당시 정부였던 문재인 정부는 유가족 측이 낸 피살사건 과정에 대한 정보공개청구 소송에서 패소했지만 항소했고, 윤석열 정부는 이를 취하하여 최종적으로 유가족 측이 승소했다. 그러나 국가안보실 자료 등은 문 대통령 측이 대통령기록물로 지정하여 최장 15년간 열람할 수 없는 상황이다. 공개하기로 판결한 해양경찰청 자료는 대통령기록물이 아니라서 유가족 측이 열람할 수 있었고, 유가족 측은 무궁화 10호 직원 7명의 진술조서 편집본을 공개했다. 해당 조서에서는 이대준씨의 방에 방수복이 그대로 있다는 증언이 나왔다. 이를 두고 당시 문재인 정부가 구명조끼는 자진 월북이라는 증거로 댔으면서, 왜 방수복은 언급을 안 했는지 이해가 되지 않는다며 자진 월북으로 조작한 것으로밖에 볼 수 없다고 주장했다.

2022년 6월 17일, 감사원은 특별조사국 소속 감사인력을 투입해 해양경찰청과 국방부 등을 대상으로 즉시 자료 수집을 실시하고 본 감사에 착수하였다.

정봉훈 해양경찰청장이 6월 22일 대국민 사과를 하고 6월 24일 사의를 표명했다. 정 청장은 서해에서 피격된 해양수산부 공무원 사건과 관련해 책임을 통감한다며 사퇴 이유를 밝혔고, 해경 치안감 이상 8명도 일괄적으로 사퇴 의사를 밝혔다. 사건 초기엔 국방부 입장과 해경이 자체적으로 확인한 증거에 따라 월북으로 판단했지만, 이후 국방부로부터 수사상 필요한 특수정보를 받지 못했다고 설명했다. 월북 혐의에 관한 증거 확보가 불가능했고, 기존 자료로는 월북 혐의를 입증할 수도 없어서 사건을 종결했다고 덧붙였다.

그 후 2022년 10월 전임 해양경찰청장·국방장관이 구속되었다.[73] 서 전 국방장관 지시에 따라 밈스에 탑재된 군 첩보 관련 보고서 60건이 삭제되었고, 서 전 장관은 2020년 9월 해양수산부 공무원 고(故) 이대준 씨가 자진 월북했다는 정부 판단과 배치되는 내용의 군사 기밀을 군사통합정보처리체계(MIMS·밈스)에서 삭제하도록 지시한 혐의를 받았다. 이 씨 사건 경위를 수사한 해경의 총책임자였던 김 전 청장은 청와대 국가안보실 방침에 맞춰 확인되지 않은 증거를 사용하는 방식 등으로 자진 월북을 단정하는 수사 결과를 발표한 혐의를 받고 있다. 2022년 11월 11일 김 전 해양경찰청장은 구속적부심에서 조건부 석방되었고, 검찰은 불구속 기소하였다.

2) 북한 소형목선 삼척항 입항 사건

2019년 6월 8일 북한 주민 4명이 탄 소형목선(1.8톤)이 함경북도 경성에서 출항하여 6월 13일 경 동해 NLL을 넘어 남하한 후 6월 14일경 야간에 삼척항 인근에서 머물다 6월 15일 06:22경 삼척항에 입항했다.

소형 목선은 군과 경찰에 의해 발견된 것이 아니라 당시 삼척항에서 산책 중이던 주민의 112신고로 확인되었고, 이후 북한 주민 4명은 합동조사를 거쳐 선장 등 2명은 귀순하고, 나머지 2명은 판문점을 통해 송환한 사건이다.

사건 초기 합참은 목선의 발견지점을 삼척항이 아닌 삼척항 인근이라고 발표하면서 축소 의혹이 제기되었다. 이후 최초 발견자가 산책 중인 주민이었고, 우리 군과 해경은 목선이 항구에 도착해 정박할 때까지 아무런 조치도 취하지 않은 것으로 밝혀졌다. 이로 인해 국회 정보위원회가 소집되어 야당의 대대적인 추궁이 이어졌다. 이낙연 총리와 정경두 국방부 장관이 줄줄이 대국민 사과를 하는 등 뒤늦게 발등에 불이 떨어진 모습을 보였다.

해양경찰과 군은 이번 사건을 엄중히 받아들이고 재발 방지를 위해 유관기관 간의 상황전파체계를 구축하고, 기관별 정보공유 강화 및 긴밀한 협조체계를 유지하는 등 빈틈없는 통합방위태세 확립을 위해 노력했다.

---

73 플러스 코리아. 2022. 10. 18.

3) 구조사 순직(2020. 6)과 구조사 등급 분류

해양경찰 구조사의 순직 사건이 발생했다.[74] 2020년 6월 6일 통영 홍도 해상 동굴에 갇힌 다이버들을 구조하다 정호종 경장이 안타깝게 순직하였다.

이 구조사 사망사고를 계기로 해상 동굴 암벽구조 등 고위험 상황 대응 역량을 제고하고자 구조사 개인의 구조역량에 따라 등급(master, 1급, 2급)을 분류하여 구조대원 등급제를 시행하였다.[75] 구조부서 근무경력, 구조교육훈련 이력, 체력 및 자격증 보유 등을 기준으로 등급을 분류하고 최상의 구조역량이 요구되는 고위험 상황에서는 마스터(master)와 1급이, 보조 임무는 2급이 수행하도록 가이드를 마련하였다.

[구조 MASTER]   [1급 구조사]   [2급 구조사]

| 그림 9-7 | 구조등급 표식장(해양경찰 구조대 운영규칙, 별표 3)

4) 그 외의 사건들

첫째, 러시아 화물선 광안대교 충돌 사건이 2019년 2월 28일에 발생했다. 러시아 화물선 씨그랜드호 선장 S씨에 대한 혐의에 업무상 과실 선박파괴,

---

[74] 해양경찰청(2020). 전게서. p. 20.
[75] 해양경찰청(2021). 전게서. p. 20.

「해사안전법」위반, 「선박의 입·출항 등에 관한 법률」위반 등 기존 4가지 외에 업무상 과실 일반교통방해와 선박교통사고 도주 혐의 등 2가지를 추가해 선장 S씨를 구속기소했다. 음주 운항으로 카타마란 요트들 여러척과 자선에 손상을 입히고, 교각에도 큰 충격을 가하였다. 재판부는 S씨에게 적용된 음주운항, 선박충돌, 업무상과실치상, 상해 등의 혐의에 대해서는 대부분 유죄를 선고했다.

둘째, 헝가리 유람선 사고에 해양경찰 구조대를 파견했다.[76]

2019년 5월 헝가리 다뉴브강에서 우리 국민 33명과 헝가리 승무원 2명이 탑승한 유람선 허블레아니호가 크루즈선과 충돌하여 침몰하는 사고가 발생하였다. 사고 직후 7명만 구조되어 침몰사고 구조작업을 위해 신속 대응팀과 긴급구조대가 급파되었다.

셋째, 2021년 1월 갯바위에서 고립된 선원 전원을 구조하였고, 전복어선 내 에어포켓에서 40시간 버틴 기관장을 구조하였다.[77] 채낚기 어선 방주호가 좌초되어 어선 위치발신장치(V-PASS)를 통해 구조를 요청하였다. 보트가 전복되어 구조대원 2명이 부상을 입는 등 접근이 곤란한 상황이었으나 해수면 15m 상공에서 구조줄을 연결해 14시간 만에 5명 전원을 구조했다.

2021년 2월 홍게잡이 통발어선 거룡호가 거센 파도에 뒤집혔다. 해경은 거센 파도 등 기상악화에 의해 어려움을 겪었지만 40여 시간 만에 소중한 생명 1명을 구조하였다.

Ⅳ. 해양경찰 교육

1. 해양경찰교육원 시기

2013년 11월 해양경찰학교가 해양경찰교육원으로 명칭이 변경되고 직제가 개편되었고, 동년 11월 천안에 해양경찰연구센터를 남겨두고 해양경찰교육

---

76 해양경찰청(2020). 전게서, p. 14.
77 해양경찰청(2021). 전게서, p. 22.

원을 여수로 이전하였다.

2014년 11월 국민안전처 해양경비안전교육원으로 조직이 개편되었고, 2017년 7월 해양경찰청 해양경찰교육원으로 조직이 환원되었다.

2019년 7월 해양경찰교육원 내에 해양경찰 수사연수소를 신설하였다. 수사연수소는 연수소장 밑에 2개 팀으로 운영하고 있으며, 2019년도에 16개 과정 690명을 대상으로 수사전문교육을 실시하였다. 2020년 6월 해양경찰교육원에 두는 교육지원과, 인재개발과, 교육훈련과 및 종합훈련지원단을 각각 운영지원과, 교무과, 교수과 및 종합훈련단으로 개편하고 분장사무를 조정하였다.

2020년 7월 훈련기능을 명확히 표현하기 위해 해양경찰청 교육담당관실을 교육훈련담당관실로 변경하였다.

2020년 10월 해양경찰의 교육훈련을 강화하기 위하여 기획조정관 및 해양경찰교육원 하부조직의 분장사무를 일부 조정하고, 지방해양경찰관서의 자체 교육훈련기능을 강화하기 위하여 해양경찰교육원 정원 5명(경위 3명, 경사 2명)을 지방해양경찰관서에 재배치하였으며, 직무교육훈련센터를 정식으로 직제화하였다. 직무교육훈련센터장은 재직자 기본과정·전문과정 교육훈련에 관한 다음 사항을 분장한다.[78] 그 분장사항은 ① 교육훈련 계획의 수립, ② 교육훈련 성과의 분석 및 평가, ③ 교육생의 성적 평가 및 학적 관리, ④ 교육과정의 편성 및 교육훈련 운영에 관한 업무, ⑤ 교육훈련에 관한 연구·개발 업무, ⑥ 교육생 관리 및 생활지도에 관한 사항 등이다.

2021년 1월 직제 개정으로 해양경찰교육원장의 직급이 치안감에서 경무관으로 격하되었다. 해양경찰학교 출범 당시부터 계속 치안감급 기관이었으나 경찰청이 국가수사본부를 따로 둔 것처럼 해양경찰청 본청에도 수사부서와 비수사부서의 분리를 위하여 종전 수사정보국(치안감 또는 경무관)을 수사국(치안감 또는 경무관)과 국제정보국(치안감 또는 경무관)으로 개편하였다. 이는 결과적으로 인천 본청에 치안감 한 자리(수사국장: 치안감)를 늘리려고, 여수의 해양경찰교육원장 직급을 내린 것이라고 볼 수 있다.

---

[78] 해양경찰청과 그 소속기관 직제 시행규칙[시행 2020. 10. 8.] [해양수산부령 제440호, 2020. 10. 8., 일부개정].

2. 신임교육과 재직자 교육의 분리 예정

　여수시에 위치한 해양경찰교육원이 교육기능의 타 지역 분산을 통해 반쪽짜리 국가기관으로 전락했다는 따끔한 지적이 나왔다. 여수시의회 송하진 의원은 26일 제215회 정례회 10분 발언에서 "유치 당시 기대보다 파급효과가 미흡해 아쉬움이 컸던 해양경찰교육원이 최근 옛 해양경찰학교 천안캠퍼스에 '직무교육훈련센터'를 설립 운영하려 하고 있다"며 허울만 남는 여수 해경교육원을 우려했다.79

　여수 해경교육원에서는 2천 360명의 신임 경찰이 11개 과정을 수료하게 되고, 천안 직무교육훈련센터는 기존 직원들의 전문교육 과정을 담당하고, 매년 재직자 4천 700여 명을 대상으로 85개 교육과정을 개설하고 있었다.

　해양경찰청은 중장기 계획으로 '해양경찰교육원 제2캠퍼스' 설립을 추진하고 있었다. 3배수 예정지는 충남 보령시와 당진시, 강원도 삼척시가 선정되었다. 시설 규모는 사무실과 생활실(220실), 강의동(27실), 훈련동(1개 동 8개 실습장), 식당(629석) 등을 갖출 예정이고, 설립 예산은 1,700억 원이다. 해경 재직자들의 교육을 담당할 인재개발원은 행정인력 124명과 교수 65명 등 상주인원만 200여 명으로 하루 평균 440명, 연간 7,000명까지 수용이 가능한 규모로 건립된다. 해양경찰청은 이들 3개 후보지를 대상으로 사전타당성 조사 연구용역을 통해 2023년 1월까지 최종 후보지를 선정할 방침이었다.

79　여수뉴스. 2021. 11. 26.

참고문헌

Ⅰ. 단행본

1. 국내 문헌

강봉룡(2005). 바다에 새겨진 한국사, 한얼미디어.

강용길외 7인(2009).「경찰학개론(상)」, 경찰공제회.

경기경찰사 편찬위원회(2008). 경기경찰사, 경기지방경찰청.

경우장학회(1995). 국립경찰오십년사.

경찰대학(2005). 한국경찰사.

警察廳(1995). 警察五十年史.

경찰청(2001). 경찰반세기 그 격동의 현장, 대한문화사.

경찰청 역사편찬위원회(1994). 한국경찰사(1979. 10 – 1993. 2), 경찰청.

＿＿＿＿＿＿＿＿＿＿(2006). 한국경찰사, 경찰청.

＿＿＿＿＿＿＿＿＿＿(2015). 한국경찰사(2006. – 2014. 12). 경찰청.

게디스(John Lewis Gaddis)/강규형 역(2004). 역사의 풍경, 에코리브르.

「高麗史」.

괴산경찰서(2008). 槐山警察六十年史.

국사편찬위원회·국정도서 편찬위원회(2008). 고등학교 국사, 교육인적자원부.

金在瑾(1989). 우리 배의 역사, 서울대학교 출판부.

김정섭(1991). 목포지, 향토문화사.

김종선(2011). 해양경찰경무론, 문두사.

＿＿＿＿(2021). 해양경찰학Ⅱ, 문운당.

김중규(2001). 군산역사이야기, 도서출판 나인.

김진현·홍승용(1998). 해양 21세기, 나남출판.

김현(2005). 한국 해양경찰 기능의 재정립에 관한 연구, 전남대학교 대학원 박사
　　　학위논문.

김형중(2020). 韓國警察史, 박영사.

_____(1990). 「한국고대경찰사」, 수서원.

김화경(2011). 독도의 역사, 영남대학교 출판부.

「남제서」고구려전.

남해지방해양경찰청(2011). 삼호주얼리호 해적사건 수사백서.

내무부 치안국(1972). 한국경찰사, 광명인쇄공사.

노호래(2022). 해양경찰학개론, 박영사.

담수(談藪).

「大東地志」.

동북아역사재단(2010). 독도·울릉도 연구.

류지태·박종수(2009). 행정법신론 제13판, 박영사.

박경순(2019. 8). 한국해양경찰청의 조직과 기능에 관한 연구 — 일본 해상보안청
　　　과의 비교를 중심으로 —, 인하대학교 대학원 박사학위논문.

박범래(1988). 韓國警察史, 警察大學.

박찬승·고석규 공역(2002). 무안보첩, 목포문화원.

釜山地方警察廳(2000). 「釜山警察史」.

「삼국사기」.

「삼국유사」.

徐兢(1124). 高麗圖經.

순길태(2017). 해양경찰학개론, 대영문화사.

신증동국여지승람 건치연역·고적조.

신숙주. 해동제국기, 종빙응접기 조어금약.

陸軍本部(1968). 韓國軍制史 — 近世朝鮮前期篇.

윤명철(2011). 한민적 바다를 지배하다, 상색출판.

_____(2014). 한국해양사, 학연문화사.

_____(2016). 현 동아시아 해양국경분쟁의 역사적 근거 연구와 대안 탐색, 경제·
　　　인문사회연구회.

오봉근외 4인(1991). 조선수군사, 백산자료원.

오정동(2017). 해양경찰학개론 제1판, 서울고시각.

윤성현·박주상·김경락(2018). 해양경찰학개론, 박영사.

李基白著(1992). 韓國史新論, 一潮閣.

이승희(2012). "조선인의 일본 '밀항'에 대한 일제 경찰의 대응 양상," 다문화콘텐츠연구 제13집, 중앙대학교 문화콘텐츠기술연구원.

李運周(2002). 警察學槪論, 경찰대학.

이윤정(2021). 한국경찰사 연구－총론, 사료 그리고 함의, 박영사.

_____. 한국경찰사, 개정증보판, 소명출판.

이재오(1984). 한일관계사의 인식Ⅱ, 학민사.

이현희(1979). 한국경찰사, 덕현각.

「일본서기」.

이혜경외 7인(2016). 이민정책론, 박영사.

인천광역시 편찬위원회(2003). 인천의 역사와 문화, 인천광역시.

일연.권상도역·한정섭 주해(1996). 삼국유사, 이화문화사.

日省錄 고종 21년 4월 21일.

임원빈·김주식·이민웅·정진술 공편(2004). 고려시대 수군관련 사료집, 신서원.

장수호(2011). 조선시대 말 일본의 어업 침탈사: 개항에서 1910년까지 일본의 어업 침탈에 관한 연구, 수상경제연구원 BOOKS＆ 블루앤노트.

장준호(2005). 밀입국의 실태와 대책: 한국과 중국, 형사정책연구원 연구보고서.

장학근외(1997). 조선시대 수군관련사료집, 도서출판 신서원.

전국9대학 해양경찰학과 교수·해양경비안전교육원(2016). 「해양경찰학개론」, 문두사.

전북지방경찰청(2005). 전북경찰육십년사, 전라북도지방경찰청.

정진술·이민웅·신성재·최영호 공편(2008). 다시 보는 한국해양사, 도서출판 신서원.

「조선왕조실록」.

'쿰다'로 뿌는 제주 섬의 역사와 난민사업단(2021). 왜 지금 난민: 난민의 출현과 인식, 제주대학교 탐라문화연구원.

최종화(2000). 현대한일어업관계사, 세종출판사.

치안국(1973). 「한국경찰사 Ⅱ(1948－1961. 5)」.

치안본부(1984). 경찰정신, 제일가제법령출판사.

하원호(2009). 개항기 재조선 일본공관 연구, 동북아역사재단.

한국과학사 편찬위원회(2001). 한국과학사, 여강출판사.

한국경찰사편찬위원회(1972). 한국경찰사(Ⅰ), 내무부 치안국.

_____(1985). 한국경찰사(Ⅲ), 내무부 치안본부.

해양경찰교육원·목포대학교 도서문화연구원(2019), 해양경찰 뿌리찾기, 해양경
    찰교육원.

해양경찰교육원(2021). 해양의 이해.

海洋警察廳(2003). 海洋警察五十年史.

해양경찰청(2008). 해양오염관리업무 30년의 발자취, 태양아트.

_____(2009). 해양경찰백서.

_____(2013). 안전한 바다 행복한 국민 해양경찰 60년사, 다니기획.

_____(2019). 해양경찰백서.

_____(2020). 해양경찰백서.

_____(2021). 해양경찰백서.

_____(2020). 해양경찰 64년의 기록.

_____(2022). 2021 해양경찰백서.

해양경찰학교(2009). 경무일반.

해운항만청(1980). 한국해운항만사.

현규병(1955). 韓國警察制度史, 민주경찰연구회,

홍정선(2007). 경찰행정법, 박영사.

2. 외국 문헌

Yi, Seonbok(2013). "Korea: Archaeology," *In Encyclopedia of Global Human
    Migration*, edited by Immanuel Ness er al. Wiley Blackwell.

Ⅱ. 논 문

姜鳳龍(木浦大). 古代 東北亞 沿岸航路와 榮山江·洛東江流域. 김해시청(2022. 8.
    10. 검색).

고명석(2016). "불법조업 중국어선 단속에 대한 고찰-NLL인근수역과 한강하구
    를 중심으로," 한국해양경찰학회보 제6권 제3호(통권 제12호).

권자경(2011). "한국전쟁 국가기구의 확대: 이승만 정부의 중앙행정기구개편을
    중심으로," 한국행정연구 제20권 제2호.

김나영(2018). "조선시대 제주인의 표류 발생 배경과 실태", 탐라문화 57, 탐라문화연구원.

金南奎(1966). 高麗都部署考, 史叢 11.

김대원(1998). "해양오염 방제체제의 선진화방안," 해양21세기, 김진현·홍승용 공편, 나남출판.

김문경(1995). "한·일에 비친 장보고", 동양사학연구, 제50권.

김민철(1994). "조선총독부연구: 식민지 통치와 경찰," 역사비평 제24호, 역사문제연구소.

김천식(2004). "장보고의 海商活動의 범위와 역사적 의의," 海運物流研究 제41호.

김치완(2021). "제주(濟州)·유구(琉球) 표류 난민의 신분 위장과 경계인 인식," 왜 지금 난민: 난민의 출현과 인식, 제주대학교 탐라문화연구원·꿈다로 푸는 제주 섬의 역사와 난민사업단.

김형중(2011). "高麗前期 金吾衛의 조직과 기능에 관한 연구," 한국경찰연구 제10권 제3호.

노호래(2011). "현대 해양경찰사 연구," 한국공안행정학회보 제40호.

_____. "해양경찰사 소고-한말 개항장(開港場)의 감리서(監理署)와 경무서(警務署)를 중심으로-," 한국경찰연구 제10권 제2호.

_____(2010). "불법조업 중국어선에 대한 해양경찰의 대응방안," 한국경찰연구 제9권 제2호.

_____(2012). "Community Policing 관점에 따른 해양경찰 파·출장소의 발전방안," 한국공안행정학회보 제46호.

_____(2021). "어선의 출·입항 제도 개선방안-간소화 방안을 중심으로-," 한국경찰학회보 제23권 제3호.

문경호(2011). "고려시대 조운제도 조창," 지방사와 지방문화 제14권 제1호.

민회수(2012). "개항장 경찰의 설치와 운영(1884-1886)," 사학연구 108.

박창건(2014). "한일어업협정 전사(前史)로서의 GHQ-SCAP 연구: 맥아더라인이 평화선으로," 일본연구논총 제39호.

손영태(2018). "낚시어선 운영의 법체계와 입법방향에 관한 연구," 한국해양경찰학회보 제8권 제2호.

스튜어트 케이(서호주대학교 법대 학장)·번역(김하양)(2012). "해양법의 발전에서 평화선이 지니는 의의," 영토해양연구 Vol. 4.

王天泉(2012). "朝鮮 漂流民에 대한 明의 協力體制-중국 표착 제주 표류민을 中

心으로-," 역사민속학 40, 한국역사민속학회.

李基東(1991). "9~10世紀에 있어서 黃海를 舞臺로 한 韓·中·日 3국의 해상활
　　동," 震檀學報(71·72).

이기수(2019). "해양경찰의 수사경과제 시행현황과 과제," 한국해양경찰학회보
　　제9권 제3호(통권 제22호).

李瑄根(1961-63). 韓國史, 乙酉文化史.

이송순(2021). "한국전쟁기(1950~1953년) 해상 여객선 침몰 조난사고," 사학연
　　구 144권.

이수진(2015). "조선 표류민의 유구 표착과 송환," 열상고전연구 48, 열상고전연
　　구회.

이재범(1996). "삼포왜란의 역사적 성격에 대한 재검토," 한일관계사연구 제6집.

이창섭(2005. 3. 30). "高麗 前期 水軍의 運營," 史叢 60.

李鉉淙(1978). 開港場監理署와 居留地置廢에 관한 硏究, 동국대학교 대학원 박사
　　학위논문.

이훈(2003). "표류를 통해서 본 근대 한일관계," 한국사연구 123, 한국사연구회.

장수호(2004). "조선왕조 말기에 있어서 일본포경업의 입어," 수산연구 제20호.

장영길(2004). 경찰교육훈련의 문제점 및 개선방안에 관한 연구-경찰종합학교를
　　중심으로-, 원광대학교 행정대학원.

정관용(1994). "1960·70년대 정치구조와 유신체제," 한국사 19: 자주·민주·통일
　　을 향하여 1, 한길사.

정인섭(2006). "1952년 평화선 선언과 해양법의 발전," 서울국제법연구 제13권
　　제2호.

조윤수(2008). "평화선과 한일 어업협상-이승만 정권기의 해양질서를 둘러싼 한
　　일간의 마찰," 일본연구총서 제28호.

지철근(1979). 평화선, 범우사.

최선우(2014). "개화기(開化期) 근대 해양경찰의 등장과 역사적 함의," 한국해양
　　경찰학회보 제4권 제2호(통권 제7호).

최영호(2017) "1957년 한일 억류자 상호석방 각서의 경위와 결과," 한일민족문제
　　연구 제32권.

최장근(2002). "어업협정과 독도 및 EEZ와의 관련성: 일본외교의 정치문화적 특
　　성에서 고찰," 일본학보 제50권 제1호.

한문종(2011). "조선의 남방지역과 일본에 대한 경계인식," 한일관계사연구 제

39집.

_____(2012). "조선 전기 조일간 어업분쟁과 해양권의 강화," 한일관계사연구
　　　제42집.

한정훈(2004). "고려시대 조운제와 마산 석두창, 한국중세사연구 제17호.

III. 기 타

개벽. 1924년 8월호.

경찰공무원법[시행 1979. 12. 28.] [법률 제3189호, 1979. 12. 28., 일부개정].

경찰서의 명칭·위치 및 관할구역 변경에 관한 건(대통령령 제101호, 1949. 5. 7).

경찰서직제[시행 1962. 1. 29.] [각령 제406호, 1962. 1. 29., 일부개정].

국가보훈처, 국내항일독립운동사적지(http://815book.co.kr/sajuk/TREA/#, 2011.
　　　8. 3. 검색).

구한국관보.

국무원 고시 제14호. 1952. 1. 18.

국민안전처(2016). 국민안전백서.

국민안전처와 그 소속기관 직제 시행규칙[시행 2015. 11. 30.] [총리령 제1213호,
　　　2015. 11. 30., 일부개정].

국민안전처와 그 소속기관 직제 시행규칙[시행 2017. 4. 4.] [총리령 제1385호,
　　　2017. 4. 4., 일부개정].

국제신문, 2015. 9. 11.

경향신문, 1962. 1. 4. 다시 잔잔한 "죽음의바다" 울부짖음속에 救助도 一段落.

경향신문, 1962. 1. 27.

경향신문, 1962. 5. 4.

기획처(1949). 시정월보 제3호.

국정감사 자료(2006). 중국어선 나포현황(2002－2006)(영해, EEZ로 구별).

내무부직제[시행 1977. 4. 9.] [대통령령 제8533호, 1977. 4. 9., 일부개정].

내무부 직제[시행 1978. 8. 9.] [대통령령 제9124호, 1978. 8. 9., 일부개정].

내무부 직제[시행 1984. 1. 21.] [대통령령 제11329호, 1984. 1. 21., 일부개정].

네이버 지식백과, 경국대전[經國大典] (한국민족문화대백과, 한국학중앙연구원).

네이버 지식백과, 긴급조치 제9호[緊急措置第九號] (한국근현대사사전, 2005. 9.

10., 한국사사전편찬회).

네이버 지식백과, 김구 탈옥 사건[金九脫獄事件] (한국향토문화전자대전).

네이버 지식백과, 도부서[都部署] (한국민족문화대백과, 한국학중앙연구원).

네이버 지식백과, 독도의용수비대[獨島義勇守備隊] (네이버 기관단체사전: 종합).

네이버 지식백과, 만기요람[萬機要覽] (한국민족문화대백과, 한국학중앙연구원).

네이버 지식백과, 메이지 유신[明治維新(명치유신)] (두산백과 두피디아, 두산백과).

네이버 지식백과, 산택사[山澤司] (한국고전용어사전, 2001. 3. 30., 세종대왕기념
　　사업회).

네이버 지식백과, 압해도전투[押海島戰鬪] (한국민족문화대백과, 한국학중앙연구원)

네이버 지식백과, 야별초[夜別抄] (한국민족문화대백과, 한국학중앙연구원).

네이버 지식백과, 양무운동[洋務運動] (두산백과 두피디아, 두산백과).

네이버 지식백과, 왜관[倭館] (한국민족문화대백과, 한국학중앙연구원).

네이버 지식백과, 사수시[司水寺] (두산백과 두피디아, 두산백과).

네이버 지식백과, 순검[巡檢] (한국민족문화대백과, 한국학중앙연구원).

네이버 지식백과, 순검군[巡檢軍] (한국민족문화대백과, 한국학중앙연구원).

네이버 지식백과, 순군만호부[巡軍萬戶府] (한국민족문화대백과, 한국학중앙연구원).

네이버 지식백과, 전함사[典艦司] (한국민족문화대백과, 한국학중앙연구원).

네이버 지식백과, 제1공화국[第一共和國] (Basic 고교생을 위한 국사 용어사전,
　　황병석).

네이버 지식백과, 제2공화국[第二共和國] (두산백과 두피디아, 두산백과).

네이버 지식백과, 제3공화국[第三共和國] (두산백과 두피디아, 두산백과).

네이버 지식백과, 해도입보책[海島入保策], 한국민족문화대백과, 한국학중앙연구원.

독립신문, 1899. 5. 22.

동북아역사재단 홈페이지(2011. 1. 17. 검색).

동아일보, 1953. 9. 24.

동아일보, 1953. 10. 14.

동아일보, 1956. 1. 14. 職員現地派遣 治安局서.

동아일보, 1956. 1. 24. 定員超過等 새事實綻露 太信號事件.

동아일보, 1957. 7. 31. 해양경비대 해체 해군에 편입 등 방법 검토.

동아일보, 1970. 12. 16. 남영號사건관계 韓日교신 메모.

동아일보, 1970. 12. 16. 남영號 沈没詳報 深夜의 처절한 死鬪도 헛되이.

동아일보, 1970. 12. 17. 海警, 15時間 뒤 事故海域에.

문화일보, 2014. 5. 14.

방제대책본부 운영규칙[시행 2008. 12. 18.] [해양경찰청 훈령 제694호, 2008. 12.
    18., 전부개정].

부산일보, 2022. 12. 22(윤병두 남해지방해양경찰청장 직무대리 기고).

외교안보연구원. 「한국의 어업자원보호법 공포에 관한 한·일간의 분쟁」. 743.41.
    1953－1955, 460.

서울신문, 1950. 1. 27.

선박교통관제에 관한 법률[시행 2020. 6. 4.] [법률 제16700호, 2019. 12. 3.,
    제정].

선원법[시행 2015. 7. 7.] [법률 제13000호, 2015. 1. 6., 일부개정].

수난구호법[시행 1961. 11. 1.] [법률 제761호, 1961. 11. 1., 제정].

수난구호법[시행 1966. 2. 23] [법률 제1742호, 1966. 2. 23., 일부개정].

수난구호법[시행 1995. 6. 23.] [법률 제4793호, 1994. 12. 22., 전부개정].

수난구호법[시행 2012. 8. 23.] [법률 제11368호, 2012. 2. 22., 전부개정].

수난구호법시행령[시행 1995. 6. 23.] [대통령령 제14664호, 1995. 6. 16., 전부
    개정].

수상레저안전법[시행 2000. 2. 9.] [법률 제5910호, 1999. 2. 8., 제정].

수상에서의 수색·구조 등에 관한 법률[시행 2016. 1. 25.] [법률 제13440호,
    2015. 7. 24., 일부개정].

수상에서의 수색·구조 등에 관한 법률[시행 2021. 10. 14.] [법률 제18060호,
    2021. 4. 13., 일부개정].

신용하 교수의 독도문제 100문 100답(2000). "독도를 알면 대한민국이 보인다,"
    新東亞 5월호.

연안사고 예방에 관한 법률[시행 2014. 8. 22.] [법률 제12657호, 2014. 5. 21.,
    제정].

여수뉴스, 2021. 11. 26.

연합뉴스, 2013. 9. 6. '피와 땀으로 지킨 바다' 해경 60년 10대 해상사건: 정당한
    법집행에도 타국서 옥살이…견우호 사건(1955년 12월 25일).

연합뉴스, 2010. 5. 24.

오마이뉴스, 2020. 10. 5. 이병길:"부산경찰서 투탄 100주년, 의열단원 박재혁과
    그 친구들".

의안정보시스템(1962). 해양경찰대설치법안.

의안정보시스템(2014). 정부조직법안.

재난 및 안전관리 기본법[시행 2014. 12. 30.] [법률 제12943호, 2014. 12. 30.,
　　일부개정].

전북일보, 1954. 5. 2.

정부조직법[시행 1996. 8. 8.] [법률 제5153호, 1996. 8. 8., 일부개정].

정부조직법[시행 2008. 2. 29.] [법률 제8852호, 2008. 2. 29., 전부개정].

정부조직법[시행 2013. 3. 23.] [법률 제11690호, 2013. 3. 23., 전부개정]

정부조직법[시행 2014. 11. 19.] [법률 제12844호, 2014. 11. 19., 일부개정].

중앙일보, 1965. 12. 28.

중앙일보, 1966. 03. 17.

중앙일보, 1968. 11. 23.

중앙일보, 1974. 07. 12.

중앙일보, 1979. 09. 13.

중앙일보, 1980. 06. 03.

중앙일보, 1983. 12. 12.

지방해무서직제.

최재수(2009. 6). "해무청의 해체과 해운항만행정 분산의 문제점," 해양한국.

파출소 및 출장소 운영 규칙[시행 2021. 10. 12.] [해양경찰청훈령 제252호, 2021.
　　10. 12., 일부개정].

플러스 코리아, 2022. 10. 18.

한겨레, 2008. 9. 26.

해무청직제.

해사안전법[시행 2015. 12. 23.] [법률 제13386호, 2015. 6. 22., 일부개정].

해상운송사업법[시행 1972. 12. 30.] [법률 제2412호, 1972. 12. 30., 일부개정]

해상특수기동대 운영 규칙[시행 2012. 11. 22.] [해양경찰청훈령 제948호, 2012.
　　11. 22., 제정].

해수욕장의 이용 및 관리에 관한 법률(약칭: 해수욕장법)[시행 2014. 12. 4.] [법
　　률 제12741호, 2014. 6. 3., 제정].

해양경비법[시행 2012. 8. 23.] [법률 제11372호, 2012. 2. 22., 제정].

해양경비법[시행 2013. 5. 22.] [법률 제11810호, 2013. 5. 22., 일부개정].

해양경비안전본부 실무자료(2016).

해양경찰교육원 교육자료(2018). 해양경찰사.

해양경찰대직제[시행 1990. 7. 19.] [대통령령 제13061호, 1990. 7. 19., 일부개정].

해양경찰법[시행 2020. 2. 21.] [법률 제16515호, 2019. 8. 20., 제정].

해양경찰장비 도입 및 관리에 관한 법률[시행 2022. 4. 14.] [법률 제18064호, 2021. 4. 13., 제정].

해양경찰청(2005). 「한·중 국제성 범죄 실무협의회 자료」.

해양경찰청 보도자료, 2019. 1. 31.

해양경찰청 보도자료, 2022. 11. 25.

해양경찰청 정책 설명자료(2019. 1. 3).

「해양경찰청과 경찰청의 수사관할 양해각서」(2017).

해양경찰청과 그 소속기관 직제 시행규칙[시행 2020. 10. 8.] [해양수산부령 제440호, 2020. 10. 8., 일부개정].

해양경찰청 인사운영 규칙[시행 2009. 6. 17.] [해양경찰청훈령 제720호, 2009. 6. 17., 전부개정].

해양환경관리법[시행 2008. 1. 20.] [법률 제8260호, 2007. 1. 19., 제정].

행정안전부와 그 소속기관 직제[시행 2022. 8. 2.] [대통령령 제32836호, 2022. 8. 2., 일부개정].

행정안전부 보도자료, 2022. 12. 19.

Official Gazette, USAMGIK, Ordinance No. 200, South Korea Interim Government, 21 June 1948.

https://www.kaiho.mlit.go.jp(2021. 9. 검색).

https://www.police.go.kr(2022. 12. 26. 검색).

저자약력

노 호 래(盧鎬來)

• 학력사항
  - 동국대학교 경찰행정학과 졸업(행정학사)
  - 동국대학교 대학원 경찰행정학과 석사졸업(법학석사)
  - 동국대학교 대학원 경찰행정학과 박사졸업(법학박사)

• 경력사항 및 학회활동
  - 군산대학교 해양경찰학과 교수
  - 국무총리소속 정부업무 평가위원
  - 한국해양경찰학회 고문
  - 한국해양경찰학회 회장
  - 한국경찰학회 부회장
  - 한국공안행정학회 기획이사·편집위원
  - 한국경찰학회 호남·제주 회장
  - 한국경찰발전연구학회 이사
  - 한국민간경비학회 이사
  - 한국경호경비학회 감사
  - 한국경호경비학회 부회장
  - 해양경찰학교 자문위원
  - 해양경찰청 자체규제 심사위원
  - 해양경비안전교육원 자문위원회 위원
  - 국민안전처 정책자문위원
  - 해양경찰청 정책자문위원
  - 중부지방해양경찰청 정책자문위원

격동의 한국해양경찰사

초판발행	2023년 3월 3일
지은이	노호래
펴낸이	안종만·안상준
편 집	윤혜경
기획/마케팅	최동인
표지디자인	BEN STORY
제 작	고철민·조영환
펴낸곳	(주) 박영사
	서울특별시 금천구 가산디지털2로 53, 210호(가산동, 한라시그마밸리)
	등록 1959. 3. 11. 제300-1959-1호(倫)
전 화	02)733-6771
f a x	02)736-4818
e-mail	pys@pybook.co.kr
homepage	www.pybook.co.kr
ISBN	979-11-303-1708-3 93350

정 가   28,000원